Das Buch

Das heute vermittelte Geschichtsbild des 20. Jahrhunderts ist von den Siegern der Auseinandersetzung des Kapitalismus mit dem Sozialismus geprägt. Es ist parteilich, konservativ, den Herrschenden gefällig und verbirgt oft mehr, als es offenbart. In diesem Buch wird ausgeleuchtet, was in den vergangenen Jahrzehnten in der Deutschlandpolitik hinter den Kulissen geschah. Mit gesicherten und neu erschlossenen Dokumenten begründet Graf den Einfluss der Großmächte auf die innere Entwicklung der beiden deutschen Staaten. Er benennt die Urheber der Teilung Deutschlands und vermittelt einen Blick auf die Interessen und Intrigen auch von Geheimdiensten, die dabei im Spiele waren. Kundig und polemisch werden Kreuzwegsituationen der deutschen Geschichte, wie u. a. die Stalin-Note von 1952, die Vorgeschichte des Baus der Berliner Mauer und die Westberlin-Verhandlungen von 1971 analysiert und dabei so manche heute verbreitete Geschichtsfälschung widerlegt. Das Buch erhellt die Chancen und Schwierigkeiten einer demokratischen Nachkriegsentwicklung. Es ist eine Hommage an die deutschen Kommunisten und andere Patrioten, die den Versuch eines Weges zum Sozialismus wagten.

Der Autor

Herbert Graf, Jahrgang 1930, entstammt einer Arbeiterfamilie aus Egeln bei Magdeburg. Er absolvierte die ABF, studierte in Berlin Ökonomie und promovierte an der juristischen Fakultät der Martin-Luther-Universität Halle. Annähernd zwei Jahrzehnte war er Mitarbeiter Walter Ulbrichts. Nach dessen Sturz 1971 wurde die Genesis der Entwicklungsländer zu Grafs Tätigkeitsfeld. Nach Lehr- und Forschungsarbeiten in Afrika, Asien und Lateinamerika übernahm er den Lehrstuhl Staatsrecht junger Nationalstaaten an der Akademie für Staat und Recht in Potsdam-Babelsberg. Seine staatswissenschaftlichen und zeithistorischen Veröffentlichungen fanden international Beachtung. Einige wurden in mehrere Sprachen übersetzt. Nach 1990 war er als Justitiar in der Industrie tätig. 2008 legte er seine viel beachteten Erinnerungen »Mein Leben. Mein Chef Ulbricht. Meine Sicht der Dinge« vor.
Prof. Dr. Herbert Graf ist verheiratet und lebt in Eichwalde bei Berlin.

Herbert Graf

Interessen und Intrigen: Wer spaltete Deutschland?

Ein Exkurs über internationale Beziehungen

edition ost

Freunde nahmen Anteil bei der Vorbereitung dieses Manuskriptes. Meine Frau Helga hat mich ermutigt und als erste Leserin gute Vorschläge gemacht. Elisabeth Ittershagen hat auch dieses Manuskript kreativ und bei der Quellenfindung begleitet. Das Bundesarchiv, Außenstelle Berlin, und die dort ansässige Stiftung Archiv der Parteien und Massenorganisationen (SAPMO) boten gute Recherchemöglichkeiten. Ihnen allen gilt mein herzlicher Dank.

Herbert Graf

Inhalt

Jeder Mensch ist eine unwiederholbare Einmaligkeit,
und es muss ihm gelingen,
einen Punkt zu finden, seinen Punkt, von dem er aus zeigt,
wie er die Welt sieht, wie nur er sie sehen kann …
Er weiß, dass jemand, der etwas aus der Sicht seiner Einmaligkeit
geschrieben hatte, nachher kämpfen und Langmut aufbringen musste,
um sein Geschriebenes gegen das Gewohnheitsdenken
und das Gewohnheitssehen durchzusetzen.

Erwin Strittmatter,
in: »Ein Dienstag im September«, 1969

Vorwort

Wie ein Unfehlbarkeitsdogma wird nach wie vor der gefährliche Irrtum verbreitet, die derzeit vorherrschende kapitalistische Staats- und Wirtschaftsordnung verfüge über grenzenlose Selbstheilungskräfte und sei deshalb alternativlos. Diese Fehldiagnose wird mit zumeist oberflächlichen Darstellungen über den Untergang des europäischen Sozialismus im 20. Jahrhundert zu untermauern versucht. Die wirklichen Hintergründe der Systemauseinandersetzung, die Ursachen für die Niederlage des Sozialismus werden dabei gern ausgeblendet. Vorbehalte versperren noch immer eine ernsthafte Analyse des Geschehens. Es wird Zeit, sich den Hintergründen wichtiger politischer Ereignisse zuzuwenden!

Wahrheit braucht das Licht. Auch die historische Wahrheit unterliegt der Gefahr, dass nur *das* wahrgenommen, erforscht und publiziert wird, was der Lichtkegel bisheriger Erkenntnis erhellt. Noch aber liegt zu vieles im Dunkeln. Aus unterschiedlichen Gründen wurde nicht selten auch schon Erkanntes in ein Verließ des Vergessens verschoben. Das in nicht wenigen Fällen, weil es dem sogenannten Zeitgeist widersprach. Oftmals litten historische Darstellungen aber auch darunter, dass die Autoren von den internationalen Zusammenhängen der von ihnen beschriebenen Tatsachen zu wenig aus eigener Erfahrung kannten und wichtige Archive in Ost und West oft nur partiell erschließbar waren. In dieser Situation hatte – wie im ersten Teil von Goethes »Faust« zu erfahren ist – so mancher die Teile in der Hand, allein es fehlte das geistige Band. Hier wird dagegen ein Versuch unternommen, einige Aspekte der jüngeren deutschen Geschichte in ihrem Geflecht zu den Interessen und der Politik der Großmächte, aus geschichts- wie auch aus staatswissenschaftlicher Sicht zu untersuchen und darzustellen.

Der Leser der nachfolgenden Kapitel sei vorgewarnt. Hier wird gegen den Strich gebürstet. Damit soll – so gut das die Quellenlage zulässt und einem Zeitzeugen möglich ist – an Hand von weitgehend gesicherten, oft lange verdeckten, auch jüngst erschlossenen, zum Teil auch unbequemen Tatsachen zur Debatte über die jüngste deutsche Geschichte beigetragen werden. In diesem Buch geht es vor allem um das Eigene und das Fremde in der deutschen Nachkriegsgeschichte. Schließlich folgten das Werden und Wachsen der beiden 1949 gebildeten deutschen Staaten nicht vorrangig nationalen Intentionen. Es vollzog sich auf Initiative und im Spannungsfeld der Großmächte an den Fronten des Kalten Krieges. Dieser historisch einmalige Vorgang erfordert Zusammenhänge aufzudecken. Fragwürdig erscheint dabei die heute so populäre selektive Methode, die Darstellung einzelner historischer Ereignisse – wie beispielsweise den Bau der Berliner Mauer oder deren Fall – zum ausschlaggebenden Maßstab der Beurteilung gesellschaftlicher Vorgänge zu machen. Nicht weniger einäugig erscheint die geläufige Praxis, in Printmedien und Film- und Fernsehdarstellungen tatsächliche – aber immer öfter auch fiktive – Einzelschicksale zur Charakterisierung eines Systems hochzustilisieren. Wann aber hat jemals die Addition von Froschperspektiven oder die Aufsummierung von Schicksalen Einzelner je zu einem akzeptablen, der Realität nahen Geschichtsbild geführt? Zeitgeschichte vollzieht sich seit mehr als einem Jahrhundert in immer größeren und zunehmend verzweigten Zusammenhängen innerhalb der politisch wirkenden Kräfte, vor allem zwischen den Interessengruppen des Kapitals. Dieser Erkenntnis folgt die Methode der vorgelegten Untersuchung und der Darstellung ausgewählter historischer Ereignisse.

Wenn mit dem Nachfolgenden ein Rückblick in die Geschichte unternommen wird, dann geschieht das nicht vorrangig, um der Vergangenheit Tribut zu zollen. Es geschieht aus der Überzeugung, dass ein sicherer Weg in die Zukunft umfassendes Wissen um die wesentlichen Prozesse und Zusammenhänge der Vergangenheit voraussetzt. Die andauernde Debatte um die Geschichte der Deutschen im 20. Jahrhundert, über das Wesen, die Potenzen, die Handlungsspielräume, über die Erfolge, die Fehler und Irrtümer der beiden 1949 entstandenen deutschen Staaten wird uns mit hoher Wahrscheinlichkeit noch lange Zeit begleiten.

Der unverkennbare Aufwand, mit dem auch Jahrzehnte nach Herstellung der deutschen Einheit versucht wird, die DDR zu verteufeln, macht zugleich deutlich: Es geht den bürgerlichen Politikern und ihren Gehilfen dabei nicht mehr vorrangig um die Bewertung von Vergangenem. Immer deutlicher soll dem zweifellos begründeten Suchen und dem Streben nach einer humanen, auf Frieden, Freiheit und Gerechtigkeit gerichteten antikapitalistischen Ordnung jetzt und in Zukunft eine Barriere entgegen gesetzt werden. Vor allem deshalb wird weiterhin versucht, die historischen Erfahrungen und Leistungen beim ersten Versuch der Herausbildung einer antikapitalistischen gesellschaftlichen Ordnung in der DDR mit einer propagandistischen Flut antikommunistischer Propaganda in der Politik und in den Medien zu verschütten.

Die deutsche Geschichte der vergangenen Jahrzehnte vollzog sich spannungsvoll, an ihren Kreuzwegen oft auch dramatisch. Das war Ausgangspunkt dafür, in den nachfolgenden Kapiteln nicht vorrangig Geschehenes zu beschreiben, sondern vor allem – mit Sicht auf die DDR – Fragen nach dem *Warum* der jeweiligen Entwicklungsrichtung oder Entscheidung zu stellen und so manche der gängigen Geschichtsinterpretationen kritisch und auch polemisch zu hinterfragen. Was wurde geplant und unternommen, weil es die deutschen politischen Kräfte in West oder Ost so wollten, und was entsprang den Intentionen und den Interessen der jeweiligen Besatzungsmacht bzw. später dem jeweiligen Bündnispartner? In welchen Strukturen, unter welchen Konditionen und mit welcher Zielrichtung vollzog sich in wesentlichen Entwicklungsabschnitten das Zusammenwirken der Besatzungsmächte in West und Ost mit den deutschen politischen Kräften?

Mit dem Nachfolgenden soll und kann dem Leser keine allseitige Geschichtsdarstellung vorgestellt werden. Vieles ist dazu auf dem Markt. Neue Archivfunde bereichern oder korrigieren Bekanntes. Hier soll der Blick auf Hintergründe der Genesis der beiden 1949 gebildeten deutschen Staaten geschärft und mit der Darstellung von Fakten und Zusammenhängen zum Nachdenken, zur Urteilsfindung der Leser beigetragen werden. Der Fokus wird besonders auf den Einfluss der Mächte der Antihitlerkoalition, auf Kreuzwege der deutschen Nachkriegsentwicklung gerichtet. Dabei werden an Hand historischer Nachweise die Zerstückelungspläne der Alliierten der Antihitlerkoalition ebenso behandelt wie solche immer noch und immer wieder bewegenden Fragen: Warum und wie erfolgte die 1944 beschlossene Einteilung der Besatzungszonen und die damit verbundene Berlin-Regelung, warum und unter welchen Einflüssen vollzog sich die Bildung der beiden deutschen Staaten, welche Motive und Chancen hatten die Stalin-Noten von 1952, warum und wie kam es zum Mauerbau 1961, welche Hintergründe hatte das Vierseitige Berlin-Abkommen von 1971, welche internationalen Einflüsse begleiteten den Untergang der DDR 1989/90?

Besondere Aufmerksamkeit wird den Beziehungen zwischen den Führungsorganen der UdSSR und der DDR gewidmet. Zwischen beiden Staaten gab es in ihren sozialen Wesensmerkmalen als nichtbürgerliche Staaten der arbeitenden Klassen, in ihrer Berufung auf den Marxismus, in den sozialistischen Entwicklungszielen und in der Auseinandersetzung mit der Welt des Kapitalismus grundsätzliche Übereinstimmung. Der große opferreiche Anteil am Sieg über das faschistische Deutschland und ihre Stellung als erster sozialistischer Staat der Geschichte verliehen der UdSSR ein besonderes spezifisches Gewicht im internationalen Bereich, insbesondere gegenüber dem von ihr besetzten deutschen Gebiet und der 1949 gegründeten DDR.

Zugleich aber gab es zu grundlegenden Fragen – geprägt durch die Dominanz Stalins – in den Beziehungen der Führungspersönlichkeiten nicht selten verdeckte Differenzen. Entgegen begründeten Erwartungen der deutschen Sozialisten vollzogen sich die Beziehungen zwischen beiden Staaten und deren leitenden Persönlichkeiten auch bei Übereinstimmung in vielen Grundfragen nicht immer auf Augenhöhe und nicht immer konfliktfrei. Das wurde während der Existenz der DDR über Jahrzehnten oft durch gegenseitige Bekundungen bündnistreuer Zusammenarbeit überdeckt. Bei Gesprächen während der Arbeit am Manuskript wurde mir entgegengehalten: Es gab doch neben dem hier kritisch Vorgebrachten auch viel Anderes und Gutes, was nicht vergessen werden darf. Meine Antwort dazu: Ja, auch ich erinnere mich gern an wertvolle Freundschaften und die Zusammenarbeit mit Weggefährten aus der Sowjetunion. Hier aber geht es vorrangig nicht um das, was *wir* wussten, was wir in der Nachkriegszeit erlebt und erfahren hatten, sondern um politische Hintergründe, von denen wir *nichts* oder wenig wussten; von denen wir hin und wieder etwas ahnten, nie aber Genaueres erfahren konnten.

Nach dem Untergang der DDR führte die seit 1989 verstärkt einsetzende Stalinismus-Debatte zu einem analogen Effekt wie in den Jahrzehnten zuvor die undifferenzierte Erklärung der gegenseitigen Bündnistreue der DDR und der Sowjetunion. Tatsächliche Gegenstände und Probleme der Beziehungen und der Interessen der UdSSR und der DDR wurden damit pauschal überdeckt. Die Entwicklung der DDR und das Handeln ihrer Führungspersönlichkeiten wurden generell verurteilt und mit Stalins Verbrechen in eins gesetzt. Damit wurde, gewollt oder unüberlegt, eine moralische Sperre für klärende Untersuchungen errichtet. Es wurde auf diese Weise zugleich die Voraussetzung für einen psycho-pathologischen Reflex geschaffen, der dazu führte, dass aus Scham über Stalins Handlungen Fakten ausgeblendet oder weitgehend komplikationslos umbewertet werden. Statt gebotener differenzierter Untersuchung und Beurteilung von Ursachen und Wirkung der Genesis und des Niedergangs der DDR folgten und folgen Historiker und Politiker zu oft dem simplen Dogma der Vorverurteilung der Grundrichtung und der Führungskraft des Arbeiter-und-Bauernstaates als »stalinistisch«. Unter solchem Blickwinkel aber wird Geschichte auf den Kopf gestellt. In Folge dessen werden diejenigen, die das in vierzig Jahren Geschaffene leisteten und in den gegebenen Handlungsspielräumen leiteten, zumeist dem Verdikt des Stalinismus ausgesetzt. Modern erscheint es dagegen, zeitweilige Opponenten wie Wolfgang Harich, Robert Havemann, Gustav Just oder Wolf Biermann zu Wegweisern zum wahren Sozialismus zu erheben.[1] Auch das war ein Grund, im Folgenden Standpunkt zur Theorie und Praxis des angeblich heilbringenden »Dritten Weges« zu beziehen.

Probleme im Zusammenwirken der UdSSR und der DDR entstanden bekanntlich im besonderen Maße im Ergebnis des von J. W. Stalin geprägten subjektiven Stils der Entscheidungen politischer Fragen und seines – den Prinzipien sozialistischer Ethik widersprechenden – herrschaftlichen Umgangs mit Anderen. Zu den ehernen Spielregeln gehörte es unter diesen Umständen, seinen Weisungen zu folgen und schweigend Verantwortung für die Folgen zu übernehmen. Wenn die deutschen Partner gegenüber sowjetischen Vorgaben und ihrem Vorgehen korrigierend wirkten, erfolgte das – wie Otto Grotewohl das später formulierte – oft »still, selbstlos und erfolgreich«[2]. Obwohl über lange Zeit in der bürgerlichen Geschichtsbetrachtung das Bild Walter Ulbrichts als eines »Vollstreckers des Willens Moskaus« gezeichnet wurde, häufen sich inzwischen die gesicherten Nachweise dafür, dass Ulbricht am mutigsten und konsequentesten sich auch gegenüber der sowjetischen Führung für die Interessen der deutschen Sozialisten und des deutschen Volkes eingesetzt hat. Das Verhältnis von Wilhelm Pieck, Otto Grotewohl, Walter Ulbricht und ihrer Gefährten zur Sowjetunion resultierte aus ihrer Beziehung zu den Interessen und der Mission der Arbeiterbewegung und aus ihrem Verhältnis zur marxistischen Gesellschaftstheorie. Ihre Freundschaft zum Land und zu den Menschen des ersten sozialistischen Staates war unerschütterlich. Das dominierte. Es wurde durch verständnisvolle und hilfreiche Beziehungen zu vielen Sowjetbürgern und Funktionären der KPdSU bereichert. Im Interesse der Sache schwieg man deshalb – oder auch aus anderen Gründen – über den Ärger, manchmal sicher auch über den Zorn wegen Unverständlichem vom »Großen Bruder« und die oft engen Grenzen des eigenen Handlungsspielraums. Die Betroffenen waren offensichtlich davon überzeugt, dass bei Übereinstimmung in der Sache auch Leitungsmethoden und Umgangsformen irgendwann veränderbar werden könnten.

Politik ist zumeist die Kunst des Möglichen. Unter den komplizierten Bedingungen der unmittelbaren Nachkriegsgeschichte und des Aufbaus der DDR ist die Leistung derer, die im Osten Deutschlands Verantwortung übernahmen und im Interesse der arbeitenden Menschen getreu den sozialistischen Traditionen sich den schwierigsten Aufgaben stellten, sehr hoch zu schätzen. In diesem Sinne ist diese Schrift eine Hommage für die Aktivsten der ersten Stunden, für Wilhelm Pieck, Otto Grotewohl, Walter Ulbricht und ihre Weggefährten, die den unübersehbaren Schwierigkeiten trotzten und zielbewusst die Grundlagen einer neuen, dem Menschen dienenden Gesellschaftsordnung schufen.

Wer mehr als acht Jahrzehnte hinter sich gebracht hat, reagiert zumeist altersmild gegenüber seinen Mitmenschen. Er wird, und das gilt auch für den Autor, oft jedoch auch rigoroser im Urteil über politische Kabale. Solche Rigorosität erwächst sowohl aus gereifter Lebenserfahrung als auch aus dem Gefühl, es bleibt nicht mehr viel Zeit, es muss gesagt und den Nachfolgenden übermittelt werden.

Herbert Graf
Eichwalde, Januar 2011

1 Vgl. u. a. Siegfried Prokop, »Versäumte Chancen. Wie Geister der Macht unterlagen«. In: *Neues Deutschland* vom 7. Oktober 2009 (Beilage)
2 SAPMO-BArch NY 4036/736

Kapitel 1
Kann man Feuer in Papier einwickeln?

Kann man Feuer in Papier einwickeln? Schon die Frage offenbart selbst dem Einfältigsten die Antwort: ausgeschlossen. Kann man etwa Politik durchschauen? Einfältig erscheint derjenige, der darauf mit einem naiven Ja antwortet. Vor etwa 100 Jahren hat ein bekannter Russe, W. I. Uljanow, seine Auffassung dazu notiert: »Die Menschen waren in der Politik stets die einfältigen Opfer von Betrug und Selbstbetrug, und sie werden es immer sein, solange sie nicht lernen, hinter allen möglichen moralischen, religiösen, politischen und sozialen Phrasen, Erklärungen und Versprechungen die Interessen dieser oder jener Klasse zu suchen.«[1]

»Die Interessen dieser oder jener Klasse« – wer sich heute eines solchen Bezugssystems der Gesellschaftsanalyse und einer derartigen Terminologie bedient, bringt sich schon damit in Verdacht, ein Sozialismusnostalgiker, ein Betonkopf zu sein.

Empathieneuronen, solidarische Moderne – oder Klasseninteressen?

Klasseninteressen zu untersuchen und offen zu legen erscheint – trotz der seit 2008 unübersehbaren fundamentalen Krise des globalen neoliberalen Systems des Kapitalismus – als unmodern. Das im Jahr 2010 von linken Kräften gegründete »Institut solidarische Moderne« meidet in seinem Untersuchungsansatz für die Probleme des 21. Jahrhunderts jeden Eindruck der Berücksichtigung von Klasseninteressen. Es setzt in seiner Betrachtung der Welt von heute auf »die so dringend erforderliche Versöhnung zwischen den emanzipatorischen Ansätzen der Industrie- und der Postmoderne und ihre Weiterentwicklung in einer sozio-ökologischen Antwort auf die Fragen der neuen Zeit«.[2]

Ein für ernsthafte Analysen wohl kaum verbindlicher und obendrein recht verklausulierter Ansatz.

Der amerikanische Soziologe und Wirtschaftswissenschaftler Jeremy Rifkin – er berät die EU-Kommission und auch die deutsche Bundeskanzlerin – vermeidet derartige, kaum nachvollziehbare Floskeln. Er beschäftigt sich, wie aus seinen Arbeiten hervorgeht, mit der ernsthaften Frage: »Wie sollen wir eine auf Nachhaltigkeit zielende globale Wirtschaft errichten und die Biosphäre regenerieren, wenn wir alle nur Egoisten sind, die nur auf kurzfristigen Eigennutz zielen?«[3] Seine Antwort ist allerdings überraschend. Er sucht seinen Lösungsansatz nicht in politischen Verhältnissen oder in ökonomischen Beziehungen, sondern in einem medizinischen Forschungsfeld. Rifkin folgt einer Entdeckung der Hirnforschung, den sogenannten »Empathieneuronen«. Mit der Stimulierung der Empathie – der Fähigkeit, sich in andere hineinzuversetzen – erhofft dieser »Regierungsberater« das geeignete Mittel zur Überwindung der kaum noch beherrschbaren Auswirkungen des derzeitigen Systems gefunden zu haben. Er behauptet: »Was wir jetzt brauchen, ist die Erschaffung eines globalen Empathiebewusstseins in weniger als einer Generation – nur dann werden wir die Biosphäre erretten und die globale Wirtschaft auf ein neues Fundament stellen können.«[4]

Ernsthafte Zweifel gegenüber derartigen »Theorieansätzen« sind angebracht. Wer den kritischen Zustand dieser Welt – in der noch immer die Reichen reicher, die Armen ärmer, die Mächtigen mächtiger und die Ohnmächtigen ohnmächtiger werden – verändern will, der kommt nicht umhin, sich der Wurzel des Übels zu nähern. Fundamentale Änderungen der gegenwärtigen Wirtschaftsordnung sind erforderlich, damit die Dynamik der zunehmend gefährlichen Krisenzyklen nicht in einer globalen Katastrophe endet. Klasseninteressen und Klassengegensätze sind heute ausgeprägter als je vorher. Das Problem besteht allerdings darin: Die zahlenmäßig relativ kleine Klasse der Besitzenden des Industrie- und Finanzvermögens ist sich ihrer Interessen wohl bewusst. Sie verteidigt diese erfolgreich mit erheblichem ökonomischen, juristischen, medialen, erforderlichenfalls auch mit militärischem Einsatz. Die Mehrheit der arbeitenden sozialen Klassen und Schichten dagegen hat heute – im Gegensatz zu Beginn des 20. Jahrhunderts – ihre Interessen nicht ausgeprägt artikuliert. Die Mittel ihrer Interessenwahrung werden zunehmend begrenzt. Eine mächtige Maschine der Meinungsmanipulierung hat über Jahrzehnte für eine Erosion des politischen Interesses und des Klassenbewusstseins gesorgt. Es gilt nunmehr als nicht angemessen und unmodern, *Klasseninteressen* zu artikulieren. Nachdenken über Klassenstrukturen und Klasseninteressen kann schließlich dazu führen, die Unantastbarkeit der Heiligen Kuh der kapitalistischen Ordnung, das auf privatem Eigentum an Produktionsmitteln beruhende Wirtschafts- und Finanzsystem, in Frage zu stellen. Gerade das aber betrachten die Herrschenden als latente Gefahr.

Einsichten eines Preußenkönigs – oder: Beugungen und Biegungen von Politikern

Es gab in Deutschland – wenn auch lange zurückliegend – Zeiten, in denen Klasseninteressen unverblümt in eindeutiger Sprache erklärt wurden. Als Preußenkönig Friedrich II. in der Mitte des 18. Jahrhunderts sein politisches Testament niederschrieb, war sein Klasseninteresse schlicht und einfach offenbart. Ihm ging es – wie konnte es anders sein – um den uneingeschränkten Erhalt des deutschen Adels. In seinem Testament finden wir die klare Ansage: »Damit der Adel sich in seinem Besitz behauptet, muss verhindert werden, dass die Bürgerlichen adlige Güter erwerben und veranlasst werden, dass sie ihre Kapitalien im Handel anlegen, so dass, wenn ein Adliger seine Güter verkaufen muss, nur Adlige sie kaufen.«[5]

Der historischen Wahrheit wegen sei angemerkt, dass das testamentarische Gebot des Alten Fritz die Zeiten nicht länger als ein Jahrhundert überdauert hat. Die »Bürgerlichen« wurden im Laufe eines Jahrhunderts so stark, dass sie spätestens mit dem seit 1900 geltenden Bürgerlichen Gesetzbuch *ihr* Klasseninteresse, *ihr* bürgerliches Eigentumsrecht bis heute verbindlich durchzusetzen vermochten.

Wer mag sich vorstellen, die ach so demokratischen Bürgerrechtler in der im März 1990 gewählten Volkskammer hätten dem Volkseigentum einen annähernd so hohen Verfassungsrang eingeräumt wie etwa dem Umgang mit den Unterlagen des MfS?

Selbst zaghafte Versuche, der zu erwartenden Spekulation mit volkseigenem Grund und Boden einen – wenn auch zeitlich begrenzten – Riegel vorzuschieben, wurden von der Bundesregierung in den Begegnungen zur Vorbereitung des Staatsvertrages über die Schaffung der Währungs-, Wirtschafts- und Sozialunion schroff abgewiesen. Die Anlage IX dieses Dokuments öffnete dem Eigentumserwerb privater Investoren, darunter auch den Bodenspekulanten, Tür und Tor.[6] Der Vorsitzende des Volkskammerausschusses »Deutsche Einheit«, der SPD-Abgeordnete Dr. Edelbert Richter, beschreibt diesen Vorgang zwanzig Jahre danach mit der bezeichnenden Bemerkung: »So mussten wir uns beugen und Anlage IX des Staatsvertrages akzeptieren.«[7]

Sie beugten sich, die Damen und Herren der am 18. März 1990 in der Phase der Agonie der DDR gewählten Volkskammer, von der es heute immer wieder heißt, sie habe in *wahrhaft freier Entscheidung* den Weg zur deutschen Einheit beschritten. Sie beugten sich der Dominanz ebenso wie der Kraftmeierei, der Nötigung und der Erpressung durch die Verhandlungspartner der Bundesregierung. Sie hielten dem Verhandlungskonzept nichts entgegen. Der damals kaum, inzwischen weithin bekannte Thilo Sarrazin als leitender Mitarbeiter im Bundesfinanzministerium hatte nach eigenem Bekunden am Nachmittag des 28. Januar 1990 auf 16 Seiten die Konzeption für dieses Vertragswerk zu Papier gebracht. Sein Vorgesetzter Horst Köhler – der spätere Bundespräsident –, Finanzminister Theo Waigel und Kanzler Helmut Kohl bestätigten die von Sarrazin vorgezeichnete Marschrichtung.[8] Der Kreis der in dieses Projekt eingeweihten Personen blieb in der Anfangsphase sehr klein. Selbst der Präsident der Bundesbank gehörte ursprünglich nicht zu den Eingeweihten.

Im Sinne des von Sarrazin entwickelten Währungsprojektes wurde von der Regierung Kohl (gegen den Widerstand Andersdenkender in West und Ost, auch der Experten der Bundesbank) in den Verhandlungen mit der Regierung von Lothar de Maizière verfahren. Vor Abschluss des Staatsvertrages im Mai 1990 versuchte der Finanzminister der Regierung Lothar de Maizière, der Sozialdemokrat Walter Romberg, Bedenken vorzutragen. Es ist bezeichnend, wie Sarrazin später die Situation schilderte. »Daraufhin sagte Waigel (*zu Romberg – H. G.*): ›Wenn das so ist, gibt es morgen keine Unterschrift. Das haben Sie dann zu verantworten!‹«[9]

Wolfgang Schäuble – der als Kanzleramtsminister an dieser Beratung teilnahm – setzte Romberg mit der Bemerkung unter Druck: »Wissen Sie was, Herr Romberg: Sie können einpacken, wenn Sie jetzt schon wieder Verunsicherung schaffen. Das halte ich nun wirklich für lebensmüde.«[10]

Daraufhin hatte laut Sarrazins Darstellung die DDR-Seite unterbrochen. »Romberg wurde von seinen Leuten offenbar intensiv bearbeitet. Es war geisterhaft. Aber am Ende ist er eingeknickt.«[11]

Ein sich beugender Ausschussvorsitzender der Volkskammer, ein »intensiv bearbeiteter« Finanzminister, dazu siegesstaumelnde Bürgerrechtler – sie standen dabei und stimmten dafür, dass das Konzept eines subalternen Bonner Finanzbeamten zum Masterplan für die Eingliederung der DDR in die Bundesrepublik und für die Liquidierung des nicht unbeträchtlichen Volkseigentums wurde.

Angesichts dessen klang es doch recht hohl, als Bundestagspräsident Norbert Lammert den am 18. März 1990 gewählten Abgeordneten »eine Hauptrolle auf der Bühne der Weltpolitik« zuschrieb«.[12] Das Drehbuch dafür, was diese Abgeordneten zu beschließen hatten, wurde am Rhein geschrieben.

Eine Einheit Deutschlands mit einem unantastbaren Volkseigentum und bei Verhinderung von Bodenspekulationen war in der Welt der bürgerlichen Klasseninteressen eine undenkbare Vorstellung. Dafür mochten und konnten weder Sarrazin noch Köhler, auch nicht Kohl und seine CDU, schon gar nicht die Herren in den Vorständen der großen Konzerne und der Banken und ebenso die internationalen Kräfte des Kapitals auch nur einen Gedanken aufbringen. Angesichts ihrer ökonomischen Interessen und politischen Traditionen war kaum anderes zu erwarten. In ihrem Auftrag bevölkerten Bonner Beamte bald die Korridore und Sitzungszimmer der Regierung Lothar de Maizière und Fraktionsbüros der im März 1990 gewählten Volkskammer der DDR.

Die gleichen Bürgerrechtler, die im Neuen Forum und in anderen Bürgerbewegungen ein halbes Jahr vorher mit Forderungen vom *besseren Sozialismus* Massen in den Protest gegen die SED geführt hatten, ergaben sich binnen weniger Wochen den Argumenten und dem Druck der geballten antisozialistischen Macht der Bundesrepublik. Sie eilten den stärkeren Bataillonen aus Bonn und München, aus Stuttgart und Hamburg, ihren »guten Bekannten« aus den Redaktionen westdeutscher Zeitungen und Sender, oder auch aus diesen oder jenen Ämtern zu Hilfe. Wie bequem war es, sich auf die Seite der Sieger zu stellen.

Wer jedoch die Tatsachen aus jener Zeit nicht vergessen oder verdrängt hat, den bewegt noch heute die Frage: Mit welcher Sachkunde, mit welchem Rechts- oder auch Unrechtsbewusstsein gingen die verhandelnden Vertreter der Regierung de Maizière und Abgeordnete der letzten Volkskammer der DDR mit dem Eigentum des Volkes, mit dem in vierzig Jahren zwischen Elbe und Oder Geschaffenen, mit dem Schicksal von Millionen Menschen um?

Natürlich ist bei der Betrachtung der Vorgänge, die zum Beitritt der DDR zum Geltungsbereich des Grundgesetzes führten, zu berücksichtigen, dass die DDR seinerzeit in einer schlechten Verfassung war. Das stimmt ohne jeden Zweifel. Es war eine außerordentlich schwierige Zeit. Schicksalsfragen waren zu entscheiden. Würde und Weitsicht waren gefragt. Im unverkennbaren Strudel der Ereignisse reichte das geistige und charakterliche Potential der meisten Abgeordneten der Volkskammer nicht weiter, als dem Bonner Fahrplan der Vereinigung bedingungslos zu folgen.

Die mit dem Staatsvertrag zur Währungs-, Wirtschafts- und Sozialunion vorprogrammierte gnadenlose Deindustrialisierung der DDR und damit eines Drittels des nunmehr vereinigten Deutschlands brachte die neuen Bundesländer in eine permanent kritische, kaum reversible ökonomische und soziale Schieflage. Zu den Folgen gehören die Abwanderung von mehr als zwei Millionen vorwiegend junger Menschen aus den neuen Bundesländern, der nach wie vor überdurchschnittlich hohe Anteil von Arbeitslosen in dieser Region, die Entvölkerung von Städten und Dörfern, die andauernde Unfähigkeit der neuen Bundesländer, ihre Haushalte ohne Transferleistungen stabil zu halten. Hoffnungslosigkeit, Politikverdrossenheit, Entsolidarisierung, Fatalismus gehören zu den bleibenden Folgen. Zwanzig Jahre nach der Währungsunion bescheinigten *Spiegel*-Autoren angesichts der unübersehbaren Folgen dieser »Aktion eine geradezu zerstörerische Kraft« auf die Wirtschaft im Osten Deutschlands. Im Ergebnis ihrer Analyse kamen sie zu dem Schluss, »dass die Hauptschuld für die wirtschaftlich verkorkste Wiedervereinigung nicht im Osten liegt, sondern bei jenen, die im Westen die politischen Vorgaben machten«.[13]

Für die Wirtschaft der alten Bundesrepublik war die »Übernahme« der DDR-Produktion ein Segen. Freie Produktionskapazitäten konnten umgehend reaktiviert werden, unliebsame Konkurrenten aus dem Osten waren bald ausgeschaltet, ein neuer stabiler Absatzmarkt war erobert. Die Börsenkurse stiegen, neue Profitquellen sprudelten. Wen interessierte es unter solchen Umständen und bei einer allein auf Profit orientierten Wirtschaftsführung schon, ob die neuen Bundesländer künftig über solide wirtschaftliche Grundlagen verfügten? Wenn, wie die kapitalistische Wirtschaftsdoktrin besagt, der Markt alles richte und der Wettbewerb entscheide, dann bleibt für gesamtwirtschaftliche Überlegungen eben kein Platz.

Angesichts des Testaments Friedrichs des Großen, mit dem dieses Kapitel eingeleitet wurde, will ich auch daran erinnern, dass dort noch steht: »Wir sehen, dass bei der Unvollkommenheit aller menschlichen Dinge die besten Einrichtungen entarten. Daher muss von Zeit zu Zeit, wo es nötig ist, reformiert werden und die

Einrichtungen ihrem ursprünglichen Zweck wieder zugeführt werden.«[14]

Das Verhältnis der Führungskräfte der DDR und der SED zu Friedrich II. hat sich, wie die Aufstellung des Denkmals des Preußenkönigs in Berlin in den 80er Jahren zeigte, im Laufe von vier Jahrzehnten sehr gewandelt. Leider blieb es bei dem Denkmal im Berliner Zentrum. Mit dem politischen Vermächtnis von Friedrich konnte man, wollte man nichts anfangen. Simple politische Erfordernisse wurden in den letzten beiden Jahrzehnten der DDR zu oft ignoriert. Volkseigentum, das bei seinem Entstehen den Rang einer Errungenschaft besaß, das über Jahrzehnte Grundlage einer soliden Sozialpolitik bildete, verlor im letzten Jahrzehnt der DDR an sozialer Substanz. Als es gemäß Einigungsvertrag, Vermögensgesetz und Treuhandpolitik beseitigt wurde, fand es – das gehört zu den bitteren Tatsachen jener Zeit – keine tatkräftigen Verteidiger. Erst Jahre danach, als die ostdeutschen Länder deindustrialisiert waren, als von zwölf Millionen Beschäftigten der DDR drei Millionen arbeitslos waren, begann das Nachdenken darüber, was man mit der deutschen Einheit verloren hatte.

Politik ist hintergründig, so war das schon immer. Globalisierung und Monopolisierung der Massenmedien wirken dahin, dass immer weniger offenbart und Wichtiges zunehmend verdeckt wird. Zwar tagen Parlamente öffentlich, und die Drucksachen ihrer Plenar- und Ausschussaktivitäten füllen jährlich dicke Bände. Die großen weltbeeinflussenden Entscheidungen aber werden in den Bank- und Wirtschaftsgremien nach simplen Profitkriterien gefällt. Deren Legitimation sind die bürgerliche Freiheit und damit das verbriefte, weitgehend unbeschränkte Recht des Eigentümers, über Vermögen beliebig, angemessen oder unangemessen, sittlich oder auch unsittlich, profit- oder sozialorientiert zu verfügen. Niemand, weder Regierungen, schon gar nicht Parlamente oder gar die Öffentlichkeit, erhält Einblick in die Motive und Entscheidungen dieser dunklen Zirkel. Hilf- und einflusslos ohne jede Sanktionsmacht stehen die Mächtigen der Politik den Mächtigen des Kapitals gegenüber. Ihnen bleiben – obwohl die Untauglichkeit dieses Mittels seit langem bewiesen ist – moralische Appelle.

In seiner Sozialenzyklika »Caritas in Veritate« stellte Papst Benedikt XVI. 2009 fest: »Ohne solidarische und von gegenseitigem Vertrauen geprägte Handlungsweisen in seinem Inneren kann der Markt die ihm eigene wirtschaftliche Funktion nicht vollkommen erfüllen. Heute ist dieses Vertrauen verloren gegangen, und der Vertrauensverlust ist ein schwerer Verlust.«[15] Nicht allein dem Papst ist das Vertrauen in die wahrhaft Mächtigen verloren gegangen.

Schon lange ist es an der Zeit, die Ereignisse des Weltgeschehens und der nationalen Politik kritisch zu hinterfragen, nichts mehr auf Treu und Glauben hinzunehmen und nach grundlegenden Alternativen zu suchen. Die Globalisierung hat dazu geführt, dass die Krisenzyklen des Kapitalismus sich verkürzen. Krisenfolgen verschärfen sich inzwischen bis an die Bruchstellen des Systems derart, dass sie nur noch durch massive finanzielle Staatsinterventionen – die zu Lasten der steuerzahlenden Bürger jetziger und künftiger Generationen gehen – korrigiert werden können. Weder die derzeit vorherrschende neoliberale Konzeption noch das nachfrageorientierte Modell des John Maynard Keynes haben es ermöglicht, die soziale Zerstörungskraft profitorientierten Handelns einzudämmen oder gar zu beseitigen. Ebenso haben die Vorstellungen von einem Dritten Weg zwar zu einer fast nicht mehr überschaubaren Liste an Literatur, auch zu manchem Intellektuellenstreit, doch nirgendwo auf der Welt zu praktischen Ergebnissen geführt.

Peter Sloterdijk hat 2009 ein anspruchsvolles Buch unter dem schlichten Titel »Du musst dein Leben ändern« veröffentlicht. Im Ergebnis einer kritischen philosophiegeschichtlichen wie auch zeitgeschichtlichen Analyse kommt er zu dem Schluss, dass »die globale Krise, von der seit einer Weile jeder wahrnimmt, dass sie begonnen hat«, sich zur globalen Katastrophe entwickelt. »Seit die globale Katastrophe mit ihrer partiellen Enthüllung begonnen hat, ist sie eine neue Gestalt des absoluten Imperativs in der Welt, die sich unter der scharfen Form einer Ermahnung an alle und keinen richtet: Ändere dein Leben. Anderenfalls wird früher oder später die vollständige Enthüllung euch demonstrieren, was ihr in der Zeit der Vorzeichen versäumt habt.«[16]

Sloterdijk kommt zu dem Ergebnis: »Wenngleich der Kommunismus von vornherein ein Konglomerat aus wenigen richtigen und vielen falschen Ideen war, sein vernünftiger Anteil: die Einsicht, dass gemeinsame Lebensinteressen höchster Stufe sich nur in einem Horizont universaler kooperativer Askesen verwirklichen lassen, muss sich früher oder später von neuem geltend machen. [...] Eine solche Struktur heißt Zivilisation. Ihre Ordensregeln sind jetzt oder nie zu verfassen.«[17]

Auch wenn man über das Verhältnis richtiger und falscher Ideen bei kommunistischen Versuchen und über die Substanz des Askesebegriffes trefflich streiten kann – die Aufforderung zum Nachdenken über eine neue, andere gesellschaftliche Ordnung bleibt akut.

Ein neues Nachdenken über ein sozialistisches Modell wird durch zu Kampfbegriffen erstarrten Aversionen gegen die Gesellschaftstheorie von Marx und weitgehend verzerrte Urteile über den Sozialismus des 20. Jahrhunderts versperrt. Begriffe wie Unrechtsstaat und Diktatur, ebenso die nunmehr dominierende Reduzierung der sozialistischen Vergangenheit auf Freiheitseinschränkungen erweisen sich als Barrikaden für eine ernsthafte Analyse dessen, was an den sozialistischen Versuchen der Vergangenheit substantiell und auch zukunftsträchtig war und bleibt. Sie behindern zugleich eine sachliche Erforschung von Defiziten und Fehlern des sozialistischen Systems, die seinen Niedergang wesentlich beeinflusst haben.

Zu der seit 1990 in Gang gesetzten Unrechtsstaats-Debatte sei hier angemerkt: In den vierzig Jahren der Existenz der DDR gab es von bundesdeutscher Seite bekanntlich ein deftiges Vokabular von Beschimpfungen des ostdeutschen Nachbarstaates. In der Rechtswissenschaft und in der Rechtsprechung der Bundesrepublik gab es zwar unterschiedliche Auffassungen zum Rechtsstaatsbegriff, aber keine Definition eines Unrechtsstaates. Noch in den 80er Jahren hatte das Bundesverfassungsgericht festgestellt, dass das »Rechtsstaatsprinzip keine in allen Einzelheiten eindeutig bestimmten Gebote oder Verbote von Verfassungsrang (enthält), sondern ein Verfassungsgrundsatz (ist), der der Konkretisierung, je nach sachlichen Gegebenheiten bedarf, wobei allerdings Fundamentalelemente des Rechtsstaates gewahrt bleiben müssen«.[18] Erst nachdem im Artikel 17 des 1990 verabschiedeten Einigungsvertrages der Begriff »SED-Unrechtsregime« politisch geprägt war, folgte der Bundesgerichtshof dieser Diktion, um 1994 in einem Beschluss die DDR als *Unrechtsstaat* zu bezeichnen.[19]

Zehn Jahre später fand das Bundesverfassungsgericht im Dezember 2004 dann auch Gelegenheit, sich zum »nationalsozialistischen Unrecht« zu äußern. Das erfolgte in einem Beschluss des 1. Senats, mit dem die Klage polnischer Zwangsarbeiter auf Schadensersatz und Schmerzensgeld für erlittenes Leid im IG-Farbenbetrieb in Auschwitz-Monowitz »nicht zur Entscheidung angenommen« wurde.[20]

Der wissenschaftliche Dienst des Deutschen Bundestages erklärte auf Anfrage 2008: »Eine wissenschaftliche haltbare Definition der Begriffes ›Unrechtsstaat‹ gibt es weder in der Rechtswissenschaft noch in den Sozial- und Geisteswissenschaften.«[21]

Folglich steht der Begriff »Unrechtsstaat«, der jedem linientreuen Politiker und Bürger der Bundesrepublik – wenn es um die DDR geht – abverlangt wird, auch nicht im Duden.

Die Benutzung oder Nichtbenutzung ideologischer Kampfbegriffe ist zum obligatorischen Bewertungskriterium für demokratische Gesinnung verkommen. Nach dem politischen und medialen Dogma steht jeder am Pranger, der bei einer Bemerkung über die DDR nicht einen der vorgegebenen Phrasen wie *Unrechtsstaat* oder *Diktatur* benutzt. Zu den zahllosen Beispielen für diese Praxis gehört auch die Belehrung der Schriftstellerin Christa Wolf durch die *Spiegel*-Redakteure Susanne Bayer und Volker Hage. In einem Interview hielten sie ihr vor, dass Herr Gauck die DDR unumwunden als Diktatur bezeichne. »Damit«, so hoben sie hervor, »gewinnt er die Freiheit, auch Freundliches über das Alltagsleben in diesem Staat zu sagen, von positiven Erinnerungen und von Verlusten zu erzählen«.[23]

Im gleichen Sinne wurde allein die Tatsache, dass ein Künstler bei seinen Dankesworten anlässlich einer Auszeichnung auf seine gute Ausbildung an einer Hochschule der DDR verwies, in der *Berliner Zeitung* als Eklat bezeichnet.[24]

Die Denkweise solcher Journalisten ist signifikant für die derzeitige Kultur des Umgangs der bürgerlichen Politik und ihrer Medien mit der Wahrheit über den Sozialismus und die DDR. Nur wer vorher abschwört, sich abgrenzt, dem wird erlaubt, etwas mehr zu sagen. Man erinnert sich an religiöse Verteufelungen oder auch an den von Schiller im »Tell« beschriebenen »Hut auf der Stange«, vor dem sich jeder zu verbeugen hatte, wenn er daran vorbeiging. Wir begegnen immer öfter einer kaum noch subtil zu nennenden Form von Gesinnungszwang. Vor zwei Jahrzehnten schrieb Wolfgang Schäuble, er erlebte, »dass die Einführung eines Kampfbegriffes, der haften bleibt, für die Erfolgschancen eines sachlich begründeten Unternehmens tödlich sein kann«.[25]

In diesem Sine wird verfahren.

Wie die Wahrheit zur Strecke gebracht wurde – oder: Wie der Mantel der Geschichte bemüht wird

Seit Jahrhunderten bleiben Interessen und Aktionen der Herrschenden über lange Perioden im Dunkeln oder bleiben ewig verborgen. Vor über 300 Jahren geißelte der Moralist Jean de La

Bruyère das oft hohle Geschwätz und die Neuigkeitskrämerei der Politik, die den Blick auf den Kern der Dinge vernebeln. Gut hundert Jahre später nannte Goethe im »Faust« das politische Gerede »ein garstiges Lied« und fügte hinzu: »Ich halt es wenigstens für reiflichen Gewinn, dass ich nicht Kaiser oder Kanzler bin.«

Die Veröffentlichungen diplomatischer Korrespondenz durch Wikileaks im November 2010 belegten die Aktualität dieser Urteile aus früheren Jahrhunderten. Sie bezeugten, wie respektlos, skrupellos und geschwätzig Diplomaten der Großmacht USA andere Völker und Politiker »bewerten«. Die zumeist würdelose Reaktion der betroffenen deutschen Politiker – die ihren Ärger verbargen, nicht aufmuckten, nicht einmal mit einer Wimper zuckten, sondern sich vor der Großmacht beugten und den peinlichen Vorgang abwiegelten – bestätigen Goethes Gedanken vom reiflichen Gewinn, kein Amtsträger zu sein. Nicht auszuschließen ist jedoch auch, dass die zur Schau getragene Gelassenheit daraus resultiert, dass im deutschen diplomatischen Dienst in ähnlicher Weise mit Anderen umgegangen wird.

Von Bismarck, dem Eisernen Kanzler und Vorbild manchen Politikers des 21. Jahrhunderts, ist das Bekenntnis überliefert, nie werde mehr gelogen als während eines Krieges, vor einer Scheidung und nach einer Jagd. Im politischen Geschäft kannte sich Bismarck in seiner Zeit wie kein Zweiter aus. Mit seiner Erkenntnis: »Soll Revolution sein, so wollen wir sie lieber machen als erleiden«[26], hat er möglicherweise die Gestalter der in der Ukraine und in Georgien inszenierten, als orangene und Rosenrevolution bezeichneten Aktionen inspiriert. Es handelte sich um die in den USA ansässigen Freedom House-, Soros- und andere subversiven »Stiftungen«. Nach deren eigenem Bekunden besteht ihre Mission darin, »Regimewechsel von innen zu bewirken durch Ausbildung junger Intellektueller, durch Infrastruktur, Kontakte, Geld«.[27]

Naomi Klein hat mit ihrem bemerkenswerten Buch »Die Schocktherapie«[28] in diesem Zusammenhang wichtige Beweise dafür publiziert, wie die neoliberalen Zentren des Kapitalismus mit Mitteln der Gewalt, der Bestechung, mit psychologisch untersetzter Täuschung und Manipulierung der Massen – vom Sturz Salvador Allendes 1973 bis zum Zerfall des sozialistischen Systems in Europa –, gegen alles, was ihren Interessen entgegenstand, vorgegangen sind. Erwähnenswert ist in diesem Zusammenhang auch der Rat, den Marcel Reich-Ranicki 1956 Opponenten der DDR-Politik gab, »sie mögen ihre letzten Absichten verborgen halten«.[29] Der engste

Ratgeber des KPdSU-Generalsekretärs Michail S. Gorbatschow, Alexander Jakowlew, hielt nach eigener Darstellung es für angemessen, »um Glasnost (*Offenheit, Transparenz – H. G.*) mitunter im Geheimen zu kämpfen und zu unterschiedlichen Tricks, gar zur primitiven Lüge Zuflucht zu nehmen«.[30]

Ein diabolisches Meisterstück Bismarcks ging als *Emser Depesche* in die Geschichte ein. Im Vorfeld des deutsch-französischen Krieges hatte Bismarck ein Telegramm seines Mitarbeiters über ein Gespräch des preußischen Königs mit dem französischen Botschafter vom 12. Juli 1870 durch »Kürzungen« so verändert und verschärft, dass dessen Veröffentlichung in Frankreich provozierend wirkte. Sieben Tage nach dem Absetzen der Depesche brach der von Bismarck gewollte Krieg aus. In dessen Ergebnis wurde am 18. Januar 1871 im symbolträchtigen Schloss zu Versailles der preußische König zum deutschen Kaiser proklamiert und das Deutsche Reich als erster deutscher Nationalstaat gegründet. Mit der Kaiserproklamation wurden Tatsachen geschaffen, ehe noch der Reichstag die Chance erhielt, eine Reichsverfassung zu beraten. Ein Chronist bemerkte dazu: »So wurde auf unübersehbare Weise dargestellt, wie der Nationalstaat zustande gekommen war: durch Waffen, nicht durch Wahlen. [...] Niemandem waren wohl mehr als Bismarck Gewaltsamkeit und Brüchigkeit des Versailler Staatsaktes bewusst.«[31]

Folgt man der oft gewählten Terminologie von Altkanzler Helmut Kohl, hatte Otto von Bismarck damals den *Mantel der Geschichte* ergriffen. Am 31. Oktober 2009 veröffentlichte Kohl einen Aufsatz, in dem er mitteilte: »Ich zitiere für die Situation, in der ich mich damals (*1989 – H. G.*) wiederfand, gern Otto von Bismarck, denn es gibt kein besseres Bild: ›Wenn der Mantel der Geschichte wehe, müsse man zuspringen und ihn festhalten. Dafür müssen drei Voraussetzungen gegeben sein: Erstens muss man einen Blick dafür haben, dass es den Mantel Gottes gibt. Zweitens muss man ihn spüren, den historischen Moment, und drittens muss man springen und ihn festhalten (wollen).‹«[32] So verblümt und verklärt, wie Kohl das schildert, war es wohl weder 1871 und sicher auch nicht 1989. Tatsächlich hat Bismarck den Preußenkönig Wilhelm I. in die kaiserliche Rolle gedrängt, hatte ihm gar noch am Vorabend angedeutet, man könne auch, wenn es dem Hohen Herren missfalle, auf die Proklamation des Kaiserreiches verzichten.[33]

Seiner Frau beschrieb Bismarck den in Bildern so heroisch erscheinenden Akt drei Tage später in einem Brief außerordentlich profan: »Diese Kaisergeburt war eine schwere, und Könige haben in solchen Zeiten ihre wunderlichen Gelüste wie Frauen, bevor sie der Welt hergeben, was sie doch nicht behalten wollen. Ich habe als Accoucheur (*Geburtshelfer – H. G.*) mehrmals das dringende Bedürfnis, eine Bombe zu sein und zu platzen, dass der ganze Bau in Trümmer gegangen wäre. Nötige Geschäfte greifen mich wenig an, aber die unnötigen verbittern.«[34]

Derartige Querelen der historisch zweifellos herangereiften Reichsgründung blieben damals im Hintergrund. Mit Glockenläuten und Kanonenschüssen wurde die Proklamation gefeiert. Im Rausch nationaler Begeisterung wurde wenige Wochen nach dem Siege im März 1871 der erste deutsche Reichstag gewählt.

Vielleicht erinnerte sich Altkanzler Kohl auch daran. Schließlich hatte er es mit der ersten Wahl zu einem gesamtdeutschen Bundestag mehr als eilig. In Sorge um die Verschlechterung des innenpolitischen Klimas nach dem Vereinigungsrausch vom Oktober 1990 drängte Kohl darauf, die ursprünglich für den 13. Januar 1991 vorgesehenen Bundestagswahlen auf den 2. Dezember 1990 vorzuverlegen. Ein Zeitvorsprung von 42 Tagen war dem Altkanzler von derartigem spezifischen Gewicht, dass terminlich Vereinbartes umgestoßen wurde, um ja den »Mantel der Geschichte« in der eigenen Hand zu behalten.

Als Bismarck zwei Jahrzehnte nach der Reichsgründung seine Memoiren zu Papier brachte, räumte er ein: »Über die Fehler, welche in der auswärtigen Politik begangen wurden, wird sich die öffentliche Meinung in der Regel erst klar, wenn sie auf die Geschichte eines Menschenalters zurückzublicken im Stande ist.«[35] Die Überdeckung politischer Motive, Interessen und Aktionen vollzieht sich seit Bismarck nicht selten in weit längeren Fristen als denen eines Lebensalters. Bekanntlich wurde selbst die Veröffentlichung des dritten Bandes der »Gedanken und Erinnerungen« Bismarcks über mehr als ein Vierteljahrhundert verhindert.

Der Fortbestand des Deutschen Reiches – oder: Wie alt ist die Bundesrepublik?

An die Reichsgründung 1871 wird hier nicht ohne Grund erinnert. 2009 wurde in der Bundesrepublik als Jahr der Jubiläen begangen. Sechzig Jahre zuvor waren im Ergebnis der Nachkriegsgeschichte die Bundesrepublik und die Deutsche Demokratische Republik entstanden, zwanzig Jahre waren seit dem »Mauerfall« vergangen. Wer am Ende des Jubiläumsjahres ein Resümee des zu Feiernden und des Gefeierten ziehen mochte, stellte – im Grunde erwartungsgemäß – fest, dass gegenüber der DDR der alte Delegitimierungskurs künstlich und künstlerisch mit großem Aufwand verstärkt und weitergeführt wurde. Nichts, aber auch gar nichts erinnerte daran, dass die Bundesrepublik Deutschland mit der Deutschen Demokratischen Republik im Dezember 1972 einen Grundlagenvertrag abgeschlossen hatte, der – von den Parlamenten beider Staaten bestätigt und vom Bundesverfassungsgericht abgesegnet – geregelt hatte, dass beide Staaten »normale gutnachbarliche Beziehungen zueinander auf der Grundlage der Gleichberechtigung« entwickeln und sich vom Prinzip der »Gleichheit aller Staaten« und der »Nichtdiskriminierung« leiten lassen.[36] In welch herablassender, unsachlicher und diskriminierenden Weise verbreiten sich heute, wie allerwärts festzustellen ist, die Bundesrepublik und ihre Repräsentanten über ihren damaligen Vertragspartner?

Wie, so fragte man sich aber auch, verhält es sich mit dem Jahrestag der Bundesrepublik? Im Mai 2009 fand lediglich eine Veranstaltung im Bundestag zum Grundgesetz statt. War es in dem Jahr der hypertrophierten Feiern zum Mauerfall ein Akt der Bescheidenheit, 60 Jahre Bundesrepublik so im Vorübergehen zu erledigen? Wann ist denn dieser heutige deutsche Staat gegründet worden?

Die Entscheidung über ein Verfassungsdokument – das Grundgesetz – am 23. Mai 1949 war für sich gesehen bedeutsam, aber es war kein Staatsgründungsakt!

Recht verschämt, zumeist nebulös werden in der öffentlichen Darstellung – auch in Reden zu Jahrestagen der Bundesrepublik – historische Hintergründe vernachlässigt, verdrängt, verschleiert. Übergangen wird dabei in der Regel, dass der heutige deutsche Staat im Selbstverständnis und in seiner verfassungsrechtlichen Begründung auf dem Fundament ruht, das nach der Niederlage Frankreichs 1871 als Deutsches Reich gegründet wurde. Offensichtlich spricht man nicht gern darüber.

Das 1949 beschlossene Grundgesetz der Bundesrepublik sagte damals und sagt auch heute, trotz vieler Änderungen, zur historischen Begründung des Staates Deutschland nichts aus.[37]

Erst ein Vierteljahrhundert nach der Annahme des Grundgesetzes gab die Klage des Landes Bayern gegen den Grundlagenvertrag zwischen der BRD und der DDR dem Bundesverfassungsgericht Anlass, den historischen Hintergrund der Bundesrepublik aufzuhellen. Mit seinem Urteil vom 31. Juli 1973 hat das BVG die Identität der Bundesrepublik Deutschland mit dem 1871 gegründeten Deutschen Reich festgestellt. In diesem Grundsatzurteil ist zu lesen: »Das Deutsche Reich existiert fort, besitzt nach wie vor Rechtsfähigkeit. [...] Mit der Errichtung der Bundesrepublik Deutschland wurde nicht ein neuer westdeutscher Staat gegründet, sondern ein Teil Deutschlands neu organisiert. [...] Die Bundesrepublik Deutschland ist also nicht Rechtsnachfolger des Deutschen Reiches, sondern als Staat identisch mit dem Staat Deutsches Reich.«[38]

Mit diesem Urteil hat sich das Bundesverfassungsgericht zweifelsfrei der These vom Fortbestand des Deutschen Reiches angeschlossen. Das erfolgte allerdings, ohne den Urheber dieser Auffassung und die Umstände zu nennen, unter denen diese These hervorgebracht wurde. Die Zurückhaltung des BVG hat Gründe. Schließlich trägt die ursprüngliche Fassung dieser These das Datum 22. Mai 1945. Sie lautet:

»1. Das Deutsche Reich hat am 8. Mai 1945 nur militärisch kapituliert und existiere daher völkerrechtlich weiter.

2. Eine debellatio (*Kriegsbeendigung durch militärische Vernichtung des Gegners und Zerschlagung seiner Organisation – H. G.*) habe nicht stattgefunden.«[39]

Der geistige Vater dieser Ideenkonstruktion vom Fortbestand des Deutschen Reiches war SS-Obergruppenführer Dr. Wilhelm Stuckart. Im kurzlebigen Kabinett des Hitler-Nachfolgers Dönitz war er Reichsminister für Inneres. Bekannt und vom Nürnberger Gerichtshof verurteilt wurde Dr. Wilhelm Stuckart wegen Verbrechen gegen die Menschlichkeit – er war Ausrichter der berüchtigten Wannseekonferenz zur »Endlösung der Judenfrage« und, gemeinsam mit dem nachmaligen Bonner Staatssekretär Hans Maria Globke, Autor des Kommentars zu den berüchtigten Nürnberger Rassegesetzen. In wessen Auftrag, mit welcher Vollmacht brachte Stuckart diese Position zu Papier?

Das Stuckart-Zeugnis vom Mai 1945 war das letzte Dokument der letzten Nazi-Regierung. Karl Dönitz, Oberbefehlshaber der Kriegsmarine, war von Hitler in den letzten Kriegstagen zum »Staatsoberhaupt des Deutschen Reiches und Oberbefehlshaber der Wehrmacht« bestimmt worden. Dönitz nahm dieses Amt an. Am 1. Mai 1945, als jeder normale Mensch auf ein Ende des mörderischen Krieges hoffte, erklärte dieser vom faschistischen Geist beseelte Kriegsherr: »Meine Aufgabe ist es, deutsche Menschen vor der Vernichtung durch den vorwärts drängenden bolschewistischen Feind zu retten. Nur für dieses Ziel geht der militärische Kampf weiter.«[40]

Ausgehend davon erteilte Dönitz in den letzten Kriegstagen grausame Durchhaltebefehle. Marinekriegsgerichte fällten auf dieser Basis Todesurteile wegen Fahnenflucht und Wehrkraftzersetzung. Dönitz, der noch Mitte Mai 1945 verlangte, »die wahre Volksgemeinschaft, die der Nationalsozialismus geschaffen hat, muss erhalten bleiben«[41], bildete eine Regierung, die zunächst im holsteinischen Eutin, ab dem 3. Mai und auch nach der Kapitulation am 8. Mai 1945 bis zum 23. Mai 1945 – von der britischen Besatzungsmacht unbehelligt – in Flensburg residierte. In dieser »Regierung« war Dr. Wilhelm Stuckart also Reichsminister für Inneres und verantwortlich für Verfassungsrechtsfragen.

Den Nürnberger Prozess überstand Stuckart bei Haftverschonung im Krankenhaus. 1950 wurde er in Niedersachsen als Mitläufer »entnazifiziert«. Ausgestattet mit dem Ruhegehalt eines Reichsministers engagierte sich dieser Vordenker der Fortbestandsidee des Deutschen Reiches im Vorstand des niedersächsischen Bundes der Heimatvertriebenen.

Angesichts dieser Tatsachen drängen sich zumindest zwei Fragen auf. Erstens: War es Zufall oder ein Akt bewusster Kontinuität, dass als Tag der Annahme des Grundgesetzes der Bundesrepublik Deutschland der 23. Mai ausgewählt wurde, also jener Tag, an dem die Reichsregierung des Großadmirals Dönitz 1945 ihre Tätigkeit einstellen musste? Zweitens: Wie und wann ist also der Gründungstag des Deutschen Staates zu begehen?

Folgt man der Logik des Urteils des Bundesverfassungsgerichts, wäre das entscheidende Datum der 18. Januar 1871, der Tag der Kaiserproklamation in Versailles. Die Verfassung des Deutschen Reiches trat am 16. April 1871 in Kraft.[42]

Demzufolge wäre das Jahr 2011 das 140. der nunmehrigen Bundesrepublik Deutschland!

Halbwertzeiten politischer Darstellungen – oder: Nur schwer kommt Licht ins Dunkel

In den letzten Jahrzehnten sind die Möglichkeiten der Information im erstaunlichen Maße gewachsen. Das hat allerdings keinesfalls dazu geführt, dass über wesentliche politische Ereignisse schneller, korrekter, wahrheitsgerechter informiert wird. Hinter jeder historischen Darstellung versteckt sich zumeist eine Geschichte hinter der Geschichte. Dieser Hintergrund gelangt oft erst mit erheblicher

Zeitverzögerung – wenn überhaupt – in das Blickfeld der Öffentlichkeit. Nicht nur in der Physik, auch im Feld der Politik rechnet man inzwischen mit Halbwertzeiten, also Zeiten, in der eine Aktion, eine Entscheidung oder Handlung soweit an Relevanz abgenommen hat, dass man sie der Öffentlichkeit präsentieren kann.

Über lange Zeit galt in den staatlichen Archiven eine maximale Sperrfrist (Halbwertzeit) von 30 Jahren. Das hat sich geändert. Viele Akten der Bundesrepublik bleiben inzwischen länger als 30 Jahre verschlossen. Wie aus einem Bericht hervorgeht, hält die Bundesregierung noch etwa 7,5 Millionen Akten weiter unter Verschluss. (In dieser Zahl sind die der Einsicht entzogenen Unterlagen der Geheimdienste *nicht* berücksichtigt.)[43]

Das Bundesverfassungsgericht belegt einen Teil seiner Akten – so zum Beispiel zum KP-Urteil von 1956 – mit einer Sperrfrist von fast hundert Jahren. Hingegen wurde ein erheblicher Teil der archivierten Unterlagen aus der DDR am Tage der Verfügungsgewalt von der Bundesrepublik auf den Markt, recht oft auch in das Haifischbecken des Sensationsjournalismus geworfen.

Halbwertzeiten politischer Hintergründe sind und bleiben recht verschiedenartig. Einige wenige Beispiele dafür seien nachfolgend angeführt.

Die Halbwertzeit der Wahrheit über die Tonkin-Affäre von 1964 ist heute mit etwa 40 Jahren zu bemessen. Es ging dabei um den von den USA genannten Vorwand für ihre völkerrechtswidrigen Handlungen im Vietnamkrieg. Schon über Jahre hatten die USA das südvietnamesische Regime mit Waffenlieferungen, mit Militärausbildern und logistisch in der Auseinandersetzung mit der Volksrepublik Vietnam unterstützt. Am 5. August 1964 traten die USA unmittelbar in Kampfhandlungen ein. 30 trägergestützte Flugzeuge bombardierten nordvietnamesische Küstenstädte. US-Präsident Lyndon B. Johnson hatte am Morgen jenes Tages Angriffe mit der Begründung angekündigt, sie wären die Reaktion auf eine Torpedobootattacke Nordvietnams auf die US-Kriegsschiffe »Maddox« und »Turner Joy« im Golf von Tonkin am Vortag.

Am 7. August verabschiedete der US-Kongress eine »Tonkin-Resolution«. Damit erhielt das US-Militär Vollmacht, »alle notwendigen Schritte zu unternehmen, einschließlich des Gebrauchs bewaffneter Gewalt, um jedes Mitglied des […] Südostasiatischen kollektiven Verteidigungsvertrages […] in der Verteidigung der Freiheit« zu unterstützen. Die Tatsache, dass alle 416 Abgeordneten des US-Repräsentantenhauses und 88 der 90 abstimmenden Senatoren dieser Resolution ihre Zustimmung gaben, wirft – wenn man die Folgen dieser Entscheidung betrachtet – ein bezeichnendes Bild auf amerikanische Demokratie- und Freiheitsvorstellungen.

Später hob der Außenminister der Nixon-Regierung, Henry A. Kissinger, ein wenig den Schleier über die Kriegsmotive der Johnson-Administration. Er schrieb: »Unsere Vorgänger hatten diesen Kampf in dem naiven Glauben begonnen, der grausame Bürgerkrieg könnte die Entscheidung eines weltweiten Problems bringen.«[44] Es ging, so ist diese Aussage wohl zu deuten, den USA in Vietnam um ein globales Problem, um die Systemauseinandersetzung mit dem Sozialismus. Deshalb setzten sie eine gewaltige Militärmaschinerie mit einer halben Million amerikanischer Soldaten ein, von denen mehr als 30.000 ihr Leben verloren.

Eine barbarische Militäroperation begann 1964. Ganze Landstriche wurden mit Giften verseucht, Millionen unschuldige Opfer, vornehmlich Vietnamesen, klagen bis heute an. Amerika geriet, wie Kissinger notierte, im Verlaufe dieses Krieges in eine »Periode des Zweifels an sich selbst und des Selbsthasses. [...] Die 60er Jahre erlebten das Ende unserer Unschuld«.[45]

Es sei dahingestellt, ob die von Kissinger erwähnte *Unschuld* der USA-Politik vor den 60er Jahren existierte oder eher rhetorische Floskel war.

Dass der Tonkin-Zwischenfall ein vorgeschobener Kriegsgrund war, wurde schon früh vermutet. 1971 gab es eine erste Veröffentlichung in den USA, die den Verdacht stützte. Die US-Regierung aber blieb lange bei ihrer Version. Am 30. November 2005 gab die Nationale Sicherheitsbehörde der USA (NSA) 140 ausgewählte geheime Dokumente frei, die – wenn auch nur indirekt – bestätigten, dass die Begründung des Vietnamkrieges durch die US-Regierung auf einer Falschmeldung, also auf einer Lüge basierte. Der angebliche Torpedoangriff auf die US-Kriegsschiffe am 4. August 1964 hatte nicht stattgefunden. Wann wird die ganze Wahrheit zutage treten?

Daniel Ellsberg gehört zu den wenigen, die sich im Pentagon und im US-Außenministerium mit den internen Unterlagen des Vietnamkrieges beschäftigen konnten und darüber geschrieben haben. 2002 hat er darüber ein Buch veröffentlicht.[46] Darin schreibt er: »Die Vorstellung, dass Präsidenten lügen, und zwar viel mehr lügen, als jemand sich von außen einfach vorstellen konnte, beeindruckte die Leute. [...] Man wusste natürlich irgendwie, dass Politiker manchmal lügen, dass sie betrügen und verführen und uns irre leiten, aber die Papiere beweisen, wie sehr und wie unaufhörlich.« Nicht allein die an den Haaren herbeigezogene Begründung des Irak-Krieges durch die Bush-Regierung bestätigte, dass Daniel Ellsberg der Wahrheit sehr nahe sein muss.

1973 waren die USA auf Grund der militärischen Erfolge der vietnamesischen Volksbefreiungsbewegung gezwungen, mit dem Abzug ihrer Truppen zu beginnen. Am 30. April 1975 wurde Saigon befreit. In den USA begann ein tiefes Nachdenken über die Niederlage in Vietnam. Mit militärischen Mitteln war die Systemauseinandersetzung mit dem Sozialismus nicht zu gewinnen. Neue Strategien wurden entwickelt und erprobt.

Es begann die große Zeit der »Chicagoer Schule«.

Nicht allein in den großen Dingen der Politik, wie bei den Ursachen von Kriegen, bleiben Hintergründe der Geschichte im Dunkeln. Das gilt auch für das Handeln und die Darstellung des Schicksals von Personen mit geheimdienstlichem Hintergrund. Zu den inzwischen bekannten Beispielen gehört der Fall des großen russischen Literaten Boris Pasternak.

1958 wurde sein Roman »Dr. Schiwago« mit dem Nobelpreis ausgezeichnet. Bald darauf wurde die Geschichte aufwendig verfilmt. Buch und Film gehörten lange Zeit zu den wichtigsten Objekten für antisowjetische Kampagnen. Jahre danach sickerte durch, dass der amerikanische Geheimdienst sich auf abenteuerliche Weise eines in italienischer Sprache existierenden Manuskriptes bemächtigt hatte. Der CIA ließ daraus eine russische Fassung anfertigen, weil das Nobelpreiskomitee Manuskripte nur in der Muttersprache eines Autors akzeptierte. Als Gewährsmann des CIA im Nobelpreiskomitee, der dieses Projekt promotete, ist inzwischen Dag Hammerskjöld benannt worden.[47] Wen wundert es da, dass dieser schwedische Politiker, der zu den Freunden des CIA-Chefs Allan Dulles gehörte, über viele Jahre bis zu seinem ungeklärten Tod 1961 den Posten des Generalsekretärs der Vereinten Nationen innehatte und 1961 den Friedensnobelpreis verliehen bekam?

»Doktor Schiwago« war kein Einzelfall, jedoch das Glanzstück einer umfassenden Geheimdienstoperation. Im Dezember 1977 war in der *New York Times* zu lesen, dass »US-Schlapphüte von den 40er bis in die 60er Jahre hinein im Kampf gegen das kommunistische Regime in Osteuropa an mindestens 1.000 Büchern beteiligt [waren]. Diese Liste ist niemals veröffentlicht worden, aber Werke des Physikers und Bürgerrechtlers Andrej Sacharow gehören dazu [...] – und eben Pasternak.«[48]

Man könnte dem hinzufügen, dass der bekannte, vielfach ausgezeichnete Schriftsteller Walter Kempowski Ende der 40er Jahre nicht aus Willkür von einem sowjetischen Militärtribunal verurteilt wurde, sondern – wie 2009 bekannt wurde – weil er für den damaligen amerikanischen Geheimdienst CIC in der sowjetischen Besatzungszone spioniert hatte. Auch die Journalisten, die davon wussten, verhinderten, dass darüber etwas bekannt wurde. Erst nach dem Tode des berühmten, stets zum Kreis der Opfer des Stalinismus gezählten Autors wurde die Sache publik.[49] Kritische Anmerkungen, die Kempowskis Mithäftling in Bautzen Hans Voelkner Jahre zuvor über Kempowski und dessen Buch »Im Block – ein Haftbericht« machte, wurden bewusst ignoriert.[50]

Im Verzeichnis der Bücher von Autoren, die auf mehreren Schultern trugen und/oder geheimdienstlich gesponsert wurden, steht natürlich nicht nur Weltliteratur, sondern erwartungsgemäß viel Mittelmaß und manche nur ihres antikommunistischen Gehaltes wegen in den Vordergrund gerückte Lehrlingsarbeit. Der Schriftsteller Wolfgang Schreyer, Jahrgang 1927, beschreibt in seinem Lebensrückblick eine Bezirksvorsitzende des Schriftstellerverbandes der DDR in den 60er Jahren. Sie gehörte zu den Funktionären der CDU in der DDR. 1979 wurde sie mit dem Vaterländischen Verdienstorden ausgezeichnet. Im CDU-Organ *Neue Zeit* publizierte sie Bekenntnisse zum Sozialismus, darunter eine Lobpreisung Walter Ulbrichts unter dem schwülstigen Titel »Mein Weg zu ihm«. In gleicher Zeit verfasste sie unter Pseudonym, vermittelt durch westdeutsche Journalisten, Skizzen und Reportagen für den *Sender Freies Berlin (SFB).* Wolfgang Schreyer erfuhr davon nach 1990, zehn Jahre später machte er sein Wissen öffentlich.[51] Die doppelzüngige Schriftstellerin war bereits 1981 verstorben.

Wer diese Hintergründe kennt, fragt sich, weshalb die Stadt Magdeburg 2006 Grund dafür fand, eine Straße im Stadtteil Prester nach dieser Christa Johannsen zu benennen. Sicher ist das nicht die einzige deutsche Doppelzünglerstraße.

Man könnte in die Reihe jüngster »Offenbarungen« auch jene über eine Aktion Adenauers anfügen, über die der daran beteiligte Mitarbeiter der CIA Dino A. Brugioni im Januar 2009 in einem Fernsehbericht aussagte. Damit wurde mit einer Zeitverzögerung von etwa 55 Jahren ein in der internationalen Diplomatie seltener Coup der USA bekannt.

Das Flugzeug, mit dem Adenauer am 8. September 1955 nach Moskau flog, wurde mit ausdrücklicher Billigung des Kanzlers auf einem Militärflugplatz in Ohio mit Spezialkameras ausgerüstet, um die Gelegenheit des Staatsbesuches zu nutzen, Verteidigungsstellungen im Umkreis der sowjetischen Hauptstadt aus niedrigen Höhen auszuspähen. Der Kapitän des deutschen Regierungsflugzeuges gehörte zu den amerikanischen Freunden des Bundeskanlers.

Nach der Ankunft auf dem Moskauer Flugplatz flog die leere Maschine sofort zurück, damit noch am gleichen Abend die strategisch wichtigen Filme auf der US-Luftwaffenbasis in Wiesbaden entwickelt werden konnten. Bis heute ist – wie Brugioni mitteilte – dieses »historische« Filmmaterial, das den deutschen Bundeskanzler als verdeckten Ermittler der USA offenbarte, unter Verschluss.[52]

Der Weg zur historischen Wahrheit, zu den Geschichten hinter der Geschichte, ist lang, und er hat Stolpersteine, Schlaglöcher und unbeleuchtete Tunnel. Bei der Tonkin-Affäre währte dieser Weg annähernd 40 Jahre. Bei Pasternak 50 Jahre, bei Adenauers Moskau-Aufklärung 55 Jahre und bei Kempowskis Agentennachweis 60 Jahre. Die Aufdeckung der Naziverstrickung und seiner Spitzeltätigkeit für den Nazisicherheitsdienst des in der Bundesrepublik hoch dekorierten Präsidenten des Deutschen Sportbundes Willi Daume besaß eine Halbwertzeit von annähernd 70 Jahren.[53]

Oft wird zu Recht nach den Hintergründen, nach äußeren und inneren Ursachen des Sturzes des sozialistischen Systems in Europa gefragt. Nach den sich inzwischen eingebürgerten Halbwertzeiten der Aufklärung von Hintergrundmaterialien wird vor 2040/50 dazu kaum etwas zu erwarten sein.

Über die »heißen Sachen« dieser – wie die Abläufe erkennen lassen – groß angelegten, gut organisierten und psychologisch auf hohem Niveau gesteuerten Aktion gibt es u. a. in Publikationen des Leiters der Osteuropaabteilung des CIA in den 80er Jahren, Milton Bearden[54], einige vage Andeutungen. Alles wirklich Wichtige wird zweifellos lange, wenn nicht immer im Verborgenen bleiben.

Die DDR, ein Staat wie kein anderer – Zugzwänge und Schwierigkeiten mit dem »Großen Bruder«

Im 20. Jahrhundert sind im Ergebnis sehr verschiedenartiger historischer Prozesse mehr als hundert neue Staaten entstanden. So manche auch auf dem europäischen Territorium. Die Bildung der Deutschen Demokratischen Republik war ein Sonderfall nicht nur der europäischen Geschichte. Das nicht allein deshalb, weil sie im

Ergebnis von Kriegsereignissen und der damit verbundenen Teilung des Territoriums entstand. Ähnliche Ursachen führten zur Teilung Koreas und Vietnams. Indien musste nach der Erringung der Unabhängigkeit mit der Dreiteilung des ursprünglichen Territoriums nach spezifischen Lösungen für den staatlichen Aufbau suchen.

Was die DDR von diesen Staaten und von der 1949 gebildeten BRD unterschied, war zweifellos die Tatsache, dass – im Ergebnis von Vorentscheidungen der Mächte der Antihitlerkoalition (die unter völlig anderen als den tatsächlichen Entwicklungen der Nachkriegszeit entstanden waren) – in der Mitte seines Territoriums, mit Westberlin und den Zugangswegen (Luft-, Land- und Wasserkorridore) dahin ein Sondergebiet mit einem hoch sensiblen, über lange Zeit handlungsunfähigen internationalen Regelungsmechanismus existierte.

Diese in der Geschichte der Staaten der Welt einmalige Lösung war – wie in späteren Kapiteln näher behandelt wird – keinesfalls das Ergebnis kluger, in sich geschlossener weitsichtiger Überlegungen. Ganz im Gegenteil. Es war die fatale Folge dessen, dass die Ursprungskonzeption der Siegermächte für die Zukunft Deutschlands, aus der allein die Berlin-Regelung abgeleitet war, von den Westmächten spätestens 1947 aufgegeben wurde.

Als der Zweite Weltkrieg zu Ende ging, waren die Siegermächte sich darüber einig, dass sie bis zu einem Friedensvertrag die staatlichen Hoheitsrechte in Deutschland gemeinsam ausüben und dazu einen Alliierten Kontrollrat in Berlin installieren. Die Einteilung in Besatzungszonen geschah keinesfalls in Hinblick auf eine künftige Teilung Deutschlands, sondern als befristete Zwischenlösung. Die ursprünglichen Regelungen für Westberlin – so ist es in allen Dokumenten der ursprünglichen Nachkriegsregelungen der Alliierten zu lesen – erfolgten allein im Interesse einer gemeinsamen Verwaltung von Berlin aus als Sitz des Alliierten Kontrollrates. 1945 dachte niemand in Washington an die Bildung eines westdeutschen und niemand in Moskau an die Bildung eines ostdeutschen Staates.

Nach einer zeitlich begrenzten Besatzungszeit, in der die Entmilitarisierung und Entnazifizierung erfolgt und demokratische Strukturen eines künftigen deutschen Staates errichtet werden sollten, würde ein Friedensvertrag mit und für Gesamtdeutschland abgeschlossen werden. Das entsprach den gemeinsamen Vereinbarungen und dem in den Protokollen der internationalen Konferenzen festgehaltenen Geist der Beratungen der Siegermächte. Er entsprach auch den vitalen Sicherheitsinteressen der Sowjetunion, die im Kampf gegen den faschistischen Aggressor die Hauptlast zu tragen und die größten menschlichen und materiellen Verluste zu beklagen hatte.

Es ging allerdings nicht mehr korrekt zu zwischen den einstigen Verbündeten. Der Kalte Krieg begann. Mehr noch. »Zwischen 1945 und 1950«, schrieb der US-amerikanische Historiker Fritz Stern, »als die Bündnisse sich in ihr Gegenteil verkehrten und wachsende Zwietracht drohte, bildete sich eine neue westliche Ordnung heraus, und damit kündigte sich ein Wandel der Weltpolitik an«.[55]

Berlin sollte in der ersten Phase des Kalten Krieges zu einer zentralen Front der Auseinandersetzung der Großmächte werden.

Die Führung der UdSSR hielt auch in dieser Phase der Entwicklung an dem mit Churchill, Roosevelt, Truman und Attlee vereinbarten Konzept eines neutralen, demokratischen Gesamtdeutschland unbeirrt fest. Offensichtlich deshalb stellte sie auch in der kritischen Zeit 1948/49 solche Detailregelungen wie die Rechte der Westmächte in Berlin und die Tätigkeit eines Alliierten Kontrollrates für Deutschland nicht in Frage. Selbst als die Bundesrepublik gegründet war, kamen sowjetische Diplomaten mit der Nachricht nach Berlin, dass auch nach Gründung der Bundesrepublik die Aufgabe stünde, die »Tätigkeit des Kontrollrates als oberste Macht« zu reaktivieren und die internationale »Kommandantur in Berlin wieder herzustellen«.[56]

Mit der Annahme des Grundgesetzes der Bundesrepublik Deutschland und dem damit korrespondierenden Beschluss der Westmächte über das Besatzungsstatut und angesichts des öffentlich bekannten Wahltermins für den ersten Bundestag im Juli und der Kanzlerwahl im September 1949 wurde die Sowjetunion von ihren früheren Verbündeten und den sich inzwischen konsolidierten bürgerlichen westdeutschen Kräften in Zugzwang für eine adäquate Lösung in ihrem Besatzungsgebiet gebracht.

Eine Fortsetzung des Besatzungsregimes in ihrer Zone war unter den gegebenen Umständen kaum denkbar. Zwar waren bei einer Besprechung zwischen einer Delegation der SED und Stalin am 18. Dezember 1948 mögliche Reaktionen auf die Bildung eines Weststaates erörtert, jedoch war nichts definitiv entschieden worden, auch wenn man über eine mögliche Regierungsbildung sprach. Von einer Staatsgründung im Osten Deutschlands war bis in die letzte Septemberdekade 1949 jedenfalls keine Rede.

Wilhelm Pieck, der sich im Mai 1949 in Moskau aufhielt, versuchte vergeblich, mit Außenminister Wjatscheslaw M. Molotow das weitere Vorgehen in der sowjetischen Zone nach der Annahme des Bonner Grundgesetzes zu beraten. Er wurde weder zu Stalins Stellvertreter Molotow noch zu einem anderen Führungsmitglied der Sowjetunion vorgelassen.[57] Auch mit Wladimir S. Semjonow, dem politischen Berater der Sowjetischen Militäradministration (SMAD), welcher aktuell in Moskau weilte, um an Besprechungen zur Vorbereitung der Pariser Außenministerkonferenz teilzunehmen, fand keine Begegnung statt.

Erst in der zweiten Septemberhälfte 1949 fiel in Moskau die Entscheidung, einen Staat zu gründen. Damit verabschiedete man sich von der ursprünglichen Absicht, »eine provisorische deutsche Regierung der sowjetischen Besatzungszone« zu etablieren.[58] Das war ein qualitativer Unterschied von völkerrechtlicher Tragweite.

Festgestellt sei: Die Deutsche Demokratische Republik wäre so nie entstanden, wenn die Westmächte die Vereinbarungen von Jalta und Potsdam über Nachkriegsdeutschland nicht aufgekündigt und mit der Schaffung der Bundesrepublik ihren früheren Kriegsverbündeten, die UdSSR, unter Zugzwang gesetzt hätten.

Die Gründung der DDR erwies sich á la longue als Schlussstein im Bogen des sozialistischen Systems (der Warschauer Vertragsstaaten) in Europa. Daraus resultierten die strategische Bedeutung und zugleich die Sensibilität der DDR. Sie erwies sich unter den Bedingungen der Erhaltung und Gewährleistung der nach dem Zweiten Weltkrieg über mehr als vier Jahrzehnte als Status quo bezeichneten Interessenabgrenzung der Großmächte in Europa als unverzichtbar. Der Staat DDR genoss wegen dieser speziellen Position, aber auch aufgrund seiner unverkennbaren politischen, wirtschaftlichen und sozialen Leistungen in den internationalen Beziehungen über lange Zeit hohe Akzeptanz.

In der Literatur ist inzwischen oft beschrieben worden, dass es, solange die DDR existierte, in Moskau zwei Linien gegenüber der DDR gab. Die einen sahen – wie auch Stalin – in der DDR eher ein Provisorium, mit dem im internationalen Verhandlungspoker politisch wie ökonomisch operiert werden konnte. Die andere Linie lief auf eine fest in das sozialistische System integrierte, in engen Bündnisbeziehungen verknüpfte starke DDR hinaus. Das Spannungsfeld zwischen diesen beiden Perspektiven im Zentrum des Hauptverbündeten bildete in fast allen Phasen der Entwicklung der DDR den Hintergrund für strategische Unsicherheiten. Es verursachte Instabilität. Das blieb über Jahrzehnte der Öffentlichkeit, auch der bürgerlichen Geschichtsschreibung, verborgen. Der bereits zitierte Fritz Stern bekannte in einer 2007 in New York erschienenen Arbeit freimütig: »Die Beziehungen zwischen der DDR und den Russen waren [...] komplizierter, als wir damals möglicherweise annahmen.«[59]

Das Problematische dieses Aspekts bestand für die Verantwortlichen der DDR darin, dass es dazu *nie* ein – unter Gleichgesinnten zu erwartendes – offenes Gespräch gab. Es gehörte in fast allen entscheidenden Situationen zum Bestandteil des sowjetischen Herangehens, die Repräsentanten der DDR über Initiativen, die vitale Interessen der DDR berührten, *nicht* in die Entscheidungsfindung einzubeziehen und sie *zu oft* vor vollendete Tatsachen zu stellen.

Als mit der Stalin-Note vom März 1952 den Westmächten und der Bundesrepublik erneut ein Angebot für eine gesamtdeutsche Lösung unterbreitet wurde, erfuhren das der Präsident und die Regierung der DDR erst nach deren Veröffentlichung. Das war, wie der Diplomat Valentin M. Falin bestätigte, »mit Ost-Berlin nicht vorsorglich abgesprochen«.[60]

Unmittelbar nach dem Tod Stalins sandte der sowjetische Innenminister und Geheimdienstchef Lawrenti P. Beria seine Abgesandten in die BRD mit dem Auftrag, die DDR für eine zweistellige Milliardensumme zum Kauf anzubieten.[61]

Am Ende der 60er Jahre richtete mit Zustimmung Breshnews der sowjetische Nachrichtendienst KGB einen geheimen Kanal nach Bonn zur Erörterung von Fragen der deutschen Nachkriegsordnung ein. Er führte hinter dem Rücken der DDR zum Bundeskanzleramt und wurde später nach Washington verlängert.[62]

Lediglich in der Amtszeit von Nikita S. Chruschtschow von 1953 bis 1964 entwickelte sich – wenngleich auch nicht widerspruchsfrei – in der Moskauer Führung eine andere Haltung. Die DDR wurde zunehmend als Bündnispartner behandelt und etwa von Reparationsbelastungen befreit. Moskau übertrug ihr Souveränitätsrechte, der Handlungsspielraum der DDR-Organe wurde erkennbar größer. Die Wirtschaftsbeziehungen verbesserten sich, und der Handlungsspielraum der DDR-Politiker wurde unverkennbar größer.

Beeinflussten in den ersten Nachkriegsjahren vorrangig Sicherheitsinteressen der UdSSR die Haltung zur DDR und zu einer möglichen Vereinigung beider deutscher Staaten, so spielten – erstmals bei Beria 1953 und auch in späteren Situationen – ökonomische Motive eine Rolle. Das Bestreben Moskaus, sich »Luft zu verschaffen«, um inneren Schwierigkeiten, auch ökonomische Defizite, auf

Kosten eines Verbündeten zu beheben, diktierte manche Entscheidung. Beispiel: Zu Beginn der 80er Jahre befand sich die UdSSR in einer besonders schwierigen, im Kern krisenhaften Situation. Das internationale Wettrüsten hatte das ökonomische Potential der Sowjetunion überfordert. Nach den Berechnungen von Eric Hobsbawm, des britischen Sozialhistorikers, gaben die USA sieben Prozent ihres Bruttosozialproduktes für Verteidigungszwecke aus. Dagegen setzte die UdSSR etwa 25 Prozent ihres Bruttosozialproduktes ein, um das militärische Gleichgewicht im Kalten Krieg zu wahren.[63]

Anfang der 80er Jahre endete die Ära des annähernd zwei Jahrzehnte amtierenden Generalsekretärs des ZK der KPdSU Leonid Breshnew, die wohl berechtigt als eine Periode der Stagnation in der Geschichte der Sowjetunion bezeichnet wird. Seit seinem Amtsantritt im Oktober 1964 stoppte Breshnew die unter seinem Vorgänger Chruschtschow begonnenen Veränderungen in der Leitung der Gesellschaft, der Partei und des Staates sowie in den Beziehungen zu den Partnerstaaten und revitalisierte das alte Leitungssystem, das sich bereits in den 50er Jahren als überholt erwiesen hatte.

Rigoros und mit allen Mitteln bekämpfte die unter Breshnew gebildete sowjetische Führung Versuche schöpferischer Neugestaltung der politischen Systeme des Sozialismus in anderen Ländern der Gemeinschaft. Sowohl das Neue Ökonomische System der Planung und Leitung der Volkswirtschaft und die Veränderung der Beziehungen von Partei und Staat in der ersten Hälfte der 60er Jahre in der DDR als auch analoge Entwicklungen in anderen verbündeten Staaten wurden kompromisslos eliminiert. Das Beharren Breshnews und seiner Umgebung auf Althergebrachtem erwies sich als kontraproduktiv auch für die Entwicklung der Wirtschaft unter den Bedingungen der sich in der Welt vollziehenden wissenschaftlich-technischen Revolution. Nicht zuletzt wirkte die Politik Breshnews negativ auf die Beziehungen der Bürger der UdSSR zur politischen Macht, das Ansehen und die innere Stabilität der KPdSU gingen stetig verloren. Erstarrung lähmte bald das Land. Gleichgültigkeit und Korruption fanden unter diesen Umständen einen fruchtbaren Nährboden.

Die kaum noch tragbaren Belastungen durch das Wettrüsten und die Zunahme der politischen, wirtschaftlichen und sozialen Probleme im Innern führten dazu, dass in den 80er Jahren in Moskauer Kreisen eine Lösung der erkennbaren kritischen Situation eher in einem Arrangement mit den Westmächten als in einer konsequenten inneren Stabilisierung und Weiterentwicklung der sozialistischen Gemeinschaft gesucht wurde.

Der einflussreiche Vorsitzende des Wissenschaftlichen Rates des Außenministeriums, Prof. Wjatscheslaw I. Daschitschew, offenbarte 2006 seine damaligen Überlegungen. Der Kalte Krieg und die Hochrüstung seien zu einer untragbaren Last für die sowjetische Gesellschaft geworden. Das Schlüsselproblem zur Lösung dieser Aufgaben hätte nach seiner Meinung »natürlich darin [gelegen], die Möglichkeiten zur Überwindung der deutschen Teilung herauszufinden. Die Lösung des deutschen Problems hing vor allem von der Einstellung der Sowjetunion und der USA ab.«[64]

Gorbatschows Perestroika, Bushs NSR-3 – oder: Die DDR im Auge des Zyklons

Zweifellos befand sich die UdSSR aufgrund des Kalten Krieges, aber auch infolge der unter Breshnew sich ausbreitenden Stagnation und Verkrustung des politischen Systems in einer schwierigen Lage. Unbeantwortet bleibt bisher die wohl berechtigte Frage, warum die Entscheidungsträger dieses Riesenlandes, das zweifellos über beträchtliche natürliche Ressourcen und bedeutende wissenschaftliche Kapazitäten verfügte, in dieser Krisenlage nicht den Weg zu sozialistischen Werten, zu einer inneren Korrektur des sozialistischen Systems und zu einer effektiven Wirtschaftsstrategie suchten? Warum sprachen sie – weder mit den gewählten Gremien und den Bürgern ihres Landes noch mit ihren Bündnispartnern – *nie offen* über die Situation, über Risiken, Alternativen und mögliche Lösungsansätze? Es ging doch letztendlich um Schicksalsfragen vieler Völker.

Ist die Haltung allein damit zu erklären, dass es den führenden Persönlichkeiten an innerer Kraft fehlte, ihrer Verantwortung gerecht zu werden?

Oder muss man etwa davon ausgehen, dass Politiker mit hochgradigem Einfluss verhinderten, dass eine Revitalisierung einer wahrhaft sozialistischen Strategie in der UdSSR vorgenommen werden konnte?

Vor der amerikanischen Universität in Ankara hat Michail S. Gorbatschow, der von 1985 bis 1991 an der Spitze der Sowjetunion stand und in dieser Eigenschaft auch an der des Warschauer Vertrages, 1999 unverblümt bekannt, dass es ihm weder darum gegangen sei, den Sozialismus zu erneuern, noch darum, ihn zu erhalten. Er habe die uneingeschränkte Macht als Generalsekretär des ZK der KPdSU dazu genutzt, um das sozialistische System zu beseitigen. Wörtlich: »Mein Lebensziel war die Zerschlagung des Kommunismus, der eine unerträgliche Diktatur über das Volk ist. In dieser Haltung hat mich meine Ehefrau unterstützt und bestärkt. Am meisten konnte ich dafür in den höchsten Funktionen tun. Deshalb empfahl mir meine Frau Raissa, mich um höhere Funktionen zu bemühen. Als ich den Westen kennengelernt habe, war meine Meinung unumkehrbar. Ich musste die gesamte Führung der UdSSR entfernen. Ich musste auch die Führung in all den sozialistischen Staaten beseitigen. Mein Ideal war der Weg der sozialdemokratischen Parteien.«[65]

In der zeitgeschichtlichen Literatur wird seit mehr als einem Jahrzehnt darüber kontrovers debattiert, wann bei Gorbatschow der Kurs zur Aufgabe und schließlich zur Beseitigung des Sozialismus in Europa erkennbar wurde. Die Historiker Eberhard Czichon und Heinz Marohn, die am Ende der 90er Jahre eine vorzügliche Analyse der Vorgänge um die Niederlage der DDR vorgelegt haben (»Das Geschenk. Die DDR im Perestroika-Ausverkauf«), vertraten – offensichtlich ohne Kenntnis des Gorbatschow-Zitats vom Oktober 1999 in Ankara – die Auffassung, dass es »zunächst tatsächlich Gorbatschows Anliegen war, die Krise des frühen Sozialismus zu überwinden«.[66] Sie zitieren in diesem Zusammenhang allerdings auch die – ihrer Auffassung entgegenstehende – Feststellung des Gorbatschow-Beraters Georgi Ch. Schachnasarow, demzufolge sein Ziel, welchem sich der Generalsekretär letztlich angeschlossen hätte, in der Umwandlung des Sowjetsystems in einen Staat nach westlichem Muster gewesen sei.[67]

Egon Krenz beurteilte in seinen 2009 erschienenen »Gefängnisnotizen« das Gorbatschow-Zitat eher als eine nachträgliche Rechtfertigung. Er vermutet, Gorbatschow wäre »diese Erklärung erst eingefallen, als er Geschäftsmann wurde«. Gorbatschow wären die »Dinge seit 1985 einfach aus der Hand geglitten«.[68]

Unter Berufung auf Gorbatschows engstem Berater Anatoli Tschernjajew datierten Czichon und Marohn die Wende Gorbatschows von einer Erneuerung des Sozialismus hin zu dessen Beseitigung etwa auf das Jahr 1987.[69]

Der ungarisch-deutsche Autor Joseph Pozsgai vertrat 2006 dagegen die Auffassung, dass es seit Beginn der 80er Jahre einen Masterplan zur Überwindung des sowjetischen Systems gegeben hätte, wozu zwischen Moskau und Washington früh eine Übereinkunft über die Modalitäten eines solchen Übergangs getroffen worden sei. »Ohne eine solche verlässliche Absprache wäre es undenkbar gewesen, dass die Westmächte das risikoreiche Manöver Gorbatschows, den Abschied vom gescheiterten System ohne kritische Kommentare, ohne Spott und Häme und direkte Einmischung begleitet hätten, wie das tatsächlich geschah«.[70]

Pozsgai beurteilte es nicht als Zufall, dass Gorbatschow vor seinem Amtsantritt als Generalsekretär ausgedehnte Reisen nach Kanada (1981) und nach Großbritannien (1984) unternahm und auf beiden Reisen von Alexander Jakowlew begleitet wurde. Er stellte heraus, dass ein Teilnehmer eines vertraulichen Gespräches zwischen Gorbatschow und Margret Thatcher, der britischen Premierministerin, ihm übermittelt habe, Gorbatschow hätte dort erklärt: »Geben Sie mir vier Jahre, und ich werde die Sowjetunion politisch und wirtschaftlich umkrempeln.«[71]

Man mag Pozsgais Ausführungen skeptisch sehen. Erstaunlicherweise aber korrespondieren sie erkennbar mit Aussagen, die Gorbatschow in seinen 1996 erschienenen »Erinnerungen« machte. »Hätten wir die Fragen, die uns beschäftigen, bereits im April 1985 der Öffentlichkeit unterbreitet, […] so hätten wir kaum Zustimmung gefunden. Man hätte uns mehr oder weniger scharf widersprochen, uns als Phantasten hingestellt und schleunigst der Führung enthoben.«[72]

Am Ende seiner Tage als Präsident der Sowjetunion gab Gorbatschow am 13. Dezember 1991 dem amerikanischen Historiker Michael R. Beschloss und dem US-Diplomaten Nelson Strobidge (»Strobe«) Talbott ein Interview. Die Union der Sozialistischen Sowjetrepubliken war bereits zerschlagen. Die KPdSU hatte jeden Einfluss verloren, war öffentlich diskreditiert und in Russland verboten. Dem russischen Volk ging es schlechter denn je. Die Krise der UdSSR, die den Beginn seiner Amtszeit markierte, war zum Chaos mutiert. Ein kleiner Kreis künftiger Oligarchen bemächtigte sich des Eigentums, das die Völker der UdSSR unter schwierigsten Bedingungen erarbeitet hatten. Im Angesicht dieser Situation erklärte Gorbatschow den beiden Amerikanern: »Was meine Arbeit angeht, ich habe das wichtigste Ziel meines Lebens bereits erreicht. Ich habe meinen Frieden gefunden.«[73] War diese Aussage Ausdruck pathologischer Selbstzufriedenheit oder das Bekenntnis eines Täters?

Es wird dauern, bis eine endgültige, gesicherte Antwort dazu gegeben werden kann. Deshalb soll den unterschiedlichen Deutungen darüber – ob es Gorbatschow, wie er in Ankara erklärt hatte, von Anbeginn um die Zerstörung des Sozialismus ging, oder ob er wirklich als Erneuerer begann und später sein Scheitern mit demagogischen Erklärungen zum Sieg einer verdeckten Strategie umdeutete – keine neue Version hinzugefügt werden. Das Ergebnis spricht für sich. Wir erleben seit zwei Jahrzehnten, wie Michail S. Gorbatschow nunmehr vom Westen geehrt und von breiten Teilen seines Volkes verachtet wird. Das erleichtert das Urteil.

Zweifellos erwies sich das Jahr 1987 für die nachfolgende Entwicklung in der UdSSR und in den anderen Staaten des Warschauer Vertrages als ein bedeutenderer Moment, als ursprünglich zu vermuten war.

Es war das vorletzte Jahr der zweiten Amtszeit des amerikanischen Präsidenten Ronald Reagan. Vizepräsident George Bush nahm in den USA zunehmend die Zügel in die Hand und bereitete seinen Präsidentenwahlkampf vor. Mit Gorbatschow hatte sich Bush, der in den 70er Jahren den US-Geheimdienst CIA geführt hatte, erstmals im März 1985 anlässlich der Trauerfeier für den verstorbenen Generalsekretär Konstantin U. Tschernenko getroffen. Das nicht ohne Grund. Schon Monate vor dem Ableben Tschernenkos ging die CIA davon aus, dass Gorbatschow Tschernenkos Nachfolge antreten würde.[74] Bush konstatierte nach seiner ersten Begegnung mit Gorbatschow, dass dieser nicht an einer Konfrontation mit den USA interessiert sei.

Im Dezember 1987 besuchte Gorbatschow die USA. Auf der Fahrt zum Flughafen hatte er im Auto ein offensichtlich bedeutungsvolles intimes Gespräch mit Vizepräsident Bush. Bushs Biografen berichten, dass bei dieser Fahrt der Vizepräsident vertrauensvoll über seine Differenzen mit Präsident Reagan informiert habe. Reagan sei von »geistig minderbemittelten Gangstern« umgeben. Um im Wahlkampf nicht ein Opfer der Konservativen zu werden, müsse er, Bush, also »ordentlich auf die Pauke hauen, um gewählt zu werden«. Er bat daher Gorbatschow, er »solle solche Sprüche bitte einfach ignorieren«.[75]

Gorbatschow schilderte neun Jahre später in einer Publikation diese Fahrt aus seiner Sicht. »Zum Abschluss meines Besuchs (1987) begleitet mich der Vizepräsident der USA, George Bush, zum Flughafen. Zwar hatten wir bereits Gelegenheit zum Meinungsaustausch gehabt, doch dieses ›Gespräch im Auto‹ sollte die eigentliche Basis für unsere weiteren Beziehungen schaffen. Es wurde zu einer Art Kennwort zwischen uns. Später, wenn irgendeine Frage in Anwesenheit anderer Personen mit gebotener Vorsicht besprochen wurde, pflegten Bush oder ich zu sagen: ›Ich bestätige unsere damalige Vereinbarung im Auto‹ oder: ›Die Einschätzung bleibt so wie im Auto.‹«[76]

Offen bleibt hingegen, was Gorbatschow seinem Begleiter nach dessen »Vertrauensbeweis« über seine eigenen Vorhaben unterbreitet hat. Da Informationen dazu kaum noch zu erwarten sind, können Schlüsse allein aus den Veränderungen abgeleitet werden, die dieser Begegnung folgten.

Zu den Tatsachen, die dieser vertrauensvollen Begegnung folgten, gehörte zweifellos die konzertierte Aktion, die nach der Wahl Bushs zum Präsidenten der USA im Dezember 1988 zwischen Washington und Moskau begann. Sie führte dazu, dass die Gemeinschaft der sozialistischen Staaten beseitigt und die politische Landkarte Europas grundlegend verändert wurden. Alles lief dabei wie bei einer generalstabsmäßigen Planung ab.

In der zweiten Januarwoche 1989 konferierte Henry Kissinger im Auftrag Bushs in Moskau mit Jakowlew und danach mit Gorbatschow.

Alexander Jakowlew war für Kissinger kein unbeschriebenes Blatt. Der Russe hatte in den 50er Jahren an der Columbia University in den USA studiert und pflegte als Botschafter der UdSSR in Kanada vielfältige Kontakte. Jakowlew stimmte am 16. Januar 1989 Kissinger auf das Gespräch mit Gorbatschow ein. Er warnte den amerikanischen Gast »vor den konservativen Kräften in der Kommunistischen Partei« und »ließ durchblicken, dass Gorbatschow und die anderen Wortführer der Reformen auf westliche Anerkennung, Ermutigung und wechselseitige Zugeständnisse angewiesen seien, um im Land Unterstützung für ihr Programm zu finden«.[77]

Kissinger schlug Jakowlew und zwei Tage später Gorbatschow vor, dass die USA und die UdSSR ein Bündel von offiziellen und informellen Übereinkünften verabschiedeten, die »den Handlungsspielraum der Sowjetunion bei der Sicherung ihrer Interessen in Osteuropa begrenzen und den Westen im Gegenzug verpflichten, den Umbruch im Osten nicht zu beschleunigen, insbesondere dann nicht, wenn Moskau seine Sicherheit bedroht sähe«.[78]

Im Januar 1989 gingen – wenn den zitierten Aussagen international geachteter Historiker nichts entgegenzusetzen ist – die an diesem Deal beteiligten Politiker in Washington und Moskau von einem »Umbruch im Osten« aus und verhandelten seit diesem Treffen zwischen Kissinger, Jakowlew und Gorbatschow in der zweiten

Januarwoche 1989 über das Tempo der grundlegenden Veränderungen im Osten (d. h. den Grad und die Grenzen der Beschleunigung des Umbruchs). Als Bush am 20. Januar 1989 seine Antrittsrede als US-Präsident hielt, verkündete er in Erwartung des Kommenden: »Die Ära des Totalitarismus ist vorüber, seine überholten Ideen weggeblasen.«

Er wusste, weshalb er solche Worte wählen konnte.

Nachdem Bush am 28. Januar 1989 von Kissinger über dessen Gespräche in Moskau informiert worden war, sollte ohne Verzug gehandelt werden. Nach einer Beratung mit seinen engsten Mitarbeitern wurde Condoleezza Rice mit der Zusammenstellung einer Gruppe von Osteuropa-Experten beauftragt. Rice hatte sich mit ihrer Arbeit über Streitkräfte des Warschauer Vertrages und den sowjetischen Generalstab als Kennerin der UdSSR und ihrer Verbündeten ausgewiesen. Schon am 12. Februar erschien sie mit einer Gruppe exzellenter Sowjetexperten im Sommersitz des Präsidenten zu einer Strategieberatung. Die Experten schätzten ein, Gorbatschow »habe Stalins Personenkult kritisiert, an dessen Stelle aber einen ›Machtkult‹ installiert. Gorbatschow präsentiere sich als Perestroika und wolle mit Hilfe dieses Machtkultes die Autorität der Partei und des Moskauer Regierungsapparates einschränken«.[79]

Die USA setzten in ihrer Strategie – wie Condoleezza Rice erkennen ließ – auf die Schwäche Gorbatschows. Zwanzig Jahre später offenbarte sie das Kalkül: »Im Weißen Haus hat nie jemand über die Option einer deutschen Wiedervereinigung ohne deutsche NATO-Mitgliedschaft nachgedacht. […] Die Russen waren so durcheinander, dass sie gar nicht wussten, was ihre Interessen waren. […] Das Zeitfenster war so eng – die Russen mussten stark genug sein, um ihre Rechte abtreten zu können. Aber sie durften auch nicht so stark sein, dass sie den Prozess aufhalten können.«[80]

In der gleichen Publikation machte Rice auch deutlich, dass die US-Strategen *nichts* von einem möglichen Zusammenschluss beider deutschen Staaten hielten. Ihre Vorstellung der Einheit Deutschlands verband sich von vorn herein mit einem »Staat nach westdeutschen Zuschnitt«. Rice: »Ich sah die Einheit eher wie eine Übernahme.« Mit dem vereinigten Deutschland, eingebettet in die NATO, war »Amerikas Einfluss in Europa […] gesichert«.[81]

Darum ging es. Nicht um die Befriedigung von Rede- und Reisefreiheiten, von bürgerlichen Demokratievorstellungen. Es ging um den Vormarsch des kapitalistischen Westens nach Osten und um die Sicherung des Einflusses der USA und der NATO in Europa!

Nach der Strategieberatung im Februar 1989 wurde in Washington fieberhaft an einer Direktive für die Präzisierung der Politik der USA gegenüber der UdSSR und den Ländern Osteuropas gearbeitet. Das 31 Seiten umfassende Dokument erhielt die Bezeichnung NSR-3. Auch wenn es in diesem Papier hieß, dass man die Perestroika unterstütze, ging es allein darum, »die Sowjets in einer Weise herauszufordern, die sie zwingt, die Richtung einzuschlagen, die wir wünschen«.[82]

Zur Wunschliste der im Text der NSR-3 eingebetteten Veränderungen in der UdSSR gehörten »institutionell verankerte Garantien für bürgerliche, politische und wirtschaftliche Freiheiten; liberale Gesetze und eine liberale Wahlpraxis [...]; eine unabhängige Rechtsprechung; eine kritische Presse; florierende nichtstaatliche Organisationen; größere Bewegungsfreiheit; Fortschritt in Richtung auf größere wirtschaftliche Freiheiten durch dezentrale Entscheidungsfindung; das Recht auf privaten Land- und Kapitalbesitz; ein Ende der Kommandowirtschaft; ein Ende des Monopols der kommunistischen Partei und die Abschaffung des Polizeistaats«.[83]

War es Zufall – so fragt sich der Leser dieser NSR-Direktive –, dass diese Veränderungsorientierungen wenige Monate später, wenn auch mit partiellen Modifikationen, in den Losungen der Bürgerrechtsbewegungen und den Forderungen der Parteioppositionen in allen sozialistischen Ländern auftauchten?

Der Sicherheitsberater Bushs, General Brent Scowcroft, erklärte nach Erlass der NSR-3 am 24. März 1989 auf einer Tagung des Nationalen Sicherheitsrates der USA, »dass zum ersten Mal die Gelegenheit gekommen sei, das zu vollbringen, wovon frühere Präsidenten nur hätten träumen können – Osteuropa in den Schoß des Westens zurückzuführen«.[84]

Die Vorbereitungen dafür waren im Verborgenen über Jahre gelaufen. Zur Jahreswende 1988/89 schien den Strategen im Weißen Haus in Washington die Zeit reif, um ohne weiteren Verzug zu handeln. Die Rundfunk- und Fernsehstationen der westlichen Länder Europas und der USA hatten über Jahre ihre Konfrontationsspezialisten in allen Ländern der sozialistischen Staatengemeinschaft in Stellung gebracht und geeignete nationale Partner aufgebaut. Oppositionsgruppen waren in allen Ländern formiert und mit westlichen Medienbüros vernetzt.[85]

Die Destabilisierung der sozialistischen Staaten schien genügend fortgeschritten. Unter den sich verschlechternden Rahmenbedingungen, insbesondere der von den Perestroika-Politikern ausgehenden Erosion der Gemeinschaft der sozialistischen Staaten, sowie in Anbetracht der Unfähigkeit der Partei- und Staatsführungen zu einer der tatsächlichen Lage angemessenen Umorientierung ihrer Politik, war in allen sozialistischen Ländern ein erhebliches Unmutspotential in der Bevölkerung und auch bei vielen Mitgliedern der sozialistischen Parteien gewachsen. Nachdem in Polen 1988 mit dem Sieg der Solidarnosc-Bewegung bei den Parlamentswahlen ein erster Durchbruch erreicht worden war, wurde die deutsche Frage zum Schlüsselproblem der Umsetzung der Direktive NSR-3, um »Osteuropa in den Schoß des Westens zurückzuführen«. (Die zeitlich vorgeschaltete Favorisierung Ungarns in dieser Strategie diente dabei vorrangig einer massiv medial unterstützten Destabilisierung der Verhältnisse in der DDR.)

Wichtige Personalentscheidungen zur Durchführung dieser Politik waren in Washington rechtzeitig getroffen worden. Mit Vernon A. Walters und Milton Bearden wurden gestandene Spitzenleute des CIA für die finale Schlacht zur Beseitigung des Sozialismus in Osteuropa in Position gebracht. Der 72-jährige Nachrichtendienstler und Diplomat Vernon A. Walters wurde unmittelbar nach dem Amtsantritt von Präsident Bush als Botschafter der USA nach Bonn entsandt. Er hatte sich über Jahrzehnte als antikommunistischer Kämpfer im Kalten Krieg einen Namen gemacht. Walters war im Koreakrieg (1950-1953), an der Aktion gegen den gewählten Präsidenten des Iran, Mohamed Mossadegh (ermordet 1953), wie am Militärputsch 1964 in Brasilien beteiligt. 1973 leitete er die CIA-Operation zur Unterstützung des Militärputsches in Chile, um danach (1974/75) in Portugal bei der Erdrosselung der »Nelkenrevolution« mitzuwirken.[86]

Walters Spezialgebiet, auf dem er über Jahrzehnte Erfahrungen gesammelt hatte, waren Staatsstreiche. Mit diesem Ausweis wurde er mit der Maßgabe, »dort wird es ums Ganze gehen« (Außenminister James Baker), als Botschafter der USA Anfang 1989 nach Bonn geschickt. Walters fühlte sich in seiner Mission so sicher, dass er sich mit erstaunlicher Offenheit darüber äußerte. Noch im Januar 1989 war von ihm zu hören: »Einer meiner Hauptaufgaben ist es, die letzte Ölung zu geben, kurz bevor der Patient stirbt.«[87] Die Vereinigung Deutschlands werde in seine Amtszeit fallen. Der Verweis seines Außenministers, den er für diese Indiskretion erhielt, beeindruckte den alten Haudegen offensichtlich wenig.[88]

Milton Bearden, CIA von 1964 bis 1994, gehörte ebenfalls zum Spitzenpersonal des US-Geheimdienstes. Fast ein Jahrzehnt hatte er in Afghanistan die Aktivitäten seines Dienstes gegen die sowjetischen Truppen geleitet.[89] 1989 wurde ihm die Leitung der Osteuropa-Abteilung des CIA übertragen. In den heißen Tagen des Jahres 1989 schlug er seine Zelte in Bonn auf. Von dort hatte er unmittelbaren Kontakt zur Residentur in Ostberlin unter der Leitung von David Patrick Rolph, die die CIA – natürlich ebenso geheim wie eine Filiale des Nachrichtendienstes des US-Außenministeriums INR (Bureau of Intelligence Resarch)[90] – in der DDR-Hauptstadt seit Jahren unterhielt. Zugleich hatte er damit auch eine kürzere Verbindung zu seinen Leuten, die in Warschau, Prag, Budapest und Moskau unter Hochdruck arbeiteten. Schließlich ging es in dieser Phase gegen Ende des Kalten Krieges nicht allein um die DDR, sondern um eine grundsätzliche Veränderung der politischen Landschaft Europas.

Mehr als ein Jahrzehnt nach seinem Einsatz in Osteuropa offenbarte Bearden 2004, das er in seinem Büro in der Osteuropaabteilung der CIA auch über eine ständige telefonische Verbindung zum sowjetischen KGB verfügte.[91] Was über diese Leitung abgesprochen wurde, verschwieg er.

Es veranlasst zum Nachdenken, wenn man diese Verbindung von CIA und KGB mit den im Jahr 2000 veröffentlichten Tatsachen im Bericht des Spionageabwehrspezialisten der DDR, Helmut Wagner, in Bezug setzt. Der kundige Wagner veröffentlichte damals: »Es war der Wunsch des KGB, der durchaus dezidierte Kenntnis über die innere Opposition der DDR hatte, dass die deutschen Genossen ein wenig Zurückhaltung übten. Die sowjetische Staatssicherheit wollte, dass die Kontakte der amerikanischen Dienste zur Bürgerbewegung störungsfrei liefen.«[92]

Im Juli 1989 besuchte Präsident George Bush Polen und Ungarn, um sich selbst ein Bild davon zu machen, wie seine Direktive umgesetzt wurde, und um den Kräften den Rücken zu stärken, die zur Beseitigung des Sozialismus in Europa in Stellung gebracht worden waren. Wo es erforderlich schien, wurde im Interesse des Erfolgs Gorbatschows Politik auch »nachjustiert«. Als sich in der UdSSR die Widersprüche zuspitzten und Gorbatschow Militär gegen Demonstranten einsetzte, übermittelte US-Außenminister James A. Baker seinem sowjetischen Partner die Formel für den sowjetischen Handlungsspielraum. »Demzufolge war die US-Regierung bereit, militärische Gewalt gegen sowjetische Bürger zu tolerieren, wenn der Kreml dieses Vorgehen als unbedingt notwendig zur Verhinderung eines ›irrationalen‹ Machtkampfes [...] rechtfertigen konnte.

Sollte hingegen politischen Aktivitäten, die nicht unmittelbar in Gewalttätigkeiten auszuarten drohten, auf diese Weise Einhalt geboten werden, würden die Vereinigten Staaten protestieren.«[93]

Aus dieser Formel konnten die Organisatoren von Demonstrationen gegen das politische System in den sozialistischen Ländern unschwer die nützliche Orientierung »Keine Gewalt!« ableiten, um einer ungewissen Konfrontation mit der Staatsmacht zu entgehen.

Was wollte Gorbatschow – oder: War auch Brutus ein ehrenwerter Mann?

An dieser Stelle sei nochmals an das oben genannte Gorbatschow-Zitat aus dem Jahre 1999 in Ankara erinnert: »Mein Lebensziel war die Zerschlagung des Kommunismus. [...] Ich musste auch die Führung in all den sozialistischen Staaten beseitigen. Mein Ideal war der Weg der sozialdemokratischen Parteien.«[94]

Wie man dieses entlarvende Zitat auch werten mag, seine Authentizität scheint gesichert. Seit mehr als zehn Jahren wird es unwidersprochen veröffentlicht, ohne dass ihm Gorbatschow jemals widersprochen oder es gar dementiert hätte. Andere in Russland veröffentlichte Dokumente weisen in eine analoge Richtung. Demnach erklärte Gorbatschow im Dezember 1990, als die Sowjetunion in ihren letzten Zügen lag und die Beseitigung des sozialistischen Systems in Europa vollendet war, gegenüber seinem Mitarbeiter Schachnasarow. »Weißt du, ich fühle, dass das Wichtigste von uns gemacht worden ist, und ein Zurück gibt es nicht.«[95]

Im gleichen Sinne äußerte sich Gorbatschows Vertrauter Tschernjajew am 10. November 1989. Er notiert in sein Tagebuch: »Die Berliner Mauer ist eingestürzt. Eine ganze Epoche des sozialistischen Systems ist zu Ende gegangen. [...] Das ist das Ende von Jalta. [...] Seht, was Gorbatschow gemacht hat. In der Tat, er hat sich als groß erwiesen.«[96]

Mit Reden hatte Gorbatschow über Jahre seine oft aufmerksamen Zuhörer betört. Am Ende seiner politischen Laufbahn waren das opferreiche Werk und die Hoffnungen von Millionen anständiger Menschen zerstört und die Resultate des Sieges über den Hitlerfaschismus eliminiert. Dabei wurden jene, die innerhalb und außerhalb der UdSSR den Worten Gorbatschows über die Erneuerung des Sozialismus mittels Glasnost (Offenheit, Transparenz) und Perestroika Glauben schenkten, getäuscht und hinters Licht geführt.

Dieser Vorgang ist ohnegleichen und nur damit zu erklären, dass seit Stalin der Generalsekretär des ZK der KPdSU über eine unkontrollierte, uneingeschränkte Machtfülle verfügte. Während Gorbatschow so gut wie alles im sowjetischen System infrage stellte – den übernommenen Status des allmächtigen Generalsekretärs ließ er unangetastet. Er nutzte ihn für seine Zwecke. In seiner eloquenten Art nahm er aufrechte Anhänger des Sozialismus für sich ein. Er war anders als seine Vorgänger, die ob ihrer Stupidität und Arroganz viele verärgert und verbittert hatten. Gorbatschow fand einen Ton, der über Jahre vielen Menschen Hoffnung auf eine Wiederkehr wahrhaft sozialistischer Ideale machte. Seine reale Politik führte jedoch zum entgegengesetzten Ergebnis. Der Sozialismus wurde nicht bereichert, er erhielt nicht – wie immer wieder erklärt – ein menschliches Antlitz, sondern wurde beseitigt. Zugleich erfolgte eine grundlegende Korrektur der nach dem Zweiten Weltkrieg entstandenen Weltordnung.

Das Konzept der Preisgabe der DDR nahm in Moskau über mehrere Jahre Gestalt an. Zwar hatte Gorbatschow am 18. April 1986 in Berlin verkündet: »Wir waren treue Freunde und Verbündete der […] Deutschen Demokratischen Republik und bleiben es für alle Zeiten.«[97] Allerdings ließ Gorbatschow schon im Mai 1986 andere Prioritäten seiner Deutschlandpolitik erkennen, als er nämlich feststellte: »Die von uns eingeschlagene Richtung in den Beziehungen zur BRD zügelt auch die DDR.«[98]

Im September 1986 prognostizierte er in einer Beratung: »Alle sozialistischen Länder sind angreifbar. Sie alle können verloren gehen. Die DDR ist am stärksten betroffen, einer Wiedervereinigung mit der BRD wird sie nicht widerstehen können.«[99]

Darüber wurde auch gegenüber den Repräsentanten der DDR Stillschweigen gewahrt und stattdessen Bündnistreue bekundet. Im Juni 1987 forderte Gorbatschow außerordentliche Maßnahmen, um die BRD auf die Seite Moskaus zu ziehen. Das verband er mit der Forderung: »In der Presse ist in diesem Zusammenhang die Problematik der Einheit Deutschlands zu aktivieren.«[100]

Nicht nur die sowjetische Presse, sondern auch sowjetische Politiker und als Journalisten reisende Emissäre signalisierten zunehmend die sowjetische Bereitschaft zur Übernahme der amerikanischen und westdeutschen Doktrin zur deutschen Frage. Im Juli 1988 fand in Washington ein sowjetisch-amerikanischer Dialog statt, bei dem die sowjetische Seite mit der überraschenden These auftrat, »ausschlaggebend für die Einheit Europas sei die allmähliche

Beseitigung der Teilung Europas und die Bildung eines geeinten deutschen Staates«.[101]

Doppelzüngigkeit wurde zum Markenzeichen der Politik Gorbatschows. In seiner Zukunftsvision war für die DDR kein Platz. Er selbst hatte im Oktober 1988 Bundeskanzler Kohl signalisiert, dass er dessen deutschlandpolitischen Ambitionen nichts entgegensetzen werde. Bedacht auf Wahrung des Moskauer Monopols in allen Grundfragen der Innen- und Außenpolitik der Partnerländer beurteilten Gorbatschow und seine Umgebung jede Regung der DDR hinsichtlich der deutsch-deutschen Beziehungen kritisch. Moskau bremste, wo es nur konnte. Wie schon seine Vorgänger misstraute Gorbatschow der DDR-Führung, wenn diese Schritte zur Verständigung auf politischem, wirtschaftlichem oder kulturellem Gebiet mit der BRD plante oder gar unternahm. Der Bestand und die Zukunft der DDR besaßen im Moskauer Kalkül offensichtlich nur noch einen Wert als Verhandlungsobjekt der UdSSR mit den USA. Was wie ein möglicher Alleingang der DDR aussah, musste aus dieser Perspektive als kontraproduktiv gelten.

Am 24. November 1989 – vier Wochen nach dem Führungswechsel in der DDR – übermittelte Gorbatschow dem Vorsitzenden des Staatsrates der DDR, der zugleich Vorsitzender des Nationalen Verteidigungsrates war, in einem Telegramm Treubekundenungen der Art: »Als souveräner Staat, als Mitglied des Warschauer Vertrages war und bleibt die DDR unser strategischer Verbündeter.«[102]

Gorbatschow war ein Mann mit gespaltener Zunge. Allzu oft gelang es ihm, seinem Gegenüber das Gegenteil von dem zu vermitteln, was er im Schilde führte. Drei Tage vor dem Telegramm an Egon Krenz war – wie erst später bekannt wurde – sein Emissär Nikolai S. Portugalow (1928-2008) im Bundeskanzleramt, um Kohls Vertrauten Horst Teltschik Moskauer Erwägungen für ein vereinigtes Deutschland zu übermitteln. Das auf sieben Seiten handgeschriebene »Nonpaper« sei, so Portugalow, mit Falin und dem außenpolitischen Berater Gorbatschows, Tschernjajew, abgestimmt gewesen.

Teltschik berichtete über seine Reaktion auf Portugalows Vortrag: »Ich bin elektrisiert. Wie weit sind die Überlegungen in der sowjetischen Führung zur deutschen Einheit vorangeschritten? Offensichtlich weiter, als wir es uns bisher vorstellen konnten.«[103]

Die von Portugalow übermittelte Offerte wurde in Bonn ernst genommen. Am 23. November 1989 schlug Teltschik Bundeskanzler Kohl mit Verweis auf die aus Moskau übermittelte Nachricht ein Konzept für einen gangbaren Weg zur Einheit Deutschlands vor.[104] Die von Bonn seit Jahrzehnten vergebens angestrebte Beseitigung der DDR war aus ihrer Sicht nunmehr zur aktuellen Aufgabe geworden.

War es ein Zufall oder etwa ein spontaner Akt, dass eine Woche später die Losung in Leipzig »Wir sind *das* Volk!« in den Ruf »Wir sind *ein* Volk!« wechselte?

Blieb die Zwiespältigkeit der sowjetischen Politik gegenüber der DDR in Berlin verborgen? Sie wurde, solange die DDR existierte, auch von eingeweihten DDR-Bürgern offensichtlich nie zur Sprache gebracht. Manfred Stolpe offenbarte 1992 etwas über den Inhalt seiner Kontakte zu sowjetischen Diplomaten (oder als Diplomaten getarnte Geheimdienstler?). In seinem Buch »Schwieriger Aufbruch« war zu lesen: »Von 1988 an sprach man mit mir mehrfach über die hypothetische Frage, ob eine demokratische DDR mit frei gewähltem Parlament, Reisefreiheit und einschneidenden wirtschaftlichen Veränderungen auch eigenständig bleiben und einen Weg wie Österreich gehen könnte. [...] Die Sowjets veranstalteten offenbar ihre Planspiele mit Ostdeutschland. Ich vermute, dass solche Varianten und die damit verbundenen Hoffnungen Anfang 1990 die Moskauer Entscheidungen erleichtert haben.«[105]

Intimer als mit Stolpe wurden sowjetische Deutschlandplanungen mit dem Aufklärungschef a. D. Markus Wolf besprochen. Er berichtete in seinem 1991 erschienenen Buch »Im eigenen Auftrag« über Gespräche, die er in Moskau geführt habe. Über eine 1988 erfolgte Begegnung schrieb er, die sowjetischen Experten »sahen nicht nur den Willen vieler Menschen in der DDR nach Überwindung der Trennung der deutschen Nation und damals noch die Möglichkeit, durch einen kontrollierten Prozess über Reformen in der DDR und eine allmähliche Annäherung der beiden deutschen Staaten bis hin zu einer Konföderation die deutsche Frage zu entschärfen«.[106]

Bei seinem Treffen im Juli 1989 in Moskau mit Nikolai Portugalow und dem Diplomaten Valentin Koptelzew kam, wie Wolf berichtete, mehrmals »Falins Lieblingsthese von der Einheit der Nation zur Sprache, auf welche die DDR leichtfertig verzichtet habe«.[107] Mit Valentin Falin selbst traf sich Markus Wolf tags darauf und hielt dazu fest: »Falin wies darauf hin, dass die Westdeutschen Veränderungen im Hinblick auf die nationale Einheit mit langem Atem betreiben würden. Ein westdeutscher Politiker habe ihm gesagt, sie können die DDR innerhalb von zwei Wochen destabilisieren, wenn sie es wollten. Sie wollten das aber nicht, da die Entwicklung, so wie sie verlaufe, für sie aussichtsreicher sei.«[108]

Am 3. August 1989, also wenige Tage nach seiner Rückkehr aus Moskau, führte Wolf ein Gespräch mit Egon Krenz. Mit keinem Wort erwähnte er dabei seine Gespräche in Moskau. Selbst über die besorgniserregende Information Falins, dass die BRD in der Lage sei, innerhalb kurzer Zeit die DDR zu destabilisieren, sagte der erfahrene, hochdekorierte Aufklärer Wolf nichts.[109]

In seinem 1999 erschienenen Buch »Herbst '89« empörte sich Krenz mit Recht über diesen erstaunlichen Vorgang. »Da reden Funktionäre des Apparates des ZK der KPdSU und namentlich nicht genannte KGB-Leute hinter dem Rücken Gorbatschows mit Wolf über die Mauer und die deutsche Einheit, statt gemeinsam mit der SED-Führung Wege zu suchen, aus der politischen Krise, die ja auch eine Moskauer Krise ist, herauszukommen.«[110] Und Krenz erinnerte daran, dass die ursprüngliche Haltung der SED zur Einheit Deutschlands nicht aus eigenem Antrieb, sondern 1971 durch Moskauer Vorgaben –initiiert von Wladimir M. Semjonow (1911-1992) – verändert wurde.[111]

Aus der Sicht neuerer Erkenntnisse ist dem lediglich hinzuzufügen, dass die Personen, mit denen Wolf in Moskau konferierte, wohl kaum hinter dem Rücken Gorbatschows handelten. Eher ist davon auszugehen, dass sie – wenn auch mit partiellen Differenzen – 1988 und danach Gorbatschows Vorgaben in der Deutschlandpolitik folgten. Sie hatten die DDR abgeschrieben, die vielfach völkerrechtlich verankerten Bündnisverpflichtungen der UdSSR gegenüber den Bruderstaaten des Warschauer Vertrages aus dem Bewusstsein verdrängt und suchten einen Ausweg aus der Krise des eigenen Landes allein im Arrangement mit den USA und anderen NATO-Staaten. Sie verfolgten ihre Ziele hinter dem Rücken und mit Täuschung ihrer Bündnispartner.

Es drängt sich unter diesen Umständen natürlich die Frage auf, ob die Repräsentanten der DDR Signale über die Zwiespältigkeit der sowjetischen Politik am Ende der 80er Jahre je in Moskau ansprachen. Offensichtlich geschah das. Allerdings nie in der gebotenen Form eines gründlich vorbereiteten ernsthaften Meinungsaustausches, sondern eher in Pausengesprächen auf internationaler Begegnungen.

Egon Krenz berichtete, wie am 7. Juli 1989 in einer Sitzungspause einer internationalen Beratung Erich Honecker erregt von

Gorbatschow die Entlassung von Daschitschew forderte, weil der sich in Köln kritisch zur DDR geäußert hatte. Gorbatschow reagierte, als ob er seinen Berater nicht kenne, und versuchte, Honecker mit freundlichen Worten über die DDR, die er als »unseren wichtigsten Verbündeten« bezeichnete, »bei Laune« zu halten.[112] Wie die anderen Parteiführer und Staatsoberhäupter in den sozialistischen Ländern hatten auch die Verantwortlichen der DDR in den kritischen 80er Jahren nicht »die Fähigkeit aufgebracht, die Lage wissenschaftlich zu analysieren und eine gemeinsame Konzeption des Fortschritts zu entwickeln«.[113]

Wer die Geschichte der DDR untersucht, wird neben interessanten positiven Ergebnissen auch strategische Fehlentscheidungen feststellen. Zu den Kardinalfehlern gehörte zweifellos, dass die kreativen Neuansätze der Gesellschaftsentwicklung, die am Beginn der 60er Jahre mit dem Neuen Ökonomischen System des Sozialismus und den Veränderungen im politischen System des Landes auf Initiative Breshnews und unter Mitwirkung seiner Getreuen im Politbüro der SED verteufelt, bekämpft, beseitigt und später – auch in Krisensituationen – nie wieder aufgegriffen wurden.[114] Der Sozialismus hatte eine Chance in Europa!

Unklar bleibt, ob die in den letzten Jahren der DDR in Reden Honeckers oftmals verwendete kryptische Formulierung, »jähe Wendungen« seien in der Politik nicht auszuschließen, Ausdruck seiner Besorgnis über die sowjetische Deutschlandpolitik war. Honeckers Bedenken gegenüber der Perestroika-Politik Gorbatschows waren öffentlich erkennbar. Sie führten jedoch weder zu einer grundsätzlichen Aussprache über die Differenzen noch zum eigenem Nachdenken über die immer deutlicher werdenden Widersprüche in der DDR. Statt selbstkritischer Lageeinschätzung herrschten 1989 Sprachlosigkeit, mangelnde Analyse des tatsächlichen internationalen Geschehens, weitgehendes Vertrauen auf die Bündnistreue der UdSSR und die Unfähigkeit zu strategischen Entscheidungen vor. Die sich permanent zuspitzenden Erfordernisse der täglichen Konfliktbewältigung banden die schwindenden Kräfte an Lösungen für den nächsten Tag.

Die DDR hatte als Mitglied des Warschauer Vertrages zwar bis ins Einzelne gehende Pläne zur Reaktion auf einen bewaffneten Angriff durch die NATO. Sie wurden letztmalig im Frühjahr 1989 in einer Kommandostabsübung trainiert und präzisiert. Für die innere Lage und Möglichkeiten ihrer Stabilisierung gab es in verschiedenen Instituten einzelne Arbeiten, aber keine gründlich durchdachte einheitliche Konzeption, von Varianten ganz zu schweigen. Das war Freund und Feind bekannt.

Die DDR war zwischen die Mühlsteine der Politik der Großmächte geraten. Sie wurde am Ende der 80er Jahre zum Gegenstand internationalen Ränkespiels. Den Anstoß dafür gaben nicht – wie heute gern behauptet wird – innere Probleme der DDR, ihre ökonomische Situation, tatsächliche oder herbeigeredete Demokratiedefizite. Die DDR wurde zur Disposition gestellt, weil sich Führungskräfte der Sowjetunion mit den USA zu arrangieren suchten und bereit waren, die im Zweiten Weltkrieg entstandene geopolitische Lage in Europa dafür rigoros zu verändern. Dabei war unübersehbar, dass die DDR – bedingt durch die Besonderheiten ihrer Entstehung und ihrer politischen und ökonomischen Einbindung in die sozialistische Staatengemeinschaft – allein kaum würde überleben können.

Im wenig würdevollen Wettbewerb um den größten eigenen Anteil am »Fall« der Berliner Mauer und der Herstellung der deutschen Einheit tummeln sich viele. Es nährt den Verdacht von Tatsachenverkennung und Selbstbeweihräucherung, wenn Lothar de Maizière seiner kurzlebigen Regierung und der am 18. März 1990 gewählten Volkskammer zuschreibt: »Die Einheit war unsere eigene Leistung und doch etwas, was wir nicht ganz uns selbst zu verdanken haben.«[115]

Gorbatschow nimmt in einem Brief an Bundeskanzler Kohl für sich und seinen Partner in Anspruch: »Die Vereinigung Deutschlands – ein großes Ereignis in der Weltgeschichte und der Weltpolitik. Wie kein anderer haben wir am meisten dazu beigetragen.«[116]

Der 1989 amtierende Sicherheitsberater des US-Präsidenten, Brent Scowcroft, der wie kaum ein anderer die Hintergründe des Geschehens kannte, merkte allerdings dazu pointiert an: »Wir hatten einen Plan, er (*Gorbatschow – H. G.*) nicht.«[117]

Lech Walesa hingegen vertritt die Auffassung: »Die Wahrheit ist, dass Papst Paul II. zu 50 Prozent zum Mauerfall beigetragen hat, 30 Prozent Solidarnosc und Lech Walesa, aber nur 20 Prozent der Rest der Welt«.[118]

Bei diesen Rechenkünsten bleibt kaum Platz für die Ex-Bürgerrechtler und Dissidenten, die den Sieg über die DDR in Erklärungen und Verklärungen für sich ebenso in Anspruch nehmen.

Schwächen des politischen Systems der DDR, Demokratiedefizite, innere Verschuldung und Auslandskreditbelastungen kamen jenen, die bereit waren, nicht nur die DDR, sondern den Sozialismus in Europa zu beseitigen, sehr entgegen. Sie lieferten ihnen wohlfeile Argumente. Mit der Perestroika- und Glasnost-Propaganda wurden der innere Widerspruch zur Politik der SED-Führung geschürt und kritische Stimmen zum Kurs Gorbatschows abgewiesen, ihre Protagonisten als stalinistisch und konservativ diffamiert. Sowjetische Geheimdienstler der KGB-Einsatzgruppe »Lutsch« analysierten nicht allein kritisches Material im kleinen »Bruderstaat«. Sie suchten und fanden offensichtlich besonders unter Intellektuellen und Künstlern Verbündete für die Durchsetzung der neuen Moskauer Interessen.[119]

Die angespannte ökonomische Situation der DDR wurde dadurch verschärft, dass die Verbindlichkeiten der UdSSR gegenüber der DDR auf etwa sechs Milliarden Mark im Jahr 1989 angewachsen waren. Die Lieferrückstände der UdSSR besonders bei Rohstoffen hatten seit 1987 dramatisch zugenommen. Das alles trug zur Schwächung des »Bündnispartners« DDR bei und ließ im Innern das Vertrauen der Bürger in das politische System schwinden.

Man mag Motive und Ergebnisse der Gorbatschow-Politik unterschiedlich beurteilen. Selbst jene, die die Vereinigung der beiden deutschen Staaten, wie sie 1990 vollzogen wurde, gefordert und begrüßt hatten, kommen bei einer gerechten Betrachtung der Ereignisse wohl nicht an der Feststellung vorbei, dass die UdSSR der DDR und ihren Bürgern übel mitgespielt hat.

Und selbst wenn es gewichtige Gründe für den in den 80er Jahren eingeschlagen Kurs der sowjetischen Führung gab, es wurde nie darüber offen gesprochen. Sie hat ihre Partner hintergangen.

Der Weg zur deutschen Einheit, den Gorbatschow zweifellos ebnete, trägt das Kainsmal des Wortbruchs, der Unaufrichtigkeit, des Betruges. Der sowjetische Botschafter Wjatscheslaw I. Kotschemassow, der von 1983 bis 1990 in der DDR akkrediert war, äußerte später, dass »die Beziehungen zur DDR-Führung von unserer Seite fast die ganze Zeit von Zeichen der Vorsicht und des Misstrauens begleitet« waren.[120] Im Lichte seiner Erfahrungen bezeichnete er die Politik Gorbatschows, Jakowlews und Schewardnadses gegenüber der DDR als ein doppeltes Spiel. Es »wäre doch wohl besser gewesen, diese ganz Deutschland betreffende Frage offen mit der Führung der Deutschen Demokratischen Republik und den anderen Mitgliedern des Warschauer Vertrages zu beraten, als hinter dem Rücken der Verbündeten zu agieren«.

Gorbatschows langjähriger Weggefährte Falin beurteilt dessen Politik heute kritischer als damals. »Gorbatschow hat hinter dem

Rücken der DDR die DDR auflaufen lassen, sie einfach freigegeben, ohne Wenn und Aber. Warum? Weil er das Land wirtschaftlich ruiniert hat. [...] Ich habe gesehen, dass Gorbatschow alles in den Morast führt.«[121]

Die mit der Perestroika verbundenen Hoffnungen zerstoben eben nicht, wie heute noch immer zu lesen ist[122], an der starren, dogmatischen Haltung der SED-Führung, sondern an Gorbatschows Demagogie, der die Perestroika wie auch Glasnost als ein Mittel zur Zerstörung, zur Beseitigung des Sozialismus einsetzte.

Ein Dritter Weg – die Lösung oder ein Holzweg?

Zweifellos gingen von der Idee der Perestroika als einer hoffnungsvollen Reaktion auf die Stagnation in der Breshnew-Ära starke massenwirksame Impulse nicht nur in der UdSSR aus. Auch in anderen sozialistischen Ländern begrüßten Millionen Menschen nicht selten euphorisch diesen Kurswechsel, weil sie sich davon einen zeitgemäßen Weg zur Entwicklung des Sozialismus und zur Überwindung der Erstarrung überholter Leitungsmethoden erhofften.

Was vielen verborgen blieb: Der Kurs der Perestroika verbesserte nicht die kritische Lage in der UdSSR, sondern führte schon bald zu einem Absturz der wirtschaftlichen Leistungskraft und zur weiteren Verschlechterung der Lebensverhältnisse der Bürger in der UdSSR. Am 30. Oktober 1987 stellte Gorbatschow bei der Beratung des nächsten Planentwurfs fest: »Das Jahresdefizit beträgt in Valuta fünf bis sechs Milliarden. So etwas hat es in unserer Geschichte noch nicht gegeben.«[123]

Im Februar 1989 erklärte Nikolai I. Ryshkow, von 1985 bis 1991 Vorsitzender des Ministerrates der UdSSR: »Die Mehrausgaben über die Einnahmen betrugen in den letzten drei Jahren 133 Milliarden Rubel. [...] Wir haben jetzt einen Geldüberhang von 40 Milliarden, der durch Waren nicht gedeckt ist. Die innere Staatsverschuldung beträgt 314 Milliarden.«[124]

In einer Beratung von Wirtschaftswissenschaftlern am 1. November 1989 konstatierte der Chefredakteur der Zeitschrift *Fragen der Wirtschaft*, Popow: »Ein Drittel der Bevölkerung lebt unterhalb der Armutsgrenze.«[125]

Das alles sind Tatsachen aus der Zeit, als die Massen – in Unkenntnis der realen Situation in der UdSSR – außerhalb der Sowjetunion »Gorbi, Gorbi« skandierten. Auf dem Außerordentlichen Parteitag der SED Ende 1989 wurde sogar behauptet, die Krise in der DDR wäre zu vermeiden gewesen, wenn die Führung der SED dem Kurs der Perestroika gefolgt wäre.[126] Aus dieser wenig substantiierten Analyse entwickelte Gregor Gysi, Anfang Dezember 1989 zum Parteivorsitzenden der SED gewählt, die strategische Orientierung: »Die Krise des administrativ-zentralistischen Sozialismus in unserm Lande kann nur dadurch gelöst werden, dass die DDR einen Dritten Weg jenseits vom stalinschen Sozialismus und Herrschaft transnationaler Monopole geht.«[127]

Beide Konzeptionen – der Kurs der Perestroika und die Vision vom »Dritten Weg« – haben, das kann man zwei Jahrzehnte später wohl feststellen, den Praxistest *nicht* bestanden. Die Perestroika-Politik hat sich als trojanisches Pferd zur endgültigen Unterminierung sozialistischer Gesellschaftsverhältnisse erwiesen. Das gleiche gilt für die Theorie eines »Dritten Weges«.

Die realen Abläufe bei der Einverleibung der DDR durch die Bundesrepublik und auch die fundamentalen Veränderungen in den osteuropäischen Staaten haben erneut bewiesen: Auf der Seite des Kapitals gibt es gegenüber ihm nicht konformen Errungenschaften und Werten kein Pardon. Selbst im international anerkannten sozialistischen Bildungs- und Gesundheitswesen, vom Arbeitsrecht, dem Familien- und dem Eigentumsrecht ganz zu schweigen, blieb kein Stein auf dem anderen. Alles wurde rigoros beseitigt, kompromisslos durch (teils antiquierte Regelungen) der bürgerliche Gesellschaft und ihres Rechts ersetzt.

Wo auch immer der »Dritte Weg« versucht wurde, verloren die linken Kräfte. Der Göttinger Parteienforscher Franz Walter hat in einer Analyse festgestellt: »Historisch war nie etwas Gescheites aus dem Dritten Weg geworden; ganz überwiegend hatten dubiose Gestalten und politisch wirre Formationen ihre Finger im Spiel, wenn wieder irgendwo zu dritten Ufern aufgebrochen wurde. [...] Die ›Realisten‹ Dritten Weges konnten große Schaumschläger des Wortes sein, die in ihrer besten Zeit ganze Batterien von Nebelkerzen warfen.«[128] Man sollte in diesem Zusammenhang auch nicht außer Acht lassen, dass das Bundesamt für Verfassungsschutz – nach dem Bekenntnis seines Präsidenten Günther Nollau (1911-1991) – den Anspruch darauf erhebt, Urheber der Idee eines »Dritten Weges« zu sein.[129] Nollau beschrieb in seinen Memoiren, dass in seinem Amt nach dem XX. Parteitag der KPdSU 1956 »nachgedacht wurde, wie man die Diskussionen (*über Stalinismus – H. G.*) für unsere Abwehrzwecke nützen könne«.[130] Da man eine offene Werbung für die Sozialdemokratie für nicht erfolgversprechend hielt, ließ man sich etwas Neues einfallen. Der Bergsteiger Nollau brachte das auf die Formel, man bewegte sich auf »einem schmalen Pfad, den zu begehen die Fähigkeit erforderte, zwischen orthodoxen Kommunismus und der reformierten Sozialdemokratie zu balancieren. Wir trauten uns das zu, wobei manchen der Balancierenden der schmale Pfad als ein echter Weg in die Zukunft erschien. Andere – wie ich – erwarteten, dieser Balanceakt werde in der illegalen KPD zersetzend wirken und uns die Möglichkeit eröffnen, unter den Dissidenten, die wir kennen zu lernen hofften, Informanten zu gewinnen.«[131]

Unter diesen Umständen nimmt es nicht Wunder, dass die seit Mai 1959 in der Bundesrepublik periodisch erscheinende Schrift *Der dritte Weg* ein vom Bundesamt für Verfassungsschutz initiiertes und finanziertes Produkt war. Im zweiwöchigen Abstand trafen sich die Verfassungsschützer mit Redakteuren des Blattes, um die nächste Ausgabe vorzubereiten. Nollau sorgte dabei – wie er hinterließ – »als eine Art Chefredakteur für die richtige Dosierung«.[132] Zuschriften an den *Dritten Weg* wurden auf ein Koblenzer Postfach des Bonner Verfassungsschutzes geleitet. Man benötigte diese auch, um Anschriften »ideologischer Abweichler« zu gewinnen und für eigene Zwecke zu katalogisieren.

Wer auch immer dem Denkansatz eines Dritten Weges zu folgen suchte, landete in der Herrschaft der Monopole. Diese Erfahrung nährt die grundsätzlichen Bedenken auch gegen die derzeit debattierte Theorie von einer Zweiten Großen Transformation, die sich in ihrem Kern kaum von der Idee des Dritten Weges unterscheidet.[133]

Die Geschichte hat es oftmals bewiesen: Wer zwischen den Fronten der Klassenauseinandersetzung laviert, kann nur verlieren. Er verliert nach allen bisherigen Erfahrungen die Chance, das kapitalistische System zu überwinden, und nicht selten verliert er auch seine Glaubwürdigkeit, seinen Charakter. Sozialismus oder Kapitalismus – das war und ist kein pluralistisches Gedankenspiel, sondern auch weiterhin eine Klassen- und eine Machtfrage.

Der Mohr hatte seine Schuldigkeit getan – oder: Ein neues Kapitel der Schockstrategie

1990 stand Michail Sergejewitsch Gorbatschow – von Millionen gläubig und unwissend liebevoll als »Gorbi« bezeichnet und angehimmelt – auf dem Höhepunkt seiner internationalen Popularität.

Das einflussreiche amerikanische Magazin *Time* hatte ihn bereits 1987 zum *Mann des Jahres* gekürt. 1990 erhielt er den Friedensnobelpreis. Er hatte sein Werk getan. Sein Land, die Sowjetunion, war in einem desaströsen Zustand. Ministerpräsident Ryshkow nannte es »nicht mehr regierbar«, er prognostizierte, »es steht an der Grenze des Zerfalls«.[134]

Ende der 80er Jahre hatten künftige Oligarchen wie das Akademiemitglied Boris A. Beresowski und der Komsomolfunktionär Michail B. Chodorkowski begonnen, sich aktiv in die Wirtschaftspolitik einzuschalten, Banken und Industrieunternehmen zu gründen und sich des Eigentums der Völker der UdSSR zu bemächtigen. Schon 1988 hatte der damals 25-jährige Chodorkowski in Moskau eine Privatbank gegründet.[135]

Amerikanische Experten, Staatssekretäre und Professoren durchforsteten das Land, um ihre Analysen zu präzisieren und geeignete Mitstreiter für künftige Veränderungen zu gewinnen und auszubilden. Der Berater des Pentagon Graham Allison arbeitete mit dem »liberalen« Moskauer Wirtschaftsexperten Grigori A. Jawlinski 1990 und 1991 Programme der kapitalistischen Umwandlung der sowjetischen Wirtschaft aus. Um dafür internationale Unterstützung zu gewinnen, bereisten Allison und Jawlinski im Sommer 1991 mit einer Boeing 727 – dem Firmenjet einer amerikanischen Milliardärin – Europa und Asien.[136] Weltweit wurde agiert, um die US-Direktive NSR-3 durchzusetzen.

Gorbatschow bereitete sich im Sommer 1991 auf die Teilnahme am Treffen der G 7 am 11. Juni 1991 in London vor. Dort ging es ihm nun schon nicht mehr um Erneuerung des Sozialismus, sondern um den Übergang zur kapitalistischen Wirtschaftsweise. Er bot den versammelten Staatsoberhäuptern und Regierungschefs die »Entstaatlichung und Privatisierung« des Eigentums der UdSSR an. »An der Privatisierung können sich nicht nur sowjetische, sondern auch ausländische physische und juristische Personen beteiligen.«[137]

Den USA aber reichte das inzwischen nicht mehr. Bush hätte Gorbatschow am liebsten in London schon nicht mehr gesehen. Nur durch Fürsprache von Mitterrand und Kohl bekam Gorbatschow seine Einladung zu diesem Treffen. In den Sitzungsprotokollen wurde Gorbatschow allerdings nicht als Teilnehmer, sondern als Gast des Treffens bezeichnet.[138]

Die Westmächte honorierten Gorbatschows Angebot nicht. Er hatte das, was er konnte, getan und nichts mehr zu bieten. Die G 7-Teilnehmer forderten einen schärferen Kurs der Kapitalismusentwicklung, als von Gorbatschow angeboten worden war. »Wenn er nicht sofort eine radikale wirtschaftliche Schocktherapie verfolgen würde, würden sie das Seil durchschneiden und ihn fallen lassen«[139], hieß es bei Naomi Klein. Bush kommentierte Gorbatschows Auftritt gegenüber seinem Sicherheitsberater mit der lapidaren Bemerkung: »Der Bursche ist durchgefallen.«[140]

Die Strategen der USA, deren Ziel seit langem die Liqudierung der sozialistische Gemeinschaft war, bliesen nun, als die Gelegenheit günstig wie nie war, zum entscheidenden Sturm. Im August 1991 veröffentlichte die einflussreiche *Washington Post* einen Kommentar mit der bezeichneten Überschrift »Pinochets Chile – ein pragmatisches Beispiel für die Sowjetwirtschaft«. Darin wurde ein Putsch befürwortet, »um den zu langsam vorgehenden Gorbatschow« loszuwerden. Der Kommentator Michael Schrage empfahl den Gegenspielern Gorbatschows, sie sollten sich »einen Despoten, der wirklich weiß, wie man einen Putsch durchführt, nämlich Chiles Exgeneral Augusto Pinochet«, zum Vorbild nehmen.[141] Der Autor war kein Prophet, er war offensichtlich nur gut informiert.

Vom 18. bis 21. August 1991 wurde in Moskau geputscht. Boris N. Jelzin (1931-2007), seit Juni Präsident der Russischen Föderativen Sowjetrepublik, wurde 1991 Russlands neuer Zar. Ihm wurde zugetraut, die Rolle Pinochets zu spielen. Auf Jelzin setzte Präsident Bush schon länger. Im Sommer des Vorjahres hatte er seine ursprüngliche Aversion gegen den auch in den USA recht ungehobelt auftretenden Boris Jelzin hintangestellt und Kontakte zu ihm geknüpft.[142]

Der Leiter des Büros für Sowjetanalyse des CIA, George Colt, hatte schon zuvor seine Fühler zu Boris Jelzin ausgestreckt. Das trug Colt die bissige Bemerkung des Sicherheitsberaters Scowcroft ein: »Warum wählt George Colt nicht den einfacheren Weg und arbeitet für Jelzin?«[143]

Natürlich konnte, wollte und sollte Jelzin – ebenso wie Pinochet – dafür geschulte Berater aus der neoliberalen »Chicagoer Schule« an der Seite haben. Als der siegestrunkene Jelzin die Flagge der zerschlagenen Sowjetunion von der Kremlkuppel einholen ließ und seinen Kumpanen erklärte: »Meine Herren, ich wollte Ihnen nur mitteilen, dass die Sowjetunion nicht mehr existiert«[144], gehörte auch – und nicht zufällig – der damals 36-jährige Jeffrey Sachs zum Auditorium.

Wer war dieser Jeffrey Sachs, und was hatte er mit der »Chicagoer Schule« und mit Pinochet zu tun?

Jeffrey Sachs gehörte zur zweiten Generation der von Milton Friedman repräsentierten »Chicagoer Schule« an, deren wirtschafts- und sozialwissenschaftliche Konzeption im heftigen Widerspruch zu der in den USA und auch in der Sozialdemokratie populären Theorie von John Maynard Keynes (1883-1946) entstanden war. Nach dessen Auffassung sollten staatliche Interventionen die extremen Auswüchse des Kapitalismus mildern und durch sozialen Ausgleich ein politisches Gleichgewicht anstreben. Der Mitbegründer der »Chicagoer Schule« Friedrich von Hajek (1899-1992) hingegen warnte vor jeder Einmischung der Regierung in die Wirtschaft. Das »würde die Gesellschaft in Knechtschaft bringen und müsse um jeden Preis vermieden werden«.[145]

Zum bekanntesten Vertreter dieser Schule – die sich von Anbeginn der besonderen Förderung der *Ford Foundation* erfreute – wurde der spätere Nobelpreisträger Milton Friedman (1912-2006). In seinem 1962 veröffentlichten Standardwerk »Kapitalismus und Freiheit« verkündete Friedman das theoretische Credo der konservativen neoliberalen Bewegung. »Erstens: Regierungen müssen alle Regeln und Regulierungen streichen, die der Akkumulation von Profiten im Weg stehen. Zweitens: Sie sollten alles verkaufen, was profitorientiert von Unternehmen betrieben oder erledigt werden kann. Drittens: Sie sollen die Sozialausgaben drastisch zurückfahren.«[146]

Im Vorwort der amerikanischen Ausgabe von 1982 – das in der deutschen Übersetzung ausgelassen wurde – schrieb Friedman über sein taktisches Konzept: »Nur eine Krise – eine tatsächliche oder empfundene – führt zu echtem Wandel. Wenn es zu einer Krise kommt, hängt das weitere Vorgehen von den Ideen ab, die im Umlauf sind. Das ist meiner Ansicht nach unsere Hauptfunktion: Alternativen zur bestehenden Politik zu entwickeln, sie am Leben verfügbar halten, bis das politisch Unmögliche politisch unvermeidbar ist.«[147]

Friedmans anfängliche Idee und seine spätere Erfahrung führten zu dem Schluss, in Krisenzeiten nicht zu zögern, sondern entschlossen und überrumpelnd zu handeln, um einem krisengeschüttelten Land unumkehrbare Veränderungen aufzuzwingen. Nichts war ihm mehr zuwider als der Status quo. Gemeinsam mit seiner Frau Rose Friedman meinte er: »Eine neue Regierung hat ungefähr sechs Monate Zeit, um tief greifende Veränderungen zu erreichen; nutzt sie diese Gelegenheit nicht, während dieses Zeitraums entscheidend zu handeln, wird sie sie nicht noch einmal bekommen.«[148]

Die konservative, neoliberale Konzeption der »Chicagoer Schule« ließ keinen Raum zum Nachdenken oder für demokratische Beratungen. Sie folgte der Idee Machiavellis, alle Gewalttaten auf einmal zu begehen. Den Studenten dieser »Schule« wurde jeder Ansatz zum möglichen Zweifel ausgetrieben. Den Professoren ging es darum, ihren Studenten, die aus aller Welt kamen, einzupflanzen, dass jede ökonomische Theorie ein »heiliges Charakteristikum des Systems« sei, keine Hypothese, über die man diskutieren könne.[149]

Schon in den 60er Jahren waren nicht wenige Chilenen unter den Studenten der »Chicagoer Schule«. Sie hatten, unter Mitwirkung der CIA, sich an der Katholischen Universität in Santiago unter der Losung »Vaterland und Freiheit« organisiert. Das war eine faschistische Putsch-Bewegung gegen die Regierung der Unidad Popular unter Präsident Salvador Allende.[150] Ihr Lehrer Milton Friedman wurde 1973, nach dem Putsch, Pinochets engster Berater. In Chile konnte er seine Theorie erstmals im Großversuch in der Praxis erproben. Nach dem Staatsstreich am 11. September 1973 befand sich Chile in einem Schockzustand. Friedman empfahl Pinochet »einen Umbau der Wirtschaft im Schnellfeuertempo – Steuerkürzungen, Freihandel, Privatisierung von Dienstleistungen, Einschnitte bei den Sozialausgaben und Deregulierung«.

Für sein schmerzhaftes Vorgehen prägte Friedman den Ausdruck »wirtschaftliche Schockbehandlung«. Wann und wo immer seither Regierungen einen umfassenden Wechsel zur »freien Marktwirtschaft« durchgesetzt haben, erfolgte eine solche Schocktherapie. »Pinochet erleichterte die Maßnahmen mit seinen eigenen Schockbehandlungen; diese wurden in den vielen Folterkammern des Regimes den geschundenen Körpern jener zuteil, die sich vermutlich am ehesten dem kapitalistischen Umbau in den Weg gestellt hätten.«[151] Die Folter wurde nicht nur in Chile, im Irak und anderswo zum stummen Begleiter auf der globalen Kreuzung für einen uneingeschränkten Kapitalismus.

Friedman resümierte 25 Jahre später seine Lehre aus den chilenische Ereignissen. »Das wirklich wichtige an der Chile-Sache ist, dass freie Märkte tatsächlich auf ihre Weise freie Gesellschaften herbeiführen.«[152]

Das ist das Credo der neoliberalen »Chicagoer Schule«.

Am 6. Mai 1991 besuchte Eduard A. Schewardnadse, von 1985 bis 1990 sowjetischer Außenminister, als Privatmann US-Außenminister James Baker. Sie sprachen von »alten Zeiten«. Schewardnadse erinnerte sich, »dass unser Team – Gorbatschow, Jakowlew und Schewardnadse – sich zu Beginn der Gorbatschow-Ära zwischen ›zwei Modellen für die Perestroika‹ entscheiden musste. [...] Wir hatten die Wahl zwischen einer Schocktherapie und einer schrittweisen medikamentösen Behandlung.«[153]

Der Begriff »Schocktherapie« als Mittel des Systemwandels war weder zum Zeitpunkt des Treffens zwischen Baker und Schewardnadse 1991 noch bei der Veröffentlichung dieses Zitats 1993 im allgemeinen Sprachgebrauch. Er war ein wenig verbreiteter Terminus technicus der »Chicagoer Schule«. Erst durch die 2007 in den USA veröffentlichte Arbeit von Naomi Klein »The Shock Doctrin. The Rise of Disaster Capitalism« wurde er weithin bekannt. Stand, so muss man sich fragen, die »Chicagoer Schule«, das Modell, welches 1973 unter Pinochet in Chile praktiziert worden war, auch an der Wiege der Perestroika?

Der bereits erwähnte Jeffrey Sachs, ein Mann des Jahrgangs 1954, hatte an der Harvard-Universität studiert und dort 1980 als einer der Besten den Doktortitel erworben. Obwohl er sich anfangs den theoretischen Positionen Keynes zugewandt hatte, konvertierte er – wenn auch mit gewissen Nuancen – bald zur »Chicagoer Schule«. Schon 1985 durfte er in Bolivien als Berater des dortigen Diktators Hugo Banzer zeigen, was er von Friedman gelernt hatte. Kolumbien litt unter einer hohen Inflationsrate. Es gab dort Massenproteste gegen die unsozialen Folgen des kapitalistischen Systems. Es hatte sich ein erkennbares revolutionäres Potential herausgebildet. Sachs empfahl Banzer einen Politikwechsel, der wie ein militärischer Überraschungsschlag durchzuführen sei. Das vorhandene staatliche Wirtschaftsmodell wurde rigoros zerschlagen, der Ölpreis verzehnfacht, weitere Preise dereguliert, Lebensmittelsubventionen gestrichen und der Staatsetat gekürzt. Das geschah so schnell und überraschend, dass die Gewerkschaften und Bauernorganisationen keine Gelegenheit zu einer organisierten Reaktion erhielten.[154]

Seitdem galt Sachs als ein Wunderkind des Systemwandels. Die *New York Times* lobte ihn als »Evangelisten des demokratischen Kapitalismus«. Übersehen wurde, dass bei der Durchsetzung der Schocktherapie in Bolivien der Widerstand der bolivianischen Gewerkschaften brutal unterdrückt worden war. Armeepanzer rollten über die Straßen. Die Polizei stürmte Gewerkschaftsbüros, die Universität und Fabriken. Das Land befand sich in einem außergewöhnlichen Belagerungszustand. Verhaftungen, Entführungen, Ausgangssperren und Massenentlassungen gehörten zu den Folgen der Empfehlungen des Jeffrey Sachs.[155]

Nach seinem bolivianischen »Meisterstück« wurde Sachs 1989 nach Polen in Marsch gesetzt. Sein Mentor dort war der bekannte Milliardär und Devisenhändler George Soros, der wie kaum ein anderer zu den Organisatoren und Finanziers antikommunistischer Bewegungen auf allen Erdteilen gehörte. Soros übernahm auch die Kosten für Sachs' Mission, die dieser als Berater der Regierung von Tadeusz Mazowiecki erfüllte. Sachs entwarf in kurzer Zeit einen Plan, in dem von den Hauptforderungen der Gewerkschaft Solidarnosc – etwa der Überführung der Unternehmen in Arbeiterhand – kein Wort stand. Er verordnete eine »Schocktherapie«. Über Nacht sollten Preise freigegeben und Subventionen abgeschafft werden. Sachs empfahl die Privatisierung der staatlichen Industrie, die Gründung einer Börse und eines Kapitalmarktes sowie spürbare Etatkürzungen. Sachs wollte den unverzüglichen Umbau der Planwirtschaft in kapitalistische Marktwirtschaft.[156]

Das war das Gegenteil dessen, was Gewerkschaftsführer Lech Walesa den Polen versprochen und wofür polnische Arbeiter leidenschaftlich gerungen und gestreikt hatten. Noch im Sommer 1989 hatte Walesa vollmundig ein System verlangt, »das besser ist als der Kapitalismus, das alles ausschließe, was am Kapitalismus schlecht ist«.[157]

Mitte September 1989 verkündete der polnische Regierungschef das von Sachs geschnürte Schockkonzept. Damit war Schluss mit der über Jahre gepflegten Vision einer kooperativ betriebenen Wirtschaft und eines »Dritten Weges« zwischen Sozialismus und Kapitalismus in Polen.

Die Wendezeit am Ende der 80er und am Beginn der 90er Jahre wurde zur hohen Zeit der »Chicagoer Schule«. Milton Friedman agierte in China, seine Mitarbeiter waren in Prag und Budapest aktiv, selbst in Südafrika. Sein Musterschüler Sachs aber wurde nach Moskau entsandt. Dem auf finanziellen Beistand hoffenden Boris Jelzin erklärte er unverblümt: Wenn dieser bereit sei, die kapitalistische Wirtschaftsordnung »mit einer Art von Urknall« einzuführen, dann gäbe es auch Unterstützung, man müsse allerdings ehrgeizig sein und schnell handeln.[158] Wenige Tage danach holte sich Jelzin vom noch in Schockstarre befindlichen Parlament zunächst für ein Jahr diktatorische Sondervollmachten ein, um den forschen Plan seines US-Beraters umsetzen zu können.

Es war für manchen ein schwer erklärbarer Vorgang, dass ausgerechnet der ehrempfindliche Bundeskanzler Dr. Helmut Kohl den grobschlächtigen, nicht selten betrunkenen Boris Nikolajewitsch Jelzin in dieser Zeit zu seinem Duz- und Saunafreund erkor. Nicht auszuschließen ist, dass ihre gemeinsame antisozialistische Haltung die Grundlage für die erstaunliche Beziehung dieser beiden im Zivilisationsniveau so unterschiedlichen Männer bildete. Kohl schrieb in seinen Memoiren bezüglich seiner Aversion: »Ich hatte sozusagen mit der Muttermilch eingesogen, dass ich nicht sozialistisch sein und denken kann.«[159]

Kohl wie Jelzin war ein starker Wille bei der Durchsetzung ihrer Ziele und ein begrenztes Potential an Skrupeln bei der Wahl ihrer Mittel eigen. Die Explosivität der »Schockstrategie« entsprach ihrem Naturell. Möglich aber auch, dass allein nüchternes politisches Kalkül der Beziehung beider Politiker zugrunde lag.

Jelzin kamen bei seinen Attacken zur kapitalistischen Umgestaltung Russlands die in der bürgerlichen Presse als junge Reformer gepriesenen russischen Ökonomen zur Hilfe. Diese aber waren nichts anderes als russische »Chicago Boys«. Sie hatten sich Friedmans Theorie zu eigen gemacht und versuchten, selbst so viel wie möglich aus der Konkursmasse des Sozialismus in die eigene Hand zu bekommen. »Um Jelzins Chicago Boys ideologisch und technisch zu unterstützen, finanzierte die US-Regierung eigene Übergangsexperten, deren Aufgaben darin bestanden, Privatisierungserlasse zu verfassen, eine Aktienbörse nach dem Vorbild von New York aufzubauen oder einen russischen Markt für Investmentgesellschaften zu entwickeln.«[160]

Natürlich war das nicht mehr allein von Jeffrey Sachs zu leisten. Er wurde 1995 Direktor des *Harvard Institut for International Development.* Damit konnte er mit einer beachtlichen Mitarbeiterschar seinen Vorposten in Moskau, an dem er selbst etwa zwei Jahre blieb, ausbauen.

Und nicht nur dort. Jeffrey Sachs agierte mit seinen Leuten zu Beginn der 90er Jahre auch in Jugoslawien, in Slowenien, in Estland, in der Slowakei, in der Ukraine, in Kirgistan und in der Mongolei. Ab 1994 war er in Indien aktiv. Auch in Deutschland hinterließ er in der Nachwendezeit seine Spuren mit Empfehlungen zur Liberalisierung des ostdeutschen Arbeitsmarktes.[161]

Ob er sich auch zum desaströsen Deindustrialisierungskurs der Treuhandanstalt geäußert hat, ist nicht bekannt. Die mit hohem Tempo durchgeführte Privatisierung der DDR-Industrie zeugt ebenso wie die Aufforderung von Horst Köhler aus dem Januar 1991, es müsse in der DDR-Industrie »auch mal gestorben werden. [...] Blut müsse fließen, natürlich nur im übertragenen Sinne, nicht wahr«[162], dass die Behörden der Bundesrepublik in der Wendezeit auch den Lehren der »Chicagoer Schule« konsequent folgten.

Wohin Jeffrey Sachs auch kam, konnte er sich der Vorarbeit und der Unterstützung der Organisation von George Soros sicher sein. Dessen Stiftungen arbeiteten in 50 Ländern der Welt daran, Regimewechsel »von innen zu bewirken durch Ausbildung junger Intellektueller, durch Infrastruktur, Kontakte, Geld«.[163] Im *Spiegel* hieß es dazu: »Eine Friedensarmee im Schatten ist da entstanden. Deren Divisionen und Pläne keiner kennen soll. Geheimnisvoll schlagkräftig, kaum zu fassen – ein wichtiges, bis heute kaum wahrgenommenes Phänomen der internationalen Politik.«[164] Inzwischen ist der umtriebige, viel beschäftigte Jeffrey Sachs Sonderbeauftragter der US-Regierung und auch der UNO. An der Columbia University in New York besetzt er drei Professorenlehrstühle. Er begleitete 2007 US-Präsident George W. Bush zum G 8-Gipfel nach Heiligendamm. Nunmehr liegt Afrika im Zentrum seiner Interessen. Dabei umgibt er sich mit der Aura eines heilsamen karitativen Samariters.

Der Verlauf der Ereignisse beim Untergang des Sozialismus in Europa lässt erkennen, wie einseitig und unvollständig Geschichtsbetrachtung bleibt, wenn wesentliche Umstände übergangen und ausgeblendet werden. Zweifellos hatten heute zu Helden stilisierte Bürgerrechtler und Dissidenten Anteil an den Veränderungen in Osteuropa und in der DDR. Saßen sie aber an den Schalthebeln? Spielten sie die erste Geige oder wenigstens in der dritten Reihe die Bratsche? Allenfalls spielten sie in den Schlussakkorden die Triangel. Bald waren in den Regionen der untergegangenen DDR die Folgen der Schocktherapie unübersehbar. Millionen Arbeitslose hatten nun zwar die Freiheit, bis auf die Bahamas und weiter zu reisen, es fehlte aber das Geld, um selbst den kurzzeitig geschmähten früheren Ferienplatz im Harz oder an der Ostsee zu bezahlen. Der rigorose Anstieg der Mieten zwang viele zum Umzug. Schluss war mit dem kostenlosen Bildungs- und dem preiswerten und zuverlässigen Gesundheitssystem, mit gesicherten Arbeitsplätzen und einem weithin unkomplizierten, oft kameradschaftlichen Umgang mit den Behörden und in den Betrieben.

Mit dem hier Gesagten sollen keinesfalls neue Verschwörungstheorien gepflegt oder der Versuch gemacht werden, Geschichte neu zu schreiben. Die vorgestellten Tatsachen und Überlegungen sollen lediglich Anstoß zum Nachdenken geben. Zu tief war und ist noch immer der Graben zwischen öffentlichen Erklärungen zu politischen Vorgängen und der realen Situation. Wann ist es möglich, Ross und Reiter, Koch und Kellner zu erkennen und zu benennen? So bleibt der politische Rat Bertolt Brechts aktuell: »Prüfe die Rechnung. Du musst sie bezahlen.« Feuer kann man auch künftig nicht in Papier einwickeln.

Es lohnt sich immer, genau hinzusehen, nichts auf Treu und Glauben hinzunehmen. Das gilt besonders auch für die Entstehungsursachen und die Bündnisbeziehungen der beiden 1949 entstandenen deutschen Staaten.

Anmerkungen

1 W. I. Lenin. Drei Quellen und drei Bestandteile des Marxismus. In: Werke, Bd. 19, Dietz Verlag Berlin, S. 8
2 Aus dem Gründungsaufruf für ein »Institut für solidarische Moderne«. In: *Neues Deutschland* vom 6./7. Februar 2010, S. 24
3 Jeremy Rifkin: Die emphatische Zivilisation – Wie die dritte industrielle Revolution unser Menschenbild verändert und die Welt retten kann. In: *Berliner Zeitung* vom 8. Februar 2010, S. 27
4 ebenda
5 Friedrich II.: Politisches Testament. In: Das Buch der Deutschen, Bastei Lübbe, Köln 2004, S. 152
6 Vertrag über die Schaffung einer Währungs-, Wirtschafts- und Sozialunion zwischen der Bundesrepublik Deutschland und der Deutschen Demokratischen Republik vom 18. Mai 1990, (BGBl. II, S. 537)
7 Edelbert Richter. Drei offene Fragen. Das Feilschen um den Staatsvertrag. In: *Neues Deutschland* vom 1. Juli 2010, S. 3
8 Thilo Sarrazin: Die wahre Geschichte der Währungsunion. In: *SUPERillu* Nr. 27/2010, S. 34
9 ebenda
10 Wolfgang Schäuble: Der Vertrag. Wie ich über die deutsche Einheit verhandelte. dva, Stuttgart 1991, S. 100
11 Thilo Sarrazin, a. a. O.
12 Rede von Bundestagspräsident Prof. Dr. Norbert Lammert zum 20. Jahrestag der freien Volkskammerwahlen am 18. März 1990. In: *http:// www.Bundestag.de/bundestag/praesidium/reden/2010/02.html*
13 Alexander Neubacher/Michael Sauga: Abbau Ost. In: *Der Spiegel* 26/2010, S. 74-79
14 Friedrich II., a. a. O., S. 151
15 Benedikt XVI: CARITAS IN VERITATE. Die Sozialenzyklika. Sankt Ulrich Verlag, Augsburg 2009, S. 73f.
16 Peter Sloterdijk: Du musst dein Leben ändern«. Suhrkamp, Frankfurt am Main 2009, S. 701f.
17 a. a. O., S. 713

18 Bundesverfassungsgericht (BVerfGE) 7,89/92 f;stRspr. Zitiert in: Münchener Rechtslexikon, Bd. 3, Becksche Verlagsbuchhandlung, München 1987, S. 72
19 Bundesgerichtshof, Beschluss vom 21.November 1994, Az. AnwZ(B) 54/94. In: *Neue Justiz*, 1995, 332f. Rn. 13
20 Bundesverfassungsgericht: Beschluss vom 7. Dezember 2004, Az.BvR 180/03; Pressemitteilung des BVG Nr. 1/2005 vom 4. Januar 2005
21 Wissenschaftlich Dienste des Deutschen Bundestages, Drucksache 1-061/08
22 Duden, 24. völlig neu bearbeitete und erw. Auflage, Dudenverlag, Mannheim, Leipzig, Wien, Zürich 2006
23 Christa Wolf, in: Wir haben dieses Land geliebt. Interview, *Der Spiegel* 24/2010, S. 135
24 Ralf Schenk: Danke, du böse DDR. In: *Berliner Zeitung* vom 20. Juli 2010, S. 24
25 Wolfgang Schäuble: Der Vertrag. Wie ich über die deutsche Einheit verhandelte, a. a. O., S. 271
26 Vgl. Volker Ullrich: Otto von Bismarck, Rowohlt, Reinbek 1998, S. 79
27 Vgl. Klaus Brinkbäumer: Die Firma Freiheit. In: *Der Spiegel* 26/2008
28 Naomi Klein: Die Schockstrategie – Der Aufstieg des Katastrophenkapitalismus. S. Fischer Verlag, Frankfurt am Main 2007
29 Zitiert in Siegfried Prokop: Ich bin zu früh geboren. Auf den Spuren Wolfgang Harichs. Dietz Verlag, Berlin 1957, S. 189
30 Alexander Jakowlew: Die Abgründe meines Jahrhunderts, Faber und Faber, Leipzig 2003, S. 475
31 Michael Stürmer: Das ruhelose Reich – Deutschland 1866-1918. In: Deutsche Geschichte, Siedler Verlag, Berlin 1983, Bd. 1, S. 172
32 Helmut Kohl: Der Triumph der Freiheit. In: *Frankfurter Allgemeine Zeitung* vom 31. Oktober 2009, S.21
33 Vgl. Michael Stürmer, a. a. O., S. 173
34 In: Bismarcks Briefe an seine Gattin aus dem Kriege 1870/71. Brief 65 vom 21. Januar 1871, S. 78. J. G. Cottasche Buchhandlung Nachfolger, Stuttgart und Berlin 1903
35 Otto von Bismarck: Erinnerung und Gedanke. J. G. Cottasche Buchhandlung Nachfolger, Berlin und Stuttgart 1922, S. 157
36 Vertrag über die Beziehungen zwischen der Bundesrepublik Deutschland und der Deutschen Demokratischen Republik« vom 21. Dezember 1972 (Grundlagenvertrag) BGBL. vom 22. Juni 1973, S. 559
37 Eine Bemerkung von Carlo Schmidt, die im stenografischen Bericht des Parlamentarischen Rates auf Seite 70 dazu wiedergegeben ist, begründet wohl noch kein historisches Staatsverständnis.
38 Bundesverfassungsgericht, BVerfG, 36,1 -2BvF 1/73
39 Vgl. Diestelkamp: Rechtsgeschichte als Zeitgeschichte-Historische Betrachtungen zur Entstehung und zum Fortbestand des Deutschen Reiches nach 1945. In: *Zeitschrift für Neuere Rechtsgeschichte* (ZNR) 7/1985, S. 186; vgl. dazu auch Gerhard Stuby: Die dubiose These vom Fortbestand des Deutschen Reiches. In: *Demokratie und Recht* 2/1990, S. 236f. (dort Abdruck des Stuckart-Dokumentes auf S. 238f.)
40 Rundfunkrede von Großadmiral Dönitz 1. Mai 1945. In: Webseite des

deutschen Rundfunkarchivs

41 In: Ende des Dritten Reiches – Ende des Zweiten Weltkrieges. Eine perspektivische Rückschau. Hrg. Militärisches Forschungsamt, München 1995, S. 14

42 Bundesgesetzblatt des Deutschen Bundes 1871, Nr. 16, S. 64-85

43 Feststellungen des Historikers Joseph Foschepoth. In: Viele weiße Flecken. *Der Spiegel*, 25/2010, S. 10

44 Henry A. Kissinger: Memoiren, 1968-1973. C. Bertelsmann Verlag, München 1979, S. 247

45 a. a. O., S. 65

46 Daniel Ellsberg, Secrets: A Memoir of Vietnam and the Pentagon Papers, Viking Books, Hornsby 2002

47 Vgl. u. a. Uwe Klussmann: Ohrfeige für Moskau. Interview mit dem Autor des Buches »Der gewaschene Schiwago«, Iwan Tolstoi. In: *Der Spiegel* 7/2009, S. 214

48 Zitiert in Rainer Schmitz, *Focus* 9/2009, S. 46f.

49 »Walter Kempowski war doch US-Spion«. In: *Der Tagespiegel* vom 4. Mai 2009, und Edo Reents: Und er war doch ein Spion, in: *faz.net* am 2. Mai 2009. Ebenso Volker Hage, Auf dünnem Eis. In: *Der Spiegel* 20/2009, S. 20

50 Vgl. Hans Voelkner: Salto Mortale, Militärverlag der DDR, Berlin 1989, S. 183f.

51 Vgl. Wolfgang Schreyer: Der zweite Mann – Rückblick auf Leben und Schreiben«, Das Neue Berlin, Berlin 2000, S. 233/236

52 Angaben dokumentiert im Film »Planspiel Atomkrieg – Adenauers Kampf um die Atombombe«. Gesendet u. a. am 31. Januar 2009 auf *Phoenix*

53 Vgl. *Der Spiegel* 2/2010, S. 129

54 Vgl. Milton Bearden, James Risen: Der Hauptfeind – CIA und KGB in den letzten Tagen des Kalten Krieges, Siedler Verlag, Berlin 2003

55 Fritz Stern: Fünf Deutschland und ein Leben, C. H. Beck München 2009, S. 225

56 Besprechung Semjonows mit Pieck am 19. Juli 1949. SAPMO-BArch NY 4036/735 [SAPMO = Stiftung Archive der Parteien und Massenorganisationen der ehemaligen DDR im Bundesarchiv]

57 Wilhelm Pieck, Notizen der Reise nach Moskau 14.4.-21.5.1949, SAPMO-BArch, NY 4036/695

58 Vgl. Brief Otto Grotewohl an Stalin vom 19. September 1949. BA Berlin, DC 20/15409, Bl. 3

59 Fritz Stern: Five Germanys I have known, New York 2006, deutsche Ausgabe: Fünf Deutschlands und ein Leben, C. H. Beck, München 2009, S. 389

60 Vgl. Valentin Falin: Politische Erinnerungen, Droemer Knaur Verlag, München 1993, S. 310

61 Vgl. P. A Sudoplatow: Der Handlanger der Macht. Enthüllungen eines KGB-Generals. Econ Verlag, Düsseldorf, Wien, New York, Moskau 1994. S. 423

62 Vgl. Wjatscheslaw Keworkow: »Der geheime Kanal. Moskau, der KGB und die Bonner Ostpolitik«. Rowohlt Berlin, Berlin 2001, sowie Henry A. Kissinger, Memoiren 1968-1973, C. Bertelsmann Verlag, Bielefeld 1979, S. 857ff.

63 Vgl. Eric Hobsbawn: Das Zeitalter der Extreme. Weltgeschichte des 20. Jahrhunderts. dtv, München 2008, S. 316

64 Wjatscheslaw I. Daschitschew: Paroxe Leidenschaften. In: *Preußische Allgemeine Zeitung*, Hamburg, vom 7. Januar 2006

65 Michail Gorbatschow: Vortrag an der Amerikanischen Universität in Ankara. Veröffentlicht in: *Dialog Prag* Nr. 146, Oktober 1999, übersetzt von H. J. Falkenhagen. In Deutschland publiziert in: Horst Richter: Musste die Perestroika scheitern?, Rosa-Luxemburg-Stiftung Schsen, Leipzig 2009, S. 65. Sowie in Siegfried Wenzel: Von wegen Beitritt. Offene Worte zur deutschen Einheit. Fakten und Zitate. Das Neue Berlin, Berlin 2007, S. 76

66 Eberhard Czichon/Heinz Marohn: Das Geschenk. Die DDR im Perestroika-Ausverkauf, PapyRossa Verlag, Köln 1999, S. 38

67 ebenda, Fußnote 96

68 Egon Krenz: Gefängnisnotizen, edition ost, Berlin 2009, S. 177

69 Eberhard Czichon/Heinz Marohn, a. a. O., S. 61f.

70 Joseph Pozsgai: Der Preis der Wende. Gorbatschows Masterplan für den Systemwechsel,Olzog Verlag, München 2006, S. 11

71 a. a. O., S. 142

72 Michail Gorbatschow: Erinnerungen, Siedler Verlag, Berlin 1995, S. 390

73 Michael R. Beschloss/Strobe Talbot: At the Highest Levels: The Inside Story of the End of cold War. Little, Brown and Company, New York. Deutsche Fassung: Auf höchster Ebene: Das Ende des Kalten Krieges und die Geheimdiplomatie der Supermächte 1989-1991. ECON Verlag, Düsseldorf, Wien, New York, Moskau 1993, S. 591

74 a. a. O., S. 11

75 a. a. O., S. 7f.

76 Michail Gorbatschow: Erinnerungen, a. a. O., S. 628

77 Zitiert in: M. Beschloss/Strobe Talbot, a. a. O., S. 21

78 Zitiert in: M. Beschloss/Strobe Talbot, a. a. O., S. 22

79 Vgl. M. Beschloss/Strobe Talbot, a. a. O., S. 32

80 Condoleezza Rice: Es ging um den Jackpot. In: *Der Spiegel*, 39/2010, S. 53f.

81 ebenda

82 M. Beschloss/Strobe Talbot, a. a. O., S. 59

83 a. a. O., S. 59f.

84 a. a. O., S. 22

85 Marianne Birthler, Interview in: Mein 9. November 1989, Hrsg. Heribert Schwan/Rolf Steiniger, Artenis & Winkler, Düsseldorf 2009, S. 51

86 Vgl. Klaus Eichner: Frontkader Strippenzieher«. In: *Junge Welt* vom 29. Juni 2010, S. 10

87 »Ein Globetrotter«. In: *FAZ* vom 10. Januar 1989, S. 10

88 Vgl. Wolfgang Schäuble, Interview, in: Mein 9. November 1989, Hrsg. Heribert Schwan/Rolf Steiniger, Artenis & Winkler, Düsseldorf 2009, S. 287f.

89 Dazu: Milton Bearden/Jaems Risen: Der Hauptfeind CIA und KGB in den letzen Tagen des Kalten Krieges, Siedler Verlag, München 2004

90 Vgl. Eberhard Czichon/Heinz Marohn: Das Geschenk ..., S. 79f.

91 Milton Bearden: Zu einigen Aktivitäten der CIA im Kalten Krieg. In: Spionage für den Frieden. Eine Konferenz in Berlin am 7. Mai 2004, Hrsg. Klaus Eichner/Gotthold Schramm, edition ost, Berlin 2004, S. 55

92 Helmut Wagner: Schöne Grüße aus Pullach – Operationen des BND gegen

die DDR, edition ost, Berlin 2000. S. 203

93 Michael Beschloss/Strobe Talbot, a. a. O., S. 127, siehe auch S. 233f.

94 Michail S. Gorbatschow: Vortrag an der Amerikanischen Universität in Ankara, siehe FN 65

95 Anatoli Tschernjajew, Wadim Medwedjew und Georgi Schachnasarow: Im Politbüro der KPdSU, russ., S. 540. Übersetzt und in deutscher Sprache veröffentlicht in: Horst Richter: Musste die Perestroika scheitern?, Rosa-Luxemburg-Stiftung Sachsen, Leipzig 2009, S. 101

96 Alexander Galkin, Anatoli Tschernjajew: Michail Gorbatschow und die Deutsche Frage, Moskau 2006, russ., S. 246. Übersetzung: Horst Richter, a. a. O., S. 118

97 Michail S. Gorbatschow: Ansprache auf dem XI. Parteitag der SED. In: Protokoll der Verhandlungen des XI. Parteitages der SED, Dietz Verlag, Berlin 1986, S. 153

98 In: Michail Gorbatschow und die Deutsche Frage, a. a. O., S. 6 (Gespräch Gorbatschows mit Schewardnadse, Dobrynin, Achromejew, 26. Mai 1986)

99 a. a. O., S. 114 (Gespräch Gorbatschows mit Mitarbeitern am 29. September 1986)

100 a. a. O., S. 45 (Gorbatschow im Politbüro des ZK der KPdSU am 11. Juli 1987)

101 Vgl. Wjatscheslaw I. Daschitschew, a. a. O.

102 Persönliche Botschaft Gorbatschows an Egon Krenz vom 24. November 1989. In: Egon Krenz: Herbst '89, edition ost, Berlin 2009, S. 30

103 Horst Teltschik: 329 Tage – Innenansichten der Einigung. Siedler Verlag, Berlin 1991, S. 43f. Vgl. auch: Klaus Wiegrefe: Allein gegen alle. In: *Der Spiegel* 39/2010, S. 41f.

104 Horst Teltschik, a. a. O., S. 49

105 Manfred Stolpe: Schwieriger Aufbruch. Siedler Verlag, Berlin 1992, S. 183

106 Markus Wolf: Im eigenen Auftrag – Bekenntnisse und Einsichten, Schneekluth Verlag, München 1991, S. 151f.

107 a. a. O., S. 146

108 a. a. O., S. 148

109 Vgl. Egon Krenz: Herbst '89. a. a. O., S. 47-51

110 a. a. O., S. 51

111 a. a. O., S. 51-53

112 a. a. O., S. 52f.

113 Harry Möbis: Von der Hoffnung gefesselt, Frankfurter Oder Editionen, Eggersdorf 1999, S. 257

114 Vgl. Herbert Graf: Mein Leben. Mein Chef Ulbricht. Meine Sicht der Dinge. edition ost, Berlin 2009, S. 41-50 sowie S. 410-474

115 Lothar de Maizière, Rede am 18. März 2010 vor dem Deutschen Bundestag. In: *htp:// www. Bundestag. de/dokument/textarchiv/2010/29048909_kw11*

116 Michail S. Gorbatschow: Brief an Bundeskanzler Kohl am 25. November 1991. In: Gorbatschow zur Deutschen Frage, a. a. O., S. 550

117 Brent Scowcroft im Interview. In: Mein 9. November 1989, Hrsg. Heribert Schwan/Rolf Steiniger, Artenis & Winkler, Düsseldorf 2009, S. 350

118 Lech Walesa: In: *Bild* vom 2. November 2009. Vgl. auch Horst Schneider: Kleriker der Konterrevolution. In: *Rotfuchs,* Februar 2010, S. 15

119 Vgl. Andreas Böhme und Ralph G. Reuth: Das Komplott. Wie es wirklich zur deutschen Einheit kam. München Zürich 1993, S. 210f. sowie Eberhard Czichon/Heinz Marohn: Das Geschenk, a. a. O., S. 74f.
120 Wjatscheslaw I. Koschemassow: Meine letzte Mission. Dietz Verlag Berlin, 1994, S. 136 und S. 282
121 Valentin Falin im Interview. In: Mein 9. November 1989, Hrsg. Heribert Schwan/Rolf Steiniger, Artenis & Winkler, Düsseldorf 2009, S. 109
122 So in: Stefan Bollinger und Jürgen Hofmann: Zeiten der Utopien – 60 Jahre doppelte Staatsgründung und zwanzig Jahre antistalinistische, demokratische Revolution. In: *Neues Deutschland* vom 12./13. September 2009, S. 24
123 Gorbatschow in der Sitzung des Politbüros des ZK der KPdSU am 30. Oktober 1987, zitiert in: Im Politbüro der KPdSU, a. a. O., S. 89
124 Ryshkow in der Beratung des Politbüros des ZK der KPdSU am 16. Februar 1989, zitiert in: Im Politbüro der KPdSU«, a. a. O., S. 383
125 Popow in der Beratung mit Wirtschaftswissenschaftlern am 23. Oktober 1988 und 1. Januar 1989, zit. in: Im Politbüro der KPdSU, a. a. O., S. 446
126 Vgl. Referat Michael Schumann in: Außerordentlicher Parteitag der SED/PDS, Protokoll der Beratungen am 8./9.und 16./17. Dezember 1989 in Berlin. Karl Dietz Verlag, Berlin 1990, S. 190
127 Gregor Gysi in: Außerordentlicher Parteitag der SED/PDS, a. a. O., S. 52
128 Franz Walter: Vorwärts oder abwärts? Zur Transformation der Sozialdemokratie. Suhrkamp Verlag, Berlin 2010, S. 46 und 54-56
129 Günther Nollau: Das Amt – 50 Jahre Zeuge der Geschichte. C. Bertelsmann Verlag, Bielefeld 1978, S. 226f.
130 ebenda
131 ebenda
132 ebenda
133 Die Transformationstheorie wurde in den 30er und 40er Jahren des 20. Jahrhunderts in den USA in Arbeiten von Karl Polany (1886-1964) entwickelt. Dazu: Karl Polany: The Great Transformation – The political and economic origins of our time. Beacon Press, Boston 2001. Die Transformationstheorie gehört derzeit zum theoretischen Gerüst der Arbeiten von Dieter Klein. Vgl. u. a.: Dieter Klein: Eine Zweite Große Transformation und die Linke. Vorlesung am 9. November 2010 in der Rosa-Luxemburg-Stiftung Brüssel, in: *dttp.//blog. Rosalux-europa.info/de/2010/02/05/zweite-große-transformation.*
134 Ryshkow im Präsidialrat der UdSSR am 17. Oktober 1990. In: Im Politbüro der KPdSU, a. a. O., S. 550f.
135 Michail Chodorkowski: Ich bin doch kein Narr. Interview in: *Der Spiegel* 32/2010, S. 74
136 Vgl. M. Beschloss/Strobe Talbot, a. a. O., S. 527
137 Persönliche Botschaft Gorbatschows an die Regierungsoberhäupter der Teilnehmer des Treffens der Sieben in London, 11. Juni 1991. In: Im Politbüro der KPdSU, a. a. O., S. 590
138 M. Beschloss/Strobe Talbot, a. a. O., S. 515
139 Naomi Klein: Die Schockstrategie, a. a. O., S. 394
140 M. Beschloss/Strobe Talbot, a. a. O., S. 535

141 Michael Schrage: Pinochet's Chile a Pragmatic Model for Soviet Economy. In: *Washington Post* vom 23. August 1991
142 M. Beschloss/Strobe Talbot, a. a. O., S. 318
143 Zitiert in: M. Beschloss/Strobe Talbot, a. a. O., S. 459
144 Zitiert in: Naomi Klein, a. a. O., S. 307
145 Vgl. Friedrich A. Hayek: Der Weg zur Knechtschaft, Wien 2004
146 Vgl. Milton Friedman: Kapitalismus und Freiheit. Eichborn Verlag, Frankfurt am Main 2002, Zusammenfassung in: Naomi Klein, a. a. O., S. 85
147 Milton Friedman: Capitalism and Freedom, University of Chicago Press, 1982
148 Milton und Rose Friedman: Die Tyrannei des Status quo. Wirtschaftsverlag Langen-Müller/Herbig, München 1985
149 Frank H. Knight: The Newer Economics band the Controll of Economics Activity, *Journal of Political Economy*, 40, Nr. 4, August 1932, S. 455
150 CIA-Secret Cabele from Headquarters, 27. September 1970. In: Peter Kornbluh: The Pinochet File: A Declassified Dossier on Atrocity and Accountabbility, New York Press, New York 2003, S. 49f.
151 Naomi Klein, a. a. O., S. 18f.
152 Milton Friedman, Interview für Commandid Heights: The Battle for the world Economy, auf: *www.pbs.org* vom 1. Oktober 2000
153 Zitiert in: M. Beschloss/Strobe Talbot, a. a. O., S. 498
154 Vgl. Naomi Klein, a. a. O., S. 200f.
155 a. a. O., S. 214f.
156 a. a. O., S. 248f., und: Die Wandlung des Jeffrey Sachs. In: *Die Zeit* 38/2003
157 Lech Walesa: U.S. Has Stake in Poland success, *United Press International* vom 25. August 1989
158 Vgl. Naomi Klein, a. a. O., S. 308
159 Helmut Kohl: Erinnerungen. Droemer, München 2004, S. 63
160 Naomi Klein, a. a. O., S. 309f.
161 Vgl. Die Wandlung des Jeffrey Sachs. In: *Die Zeit* 38/2003
162 Zitiert in: Michael Jürgs: Die Treuhändler – Wie Helden und Halunken die DDR verkauften, Droemer, München 1998., S. 261
163 Klaus Brinkbäumer: Die Firma Freiheit. In: *Der Spiegel* 46 und 47/2005
164 Renate Flottau: Die Revolutions-GmbH. In: *Der Spiegel* 46/2005, S. 179

Kapitel 2
Ursachen und erste Projekte der Teilung Deutschlands

»If we all look on the history of past – we can just tell we are«: Blicken wir auf die Geschichte der Vergangenheit zurück, können wir sagen, wo wir stehen. Dieser Gedanke, den Sir Harry Lauders vor mehr als hundert Jahren niederschrieb, regt auch im 21. Jahrhundert zum Nachdenken an. Das Deutschland, in dem wir leben, war im 20. Jahrhundert geteilt. Es existierten zwei souveräne deutsche Staaten, die Bundesrepublik Deutschland und die Deutsche Demokratische Republik. Beide waren völkerrechtlich anerkannt, gehörten der UNO und vielen internationalen Organisationen an.

Wenn heute von *deutscher Teilung* die Rede ist, wird darunter in der Regel die 1949 vollzogene Teilung in zwei Staaten verstanden. Von 1945 bis zur Bildung der beiden Staaten gab es, bedingt durch Besatzungsrecht, eine Vierteilung des deutschen Staatsgebietes. In jeder dieser Besatzungszonen übten vier Siegermächte der Antihitlerkoalition die Regierungsgewalt aus. Diese Teilung in Besatzungszonen hatte ihre Vorgeschichte. Sie war mit den Zerstückelungsplänen, die vor allem in den USA und in England seit 1941 erarbeitet wurden, nicht identisch. Die deutsche Teilung hat eine bewegte, inzwischen allerdings weitgehend verkürzte und verklärte Vorgeschichte.

Hintergründe von Teilungsplanungen und eine Pointe Gregor Gysis

Die Debatte über Ursachen und Hintergründe der Bildung der beiden deutschen Staaten währt seit mehr als einem halben Jahrhundert. Bei aller Unterschiedlichkeit des Herangehens, der Beurteilungskriterien und der daraus abgeleiteten Schlussfolgerungen besteht unter Historikern weitgehend Übereinstimmung darüber: Die in den letzten Kriegsjahren erörterten Pläne einer Zerstückelung Deutschlands und die tatsächlich vollzogene Teilung in der Nachkriegszeit waren in letzter Instanz die – wenn auch von ihren Verursachern weder geplante noch erwartete – unmittelbare Folge der Aggression des deutschen Faschismus. Das Leid, das von Deutschland im Ersten Weltkrieg (1914-1918) und im Zweiten Weltkrieg (1939-1945) ausging, gab den Anstoß für Pläne zur Zerstückelung des Landes. Damit sollte das aggressive Potential der in Deutschland herrschenden politischen und wirtschaftlichen Mächte weitgehend reduziert werden.

Nach dem Sieg zeichnete sich jedoch bald ab, dass die gegen Nazideutschland geschlossenen Bündnisse an Substanz verloren, sich zunehmend in ihr Gegenteil verkehrten. Die unterschiedlichen geopolitischen Interessen, politischen Ansichten und die schwindende Übereinstimmung der Siegermächte über eine künftige Friedensregelung prägten die unterschiedlichen Konturen der Herrschaft der Besatzungsmächte. Entgegen den ursprünglichen Nachkriegsplanungen der Großmächte entstanden 1949 die beiden deutschen Staaten. Die Westmächte hatten entgegen den Plänen, die sie mit der UdSSR 1945 in Jalta und Potsdam für das künftige Deutschland vereinbart hatten, die Bildung eines Weststaates und dessen Integration in das Bündnis der Westmächte zumindest seit Beginn des Jahres 1948 vorangetrieben. Das geschah mit strategischem Kalkül mit hoher Intensität und unverkennbarer Kompromisslosigkeit. In Anbetracht dieser historischen Tatsachen hatte sich 1949 die Teilung des deutschen Staatsgebietes, die Bildung zweier deutscher Staaten, als weitgehend alternativlos erwiesen.

Eine andere Meinung dazu vertrat Gregor Gysi im Mai 2009 in der Debatte »60 Jahre Grundgesetz für die Bundesrepublik Deutschland« im Deutschen Bundestag. Mit Verweis auf die österreichische Lösung behauptete er, die deutsche Teilung und die damit verbundene Staatenbildung seien Resultat mangelnder Geduld der Deutschen gewesen. Unbekümmert und fernab historischer Fakten erklärte er: »Ich glaube, die vier Mächte hätten gar nichts machen können. Wenn wir alle gesagt hätten: Nein, wir gründen einen Staat zusammen. Wie hätten sie das verhindern sollen? Aber wir hatten diese Geduld nicht.«[1] Unter Juristen gilt der Grundsatz, Sachkunde erleichtert die Urteilsfindung.

Die Gysi-Erklärung bewegte sich sowohl abseits der Vordergründe des damaligen Geschehens, von den Hintergründen – die sich politischer Aufmerksamkeit nicht entziehen sollten – ganz zu schweigen. Es ist nicht anzunehmen, dass es Gysi entgangen ist, dass Deutschland am 8. Mai 1945 bedingungslos kapituliert hat. Damit war die Ausübung der Staatsgewalt nicht mehr in deutscher Hand. Sie wurde von den Siegermächten der Antihitlerkoalition ausgeübt. Deren dokumentierte Absicht war eindeutig, Deutschland als Verursacher des Zweiten Weltkrieges *musste* anders als Österreich behandelt werden.

Die Aufteilung des besiegten Deutschlands und die Ausübung der Staatsgewalt durch Militärorgane der Siegermächte war ein völkerrechtlicher Akt, der in der Geschichte kein Beispiel kannte. Nach der militärischen bedingungslosen Kapitulation am 8. Mai 1945 war Deutschland lediglich ein Objekt völkerrechtlicher Regelungen. Der angesehene Historiker Peter Graf Kielmansegg beschrieb die unmittelbare Nachkriegssituation folgendermaßen: »Nie zuvor in der neuzeitlichen Geschichte Europas war ein besiegter Staat so vollständig in die Gewalt der Sieger gefallen. Ob er als Staat unter Staaten fortbestehen würde und wie er fortbestehen würde, lag ganz in ihrer Hand.«[2]

Die Entscheidungen über die Nachkriegsordnung nach dem Zweiten Weltkrieg wurden ohne deutsche Mitwirkung getroffen. »Die Sieger sind den Weg von der Potsdamer Konferenz im Juli 1945 bis zum Zusammentreffen der Außenminister in London im Dezember 1947 gegangen, ohne dass die Besiegten auch nur bescheidenen Einfluss auf ihre Entscheidungen hätten nehmen können. Sie hatten nicht einmal zu den Vorzimmern der Konferenzen Zutritt.«[3]

Die Siegermächte übten die Regierungsgewalt in Deutschland uneingeschränkt durch ihre Militärverwaltungen aus. Denen war weder mit der von Gysi beschworenen Geduld noch mit der von ihm vorgetragenen trotzigen Renitenz (»Wenn wir alle gesagt hätten: Nein, wir gründen einen Staat zusammen«) beizukommen. Die sowohl von den Westmächten als auch von der östlichen Besatzungsmacht geschaffenen Tatsachen standen den nachträglichen Gedankenflügen Gysis massiv entgegen. Franz Josef Strauß hatte realistisch die deutsche Nachkriegssituation mit der schlichten Formel charakterisiert: »Von 1945 bis 1949 waren wir der Willkür der Sieger unterworfen.«[4]

Nicht nur im Zusammenhang mit der noch andauernden Debatte über Hintergründe und Ursachen der deutschen Spaltung bleibt es zweifellos von Interesse, wie sich die Nachkriegsüberlegungen der Alliierten der Antihitlerkoalition und deren Pläne einer Zerstückelung und damit Teilung Deutschlands tatsächlich entwickelt haben.

Nach ihrem völkerrechtswidrigen Überfall auf die Sowjetunion waren deutsche Truppen im Spätherbst 1941 bis an den Stadtrand von Moskau vorgedrungen. Am 6. November 1941 erklärte Stalin: »Wir haben keine Kriegsziele und können keine Kriegsziele haben wie die Eroberung fremder Gebiete oder die Unterwerfung fremder Völker. [...] Unser Ziel besteht darin, diesen Völkern (*Europas – H. G.*) in ihrem Befreiungskampf gegen die Hitlertyrannei zu helfen und es ihnen dann zu überlassen, sich auf ihrem Boden völlig frei einzurichten, wie sie das wollen.«[5] Sich mit anderen Kriegsgegnern über gemeinsame Aktionen und Kriegsziele im Kampf gegen die Armeen des deutschen Faschismus zu verständigen, war in dieser Situation für die UdSSR ein dringendes Erfordernis.

Wenige Tage nach der zitierten Rede schlug Stalin dem britischen Premierminister Winston Churchill vor, einen Vertrag zwischen Großbritannien und der UdSSR über gegenseitigen militärischen Beistand gegen Hitler abzuschließen und eine »Vereinbarung zwischen unseren Ländern über die Kriegsziele und über Pläne der Friedensregelung nach dem Kriege« zu erarbeiten.[6] Noch im November 1941 reagierte der britische Premierminister. Er übermittelte in einem geheimen Telegramm an Stalin den Vorschlag, Fragen der Nachkriegsordnung zu erörtern. Churchill verband das mit der Überlegung, dass nach der Vernichtung des Faschismus die erste Aufgabe darin bestehen sollte, »Deutschland und vor allem Preußen daran zu hindern, ein drittes Mal über uns herzufallen«.[7] Churchill kündigte zugleich an, Außenminister Sir Robert Anthony Eden unverzüglich zu Verhandlungen nach Moskau zu schicken. Wenige Wochen danach erörterte dieser mit Stalin im Zusammenhang mit den Plänen einer langfristigen Zusammenarbeit auch britische Vorschläge für eine Zerstückelung Deutschlands.[8]

In den fünf Wochen, die zwischen dem Telegramm Stalins an Churchill vom 8. November und der Ankunft des britischen Außenministers in Moskau am 15. Dezember lagen, hatten zwei Ereignisse die internationale Lage entscheidend verändert. Die sowjetischen Truppen hatten in den ersten Dezembertagen vor Moskau die Winteroffensive begonnen und erreicht, dass sich die vorgeschobenen Truppen Hitlers erstmals zurückziehen mussten. Seit der zweiten Dezemberwoche 1941 waren zudem die USA – nach dem japanischen Überfall auf Pearl Harbor – in den Krieg eingetreten und damit Verbündete. Die Antihitlerkoalition stand nunmehr auf einem breiten Fundament. Aber sie befand sich noch in der Anfangsphase ihres Zusammenwirkens.

Die Mission von Anthony Eden stand unter keinem guten Stern. Kurzfristig wurde seine Reiseroute geändert. Sie sollte ursprünglich über das Mittelmeer und Kairo führen. Noch ehe Eden am 8. Dezember 1941 vom schottischen Invergordon mit dem Kreuzer »Kent« nach Murmansk abreiste, beeinflusste obendrein ein im letzten Moment zugestelltes Telegramm des Außenministeriums der USA das ursprüngliche Konzept seiner Mission. Washington ersuchte die Briten, man solle in dieser Situation noch keine spezifischen Nachkriegsregelungen vereinbaren und alles, was jetzt zu verhandeln sei, solle geheim geschehen.[9]

Unter diesen Umständen dienten die Gespräche, die vom 17. bis zum 20. Dezember in Moskau geführt wurden, vor allem den nächsten Schritten im militärischen Zusammenwirken. Die Debatte über die Nachkriegsregelungen bewegte sich dagegen auf der Ebene gegenseitiger Positionsdarstellung zu den wichtig erscheinenden Problemen. Eingangs ging es dabei um die künftige polnische Westgrenze. Eden signalisierte Zustimmung zum Verlauf dieser Grenze an der Oder und zur künftigen Zuordnung Ostpreußens. Ganz im Sinne der Auffassung Churchills drängte Eden, diese Frage »auf Kosten Preußens direkt zwischen der UdSSR und Polen zu klären«.[10]

Die Deutschlandfrage wurde in dieser Beratung, in der es natürlich auch um Signalisierung künftiger Interessenssphären ging, erst nach der Erörterung vieler anderer internationaler Probleme behandelt. Ausgangspunkt für jede Nachkriegsregelung war auf beiden Seiten der Gedanke, dass Deutschland geschwächt werde, damit es die Fähigkeit verlöre, andere Völker bedrohen zu können. In den Gesprächen ging es um Preußen, um eine mögliche Abtrennung der Rheinprovinz und Bayerns sowie um die Wiederherstellung Österreichs.[11]

Auch wenn die Beratungen Edens in Moskau zu keinen definitiven Ergebnissen führten, waren sie der Beginn der internationalen Aktivitäten zur Vorbereitung einer Nachkriegsordnung. Sie waren eine erste bilaterale Debatte auf hoher Ebene über die mögliche Zukunft eines besiegten Deutschland.

In den zwei Jahren, die nach dieser Begegnung Edens in Moskau bis zur ersten Zusammenkunft der Außenminister der Staaten der Antihitlerkoalition im Oktober 1943 in Moskau vergingen, waren in deren Regierungszentren die Arbeiten für Regelungen der Nachkriegsordnung intensiviert worden. In diesen zwei Jahren hatte sich zudem die militärische Situation grundlegend geändert. Schon im Februar 1943 markierte die Niederlage der 6. deutschen Armee in Stalingrad die Wende des Krieges. Noch aber standen die Truppen des faschistischen Deutschlands tief im Territorium der Sowjetunion. Noch war Leningrad belagert. Die Landung der amerikanischen und britischen Truppen in der Normandie befand sich noch im Planungsstadium. Nach Auffassung der militärischen Experten der Alliierten konnte Deutschland jedoch den Krieg gegen die Sowjetunion nicht mehr gewinnen.

Auf der Außenministerkonferenz, die vom 26. bis zum 30. Oktober 1943 in Moskau tagte, überließ die sowjetische Seite den Außenministern der USA, Cordell Hull, und Großbritanniens, Anthony Eden, weitgehend die Initiative sowohl für die Gestaltung der Tagesordnung als auch hinsichtlich der Diskussionsgrundlage zu den jeweiligen Themen. Der Historiker Jochen Laufer, der die Vorgeschichte und die Dokumente dieser Tagung detailliert analysiert hat, stellte dabei fest, dass der sowjetische Außenminister Molotow zur Deutschlandfrage »keine Vorschläge« unterbreitete und »konkrete Antworten« vermied.[12] Offensichtlich kam es der Sowjetunion derzeit – und auch in den späteren Konferenzen in Teheran, Jalta und Potsdam, wo in ähnlicher Weise vorgegangen wurde – vor allem darauf an, nichts zu unterbreiten, was möglicherweise abträglich auf den Zusammenhalt der Antihitlerkoalition wirken konnte.

Die Vertreter der USA und Großbritanniens ergriffen in dieser Moskauer Beratung die Initiative, um ihre Planungen für ein Nachkriegsdeutschland vorzutragen. US-Außenminister Hull legte der Konferenz am 23. Oktober einen Plan »über die Behandlung Deutschlands« vor. Darin wurden Grundprinzipien der Kapitulation Deutschlands, die Behandlung Deutschlands während der Periode des Waffenstillstandes und Gedanken zum künftigen Status Deutschlands entwickelt. Im Kern zielte dieses Projekt darauf ab: »Ganz Deutschland wird von den Streitkräften der USA, Großbritanniens und der UdSSR besetzt; eine interalliierte Regierungskommission übernimmt die vorläufige Regierungsgewalt, Deutschland wird entmilitarisiert, entnazifiziert, demokratisiert, die Kriegsindustrie wird zerstört; die NSDAP wird verboten; Deutschland leistet Reparationen.« Ferner gehörten zu dem von Hull vorgetragenen Projekt die Forderung nach Dezentralisierung und »die Ermutigung jeglicher Bewegung, die innerhalb Deutschlands zugunsten einer Abschwächung des preußischen Einflusses auf das Reich entstehen kann«.[13]

Die Formulierungen im Hull-Dokument lassen zur Teilung bzw. Zerstückelung Deutschlands noch keine deutlichen Konturen erkennen. Es heißt darin: »Gegenwärtig gibt es keine Angaben darüber, ob im Ergebnis der Niederlage eine Verstärkung der Tendenz zur politischen Einheit innerhalb Deutschlands erfolgen wird, oder ob die Reaktion auf die erlittene Niederlage des Hitlerregimes zur Entstehung einer spontanen Bewegung für die Schaffung von mehreren separaten Staaten auf dem Territorium des jetzigen Reiches führt.«[14] In den Monaten vor der Moskauer Außenminister-Konferenz dominierten in den USA und in Großbritannien bei den Debatten über die Nachkriegsplanung zwar Forderungen zur Aufteilung des Deutschen Reiches in mehrere kleine Staaten. Geheimdienstexperten der USA brachten jedoch in dieser Zeit erhebliche Bedenken vor, ob derartige nur gewaltsam durchsetzbare Kriegsziele auch als Friedensziele zu realisieren sind.[15] Diese Expertenbedenken wurden jedoch bald aus politischen Gründen beiseite geschoben. Auf hoher Ebene wurden – wie die Erklärungen Roosevelts auf den Konferenzen in Teheran und Jalta erkennen lassen – von amerikanischer Seite die Aufteilungspläne Deutschlands nie aufgegeben.

Der britische Außenminister Eden war von möglichen Bedenken seines amerikanischen Kollegen in den Beratungen der Moskauer Konferenz nicht geplagt. Schon der erste Satz in der Erklärung Edens zum Hull-Dokument lautete: »Wir möchten die Aufteilung Deutschlands in einzelne Staaten, insbesondere möchten wir die Lostrennung Preußens vom übrigen Teil Deutschlands. Wir möchten jede separatistische Bewegung in Deutschland ermuntern, die auch nach dem Kriege aufkommen könnte.«[16]

Die in britischer und amerikanischer Darstellung hervorgehobene Rolle Preußens und das in zahlreichen Dokumenten wiederholte Ziel, Preußens Macht zu brechen, erstaunt heute vielleicht. Es reflektiert offensichtlich ein Denken im anglo-amerikanischen Raum, das von der herausragenden Rolle Preußens im 19. Jahrhundert und bis zum Ende des Ersten Weltkriegs ausging. Preußen war jedoch, wie alle anderen deutschen Länder und Provinzen, durch die Nazigesetze zum Neuaufbau des Deutschen Reiches (1934) und das Reichsstatthaltergesetz (1935) gleichgeschaltet. Es war ein integraler Teil im zentralistisch organisierten Staatsverband Nazideutschlands.

Aus dem berittenen preußischen Militär war im 20. Jahrhundert ein gepanzerter deutscher Militarismus entstanden. Im Machtgefüge der Nazidiktatur war der Einfluss groß- und kleinbürgerlicher

Industrieller und Bankiers aus anderen deutschen Ländern nicht geringer als der preußischer Junker und Offiziere. Der preußische Komplex blieb jedoch im Denken britischer und amerikanischer Offizieller – und damit als Gegenstand internationaler Erörterungen – über Jahre erhalten. Symbolisch dafür steht die letzte gemeinsame Entscheidung des zerstrittenen Alliierten Kontrollrates das Kontrollratsgesetz Nr. 46 vom 25. Februar 1947. Die Generäle Koenig (Frankreich), Clay (USA), Robertson (Großbritannien) und der Marschall der Sowjetunion Sokolowski stellten mit diesem Gesetz die Sterbeurkunde für Preußen aus, einem längst untergegangenen Staatskörper.[17] Die preußischen Landesministerien waren schon 1934 mit denen des Reiches verschmolzen worden.

In der pathetischen Präambel wird erklärt, dass diese Entscheidung geleitet sei »von dem Interesse an der Aufrechterhaltung des Friedens und der Sicherheit der Völker und erfüllt von dem Wunsche, die breite Wiederherstellung des politischen Lebens in Deutschland auf demokratischer Grundlage zu sichern«. Dann folgt der schlichte Text: »Der Staat Preußen, seine Zentralregierung und alle nachgeordneten Behörden werden aufgelöst.«

Tatsächlich existierten zu dieser Zeit weder ein Staat Preußen noch eine Zentralregierung. Deutschland war in Besatzungszonen aufgeteilt. In allen deutschen Ländern waren durch Dekret der Militärregierungen flächendeckend Länder gebildet worden.

Das Protokoll der Moskauer Außenministerkonferenz vom Oktober 1943 lässt letztlich weitgehende Übereinstimmung der britischen und der amerikanischen Seite zu dem von Hull vorgelegten Nachkriegsüberlegungen erkennen. Eden stellte zur Zerstückelung Deutschlands lediglich die Frage, »ob sich diese Ziele durch Gewaltanwendung erreichen lassen«.[18] Der Außenminister der UdSSR hielt sich auch in dieser Debatte zurück. Eden und Hull drängten ihn jedoch zu einer Stellungnahme zu ihren Plänen. Molotow antwortete: »Die Sowjetregierung unterstützt Großbritannien und die Vereinigten Staaten in allen Maßnahmen der Alliierten, die darauf abzielen, Deutschland als einen aggressiven Staat maximal unschädlich zu machen. Genügt das oder nicht.«[19] Damit gaben sich Hull und Eden allerdings nicht zufrieden. Die Debatte wurde nicht weitergeführt, als Molotow nach längerer Beratung feststellte: »Ich muss erklären, dass die Sowjetregierung beim Studium dieser Frage wahrscheinlich zurückgeblieben ist. Das erklärt sich sowohl daraus, dass unsere führenden Politiker jetzt mehr mit militärischen Problemen beschäftigt sind. Ich weise darauf hin, dass die Vereinigten Staaten von Amerika das Verdienst erwarben, konkrete Vorschläge zur Frage Deutschland unterbreitet zu haben.«[20]

Schließlich merkte Molotow an, dass die Meinungen in der Sowjetunion über die Zukunft Deutschlands geteilt seien. »Im gegebenen Augenblick kann ich noch nicht sagen, dass die Sowjetregierung zu irgendeiner bestimmten Meinung gekommen ist.«[21]

Tatsächlich waren die politisch und militärisch Verantwortlichen der Sowjetunion, die die Hauptlast des Krieges zu tragen hatte, im Herbst 1943 mit anderen Problemen als denen einer deutschen Nachkriegsordnung befasst. Verteidigungsaufgaben nahmen sie im vollen Maße in Anspruch. Bestätigt wird diese Begründung u. a. durch die dokumentierte Reaktion Stalins, als dieser über das Hull-Papier in Kenntnis gesetzt wurde. Er »entschuldigte sich gleichsam dafür, dass seine Regierung angesichts der starken Beanspruchung durch militärische Aufgaben ›mit dem Studium der Behandlung Deutschlands nach dem Kriege noch nicht weit genug sei‹.«[22]

Das besiegte Deutschland war keinesfalls das zentrale Thema der Moskauer Außenministerkonferenz. Sie dauerte zwölf Verhandlungstage. In dieser Zeit wurden zwanzig Tagesordnungspunkte zu damals entscheidenden Fragen des Zweiten Weltkrieges abgearbeitet. Die Außenminister saßen 33 Stunden zusammen, um die eingereichten Dokumente zu debattieren. Die Beratung über das Hull-Projekt für Nachkriegsdeutschland währte am Nachmittag des 25. Oktober 1943 kaum eine Stunde. Es war wichtig, aber es gab in der damaligen Situation offensichtlich Wichtigeres. Für die UdSSR war gerade in jener Situation die Festigung der Antihitlerkoalition das Entscheidende.

Eine Woche nach Abschluss der Außenministerkonferenz erklärte Stalin in einer öffentlichen Rede: »Der Sieg der verbündeten Länder über den gemeinsamen Feind ist näher gerückt, und die Beziehungen zwischen den Verbündeten, die Kampfgemeinschaft ihrer Armeen sind entgegen den Erwartungen der Feinde nicht nur nicht schwächer geworden, sondern wurden im Gegenteil fester. Davon legen auch die kürzlich in der Presse veröffentlichten historisch denkwürdigen Beschlüsse der Moskauer Konferenz der Vertreter der Sowjetunion, Großbritanniens und der Vereinigten Staaten von Amerika ein beredtes Zeugnis ab.«[23]

Der Sicherung des gemeinsamen Vorgehens zur Niederringung des faschistischen Aggressors wurde vieles andere untergeordnet. Das vitale Interesse der Sowjetunion, diese Allianz nicht nur bis zur Niederlage des Aggressors, sondern auch für eine längere Nachkriegsperiode zu erhalten, gehörte mit hoher Wahrscheinlichkeit zu den wesentlichen Motiven, weshalb die UdSSR in den Beratungen über die Nachkriegsordnung den westlichen Partnern weitgehend die Initiative überließ.

Für die weitere gemeinsame Arbeit an Nachkriegsregelungen beschlossen die drei Außenminister im Geheimprotokoll der Moskauer Konferenz vom Oktober 1943, eine »Europäische Beratungskommission« (European Advisory Commission [EAC]) mit Sitz in London zu schaffen.[24]

Roosevelts Plan – Zerstückelung Deutschlands in fünf Gebiete

Die Beratung der Außenminister im Oktober 1943 in Moskau diente auch der Vorbereitung der ersten Zusammenkunft Stalins mit dem amerikanischen Präsidenten Franklin D. Roosevelt und dem britischen Premierminister Winston Churchill, die vom 29. November bis zum 1. Dezember 1943 in Teheran stattfand. Obwohl seit der Präsentation des US-Projektes durch Hull in Moskau kaum ein Monat vergangen war, hatten die amerikanischen Vorschläge für eine Zerstückelung Deutschlands neue Konturen angenommen. Auf dem Weg nach Teheran hatte US-Präsident Roosevelt am 19. November 1943 an Bord des Schlachtschiffes »Iowa« auf einer Deutschlandkarte mit Bleistift seine Teilungsvorstellung skizziert. Danach sollte der Norden mit Hamburg und Bremen den Amerikanern, der Süden den Engländern und der Osten den Sowjets zukommen. Was zu einem späteren verhängnisvollen Irrtum amerikanischer Diplomaten führte, waren Roosevelts vorgezeichnete Demarkationslinien. Wie die Schnitte einer Torte sollten diese in Berlin zusammenlaufen.[25]

In Teheran erfolgte zwischen Roosevelt, Churchill und Stalin ein umfassender Meinungsaustausch. Im Zentrum standen internationale Probleme, die nächsten militärischen Operationen (dabei ging es vorrangig um die Eröffnung einer Zweiten Front durch die Streitkräfte der Westmächte) und die Nachkriegsregelungen.

Die Behandlung der deutschen Frage war für die Nachmittagssitzung am 30. November vorgesehen. Schon zwei Tage vorher ergriff Churchill die Initiative, sich mit Stalin über Deutschland auszutauschen. Beide waren sich darüber einig, dass verhindert werden müsse, dass Deutschland sich schnell wieder erhole und einen neuen Krieg beginnen könne. Churchill entwickelte seine Überlegungen:

»Ich persönlich würde dafür eintreten, Preußen zu verkleinern und zu isolieren, während Bayern, Österreich und Ungarn einen großen und friedlichen Bund ohne Aggressionsabsichten bilden könnten. Preußen müsse strenger behandelt werden als das übrige Reich, um dieses davon abzuhalten, sein Geschick mit Preußen zu verbinden.«[26]

Stalin war auch in diesem Gespräch zu keiner Stellungnahme bereit. Lebhaft erörterte er dagegen das Problem der Westgrenzen der Sowjetunion und Polens. Hier fand er bei Churchill Zustimmung. »Ich für meinen Teil glaube«, so berichtete der britische Premierminister in seinen Memoiren, »Polen könne sie (*die Grenze – H. G.*) nach Westen verlagern wie Soldaten, die seitlich wegtreten. [...] Ich demonstrierte dann mit Hilfe dreier Streichhölzer meine Gedanken über eine Westverlagerung Polens.«[27]

In der offiziellen Beratung der Teheraner Konferenz unterbreitete Präsident Roosevelt seinen Plan, Deutschland in fünf Teile zu zerlegen. Er erklärte: »Ich meine, Preußen müsste möglichst geschwächt und verkleinert werden. Preußen müsste der erste selbständige Teil Deutschlands sein. Teil zwei sollte Hannover und die nordwestlichen Gebiete Deutschlands, Teil drei Sachsen und das Gebiet Leipzig, Teil vier die Provinz Hessen, Darmstadt, Kassel und die Gebiete westlich des Rheins sowie die alten westfälischen Städte, Teil fünf Bayern, Baden und Württemberg umfassen. Jeder dieser Teile würde ein unabhängiger Staat sein. Außerdem müssten die Gebiete entlang des Kieler Kanals und Hamburg aus Deutschland herausgelöst und den Vereinten Nationen oder den vier Mächten zur Verwaltung übergeben werden. Das Ruhr- und das Saargebiet müssten entweder der Kontrolle der Vereinten Nationen oder aber den Treuhändern ganz Europas unterstellt werden.«[28] Churchill reagierte spontan auf diesen Vortrag. An Roosevelt gewandt erklärte er begeistert: »Sie haben den ›Clou‹ des Ganzen dargelegt.«[29] Dem fügte er hinzu: »Zwei Gedanken schweben mir vor: Erstens muss Preußen isoliert werden. Was nachher mit Preußen passiert, ist sekundärer Natur. Dann möchte ich Sachsen, Bayern, die Pfalz, Baden und Württemberg vom Reich loslösen. Während ich mit Preußen streng verfahren würde, möchte ich die zweite Hälfte behutsamer anfassen. Diese würde ich am liebsten zu einem Bund zusammenschließen, den ich als Donaubund bezeichnen möchte.«[30]

Stalin reagierte darauf betont vorsichtig, jedoch nicht ohne ironischen Bezug auf Churchills Überbetonung der Rolle Preußens und die wiederholte Verschiebung der Zweiten Front durch die Westmächte. »Dieser Plan Roosevelts zur Schwächung Deutschlands könnte erörtert werden. Churchill wird es bald mit den großen Massen von Deutschen zu tun haben, genau wie wir. Dann wird er sehen, dass in der deutschen Armee nicht nur Preußen, sondern auch Deutsche aus anderen Provinzen Deutschlands kämpfen.«[31]

Dem schloss sich Roosevelt an. Er stellte fest: »Ich stimme Marschall Stalin besonders in der Hinsicht zu, dass zwischen den Deutschen aus den einzelnen deutschen Provinzen kein Unterschied besteht. Vor fünfzig Jahren bestand dieser Unterschied noch, aber heute sind alle deutschen Soldaten gleich.«[32]

Die Debatte über die deutsche Nachkriegsordnung endete in Teheran mit der Überlegung Stalins: »Ich weiß nicht, ob es notwendig sein wird, vier, fünf oder sechs selbstständige deutsche Staaten zu bilden. Diese Frage muss erörtert werden.«[33] Daraufhin schlug Roosevelt vor, »die Frage Deutschland« der Londoner Kommission zur Bearbeitung zu übergeben.[34] So wurde entschieden.

Die Europäische Beratungskommission (EAC) – geografische und strategische Defizite

Die in Teheran erörterten Vorstellungen zur Nachkriegsregelung in Deutschland machten – neben mancher geografischen Ungereimtheit – deutlich, dass die Repräsentanten der Antihitlerkoalition sich darüber einig waren, dass jedwede Nachkriegsregelung Deutschland langfristig außerstande setzen sollte, nochmals einen Krieg zu führen. Dem sollte die angedachte Zerstückelung Nachkriegsdeutschlands dienen. Die Initiative für diesen Weg der Nachkriegsregelung ging zweifelsfrei von den Regierungen in Großbritannien und den USA aus. Sowohl das Projekt des amerikanischen Präsidenten wie das der britischen Regierung waren auf eine definitive Teilung des deutschen Territoriums gerichtet.

Im Dezember 1943 nahm die Europäische Beratungskommission in London ihre Arbeit auf. Kaum hatte sich die EAC konstituiert, drängten die britische Regierung und auch die USA im Januar 1944 darauf, dass die Kommission sich der Zerstückelung Deutschlands zuwenden solle. Ein Aufgliederungsausschuss der EAC war vorbereitet. Er sollte sich damit beschäftigen: »(a) in welche Teile man Deutschland am zweckmäßigsten spalte; (b) in welcher Phase eine Aufgliederung am besten vorzunehmen wäre; (c) welche Maßnahmen erforderlich wären, um eine Wiedervereinigung der neuen Staaten zu verhindern.«[35]

Dem widersetzte sich die Regierung der UdSSR energisch. Sie wollte sich an keiner Aufgliederungs- oder Zerstückelungsplanung beteiligen. Der sowjetische Außenminister Molotow teilte der britischen Regierung und dem Vertreter der UdSSR in der EAC mit: »Die sowjetische Regierung ist [...] der Auffassung, dass sich die Europäische Beratende Kommission [...] in erster Linie der Analyse der Bedingungen in Bezug auf die Kapitulation der Feindstaaten und mit Fragen zur Schaffung eines für die Durchsetzung dieser Bedingungen notwendigen Mechanismus befassen soll. Es ist offensichtlich, dass sie sich erst nach der Lösung dieser Fragen einer detaillierten Prüfung der Probleme im Zusammenhang mit der Behandlung Deutschlands zuwenden könne.«[36] Diese Haltung der UdSSR führte dazu, dass das Thema Zerstückelung Deutschlands bis zur Konferenz in Jalta – also für ein Jahr – nicht mehr zum Gegenstand von Beratungen auf internationaler Ebene war.

Die EAC konzentrierte sich folglich 1944 auf Fragen der Besetzung Deutschlands durch die Truppen der Siegermächte. Mit der Überweisung deutscher Fragen an die Beratungskommission wurden Kernfragen der Nachkriegsregelung aus der Beratungsebene der politischen Staatsoberhäupter und Regierungschefs in ein Gremium verlagert, das aus drei Botschaftern mit unterschiedlichen politischen Erfahrungen, geografischen Kenntnissen und Kompetenzen bestand. Sechs Wochen nach der Teheraner Konferenz, am 15. Januar 1944, legte der britische Vertreter, Sir William Strang, diesem Gremium einen Plan zur Aufteilung in drei Besatzungszonen vor. Kriterium dieser Aufteilung war eine etwa gleiche Bevölkerungszahl in jeder Zone. In späteren Versionen des Aufteilungsplanes wurde auch flächenmäßig eine Angleichung angestrebt.

Der britische Plan stützte sich auf umfangreiche Vorarbeiten. Bereits im Februar 1942 hatten Militärexperten mit Planungen für eine vollständige Besetzung Deutschlands begonnen. Etwa zur gleichen Zeit begannen auch in den USA unter der Leitung von General R. Strong Arbeiten zu diesem Komplex. »Während die Planer in London sehr früh Besatzungszonen mit Einflusszonen gleichsetzten und bereit waren, der UdSSR Verantwortung und damit Einfluss in Deutschland zuzubilligen, wehrten sich ihre Kollegen in Washington noch lange dagegen, diese Konsequenz aus dem Kriegsverlauf zu ziehen. Strongs Entwurf zielte noch immer auf die Zurückdrängung der UdSSR auf die Grenzen vom 1. September 1939.«[37]

Wenn auch in dieser Phase des Krieges nicht voraussehbar war, welche der alliierten Truppen das deutsche Territorium wann erreichen würden, ging der präzisierte Entwurf des britischen Plans vom März 1943 von einer gleichzeitigen Besetzung Deutschlands durch Truppen der UdSSR, der USA, und Großbritanniens aus. Dieser Plan sah eine Demarkationslinie zwischen der sowjetischen Besatzungszone und den Zonen Großbritanniens und der USA etwa in jener Dimension vor, wie sie später bestätigt wurden. Der amerikanische Plan vom Dezember 1943 folgte der Zeichnung, die Roosevelt auf der Reise nach Jalta entworfen hatte. Danach sollte die Demarkationslinie zwischen den westlichen und der sowjetische Zone nördlich von Stettin über Berlin, Cottbus und Leipzig bis zur Grenze der Tschechoslowakei verlaufen.

In der UdSSR begannen diese Planungen erst nach Beginn der Arbeit der EAC im Januar 1944. In den inzwischen veröffentlichten Dokumenten aus sowjetischen Archiven befinden sich zwei Zeichnungen, die den britischen Planungen weitgehend ähnlich sind. Sie wurden nicht in die Beratungen der EAC eingebracht.[38]

Am 18. Februar 1944 akzeptierte die UdSSR den britischen Plan. Schwieriger erwies sich der Umgang mit dem amerikanischen Zonenplan. Erst im April 1944 war der amerikanische Präsident bereit, seinen Plan aufzugeben und ebenfalls dem britischen Vorschlag zu folgen.[39] Im Mai 1944 wurde die bis dahin strittige Frage entschieden, ob in den Zonen gemischte oder jeweils separate Besatzungstruppen der Siegermächte wirken sollten. Von der britischen Idee gemischter Besatzungstruppen wurde Abstand genommen.[40]

Bestandteil des vom britischen Vorsitzenden der EAC, William Strang, im Januar 1944 unterbreiteten Vorschlags war auch eine »Berliner Zone«. Da diese inmitten des sowjetischen Besatzungsgebiets lag, war das für die Verantwortlichen der UdSSR Anlass, sich im Frühjahr 1944 aus dem Stand heraus der Berliner Frage zu widmen. Vorarbeiten dazu sind nicht bekannt. Zu klären war insbesondere die Begrenzung der »Berliner Zone«, die Einteilung der Sektoren und auch die Aufgaben der dort zu stationierenden Truppen.

Bald einigte man sich, dem britischen Vorschlag zu folgen und die äußeren und inneren Verwaltungsgrenzen der Berliner Stadtbezirke als Sektorenbegrenzung zu nutzen.[41] Über die Zuweisung der Stadtbezirke Berlins zu den geplanten Sektoren, vor allem darüber, ob der sowjetische Sektor sich eher über den Norden, den Süden oder über den Osten Berlins erstrecken sollte, gab es unter den Moskauer Experten verständlicher Weise auch kontroverse Debatten. Man entschied sich für eine solche Einteilung der Sektoren, wie sie dann vorgenommen wurde. Übereinkunft wurde auch darüber erzielt, für Berlin eine gemeinsame Verwaltung zu errichten, die unter Kontrolle einer internationalen Kommandantur zu stellen war.[42] Den in den Berliner Sektoren zu stationierenden Truppenkontingenten der Siegermächte wurde die Aufgabe zugewiesen, »die öffentliche Ordnung in den entsprechenden Zonen ›Groß-Berlins‹ aufrechtzuerhalten sowie die ›Interalliierte Kommandantur‹ zur Verwaltung von ›Groß-Berlin‹ und alle übrigen Organe und Einrichtungen, die von den Alliierten in dieser Stadt geschaffen werden können, zu bewachen.«[43]

Für Beratungen zur Berliner Problematik blieben der sowjetischen Führung und der Londoner EAC nur wenige Monate. Strategische Vorarbeiten waren dazu offensichtlich nicht geleistet worden. Alle Beteiligten gingen von einer zeitweiligen Regelung für eine kurzfristige Periode bis zum Abschluss eines Friedensvertrages aus. Laufer, der die sowjetischen Deutschlanddokumente einer detaillierten Analyse unterzog, kommt zu dem Schluss: »Die von der UdSSR niemals in Frage gestellte Beteiligung der Westmächte an der Besetzung Berlins war sowohl der vergegenständlichte Ausdruck der sowjetischen Kooperationsbereitschaft wie der Lohn, der den Westmächten winkte, wenn sie ihre Zusammenarbeit mit der UdSSR bis zum Kriegsende fortsetzten.«[44]

Am 12. September 1944 war die Meinungsbildung zur Aufteilung der Besatzungsgebiete abgeschlossen. An diesem Tage unterzeichneten die drei Mitglieder der European Advisory Commission in den luxuriösen Räumen des Lancaster House an der Stable Yard Road in London ein Dokument von enormer Tragweite für die europäische Nachkriegsgeschichte. Sein Titel: »Gemeinsames Protokoll zwischen den Vereinigten Staaten, Großbritannien und der Sowjetunion über die Besatzungszonen in Deutschland und die Verwaltung von Groß-Berlin.« Die Regelung dieses Komplexes wurde damals jedoch offensichtlich als temporäre Lösung, keinesfalls aber als eine strategische Entscheidung für die vertragsschließenden Staaten und das künftige Deutschland betrachtet. Das ist auch daran erkennbar, dass dieses Protokoll weder von den Staatschefs noch von einem Kabinettsmitglied der Siegermächte, sondern lediglich von den bevollmächtigten weithin unbekannten Beamten John G. Winant (USA), William Strang (Vereinigtes Königsreich) und Feodor T. Gussew (UdSSR) ausgehandelt und unterzeichnet wurde.

Winston Churchill ließ später erkennen, dass ihm die Festlegungen im Protokoll der EAC »als rein theoretischer Natur« erschienen. Er hinterließ: »Niemand konnte voraussehen, wann und wie der Krieg enden würde. Die deutschen Armeen standen tief im europäischen Russland. [...] In jenen Tagen herrschte bei uns die Auffassung vor, dass Russland, wenn es den Feind hinter die Grenzen geworfen hatte, keine Lust zur Fortsetzung des Krieges zeigen [...] würde. Die Frage der russischen Besatzungszone in Deutschland beschäftigte uns infolgedessen nicht sonderlich und spielte bei unseren anglo-amerikanischen Aussprachen kaum eine Rolle, so dass sie in Teheran nicht einmal aufgeworfen wurde.«[45]

Im beginnenden Winter 1944 herrschte, wenn man den Darstellungen Churchills folgt, zwischen den Briten und den Amerikanern die Vorstellung, dass ihre Truppen allein das Territorium Deutschlands besetzen werden. »Für eine Abgrenzung einer französischen Zone schien es uns zu früh, und Russland wurde überhaupt nicht erwähnt.«[46]

Der profilierteste der drei Unterzeichner des EAC-Protokolls vom September 1944 war William Strang – ein erfahrener Diplomat, der seit 1919 in der Europaabteilung des britischen Außenministeriums diente. John Gilbert Winant, der Botschafter der USA in London, hatte sich vor seiner Botschaftertätigkeit als Gouverneur von New Hampshire einen Namen gemacht. Aus seiner Londoner Zeit wird vorrangig über seine Affäre mit Churchills zweiter Tochter Sarah berichtet. Feodor T. Gussew, der Botschafter der UdSSR in London, blieb weitgehend unauffällig. Historiker berichten über dessen »notorische Reserviertheit«, die neben Unsicherheit auch »einen Mangel an Planungskompetenz« offenbarte.[47] Das Dokument aber, dass diese drei Männer im grauen September 1944 unterzeichneten, erwies sich später als die neuralgische Zentralachse der Nachkriegsregelungen.

In ihrem Protokoll hatten die drei Diplomaten, wie bereits festgestellt, die räumliche Bestimmung der Besatzungszonen vorgenommen. Zugleich wurde die Einteilung des Berliner Gebietes beschrieben. In Ziffer fünf des Protokolls hieß es: »Eine interalliierte Regierungsbehörde (Komendatura), bestehend aus drei Kommandanten, die jeweils von ihrem Oberkommandierenden ernannt worden sind, wird gegründet, um eine gemeinsame Verwaltung des Groß-Berliner Gebietes zu errichten.«[48] Dem Protokoll waren Karten angefügt, die die künftigen Demarkationslinien der einzelnen Zonen auswiesen. Was dem einen oder dem anderen der Verfasser der Lancaster-Vereinbarung offensichtlich verborgen blieb, erkannte der Vorsitzende des britischen Planungsausschusses, Gladwyn Jebb. »Diese Karte in diesem Moment vorgelegt, wird sich möglicherweise als besonders bedeutend für die zukünftige Geschichte Europas erweisen.«[49] Er sollte Recht behalten.

Mit welch geringer Sachkunde und kaum ausgeprägtem strategischen Kalkül die Unterzeichner dieses Dokumentes vorgingen, war wenige Monate danach an der erstaunten Reaktion manch ihrer Vorgesetzten ablesbar. Als etwa der Berater des Oberkommandierenden der amerikanischen Truppen, Robert Murphy, im Auftrag seines Chefs Eisenhower 1945 das Protokoll einsah, stellte er erstaunt fest, dass Berlin nicht an die amerikanische Zone grenzte, sondern 160 Kilometer östlich der sowjetischen Zonengrenze lag.[50]

Tatsächlich hatte der US-Botschafter Winant in den Lancasterhouse-Beratungen nie mit seinem sowjetischen Partner darüber gesprochen, wie die Amerikaner in den Berliner Sektor kämen. Möglicherweise hatte sich Winant auch nicht von der Vorstellung gelöst, die dem ursprünglichen Zonenplan zugrunde lag, nach dem die Demarkationslinie zwischen der amerikanischen und der sowjetischen Zone an der westlichen Stadtgrenze Berlins vorgesehen war. Zu Recht stellen F. C. Delius und Peter Lapp in ihrer Untersuchung zu den Transitproblemen Westberlins fest: »Es gab für die Westmächte kein verbrieftes Recht auf freien Zugang nach Berlin.«[51]

Erst nach der Kapitulation Deutschlands wurde man sich in den USA des substantiellen Defizits des Lancasterhouse-Protokolls bewusst. Am 15. Juni 1945 ersuchte deshalb Präsident Truman Stalin in einem geheimen Telegramm um eine Vereinbarung über die »Verlegung nationaler Garnisonen nach Groß-Berlin und die Gewährleistung des ungehinderten Zugangs für die Truppen der Vereinigten Staaten auf dem Luft- und Schienenweg sowie auf der Straße von Frankfurt nach Berlin«.[52]

Erstaunt bemerkte US-General Lucius D. Clay in einer Notiz am 29. Juli 1945: »Es ist aufschlussreich festzustellen, dass in allen diesen Dokumenten die gemeinsame Besetzung Berlins stand, dass aber in keinem der Zugang garantiert oder besondere Rechte zum Verkehr auf den Straßen und Schienen oder der Luftwege festgelegt wurden. Die Unterlassung hatte sich nicht unversehens ergeben. Mr. Murphy hatte mit unserem Vertreter in der Europäischen Beratungskommission darüber gesprochen. Botschafter Winant war jedoch überzeugt, das Recht in Berlin zu sein, schließe das Zugangsrecht mit ein; es würde nur Verwirrung stiften, die Angelegenheit in Zusammenhang mit der Vereinbarung zur Sprache zu bringen. […] Wir wussten beide (*General L. D. Clay und General R. M. Weeks – H. G.*), dass in dem von der europäischen Beratungskommission ausgearbeiteten Übereinkommen Bestimmungen über den Zugang nach Berlin nicht enthalten waren. […] Wir waren uns, wie ich gestehen muss, damals nicht ganz im Klaren darüber, dass die Bedingung einhelliger Zustimmung es dem sowjetischen Veto im Alliierten Kontrollrat erlauben würde, alle unsere Anstrengungen fruchtlos zu machen. Da von diesem Treffen (*mit Marschall Shukow – H. G.*) kein Protokoll aufgenommen wurde, diktierte ich abends meine Notizen. Darin stand: Es wurde vereinbart, dass aller Verkehr – Luft, Straße, Schiene […] frei sein soll von Grenzkontrollen oder Kontrollen durch Zollbeamte oder militärische Behörden.«[53]

Im Sommer 1945 wurde die Lücke im EAC-Protokoll allerdings noch immer als ein klärbares technisches Problem bewertet und behandelt. Auch in der Absprache zwischen Shukow und Clay über die Militärtransporte sahen beide Seiten offensichtlich keinen Grund, Rechtsverbindliches festzuhalten. Der Zugang nach Berlin wurde auch nicht für würdig befunden, im Februar 1945 in Jalta und im Juli/August 1945 den in Potsdam tagenden Staatschefs und Außenministern der Siegermächte vorzutragen. Das Protokoll der Konferenz umfasst 159 Verhandlungsdokumente zu wichtigen und auch zu manchen Nebenfragen der Nachkriegsregelung. Die Berlin-Regelung und der Zugang der Westalliierten nach Berlin werden darin in keiner Weise erwähnt.

Die Konferenz der Siegermächte in Potsdam war die letzte Zusammenkunft der höchsten Vertreter der Antihitlerkoalition, auf der eine Korrektur des Konstruktionsfehlers im Lancasterhouse-Protokoll vom 12. September 1944 möglich gewesen wäre. Weil das unterblieb, entzündete sich gerade an Berlin und seinen Zugangswegen ein 45 Jahre währender Konflikt, der immer wieder zu einem Brennpunkt des Kalten Krieges wurde. Die sowjetische Zone und später die Deutsche Demokratische Republik wurden damit zu einem Gebiet mit breiten Verkehrskorridoren anderer Mächte. Eine Konstruktion, die in dieser Weise in der Geschichte einmalig war.

Jalta, ein neuer Vorstoß zur Zerstückelung Deutschlands, Folgen der Geheimdienstoperation »Sunrise«

Auf der Krimkonferenz der Repräsentanten der UdSSR, der USA und Großbritanniens im Februar 1945 stand das Problem einer künftigen Aufteilung Deutschlands erneut zur Debatte. Noch waren sich Stalin, Churchill und Roosevelt nicht darüber einig, ob und wie das geschehen sollte. Man vereinbarte lediglich, dass in dem von den Außenministern E. R. Stettinius (USA), W. M. Molotow (UdSSR) und A. Eden (Großbritannien) unterzeichneten Protokoll dieser Konferenz aufgenommen wurde, dass die Siegermächte nach der Kapitulation »gegenüber Deutschland die oberste Gewalt besitzen. Bei der Ausübung dieser Gewalt werden sie solche Maßnahmen, einschließlich der vollständigen Entwaffnung, Entmilitarisierung und Aufteilung Deutschlands, ergreifen, die sie für den künftigen Frieden und die Sicherheit für notwendig erachten. Mit dem Studium des Verfahrens der Aufteilung Deutschlands ist eine Kommission (*die EAC – H. G.*) beauftragt worden, der Herr Eden (Vorsitzender), Herr Winant und Herr Gussew angehören.«[54]

Stalin hatte sich dem nicht widersetzt. Der Innsbrucker Zeithistoriker Rolf Steininger kommt in seiner Analyse dieser Konferenz zu dem Ergebnis: »Ob Stalin eine Zerstückelung Deutschlands zu diesem Zeitpunkt wirklich wünschte, muss bezweifelt werden. Die Pläne, die die Exilkommunisten um Walter Ulbricht in Moskau ausgearbeitet hatten, sahen sie jedenfalls nicht vor. Churchill sprach sich ›prinzipiell‹ für eine Zerstückelung aus.«[55]

Nur wenige Wochen nach der Rückkehr von der Krimkonferenz entwickelte der britische Außenminister Eden Aktivitäten der im März 1945 in Jalta gebildeten Aufteilungskommission. Gussew war von Molotow angewiesen worden, sich in der Kommission zurückzuhalten, er sollte sich vorrangig erkundigen, »ob die Engländer und die Amerikaner die Absicht haben, ihre Teilungsschemata für Deutschland zur Erörterung vorzulegen«.[56]

Im Februar und März 1945 entwickelten sich im Verhältnis der Alliierten der Antihitlerkoalition Spannungen, die bald entscheidenden Einfluss auch auf die Tätigkeit der Aufteilungskommission und auf manche spätere Entwicklung nehmen sollten. Der Anlass für diesen Vertrauensschwund auf sowjetischer Seite: Im Februar 1945 begann in der Schweiz eine internationale Geheimdienstoperation, die unter dem Namen »Sunrise« in die Geschichte eingegangen ist. Beteiligt an dieser Operation war der amerikanische Geheimdienst OSS, der Schweizer Geheimdienst, Vertreter des Vatikans und Abgesandte der Führung Nazideutschlands. Der führende Kopf dieser Operation war der Resident des amerikanischen OSS, Allan W. Dulles. Auf Seiten Nazideutschlands war der SS-Obergruppenführer Karl Wolff beteiligt. Er war bis zu seiner Ernennung als »Höchster SS und Polizeiführer« in Italien, vorher als Offizier der SS im Führerhauptquartier der Verbindungsmann zwischen

Himmler und Hitler. Wolff hatte den Kontakt zu Dulles nicht – wie oft dargestellt – entgegen den Intentionen der Naziführung geknüpft. Er hatte über diese Beziehung zu Dulles sowohl mit Himmler als auch persönlich mit Hitler verhandelt, der ihm riet, diese Kontakte zu pflegen.[57] Dritter im Bunde war der Privatkämmerer von Papst Pius XII., Baron Luigi Parilli, ein Kontaktmann der SS, der zugleich Interessen großer italienischer und US-Unternehmen vertrat. Von Schweizer Seite gehörte der führende Geheimdienstler Max Waibel zu dem Quartett. Der Kreis der Eingeweihten war sehr klein. Keiner von ihnen ist mehr am Leben.

In diesem internationalen Netzwerk versuchten die Akteure für mehrere Problemkreise, die im Zusammenhang mit dem unmittelbar bevorstehenden Zusammenbruch der Nazidiktatur standen, eine ihren Interessen entsprechende Lösung herbeizuführen. Die Zurückdrängung des zu erwartenden Einflusses der Sowjetunion und sozialistischer Kräfte in Italien und in Westeuropa standen im Vordergrund. Papst Pius XII. war ein bekennender Antikommunist, der mit SS-Führer Wolff bereits 1944 vertraulich konferierte.

So verwundert es nicht, dass Wolffs Emissäre Dulles anboten, »mit den Alliierten zusammen eine gemeinsame Front gegen den Vormarsch der Sowjetunion in Europa zu bilden«.[58] Weiter ging es um eine mögliche Kapitulation der deutschen Truppen in Italien und drittens natürlich um Garantien für eine Straffreiheit von Nazigrößen nach der Kapitulation. Bei dieser Interessenlage erscheint es signifikant, wen Wolff vor seiner Begegnung mit Dulles als seine Referenzpersonen benannte: Papst Pius XII., Rudolf Hess und den Oberen des Salvatorianer-Ordens in Rom, Pater Pankratius Pfeiffer, ein bayerischer Geistlicher, der als Mittelsmann zwischen NS-Kommandeuren und dem Vatikan bekannt wurde.

Nach Vorbereitungsbegegnungen trafen sich Wolff und Dulles am Abend des 8. März 1945 am Kaminfeuer in einem Appartement in Zürich zu einem ersten abklärenden Gespräch. Vier Tage später fand in Ascona die nächste Begegnung schon im größeren Kreis statt. War es ein Zufall oder zeugte es von der Mitwirkung auch deutscher Industrieller an diesem Geheimdienstkomplott, dass für dieses zweite Treffen die Villa des deutschen Großindustriellen Edmund H. Stinnes zur Verfügung stand? Am 19. März 1945 nahmen der britische und der amerikanische Stabschef des Alliierten Hauptquartiers in Italien, die inkognito in die Schweiz eingereist waren, an einer weiteren Besprechung mit Wolff teil.[59]

Die USA informierten – wenn auch erst mit Verspätung – die

sowjetischen Bündnispartner von einem Kontakt mit einem deutschen General über eine mögliche Kapitulation der deutschen Truppen in Italien. Nichts aber verlautete über die bündnisfeindlichen antisowjetischen Aspekte dieser Gespräche. Molotow erhob gegen Kapitulationsverhandlungen keinen Einspruch, ersuchte jedoch, dass – wie zwischen den Verbündeten der Antihitlerkoalition vereinbart – sowjetische Vertreter daran teilnehmen sollten. Dazu aber waren die USA nicht bereit.[60] Ungeklärt bleibt bisher, inwieweit Präsident Roosevelt von den Aktivitäten seines Geheimdienstes informiert wurde. Die Liaison zwischen Dulles und Wolff begann, als Roosevelt außer Landes war, um an der Krimkonferenz teilzunehmen. Diese endete bekanntlich am 12. Februar 1945. Tags darauf drückte Roosevelt in einem Brief an Stalin seine Hoffnung aus, »dass unsere drei großen Nationen im Frieden genauso zusammenarbeiten können, wie sie das im Krieg getan haben«.[61]

Die Verhandlungen mit Wolff gingen mit britischer Beteiligung in Bern und anderenorts über Wochen weiter. Das konnte und wollte die Sowjetunion nicht hinnehmen. Molotow erklärte am 22. März 1945 dem amerikanischen und dem britischen Botschafter in Moskau: »Hinter dem Rücken der Sowjetunion, die die Hauptlast des Krieges gegen Deutschland trägt, verhandeln nunmehr zwei Wochen in Bern Vertreter der deutschen Militärführung einerseits und Vertreter der englischen und amerikanischen Militärführung andererseits. Die sowjetische Regierung hält das für inakzeptabel.«[62] Die Verhandlungen in Bern wurden danach Ausgangspunkt eines intensiven Notenwechsels zwischen Roosevelt und Stalin.

Am 29. März 1945 kabelte Stalin an Roosevelt, dass er Gesprächen mit Nazivertretern nur dann zustimme, »wenn diese Verhandlungen nicht die Lage des Feindes erleichtern, wenn den Deutschen keine Möglichkeit gegeben wird, zu manövrieren und diese Verhandlungen dazu zu benutzen, ihre Truppen an andere Frontabschnitte zu werfen, insbesondere an die sowjetische Front«. Er teilte mit, dass es dem deutschen Oberkommando gelungen sei, seit Beginn der Verhandlungen in der Schweiz »drei Divisionen aus Norditalien an die sowjetische Front zu werfen«. Roosevelt konzedierte in seiner Antwort, dass »eine Atmosphäre bedauerlicher Besorgnisse und des Misstrauens entstanden« sei.[64] Dulles erhielt danach die Weisung, sich keinesfalls weiter mit Wolff zu treffen.[65]

Am 12. April ging aus Washington das letzte Telegramm Roosevelts an Stalin ab. Darin bedauerte der Präsident neuerlich den Berner Zwischenfall. Besorgt schrieb er: »Auf keinen Fall darf es ein gegenseitiges Misstrauen geben, und kleine Missverständnisse dieser Art sollten in Zukunft nicht mehr auftreten.«[66]

Am Abend des gleichen Tages verstarb Franklin D. Roosevelt in Warm Springs im Bundesstaat Georgia. Sein Nachfolger, Harry S. Truman, erteilte nur wenige Tage später dem Unternehmen »Sunrise« wieder grünes Licht.[67] Als am 29. April 1945 die Kapitulation der deutschen Truppen in Italien vereinbart wurde, nahm lediglich als Beobachter der sowjetische General Kislenko daran teil.

Der Kern der Operation »Sunrise« – der Versuch, ein Bündnis gegen die UdSSR und die sozialistischen Kräfte in Europa zu schaffen – blieb lange verborgen. Auch ein Buch, das Allan Dulles dazu 1962 veröffentlichte[68], ließ – wie so viele Veröffentlichungen von Geheimdienstlern – vieles im Dunkeln. Die in die Operation Eingeweihten hatten – wenn auch aus unterschiedlichen Gründen – starke Motive, darüber nichts zu erhellen. Dem Schweizer Vermittler Max Waibel wurde jede Veröffentlichung darüber verboten. Erst sechzig Jahre nach den Verhandlungen zwischen Dulles und Wolff brachte eine Dokumentation[69] etwas Licht in die Sache. Darin wurde recht überzeugend Nachweis geführt, dass es dabei nicht vorrangig um eine schnelle Beendigung des Zweiten Weltkrieges, sondern um den »Beginn der Zusammenarbeit von Teilen der amerikanischen Geheimdienste mit Vertretern der Nazis gegen die Sowjetunion«[70] ging.

»Sunrise« war offensichtlich eine der frühen Aktionen, die eine Veränderung der Haltung politisch einflussreicher Kreise in den USA und in Großbritannien gegenüber der Sowjetunion erkennen ließen. Es war ein Menetekel, wenn nicht eine der ersten Aktionen des Kalten Krieges. Der amerikanische Historiker Fritz Stern beschrieb diese Situation folgendermaßen: In der Zeit, »als die Bündnisse sich in ihr Gegenteil verkehrten und wachsende Zwietracht drohte, bildete sich eine neue westliche Ordnung heraus, und damit kündigte sich ein Wandel in der Weltpolitik an«.[71] Nur zwanzig Monate vergingen, bis der neue US-Präsident vor dem Kongress die »Trumandoktrin« verkündete und damit den Beginn des Kalten Krieges öffentlich machte.

Die Operation »Sunrise« trieb einen erkennbaren Spalt in die so mühsam gewachsene Allianz der Kriegsverbündeten gegen Hitlerdeutschland. In der letzten Märzwoche 1945 fiel angesichts dieser Erfahrungen in Moskau die Entscheidung, dass sich sowjetische Vertreter an Debatten über britische und amerikanische Vorstellungen über eine Zerstückelung Deutschlands nicht mehr beteiligen. Die

UdSSR, die seit 1941 im Interesse der Erhaltung der Antihitlerkoalition den Zerstückelungsplänen Großbritanniens und der USA zwar zurückhaltend begegnete, aber öffentlich nicht widersprochen hatte, gab angesichts des durch »Sunrise« begründeten Argwohns ihre Zurückhaltung auf. Der sowjetische Vertreter in der Londoner EAC, Gussew, erhielt am 24. März die Weisung, seinem britischen und amerikanischen Kollegen mitzuteilen: »Die sowjetische Regierung versteht den Beschluss der Krimkonferenz zur Aufgliederung Deutschlands nicht als obligatorischen Plan für die Aufgliederung Deutschlands, sondern als potentielle Perspektive für eine Druckausübung auf Deutschland mit dem Ziel, Deutschland als Gefahr auszuschalten, falls sich andere Mittel als unzureichend erweisen.« Gussew wurde darauf hingewiesen, dass die Westmächte dabei wären, die »Verantwortung für die Aufgliederung auf die UdSSR abzuwälzen, um unseren Staat in den Augen der internationalen Öffentlichkeit anzuschwärzen. Um ihnen diese Möglichkeit zu entziehen, ist der oben genannte Vorschlag zu unterbreiten«.[72]

Gussew informierte auftragsgemäß Außenminister Eden und den US-Botschafter Winant. Damit stellte die in Jalta eingesetzte Kommission Deutschlands de facto ihre Tätigkeit ein, ehe sie mit der Erörterung von Sachfragen begonnen hatte.

Die sowjetische Politik gegenüber dem besiegten Deutschland wurde, für jedermann erkennbar, am 9. Mai 1945, dem Tag des Sieges, deutlich. Stalin erklärte öffentlich: »Die Sowjetunion feiert diesen Sieg, wenn sie sich auch nicht anschickt, Deutschland zu zerstückeln oder zu vernichten.«[73]

Die Konferenz von Potsdam – das letzte Treffen

Am 8. Mai 1945 endete der Zweite Weltkrieg in Europa. Es war ein Krieg, der in seinen Ausmaßen, in der Zahl seiner Opfer und der Summe der mobilisierten Kräfte für den Sieg ohne Beispiel war. Die Welt atmete auf. Die faschistischen Machthaber Deutschlands hatten bedingungslos kapituliert. Ihr grausames menschenverachtendes System war geschlagen. Europa, auch Deutschland waren von der faschistischen Gewaltherrschaft befreit. Winston Churchill hatte in der ersten Maiwoche 1945 die Initiative zu einer weiteren Konferenz der Siegermächte ergriffen. Er schlug dem 33. Präsidenten der USA, Harry S. Truman, ein baldiges Treffen mit Stalin vor.

Es war für Churchills Konferenzziele signifikant, dass er in diesem Telegrammwechsel mit Truman »das Schlagwort vom ›eisernen Vorhang‹ prägte«.[74] Nach Vorgesprächen mit Molotow, der sich in den USA aufhielt, wurde gegen Ende Mai Übereinkunft für ein Treffen der Repräsentanten der Siegermächte im Raum Berlin hergestellt. Winston Churchill leitete die britische Delegation in den ersten zehn Konferenztagen. Am 28. Juli übernahm der neu gewählte Regierungschef Clement Attlee (er war seit dem ersten Konferenztag in Potsdam anwesend) die Leitung der britischen Delegation. Die UdSSR wurde, wie auf den vorherigen Konferenzen, durch J. W. Stalin vertreten.

Das Berliner Zentrum war derart zerstört, dass dort keine Möglichkeit für die Durchführung einer internationalen Konferenz gegeben war. Innerhalb weniger Tage entschied man sich auf Vorschlag Marschall Shukows für Potsdam. Zu den wenigen technischen Pannen, die den sowjetischen Organisatoren unterliefen, gehörte, dass das Bett in Churchills Residenz dem Gewicht des Premiers nicht standhielt, ein Detail, das bald die Runde machte.

Diplomaten in Washington, Moskau und London bereiteten in aller Eile Stellungnahmen und Projekte für die Verhandlungen vor. Vieles blieb Makulatur. Ob Stalin die umfangreichen Vorschläge aus dem sowjetischen Außenministerium zur Kenntnis oder gar ernst nahm, wird bezweifelt. Laufer, der diese Materialien durchgesehen hat, stellte die Hypothese auf, dass Stalin die Papiere seiner Experten »sehr schnell wieder zur Seite gelegt« habe. »Er konzentrierte sich in Potsdam auf Fragen, zu denen entweder keine Vorschläge vorbereitet waren (etwa zur neuen polnischen Westgrenze und der Herstellung diplomatischer Beziehungen zu den ehemaligen deutschen Satellitenstaaten) oder zu denen er selbst in den letzten Tagen und Wochen die Ausarbeitung sowjetischer Vorschläge verzögert hatte (den Reparationen). Daneben ließ er Vorschläge zu sekundären Fragen (zu Spanien, Tanger, Syrien und Libanon) auf die Tagesordnung setzen.«[75] Es war offensichtlich nicht nur der Kürze der Vorbereitungszeit geschuldet, dass die Potsdamer Konferenz nicht durch eine Begegnung der Außenminister vorbereitet wurde.

Obwohl die Sowjetunion Gastgeber der Konferenz war, traf Stalin Tage später als Churchill und Truman in Potsdam ein. Truman nutzte die Wartezeit, um mit seinen Militärs zu konferieren und auf der Berliner Avus eine Panzerparade der US-Truppen abzunehmen. Churchill sah sich in Berlin um. Der Reichstag und der Bunker Hitlers standen dabei auf seinem Programm.[76]

Wie auf den beiden Konferenzen zuvor bot Stalin dem US-Präsidenten an, den Vorsitz in diesem Kreis zu übernehmen. Er folgte der gleichen Konferenztaktik wie in Teheran und Jalta. Stalin vermied es, eigene Vorschläge zu unterbreiten und reagierte auf die Initiativen seiner Partner. Ein solches Vorgehen wurde offensichtlich diktiert von vitalem Interesse der UdSSR an der Erhaltung des Kriegsbündnisses. Spätestens nach der Enttäuschung über die Verhandlungen der Westmächte mit SS-Führern in der Schweiz hatte sich die Erkenntnis herausgebildet, dass das alte Bündnis keine weiteren Belastungen, auch nicht durch neue Initiativen in der Deutschlandfrage, vertrüge.

Über die Zukunft Deutschlands wurde auf der Grundlage amerikanischer Vorschläge verhandelt. Sie deckten sich weitgehend mit den Beschlüssen der Krimkonferenz in Jalta. Die darin enthaltenen Vorschläge für die »erste Kontrollperiode« zur Demokratisierung, Entnazifizierung und Demilitarisierung Deutschlands fanden allseitig Zustimmung. Offensichtlich waren sich – nach der Ablehnung der Sowjetunion an weiteren Zerstückelungsdebatten teilzunehmen – auch die britische und die amerikanische Delegation darüber im Klaren, dass auf der Potsdamer Konferenz ihre bevorzugte Aufteilungsidee keine Chance hatte. Ebenso war ein neuer Lösungsansatz bei keinem der Beratungsteilnehmer in Sicht.

Die Frage der Zerstückelung, die in jeder vorherigen Konferenz zum obligatorischen Themenkreis gehörte, wurde in Potsdam mit keinem Wort mehr erwähnt. Vorschläge für eine künftige Friedenskonferenz standen nicht zur Debatte. Keiner der Konferenzteilnehmer war bereit, in dieser sensiblen Frage seine Position offenzulegen, die »nicht nur das künftige Verhältnis der Alliierten untereinander, sondern auch zu den besiegten Staaten grundlegend und auf schwerwiegendste Weise beeinflussen musste«.[77]

Schon am ersten Konferenztag hatte Truman die Bildung eines Rates der Außenminister mit Sitz in London vorgeschlagen. Diesem Gremium wurde die Erarbeitung einer künftigen Friedensregelung für Deutschland übertragen. Ein »entsprechendes Dokument« sollte, so legten die Großen Drei fest, »durch eine für diesen Zweck geeignete Regierung Deutschlands, nachdem solche gebildet sein wird, angenommen« werden.[78] Mit dieser Entscheidung wurde auch geregelt, dass die Londoner Beratungskommission, »die ihre Hauptaufgaben erfolgreich bewältigt hat, indem sie Empfehlungen betreffend der bedingungslosen Kapitulation Deutschlands, der Besatzungszonen Deutschlands und Österreichs und den internationalen Kontrollmechanismus vorlegte«[79], aufgelöst wird. Von den Mitgliedern der EAC nahm allein der Brite William Strang an den Beratungen der Potsdamer Konferenz teil. Auf Gussew (UdSSR) und Winant (USA) wurde verzichtet.

Auf der Konferenz in Potsdam gehörte die vereinbarte Aufteilung der Besatzungszonen nicht zu den Beratungsgegenständen. Einschließlich der vorher vereinbarten Modifizierung, eine vierte (französische) Zone zu bilden, gab es, wenn auch nicht uneingeschränkt, Konsens hinsichtlich der Beratungsergebnisse der Londoner EAC vom September 1944. Es ist bekannt, dass Winston Churchill sich in den Tagen der Potsdamer Konferenz mit dem Gedanken beschäftigte, die 1944 getroffene Besatzungszonenregelung in Frage zu stellen. Die Situation nach der Kapitulation Hitlerdeutschlands unterschied sich in der Beurteilung Churchills von der, »in der wir vor zwei Jahren die Besatzungszonen konzipiert hatten«.[80] Er ging mit der Auffassung nach Potsdam: »Kein Zweifel, diese sämtlichen Probleme mussten in ihrer Gesamtheit behandelt werden, und zwar jetzt, da die britischen und amerikanischen Armeen und Luftstreitkräfte noch eine gewaltige bewaffnete Macht darstellten. [...] Jetzt war der letzte Moment für eine Generalbereinigung gekommen.«[81]

Mit dieser Haltung drängte Churchill in einem Telegramm Präsident Truman auf einen frühen Beginn der Konferenz. »Ich sehe dem im Mittelabschnitt unserer Front beabsichtigten Rückzug der amerikanischen Armee auf unsere Zonengrenzen mit größtem Unbehagen entgegen, ist doch damit der Vormarsch der Sowjetmacht ins Herz Westeuropas und die Senkung eines eisernen Vorhangs zwischen uns und dem ganzen Osten verbunden. Ich hatte gehofft, dieser Rückzug würde, falls er überhaupt erfolgen muss, von der Regelung vieler wesentlicher Dinge begleitet sein, die allein eine echte Grundlage des Weltfriedens darstellen könnten.«[82]

Damit war Churchill von den gemeinsamen Entscheidungen der Mächte der Antihitlerkoalition im Februar 1945 wesentlich abgerückt. Die Ursache für diesen Sinneswandel blieb im Dunkeln. Ein möglicher Anlass kann das Vorgehen der UdSSR in den von der Sowjetarmee besetzten Balkanstaaten gewesen sein.

Churchill war im Oktober 1944 nach Moskau gereist, um sich hinter dem Rücken der Amerikaner mit Stalin über die künftigen Einflusssphären auf dem Balkan zu einigen. Wie aus Churchills Memoiren hervorgeht, stellte er Stalin ziemlich unvermittelt die Frage: »Was würden Sie sagen, wenn Sie in Rumänien zu 90 Prozent das Übergewicht hätten und wir zu 90 Prozent in Griechenland, während wir uns bei Jugoslawien auf halb und halb einigen?«[83] Dazu hieß es weiter bei Churchill: »Während das übersetzt wurde, schrieb ich auf ein halbes Blatt Papier: Rumänien: Russland 90 Prozent – Die anderen 10 Prozent; Bulgarien: Russland 75 Prozent – Die anderen 25 Prozent; Griechenland: Großbritannien 90 Prozent (im Einvernehmen mit den USA) – Russland 10; Jugoslawien 50-50 Prozent; Ungarn 50-50 Prozent. Ich schob den Zettel Stalin zu, der mittlerweile die Übersetzung gehört hatte. Eine kleine Pause trat ein. Dann ergriff er seinen Blaustift, machte einen großen Haken und schob uns das Blatt wieder zu. Die ganze Sache beanspruchte nicht mehr Zeit als sie zu schildern.«[84] *(s. Anlage 1)*

Churchill schilderte weiter, dass es zu seinem frivolen Vorstoß, der das politische Schicksal der Balkanvölker in der Art von Kolonisatoren zum simplen Gegenstand der Einteilung der Interessensphären der Großmächte machte, von Stalin keine Antwort über dessen Lippen kam. Er deutete das offensichtlich als Zustimmung. Als sich die Dinge im Ergebnis des Vormarsches der Sowjetarmee und der jugoslawischen Befreiungsstreitkräfte auf dem Balkan anders entwickelten, war Churchill offenbar verärgert und nunmehr bereit, das Abkommen über die Einteilung der Besatzungszonen in Frage zu stellen. Er erhielt zu diesem Gedanken jedoch nicht die erwartete Zustimmung der amerikanischen Delegation. Truman antwortete dem britischen Premierminister am 12. Juni 1945, dass er nicht bereit sei, das von den Siegermächten einvernehmlich vereinbarte Abkommen über die Besatzungszonen zu unterlaufen oder zu verändern.[85] Möglicherweise war auch das einer der Gründe dafür, dass weder von amerikanischer noch von sowjetischer Seite während der Potsdamer Konferenz das EAC-Dokument vom 12. September 1944 über die Besatzungszonen trotz der darin enthaltenen Ungereimtheiten in der Berlin-Frage nicht erörtert und damit auch keiner Korrektur unterzogen wurde.

Laufer hat in seiner Untersuchung zur Potsdamer Konferenz nachgewiesen, dass diese wichtige internationale Beratung nicht sehr intensiv vorbereitet worden war. Viele Fragen wurden aus der Intention der Delegationsleiter und nicht im Ergebnis eingehender Prüfungen entschieden.[86] Er zitiert amerikanische Quellen, die besagen, dass Berater von Präsident Truman die Verhandlungen als eine Art Pferdehandel (»horse-trade«) betrachteten.[87] Es verwundert deshalb nicht, wenn das von J. W. Stalin, Harry Truman und Clement Attlee unterschriebene Abschlussdokument hinsichtlich der unmittelbaren Maßnahmen zu Deutschland den Keim unterschiedlicher

Interpretationen und Herangehensweisen enthielt.

Die Ausübung der obersten Macht wurde (nach Abschnitt II, Ziffer A, 1 des Protokolls der Konferenz) den Oberkommandierenden der Streitkräfte der vier Siegermächte übertragen. Wenn auch verbunden durch ein gemeinsames Gremium, dem »Kontrollrat«, war die Machtausübung nach dieser Regelung jedoch viergeteilt. Zugleich wurde in einem späteren Abschnitt (in Abschnitt II, B, 14 des Protokolls) erklärt: »Während der Besatzungszeit ist Deutschland als wirtschaftliche Einheit zu betrachten.« Demnach erfolgte die Machtausübung definitiv viergeteilt. Die vier Teile (Zonen) sollten als wirtschaftliche Einheit nicht etwa behandelt oder geleitet, sondern allein »betrachtet« werden. Dies obendrein unter der Prämisse, dass zwar der Abschluss einer Friedensregelung mit einer »geeigneten Regierung« vorgesehen war, in einem späteren Abschnitt (Abschnitt II, A, 9, IV des Protokolls) jedoch definitiv bestimmt wurde, es »wird bis auf weiteres keine deutsche Zentralregierung gebildet werden«.[88]

Auch wenn Churchill feststellte: »Die Konferenz der ›Drei‹ endete mit einer Enttäuschung«[89], war wohl kaum vorhersehbar, dass die Lücken in der Kompatibilität dieser Formulierungen bald eine erhebliche Rolle bei der Aushebelung des ganzen Abkommens spielen sollten.

Eine wirkliche Übereinkunft der Siegermächte über das künftige Deutschland wurde in Potsdam nicht erzielt. Schon in der Vorbereitung dieser Konferenz zeigte sich, dass die strategischen Positionen der Großmächte für Deutschland und Europa noch nicht ausgereift waren. Die erkennbaren Ansätze dafür erzeugten eher Zweifel als Hoffnungen für ein künftiges gemeinsames Vorgehen. Die historische Bedeutung der in Potsdam getroffenen Entscheidungen aber gründete auf dem einmütig bekundeten Willen der Mächte der Antihitlerkoalition, den Hitlerfaschismus in Deutschland mit Stumpf und Stiel auszurotten.

Gerade diese Zielstellung war der Ausgangspunkt dafür, dass einige Jahre danach von westlicher Seite ein Disput darüber begann, ob das Potsdamer Abkommen überhaupt ein völkerrechtliches Abkommen darstelle. Das Abschlussdokument trage doch lediglich die Überschrift »Mitteilung über die Berliner Konferenz« und sei lediglich ein Konferenzkommuniqué [90]. Für westdeutsche Politiker, Historiker und Publizisten war das Potsdamer Dokument ein »nur nach östlicher Definition rechtsverbindliches Abkommen«.[91]

BRD-Außenminister Klaus Kinkel erklärte 1996 das Potsdamer

Abkommen als einen Vertrag, der keiner war. Diese Haltung entsprang offensichtlich dem Bestreben, die im Kalten Krieg vollzogene Abkehr der Westmächte von den in Potsdam vereinbarten Prinzipien der Zusammenarbeit und die dem Abkommen zuwiderlaufende Politik zu kaschieren. Sowohl die politischen als auch die wirtschaftlichen Festlegungen wie die »Vernichtung der bestehenden übermäßigen Konzentration der Wirtschaftskraft, die sich besonders in Form von Kartellen, Syndikaten, Trusts und anderen Monopolvereinigungen verkörpert«[92], waren dem Großbürgertum im Westen zutiefst zuwider.

Anmerkungen

1 Dr. Gregor Gysi. In: Plenarprotokoll 16/222 des Deutschen Bundestages – 16. Wahlperiode – 222. Sitzung, Berlin, 14. Mai 2009
2 Peter Graf Kielmansegg, »Das geteilte Land – Deutschland 1945-1990«. In: Siedler Verlag, München 2000, Deutsche Geschichte, Bd. 4, S. 8
3 Peter Graf Kielmansegg, a. a. O., S. 46
4 Franz Josef Strauß, »Die Erinnerungen«, Siedler Verlag, München 1998. S. 150
5 J. W. Stalin, Rede auf der Festveranstaltung anlässlich des Jahrestages der Oktoberevolution am 6. November 1941. In: J. W. Stalin, »Über den Großen Vaterländische Krieg der Sowjetunion«, Moskau 1946, S. 36
6 Telegramm J. W. Stalins an Winston Churchill vom 8. November 1941. In: »Die UdSSR und die deutsche Frage«, Hrsg. J. P. Laufer/G. P. Kynin, Berlin 2004, Bd. 1, S. 10
7 Telegramm Winston Churchills an J. W. Stalin vom 22. November 1941. In: »Briefwechsel Stalins mit Churchill, Attlee, Roosevelt und Truman 1941-1945«, Rütten & Loening, Berlin 1961, S. 44
8 Edens Bericht über die Besprechung mit Stalin. In: Anthony Eden, »The Eden Memoirs«. London 1965, S. 285ff.
9 Vgl. Jochen Laufer, »Pax Sovietica – Stalin und die Westmächte und die deutsche Frage 1941-1945«, Böhlau Verlag, Köln-Weimar-Wien 2009, S. 93
10 a. a. O., S. 96
11 a. a. O., S. 33f.
12 a. a. O., S. 369
13 Dokument Nr. 66: Amerikanischer Vorschlag über die Behandlung Deutschlands vom 23. Oktober 1943 auf der Moskauer Außenministerkonferenz. In: »Die Sowjetunion auf internationalen Konferenzen während des Großen Vaterländischen Krieges 1941-1945«, Moskau-Berlin 1988, Bd. 1, S. 253-256
14 ebenda
15 Vgl. Petra Marquardt-Bigman, »Amerikanische Geheimdienstanalysen über Deutschland 1942-1949«, R. Oldenbourg Verlag, München 1995, S. 146f., sowie H. Hoborn, The Collaps oft the European Politicel System,1919-1945. In: World Politics I, October 1948-July 1949 (Reprint 1962) S. 442-446
16 Erklärung Edens auf der Beratung der Außen am 25. Oktober 1943. In:

»Die Sowjetunion auf internationalen Konferenzen während des Großen Vaterländischen Krieges 1941-1945«. Bd. 1, Moskau-Berlin 1988, S. 160

17 Zum Abstimmungsverfahren und Problemen des Artikel II dieses Gesetzes vgl. Jan Foitzik, »Sowjetische Militäradministration in Deutschland 1945-1949«, Akademie Verlag, Berlin 1999, S. 248f.

18 Anthony Eden, Aufzeichnung der 7. Sitzung der Konferenz der Außenminister der UdSSR, der USA und Großbritanniens. In: »Die Sowjetunion auf internationalen Konferenzen …«. Moskau-Berlin 1988, Dokument 49, S. 161

19 W. M. Molotow, in: »Die Sowjetunion auf internationalen Konferenzen während des Großen Vaterländischen Krieges 1941-1945«, Moskau-Berlin 1988, Bd. 1, S. 161

20 a. a. O., S. 162

21 a. a. O., S. 163

22 Zitiert in: Rolf Steininger, »Deutsche Geschichte 1945-1961«, Fischer Taschenbuchverlag, Frankfurt am Main 1983, Bd. 1, S. 20

23 J. W. Stalin, Rede zur Festveranstaltung des Jahrestages der Großen Sozialistischen Oktoberrevolution am 6. November 1943. In: J. W. Stalin, »Über den Großen Vaterländische Krieg der Sowjetunion«, Moskau 1946, S. 137f.

24 In: »Die Sowjetunion auf internationalen Konferenzen …«, Moskau-Berlin 1988, Bd. 1, S. 303f.

25 Vgl. dazu »Zufahrtswege«. In: *Der Spiegel* 26/1968, S. 24

26 Zitiert in: Winston S. Churchill, »Der Zweite Weltkrieg«, Fischer Taschenbuchverlag, Frankfurt am Main 1985, S. 842

27 a. a. O., S. 843

28 Franklin D. Roosevelt auf der Nachmittagsberatung am 30. November 1943 der Konferenz von Teheran. In: »Die Sowjetunion auf internationalen Konferenzen …«, Bd. 2, Die Teheraner Konferenz 1943, Moskau-Berlin 1986, Dokument 62, S. 136f.

29 Winston Churchill, zitiert in: »Die Sowjetunion auf internationalen Konferenzen …«, Bd 2, a. a. O., S. 137

30 Winston Churchill, »Der Zweite Weltkrieg«, a. a. O., S. 858

31 J. W. Stalin. In: »Die Sowjetunion auf internationalen Konferenzen …«, Bd. 2, a. a. O., S. 137

32 Franklin D. Roosevelt, ebenda

33 J. W. Stalin, ebenda

34 Franklin D. Roosevelt, ebenda

35 Protokoll der zweiten Sitzung der EAC am 26. Januar 1944. In: Laufer/Kynin: »Die UdSSR und die deutsche Frage«, Bd. 1, Berlin 2004, S. 273f.

36 Zitiert in: »Die UdSSR und die deutsche Frage«, a. a. O., S. 276f.

37 Jochen Laufer, »Pax Sovietica. Stalin, die Westmächte und die deutsche Frage 1941-1945«, Böhlau Verlag, Köln-Weimar-Wien 2009, S. 395

38 a. a. O., S. 414

39 a. a. O., S. 430

40 Vgl. Rolf Steininger, »Deutsche Geschichte 1945-1961. Darstellung und Dokumente«, Fischer Taschenbuchverlag, Frankfurt am Main 1983, Bd. 1, S. 21

41 Vgl. Jochen Laufer, »Pax Sovietica …«, S. 434

42 Vgl. »Dokumente zur Berlin-Frage 1944-1964«. Hrsg. Deutsche Gesell-

schaft für Politik, München 1987, S. 1ff.
43 Protokoll zur Besetzung Deutschlands vom 25. Mai 1944. In: »Die UdSSR und die deutsche Frage«, S. 401ff.
44 Jochen Laufer, »Pax Sovietica ...«, S. 423
45 Winston Churchill, »Der Zweite Weltkrieg ...«, S. 1066
46 a. a. O., S. 1068
47 Vgl. Hans Peter Schwarz: »Vom Reich zur Bundesrepublik. Deutschland im Widerstreit der außenpolitischen Konzeptionen in den Jahren des Kalten Krieges«. In: Historisches Jahrbuch 112 (1992), S. 366f., sowie Wilfried Loth, »Stalins ungeliebtes Kind. Warum Moskau die DDR nicht wollte«, Rowohlt, Berlin 1994, S. 41
48 Protokoll zwischen den Vereinigten Staaten, Großbritannien und der Sowjetunion vom 12. September 1944 über die Besatzungszonen in Deutschland und die Verwaltung von Großberlin. In: »Dokumente zur Berlin-Frage 1944-1966«. Oldenburg Verlag, München 1987, S. 1ff.
49 Zitiert in: Tony Sharp, »The Wartime Alliance and the Zonal Division of Germany«. Oxford-Frankfurt 1983, S. 109
50 »Zufahrtswege – Auf dem Kopf«. In: *Der Spiegel* 26/1968, S. 24
51 F. C. Delius/Peter Lapp, »Transit Westberlin«, Ch. Links Verlag, Berlin 2000, S. 81
52 »Telegramm – persönlich und streng geheim – für Marschall Stalin von Präsident Truman«. In: »Briefwechsel Stalins mit Churchill, Attlee und Truman 1941-1945«. Rütten & Loening, Berlin 1961, Dokument Nr. 338, S. 747
53 Bemerkungen Lucius D. Clay über die Verbindungslinie der westlichen Alliierten nach Berlin und die Konferenz vom 29. Juni 1945 (Auszug). In: Lucius Clay, »Entscheidung für Deutschland«, Frankfurt 1950, S. 29f.
54 Protokoll der Arbeit der Krimkonferenz. In: »Die Sowjetunion auf internationalen Konferenzen während des Großen Vaterländischen Krieges 1941-1945«, Moskau-Berlin 1986, Dokument 28, S. 231f. sowie Jochen Laufer, »Pax Sovietica ...«, S. 488f.
55 Rolf Steininger, a. a. O., S. 29
56 Telegramm Molotows an Gussew vom 14. Februar 1945. In: »Die UdSSR und die deutsche Frage«, S. 663
57 Vgl. »Unternehmen Sunrise«. In: *Der Spiegel* 43/1966, S. 136
58 Sabine Kaspar: »Die Schweiz im Zweiten Weltkrieg. Schnittpunkt für Widerstand und Geheimdienste«. Arbeit im Zuge des Seminars »European Resistance to Dictatorsship 1942-1945« bei Prof. S. Beer, S. 219
59 Vgl. Winston Churchill, »Der Zweite Weltkrieg ...«, a. a. O., S. 1049
60 Vgl. Jochen Laufer, »Pax Sovietica ...«, S. 505
61 »Roosevelt an Stalin – persönlich geheim, 13. Februar 1945«. In: »Briefwechsel Stalins mit Churchill, Attlee und Truman 1941-1945«. Dokument Nr. 273, S. 683
62 »Molotow an Harriman und Kerr am 22. März 1945«. In: »Die UdSSR und die deutsche Frage ...«, S. 554f.
63 Stalin an Roosevelt, 29. März 1945. In: »Briefwechsel Stalins mit Churchill, Attlee und Truman 1941-1945«, Dokument Nr. 284, S. 695
64 Roosevelt an Stalin, 1. April 1945, a.a.O., Dokument Nr. 285, S. 698

65 Vgl. »Unternehmen Sunrise – Trauriger Sonntag«, a. a. O., S. 136
66 Telegramm Roosevelt an Stalin, eingegangen 13. April 1945. In: »Briefwechsel Stalins mit Churchill, Attlee und Truman 1941-1945«. Dokument Nr. 290, S. 710
67 Vgl. »Unternehmen Sunrise«, S. 136
68 Allen Dulles und Gero von Garvernitz, »Unternehmen Sunrise«, Econ Verlag, Düsseldorf 1966
69 Bernhard Pletschinger/Margarita Fotiadis, »Operation Sunrise – Eine Kapitulation und ihr Geheimnis«. Fernsehdokumentation auf *arte*, 27. April 2005
70 *www.phoenix.de/Operation_sunrise/314432* vom 31. Juli 2010
71 Fritz Stern, »Fünf Deutschland und ein Leben – Erinnerungen«, dtv, München, 2006, S. 225
72 Molotow an Gussew, 24. März 1945. In: »Die UdSSR und die deutsche Frage«, S. 511
73 Veröffentlicht in: Archiv der Gegenwart 1945, 221 C.
74 Vgl. Winston Churchill, »Der Zweite Weltkrieg …«, S. 1079
75 Jochen Laufer, »Pax Sovietica …«, S. 584
76 Vgl: Winston Churchill, »Der Zweite Weltkrieg …«, S. 1089
77 Jochen Laufer, »Pax Sovietica …«, S. 582
78 »Mitteilung über die Berliner Konferenz der drei Mächte vom 2. August 1945«, in: »Die Sowjetunion auf internationalen Konferenzen während des Großen Vaterländischen Krieges 1941-1945 …«, Bd. 6, Die (Berliner) Potsdamer Konferenz 1945, Moskau-Berlin 1986, Dokument Nr. 159, S. 402
79 Amtliche Verlautbarung der Berliner Konferenz der drei Mächte (Potsdamer Konferenz), 2. August 1945, Dokument Nr. 158, »Protokoll der Berliner Konferenz der drei Großmächte«, S. 383ff.
80 Winston Churchill, »Der Zweite Weltkrieg …«, S. 1083
81 ebenda
82 Winston Churchill, Telegramm vom 4. Juni 1945 an Präsident Truman. In: »Der Zweite Weltkrieg …«, S. 1084-1085
83 a. a. O., S. 989
84 ebenda
85 Vgl. Telegrafische Antwort Truman an Churchill vom 12. Juni 1945. In: Winston Churchill, »Der Zweite Weltkrieg …«, S. 1085
86 Vgl. Jochen Laufer, »Pax Sovietica …«, S. 573ff.
87 Vgl. Jochen Laufer, »Pax Sovietica …«, S. 586
88 Zitate aus: Amtliche Verlautbarung der Berliner Konferenz …, Dokument Nr. 158, »Protokoll der Berliner Konferenz der drei Großmächte«, S. 383ff.
89 Winston Churchill, »Der Zweite Weltkrieg …«, S. 10
90 Siehe Kielmansegg, S. 23
91 Vgl. Rolf Steininger, S. 67
92 Amtliche Verlautbarung der Berliner Konferenz …, Dokument Nr. 158, »Protokoll der Berliner Konferenz der drei Großmächte« Bd. 6, S. 388

Kapitel 3
Abkehr von Potsdam. Der Weg zum Bonner Grundgesetz

Der Krieg hat eine eiserne Logik, es geht um Leben oder Tod, um Sieg oder Niederlage. Solange die Mächte der Antihitlerkoalition gegen die faschistischen Armeen kämpften, wurde auch das Denken der Staatslenker dieser Länder in erster Linie von zwei Grundfragen beherrscht: Erstens, wie ist dieser vom deutschen Imperialismus verursachte Krieg, der so vielen Menschen das Leben kostete, der von der Wolga bis auf die britische Insel zu unvorstellbaren Zerstörungen geführt hat, siegreich zu beenden. Zweitens, wie ist möglichst langfristig zu gewährleisten, dass Deutschland, von dem innerhalb von 25 Jahren zwei Weltkriege ausgingen, nicht noch einmal seine Nachbarn oder andere Völker angreifen kann.

Ein gemeinsames Deutschlandprojekt – oder: Eine Bilanz mit offenem Ergebnis

Diese Kriegslogik bestimmte Gegenstand und Geist der Beratungen der Repräsentanten der Antihitlerkoalition in Teheran, in Jalta und in Potsdam. Die inneren Probleme der Nazidiktatur, der Terror gegen Andersdenkende, die Konzentrationslager in Deutschland und in den besetzten Territorien, die Verfolgung von Antifaschisten, die Liquidierung freier Gewerkschaften, die rassistische Verfolgung und der Holocaust waren in keiner der Beratungen Gegenstand von Analysen, waren ebenso wie der deutsche Widerstand nie Verhandlungsthema. Das reflektiert sich auch im Protokoll der Potsdamer Konferenz.[1] Dieses Dokument wurde von der amerikanischen Delegation vorbereitet und am 17. Juli 1945 auf der Eröffnungssitzung an Stalin und Churchill übergeben.[2] Es ging ohne wesentliche Änderungen in das Abschlussprotokoll der Konferenz ein.

In der offiziellen Mitteilung hieß es: »Auf der Konferenz wurde eine Vereinbarung über die politischen und wirtschaftlichen Grundsätze einer koordinierten Politik der Alliierten gegenüber dem besiegten Deutschland in der Periode der alliierten Kontrolle erzielt. Ziel der Vereinbarung ist die Durchführung der Krimdeklaration über Deutschland. Der deutsche Militarismus und Nazismus werden ausgerottet, und die Alliierten werden in Übereinstimmung miteinander in der Gegenwart und in der Zukunft auch andere Maßnahmen treffen, die notwendig sind, damit Deutschland nie wieder seine Nachbarn oder die Erhaltung des Friedens in der Welt bedrohen kann.«[3]

Weiter wurden »politische und wirtschaftliche Grundsätze, von denen man sich bei der Behandlung Deutschlands in der Anfangsperiode der Kontrolle leiten lassen muss«, formuliert. Sie zielten auf die Entwaffnung und Entmilitarisierung Deutschlands, das Verbot der Naziorganisationen, die Aufhebung der Nazigesetze, die Inhaftierung und Bestrafung der Kriegsverbrecher und auf die Förderung demokratischer Ideen und eines demokratischen Gemeinwesens.[4] Die wirtschaftlichen Grundsätze gingen von der Vernichtung des deutschen Kriegspotentials aus. Vorgesehen war eine Dezentralisation der Wirtschaft und die »Vernichtung der bestehenden übermäßigen Konzentration der Wirtschaftskraft, die sich besonders in Form von Kartellen, Syndikaten, Trusts und anderen Monopolvereinigungen verkörpert«.[5] Das Hauptgewicht der deutschen Wirtschaft sollte auf der Entwicklung der Landwirtschaft und der Industrie für den inneren Bedarf liegen. Deutschland wurde zur Leistung von Reparationen verpflichtet.

Der amerikanische Entwurf des Abschlussdokuments stützte sich auf umfangreiche Analysen und Vorschläge aus dem eigenen Lande. Von besonderem Gewicht waren dabei die umfangreichen Arbeiten der »Research und Analysis Branch« (R&A) des im Juli 1941 gegründeten Geheimdienstes mit der neutralen Benennung »Coordinator of Information«, aus dem später der OSS und danach die CIA hervorging. Die R&A wurde im September 1945 in das State Department – das Außenministerium der USA – übernommen. Mitarbeiter aus 35 Universitäten – darunter bekannte Historiker, Politwissenschaftler, Soziologen, Wirtschaftswissenschaftler, Psychologen, Geografen und Sprachwissenschaftler – bildeten den Grundstock des Personals. Viele Mitarbeiter der R&A-Branch waren vom liberalen Gedankengut und dem reformistischen Geist des New Deal geprägt.[6] Bald gehörten nicht zuletzt wegen ihrer Kenntnis deutscher Verhältnisse auch deutsche Emigranten dazu – so Max Horckheimer, Friedrich Pollock und seit 1943 auch Franz

Neumann und Herbert Marcuse. Nicht wenige von ihnen hatten in den Nachkriegsjahren in der »Frankfurter Schule« und an der Freien Universität Berlin beträchtlichen Einfluss auf die Herausbildung der Sozial- und Politikwissenschaft in der Bundesrepublik.

Die R&A-Branch legte in den Kriegsjahren zahlreiche Studien vor, Handbücher für eine künftige Besetzung Deutschlands und Empfehlungen für politische Entscheidungen, auch die der Potsdamer Konferenz. Schon im Sommer 1943 war in einer Studie der Vorschlag unterbreitet worden, »dass der Einfluss der Schwerindustrie auf die deutsche Politik als Vorbedingung für den Aufbau einer Friedensordnung eliminiert werden müsse«.[7] Im Mai 1945 fertigte die R&A acht als vorläufig bezeichnete Studien zur Reparationsfrage. Darin wurde der in den USA verbreiteten Auffassung widersprochen, dass Deutschland nicht in der Lage sei, hohe Reparationszahlungen zu leisten.[8] Hinsichtlich der Auflösung der deutschen Kartelle vertrat die R&A-Branch allerdings – trotz der öffentlich bekannten Kritik von Franz Neumann an der Macht der deutschen Monopolisten – die Auffassung, dass »die Militärregierung nicht die komplexe Aufgabe übernehmen könne, die Kartelle aufzulösen, sondern dass sie sie lediglich einer gründlichen Entnazifizierung unterziehen könne, und danach sicherzustellen habe, dass das Wirtschaftsgebaren der Kartelle nicht den wirtschaftspolitischen Zielen der Militärregierung zuwiderlaufen konnte«.[9]

In Potsdam zogen die Repräsentanten der Antihitlerkoalition Bilanz über das Ergebnis ihrer Kriegsziele und trafen Vereinbarungen über die ersten Nachkriegsmaßnahmen. Für die Konzipierung einer gemeinsamen künftigen deutschen Friedensordnung waren im Sommer 1945 keine Voraussetzungen vorhanden. Die Unterschiede in den sozialen Positionen, den politischen Auffassungen und den Interessen der drei Verhandlungspartner waren unübersehbar. Kielmannsegg beschreibt, dass in Potsdam gerade der Punkt erreicht war, »an dem die Illusion einer Einigung noch möglich war, wirkliche Einigung schon nicht mehr«. Die in ihren Gesellschaftssystemen so unterschiedlichen Alliierten konnten »zwar einen Krieg gemeinsam führen und gewinnen, nicht aber einen europäischen Frieden gemeinsam gestalten«.[10]

Rolf Badstübner geht von einem einheitlichen Deutschlandprojekt der Hauptmächte der Antihitlerkoalition aus und deutet »die Besatzungsherrschaft (vor allem in den ersten beiden Jahren) als eine Transformationsperiode der Gesellschaftsgeschichte«.[11] Die Vorgaben der Alliierten in den Entscheidungen der Potsdamer Konferenz

– Demilitarisierung, Denazifizierung, Demonopolisierung, Demontagen, Demokratisierung und Umerziehung – zielten bekanntlich vorrangig auf die Beseitigung der nazistischen und militaristischen Elemente unter der Hoheit der Besatzungsmächte in Deutschland. Damit waren zweifellos gravierende Änderungen gegenüber der Naziherrschaft vorgesehen. Aber war das schon ein Deutschlandprojekt? War damit auch nur annähernd vorgezeichnet, welche Sozialstruktur, welches politische System in Deutschland in Nachfolge der Entnazifizierung und Entmilitarisierung entstehen würde? Es war wohl eher eine Art Anschlussbilanz der Kriegsziele als das Projekt einer künftigen Friedensordnung. Der Kompromisscharakter vieler Entscheidungen von Potsdam, die ausdrückliche Beschränkung der Vereinbarung über Deutschland auf eine »Anfangsperiode der Kontrolle« und die Tatsache, dass eine Friedensvertragsformel nicht zu vereinbaren war, lassen ernsthaft zweifeln an einem »gemeinsamen Deutschlandprojekt« der Alliierten. Zu viele grundsätzliche Fragen dazu, wie ein anderes Deutschland zu gestalten sein würde, blieben offen. Wie die Praxis nach Potsdam zeigte, interpretierten die Besatzungsmächte in jeweils ihrer Zone – ausgehend von eigenen politischen und sozialen Traditionen – die Ergebnisse der getroffenen Vereinbarungen in sehr unterschiedlicher Weise.

Badstübner stützt sich bei seiner Beurteilung der ersten Nachkriegsjahre vor allem darauf, dass der Jurist und Politologe Franz Neumann und andere Intellektuelle und Politiker in den USA und in Großbritannien radikale Forderungen für eine grundlegende Veränderung der ökonomischen Struktur in Deutschland und die Brechung der Macht der Monopolwirtschaft erhoben hatten. Auch in den Studien der R&A-Branch, die von Neumann und anderen Emigranten beeinflusst waren, sind derartige Überlegungen nachzulesen. In manchen späteren Veröffentlichungen wird dabei auch von einer »dritten Richtung« (*nicht von einem dritten Weg – H. G.*) amerikanischer Deutschlandpolitik gesprochen.[12]

Analytiker der R&A-Studien stellen inzwischen jedoch dazu fest, dass diese »dritte Richtung« zwar bis zum Sommer 1944 erkennbar, in Planungsstäben »die vielleicht sogar vorherrschende« war, nie aber die Ebene der »Großen Drei« erreichte.[13] Die Praxis in den deutschen Nachkriegszonen wurde aber nicht von den Urhebern der von Badstübner angeführten Überlegungen, sondern von den Militärregierungen bestimmt. Diese folgten in den westlichen Zonen erkennbar anderen Vorgaben. Die Hoffnung der Intellektuellen um Franz Neumann, dass die amerikanische Militärregierung »die Entfaltung der von der R&A-Branch geforderten ›sozialen Revolution‹ wohlwollend unterstützen würde«, war – wie Petra Marquardt-Bigmann im Ergebnis ihrer vorurteilslosen Analyse nachwies – »kaum realistisch«.[14]

Die Argumentationslinie Badstübners läuft (unter Berufung auf Abelshauser)[15] letztlich darauf hinaus, dass bis Anfang 1947 »in einer gesellschaftsgeschichtlichen Transformationsperiode nach Zonen und Ländern gegliederte Übergangsgesellschaften mit gesellschaftspolitischen Ordnungsprofilen, die auf die eine oder die andere Weise mit ›3. Wege‹-Orientierungen und ebensolchen Entwicklungsmöglichkeiten verbunden waren oder schienen«.[16] Diese Hypothese ist m. E. schon im Ansatz fragwürdig. Auch der tatsächliche Fortgang der Ereignisse beweist, dass dieser Auffassung Badstübners begründet widersprochen werden kann. Während der kurzzeitigen Zusammenarbeit der Besatzungsmächte im Alliierten Kontrollrat bei der Umsetzung von Vorgaben des Potsdamer Protokolls war in der sowjetischen und in den westlichen Besatzungszonen jeweils eine sehr unterschiedliche Saat gelegt worden. Deren erkennbare Keime ließen bald erkennen, dass sehr verschiedenartige Früchte daraus erwachsen werden.

Es kann nicht übersehen werden, dass sich bereits in der Zeit, als die »Großen Drei« in Potsdam konferierten, im westlichen Lager konservative Gegenströmungen herausbildeten. Frühe antikommunistische Aversionen sind inzwischen publiziert. Der einflussreiche – 1944/45 als Gesandter an der US-Botschaft in Moskau tätige – George Kennan berichtete 35 Jahre später in seinen Memoiren über ein Dokument aus seiner Feder vom Sommer 1945. »Die Idee, Deutschland gemeinsam mit den Russen regieren zu wollen, ist ein Wahn. […] Wir haben keine andere Wahl, als unseren Teil Deutschland – den Teil, für den wir und die Briten Verantwortung übernommen haben – zu einer Form der Unabhängigkeit zu führen, die so befriedigend, so gesichert, so überlegen ist, dass der Osten sie nicht gefährden kann. […] Besser ein zerstückeltes Deutschland, von dem wenigstens der westliche Teil Deutschlands als Prellbock für die Kräfte des Totalitarismus wirkt als ein geeintes Deutschland, das diese Kräfte wieder bis an die Nordsee vorlässt.«[17]

Wer die Dokumente unvoreingenommen studiert, wird feststellen, dass auch britische Militärs und Politiker bereits unmittelbar nach Kriegsende eine grundlegende Vertiefung der deutschen Teilung einkalkulierten. Der britische Feldmarschall Montgomery hatte schon im Juni 1945 den Gedanken entwickelt, »falls es Schwierigkeiten bei der Zusammenarbeit mit den Sowjets geben werde, ›central administrations […] for the WEST of GERMANY‹ zu bilden, ›controlled by Anglo-American-French Commission‹.«[18]

Den entscheidenden Einfluss auf die deutsche Teilung und die daraus resultierende vier Jahrzehnte währende Zweistaatlichkeit hatte die Interessenkollision der Westmächte mit der Sowjetunion – jener Ost-West-Konflikt, der über Jahrzehnte als Kalter Krieg ausgetragen wurde. Ursache dieses Konfliktes waren keinesfalls Partikularinteressen der einzelnen Mächte in Deutschland oder Europa. Es handelte sich um den tiefgreifenden Konflikt zwischen Kapitalismus und Sozialismus, zwischen bürgerlicher und sozialistischer Gesellschaftsgestaltung, zwischen recht unterschiedlichen Wert-, Freiheits- und Demokratievorstellungen. Die Auseinandersetzung der Systeme, die sich seit der Gründung der Sowjetunion herausgebildet hatte, nahm nunmehr globale Dimension an.

Zwei Sozialdemokraten berichten – ein bisher unveröffentlichtes Zeitzeugendokument

Die Leser von heute sind zumeist über die realen Verhältnisse der ersten Nachkriegsmonate – wenn überhaupt – meist nur fragmentarisch informiert. Hier soll nicht – wie oft anderenorts – mit einer Zitatenauswahl operiert werden. Einen Einblick in die frühen Unterschiede bei der Umsetzung der Potsdamer Vereinbarungen soll durch einen bisher nicht veröffentlichten Bericht respektabler Zeitzeugen, der sich in meinem Besitz befindet, vermittelt werden.

Im November 1946 unternahmen zwei Antifaschisten, die Sozialdemokraten Otto Grotewohl und Gustav Dahrendorf aus Berlin, eine Reise in die britische und in die amerikanische Zone. Beide waren erfahrene Politiker. Seit dem April 1945 hatten sie aktiv mitgestaltend erlebt, wie spürbar sich die politischen Verhältnisse in Berlin und in der sowjetischen Zone verändert hatten.

Schon wenige Tage nach Beendigung der Kampfhandlungen hatte der Magistrat von Groß-Berlin unter Oberbürgermeister Dr. Arthur Werner seine Tätigkeit aufgenommen. Anfang Juni erfolgte die Zulassung von Parteien und Gewerkschaften in der sowjetischen Besatzungszone. Zwei Wochen danach konstituierte sich die Sozialdemokratische Partei. Sie wählte Otto Grotewohl zum Vorsitzenden ihres Zentralausschusses. Seit Juli wirkten Landes- und Provinzialverwaltungen. Das Berufsbeamtentum wurde abgeschafft. Antifaschistische Frauen und Männer waren an den Schaltstellen der Verwaltungen eingesetzt. Im September hatte mit der Bodenreform der Prozess der Umwälzung der gesellschaftlichen und wirtschaftlichen Strukturen begonnen.

Der Sommer und der Herbst nach dem Krieg waren schwer. Es fehlte an allem. Viele Familien betrauerten im Krieg gebliebene Verwandte. Andere waren in Sorge ob ihrer in Gefangenschaft geratenen Männer, Väter und Söhne. Aber unverkennbar erwuchs Neues aus den Ruinen. Die Zeichen der Zeit standen auf Neuanfang, auch auf Umbruch. Dies sei hier vorausgeschickt, um den unmittelbaren Erfahrungshorizont zu skizzieren, mit dem Grotewohl und Dahrendorf die Einschätzungen im – von Dahrendorf verfassten – Reisebericht vornahmen.

Im Ergebnis ihrer Recherchen stellten beide in den besuchten Orten der Westzonen eine »auffällige politische Lethargie« fest.[19] Sie berichten weiter dazu: »Die Inaktivität ist zum guten Teil ein Ergebnis des sonderbaren Versuchs, das öffentliche Leben ›von unten her‹ und ganz allmählich zu entwickeln. Das ist zugleich auch ein Ergebnis der völlig planlosen und noch tief in den Anfängen steckenden Ankurbelung der Wirtschaft. Nicht zuletzt ist sie aber auf die Finanz- und Währungspolitik zurückzuführen, die in der amerikanischen und in der englischen Zone für richtig gehalten wird.

Diese drei Komplexe stehen mit anderen Erscheinungen, die übereinstimmend für die amerikanische und die britische Zone gelten, absolut im Banne der Tatsache, dass in den westlichen Zonen Deutschlands durch die Besetzung eine revolutionäre Umwälzung von Gesellschaft und Wirtschaft völlig verhindert ist, während sie in der östlichen Zone ohne die äußeren Attribute einer sozialen und politischen Revolution, nur zum Teil verhindert aber verdeckt vor sich geht.

Wenn General Eisenhower in seinem Monatsbericht vom Oktober 1945 die politische Indifferenz des deutschen Volkes darauf zurückführt, dass es keine Zeit für die politische Betätigung habe wegen seiner Bemühungen, das Leben zu fristen, dann ist das durch die Beobachtungen und Besprechungen während der Reise in der amerikanischen und britischen Zone nur in einem geringen Ausmaß bestätigt worden.

Die vorstehend angedeuteten Gründe für die Indifferenz der Deutschen bedürfen einer näheren Erläuterung.

1.) Der Versuch der Demokratisierung ›von unten her‹ führt naturgemäß zunächst zu starken Zersplitterungen. Wie man erfährt, sind in der USA-Zone bisher 14 Parteien angemeldet worden, womit noch nichts darüber ausgesagt ist, ob sie auch zugelassen werden […]

2.) Die mangelnde Anteilnahme wird verstärkt durch die besondere Form der Presse, die die Militärregierung für die Demokratisierung Deutschlands für zweckmäßig und erforderlich hält […]

3.) Die Ankurbelung der Wirtschaft ist mit eine der grundlegenden Ursachen für die mangelnde Anteilnahme der Bevölkerung am öffentlichen Leben. Die wirtschaftliche Entwicklung in der USA-Zone ist nach übereinstimmendem Urteil weit zurück, besonders im Vergleich mit der russischen Zone […]

4.) Die Finanz- und Währungspolitik in der amerikanischen Zone (genau so liegt es in der englischen Zone) leistet der Aufrechterhaltung der Indifferenz der Bevölkerung und der mangelnden Einsicht in den Umfang der deutschen Totalkatastrophe wesentlich Vorschub […]

5.) Die Tatsache der begrenzten und teilweise unbegrenzten Verfügungsgewalt über alte Konten, der Aufrechterhaltung von Pensions- und Rentenzahlungen ohne Neuschöpfung von Mitteln musste einerseits dazu führen, dass die Neigung zur Arbeit und über diesen Weg am öffentlichen Geschehen sich nur ganz unzulänglich entwickelt […]

6.) Auffällig ist, dass auch die Bildung von Gewerkschaften in der amerikanischen Zone noch tief in den Anfängen steckt, und Bemühungen gewerkschaftlich interessierter Deutscher um den Aufbau gewerkschaftlicher Organisationen vielfach aufs stärkste behindert werden […]«

Der zweite Teil dieses Berichtes von Grotewohl und Dahrendorf enthält detaillierte Feststellungen über den Aufbau sozialdemokratischer Organisationen in Süd- und Südwestdeutschland. Ihre Analyse endet mit der Aussage: »Es ist allerdings kein Zweifel darüber möglich, dass vom Genossen Schumacher, Hannover, her Einflüsse erfolgen, die gegen den Zentralausschuss wirken sollen. So ist bekannt geworden, dass Schumacher eine Anfrage nach Süddeutschland wegen der ihm bekannt gewordenen Reise von Grotewohl und Dahrendorf gerichtet hat, die nicht etwa in dem Stil einer herzlichen Begrüßung, sondern vielmehr einer misstrauischen Kontrolle nach Zweck und Sinn der Reise gekleidet war.«[20]

Hoffnungen der Nachkriegszeit – oder: Eine Revolution wird nicht zugelassen

Aktuelle Darstellungen der ersten Nachkriegsjahre vermitteln nicht selten das Bild eines von Anbeginn mehrheitsfähigen Siegeszuges der kapitalistischen Marktwirtschaft. Verdrängt wird dabei die Tatsache, dass in der Bevölkerung und der Mehrheit der sich nunmehr formierenden politischen Kräfte in Ost und West die Auffassung vorherrschte, Aufstieg und Niederlage des deutschen Faschismus hätten den Beweis dafür erbracht, welche Gefahren vom kapitalistischen System ausgehen. Immer mehr griff die Einsicht Raum, dass die deutschen Banken, die Herren der deutschen Großindustrie am Krieg, an der Ausplünderung anderer Völker und an der Ausbeutung deutscher und ausländischer Arbeiter skrupellos verdient hatten. Die Konsequenz daraus war der Ruf nach Enteignung der Konzerne und des Eigentums der Kriegsverdiener – letztlich ein Systemwechsel zum Sozialismus. Das gehörte zu den elementarsten, populärsten und verbreiteten Losungen zwischen Köln und Frankfurt an der Oder.

Professor Theo Pirker urteilte in seiner 1977 veröffentlichten Analyse »Die verordnete Demokratie«: »Der Sozialismus der Einheitsgewerkschaft schien den Massen der Arbeitnehmer in Westdeutschland kein parteipolitisches Anliegen zu sein – er war allgemeiner Grundsatz und Wille.«[21] Zu den Tatsachen, auf die sich Pirker mit dieser Aussage stützt, gehört auch der Generalstreik in den Westzonen im November 1948. Dieser war mit mehr als neun Millionen Beteiligten der größte Streik in der deutschen Geschichte seit dem Kapp-Putsch 1920. Zu den Forderungen der Streikenden gehörte die Überführung der Grundstoffindustrie in Gemeineigentum sowie die Demokratisierung und Planung der Wirtschaft.

Seit mehr als einem halben Jahrhundert gehört zu den Ritualen der bundesdeutschen Politik, des »Arbeiteraufstandes« in der DDR am 17. Juni 1953 zu gedenken. Daran waren, wie die bundesdeutschen Historiker berechneten[22], zwischen 6 bis 10 Prozent der Beschäftigten – also eine Zahl von etwa einer Million Menschen – beteiligt. Ist es nicht ein Beispiel von Einäugigkeit der Geschichtsdarstellung, wenn das Ereignis in der DDR in den Rang eines Staatsfeiertags erhoben wird, während der Generalstreik im Westen 1948 weitgehend totgeschwiegen wird? Wo sind die Bilder jener Panzer, die US-General Clay 1948 in Stuttgart auffahren ließ, um Streikende einzuschüchtern? Gibt es wirklich keine Bilder von den

Tränengasattacken, denen sich damals westdeutsche Arbeiter erwehren mussten? Derartige Ereignisse gehören nach wie vor zu den weitgehend verdrängten Komplexen der Geschichte der Bundesrepublik Deutschland. Stattdessen und ausschließlich sind seit Jahren im Fernsehen in Endlosschleife die sowjetischen Panzer zu sehen, die am 17. Juni 1953 in Berlin rollten.

Forderungen nach einer demokratischen, nicht von Kapitalinteressen geprägten Wirtschaftsordnung wurden nach Kriegsende nicht nur von Kommunisten, sondern ebenso von Sozialdemokraten und auch von bürgerlichen Kräften in der CDU erhoben. Die Bodenreform in der sowjetischen Besatzungszone, der Volksentscheid am 30. Juni 1946 in Sachsen und die Überführung des Eigentums der Kriegs- und Naziverbrecher in die Hände des Volkes wurden von demokratischen Kräften in den Westzonen als Beispiel genommen.

Für die SPD hatte Kurt Schumacher – ein erbitterter Gegner der Kommunisten – am 27. Oktober 1945 gefordert: »Auf der Tagesordnung steht heute als der entscheidende Punkt die Abschaffung der kapitalistischen Ausbeutung und die Überführung der Produktionsmittel aus der Hand der großen Besitzenden in gesellschaftliches Eigentum, die Lenkung der gesamten Wirtschaft nicht nach Profitinteressen, sondern nach den Grundsätzen volkswirtschaftlich notwendiger Planung.«[23] Im Mai 1946 hatte die SPD den Sozialismus zur Tagesaufgabe erklärt.[24]

1946 stand auf einem Plakat der Sozialdemokraten: SPD heiße **S**ozialismus, **P**lanwirtschaft und **D**emokratie. Dazu bemerkte man: »In diesem Dreiklang ist das Programm, sind die Forderungen der SPD, der Sozialdemokratischen Partei Deutschland zusammengefasst. Unter den neu- oder wiedererstehenden Parteien ist die SPD die einzige, die mit ihrem alten Namen auch ihre Grundforderungen für eine vernunftgemäße Ordnung der zusammengebrochenen Gesellschafts- und Wirtschaftsverfassung wieder aufnehmen konnte.«[25] (*s. Anlage 3*) Heute fragt kaum jemand danach, was aus derartigen Erklärungen geworden ist. Die »Tagesaufgabe« war bald schnell vergessen, über Bord geworfen. Wenn sozialdemokratische Repräsentanten unserer Tage im Chor mit dem deutschen Bürgertum in wiederholten Erklärungen den Sozialismus und die Planwirtschaft in der DDR wie Teufelszeug verketzern, ist zu fragen, wie sie zu der politischen Forderung ihrer Partei von 1946 stehen.

In der CDU entwickelte sich 1945/46 in der Ostzone wie in den Westzonen eine starke Bewegung für einen »christlichen Sozialismus«. Zu den engagiertesten Vertretern dieser Richtung gehörte Jakob Kaiser. Aus seinen Erfahrungen der christlichen Gewerkschaftsbewegung in der Weimarer Republik und im Widerstand gegen Hitler entwickelte er seine gesellschaftspolitische Position. Im Februar 1946 erklärte er: »Die Ordnung aber, der die bürgerliche Ordnung nunmehr Platz zu machen hat, wird eine sozialistische Ordnung sein müssen. […] Was die Wirtschafts- und Sozialordnung des christlichen Sozialismus angeht, so will er im Gegensatz zur kapitalistischen Wirtschaft einzig und allein dem Menschen untergeordnet sein müssen.«[26] Bezeichnend für die politische Atmosphäre zu jener Zeit ist eine Erfahrung, die auch der junge Helmut Kohl machte. Er berichtet in seinen Memoiren, als er sich als Student in den Semesterferien in der BASF in Ludwigshafen etwas dazuverdiente, »galten Arbeiter gemeinhin als Kommunisten«.[27]

Allerdings gab es damals in Kohls politischer Heimat, der CDU, zwei ausgeprägte Richtungen, einen Arbeitnehmerflügel mit der Idee eines christlichen Sozialismus und den bürgerlich-konservativen Flügel, der das kapitalistische System erhalten und stärken wollte. Noch im Frühjahr 1947 war der Arbeitnehmerflügel der CDU so stark, dass in dem berühmt gewordenen Ahlener Programm der CDU folgende Grundsätze aufgenommen wurden: »Das kapitalistische Wirtschaftsystem ist den staatlichen und sozialen Lebensinteressen des deutschen Volkes nicht gerecht geworden. Nach dem furchtbaren politischen und sozialen Zusammenbruch als Folge der verbrecherischen Machtpolitik kann nur eine Neuordnung von Grund auf erfolgen. Inhalt und Ziel dieser sozialen und wirtschaftlichen Neuordnung kann nicht mehr kapitalistisches Gewinn- und Machtstreben, sondern nur das Wohlergehen unseres Volkes sein.«[28] Mit Losungen aus diesem Ahlener Programm gewann die CDU zwar die Landtagswahlen 1947 in Nordrhein-Westfalen. Die konservativen Kräfte um Adenauer hatten sich jedoch nie mit den Ideen eines christlichen Sozialismus identifiziert. Das Ahlener Programm blieb nicht mehr als eine systemfremde Episode in der Geschichte der CDU.

Auch wenn die Sozialismus-Vorstellungen der proletarischen, der bürgerlich-christlichen, auch manch gewerkschaftlicher Gruppen in Nuancen verschieden waren – die Grundstimmung zur Enteignung von Banken und Großkapital war weit verbreitet, das kapitalistische System in Deutschland durch Faschismus und Krieg diskreditiert. Kein weiter so, sondern ein Neubeginn wurde erwartet, auch prononciert gefordert. Antikapitalistische Ideen fanden auch in den Nachbarländern Deutschlands, in Frankreich und Italien zunehmend Anhänger. Es war symptomatisch, dass Albert Einstein in jener Zeit seinen Aufsatz »Warum Sozialismus?« veröffentlichte. Darin offenbarte er seine Überzeugung, »dass es nur einen Weg gibt, dieses Übel ›der Oligarchie des großen Kapitals‹ loszuwerden, nämlich den, ein sozialistisches Wirtschaftssystem zu etablieren, begleitet von einem Bildungssystem, das sich an sozialistischen Zielsetzungen orientiert, in einer solchen Wirtschaft gehören die Produktionsmittel der Gesellschaft selbst und ihr Gebrauch wird geplant.«[29]

Gegen Ende des Jahres 1946 standen die Länder der westlichen Besatzungszonen vor der Aufgabe, Landesverfassungen zu erarbeiten und zu verabschieden. Das Staatsverständnis dieser Nachkriegsverfassungen entsprach den zumeist bürgerlichen Traditionen der an ihrer Ausarbeitung beteiligten Rechtsgelehrten. Sie kollidierten im Allgemeinen nicht mit den Intentionen der Militärverwaltungen der Besatzungsmächte, denen die Entwürfe zur Genehmigung vorzulegen waren. Die Verfassungsentwürfe der Länder in der amerikanischen Zone wurden mehrfach geprüft. Das geschah im Amt der Militärverwaltung in Deutschland (Office of Military Government, United States [OMGUS]), in Washington im Office of Research des State Department (ORI – der seit Januar 1946 umbenannten R&A-Branch) und im War Department.[30] Dort wurde vor allem geprüft, ob diese Landesverfassungen »mit den erklärten Grundsätzen und Zielen alliierter bzw. amerikanischer Politik« vereinbar waren.[31] So recht zufrieden war man dort mit den Entwürfen nicht. Letztlich passierten diese nach verschiedenen Korrekturen die Kontrolle.

Es gab jedoch eine Ausnahme. Das war der Entwurf der Verfassung des Landes Hessen.

Im hessischen Landtag stellte die von August Zinn geführte SPD die stärkste Fraktion. Zusammen mit der KPD ergab sich eine Mehrheit im Landtag. Der Verfassungsentwurf, den der Landtag Hessen der amerikanischen Militärregierung in Frankfurt am Main im Herbst 1946 vorlegte, trug die Handschrift von August Zinn und des sozialdemokratischen Historikers Ludwig Bergsträßer. Anstoß fand dort vor allem der Artikel 41. Er lautete: »Mit Inkrafttreten dieser Verfassung werden

1. In Gemeineigentum überführt: der Bergbau (Kohle, Kali, Erze), die Betriebe der Eisen- und Stahlerzeugung, die Betriebe der Energiewirtschaft und das an Schienen und Oberleitungen gebundene Verkehrswesen.

2. Vom Staate beaufsichtigt oder verwaltet: die Großbanken und Versicherungsunternehmen und diejenigen in Ziffer 1 nicht genannten Betriebe, deren Sitz nicht in Hessen liegt.«[32]

Diese vorgeschlagene Verfassungsnorm entsprach zwar den Interessen und Forderungen großer Kreise der hessischen Bevölkerung. Sie verstieß auch in keiner Weise gegen eine Rechtsvorschrift aus dem Potsdamer Abkommen oder gegen Beschlüsse des damals noch tätigen Alliierten Kontrollrates. Sie stießen trotzdem auf heftigen Widerstand der US-Militäradministration unter General Lucius D. Clay. Nicht nur der Artikel 41 war Clay suspekt. Auch der nachfolgende Artikel 42, der Gesetze ankündigte, nach denen der »Grundbesitz, der nach geschichtlicher Erfahrung die Gefahr politischen Missbrauchs oder die Begünstigung militaristischer Bestrebungen in sich birgt, im Rahmen einer Bodenreform einzuziehen«[33] ist, stieß auf amerikanische Bedenken. Vor allem aber sollte die als Sofortmaßnahmen angekündigte Überführung der Industriebetriebe in Gemeineigentum und die staatliche Beaufsichtigung der Banken verhindert werden.

Da die hessischen Parlamentarier dem Ersuchen der Militärbehörde, die definitiven Regelungen in eine »Kann-Bestimmung« umzuwandeln, nicht folgen mochten, wurde angeordnet, bei der Volksabstimmung am 1. Dezember 1946 über die Verfassung gesondert über den Artikel 41 abstimmen zu lassen. Das Ergebnis: 71,9 Prozent der an der Abstimmung teilnehmenden Hessen votierten für den Artikel 41! Das Votum der Bevölkerungsmehrheit kam nicht überraschend. Es entsprach einer linksorientierten demokratischen Grundstimmung in der Nachkriegszeit, die in heutiger Geschichtsdarstellung zumeist verschwiegen oder gar geleugnet wird. Die durch Volksentscheid bestätigte Verfassung des Landes Hessen wurde am 11. Dezember 1946 rechtsgültig und ordnungsgemäß in die Gesetzessammlung des Landes aufgenommen. Die Anwendung des Artikels 41 wurde jedoch auf Befehl von General Clay – der als ein kompromissloser Vertreter kapitalistischen Unternehmertums bekannt war – verboten.[34] Auch die angekündigte Bodenreform fand nicht statt. Die hessische Verfassung war mit ihrem Artikel 41 dem heiligen Gral des bürgerlichen Eigentums zu nahe gekommen. Damit war eine Trennlinie überschritten, die in der bürgerlichen Gesellschaft als unantastbar gilt und folglich mit allen Mitteln verteidigt wird.

Die Gefahr, die Clay und auch die Vertreter des westdeutschen Kapitals im Artikel 41 der hessischen Verfassung erkannten, war wohl nicht die Gefahr eines »Dritten Weges in Richtung einer solidarischen Gesellschaft«[35], wie Rolf Badstübner meinte. Das stellte der Historiker Rolf Steininger schon vor Jahrzehnten in Abrede. Er bestätigte die Auffassung, alle Versuche in dieser Richtung »blieben Episode; sie scheiterten von vornherein an den Besatzungsmächten, die teils durch direkte Verbote eingriffen, teils durch die Bewahrung der Struktur der Betriebe und der Verwaltung und die Forcierung von Parteipolitik Grunddaten schufen, an denen der Aufbau der Arbeiterbewegung nicht vorbeikonnte. Für den Neuaufbau nach 1945 galt nun einmal die Rahmenbedingung [...] ›Revolution wird nicht geduldet‹.«[36]

Clay und seine Klientel machten sich nachweislich keine Gedanken über einen »Dritten Weg«. Sie sahen eher die Gefahr, dass in ihrem Hoheitsgebiet die kapitalistische Wirtschaftsordnung und damit die Grundlage der bürgerlichen Gesellschaft in Frage gestellt würden. Das Verbot der Anwendung des Enteignungsartikels der hessischen Verfassung vom 11. Dezember 1946 war durch keine Rechtsnorm begründet. Es entsprang auch nicht einer Laune eines Generals. Sein ausgeprägtes bourgeoises Klassenbewusstsein gebot Clay, sozialistisches Gedankengut und einen Dammbruch der kapitalistischen Wirtschaftsordnung zu verhindern.

Die Systemfrage Kapitalismus oder Sozialismus gewann 1946/47 in den Strategien der Großmächte eine unerwartete Bedeutung. Welche Gesellschafts- und Wirtschaftsordnung würde sich, von anderen Mächten unbeeinflusst, in einem künftig neutralen Deutschland herausbilden? In seiner Analyse der damaligen Situation stellte Peter Graf Kielmannsegg fest: »Ein irgendwie neutralisiertes Deutschland konnte in Abhängigkeit von der Sowjetunion geraten, sich sogar freiwillig der Sowjetunion zuwenden. Tatsächlich war die Sorge, die Sowjetunion könne auf gesamtdeutscher Bühne – etwa durch eine dominierende KPD – entscheidende Vorteile gewinnen, erstaunlich groß. In den Akten taucht sie immer wieder auf.«[37]

Forderungen nach Enteignung der großkapitalistischen Nazi- und Kriegsverbrecher und die Überführung ihrer Unternehmen in gesamtstaatliches Eigentum, für eine Bodenreform und eine geplante Wirtschaftslenkung waren 1946/47 – wenn auch territorial unterschiedlich ausgeprägt – von den Küsten bis zu den Alpen, von der Oder bis zum Rhein festzustellen. Eine Alternative zur bürgerlich-kapitalistischen Macht in Deutschland deutete sich an. Dem sollte, musste aus der Sicht der bürgerlichen Kräfte etwas entgegengesetzt werden. Deshalb stellten sich die Militärkommandeure der

Westmächte rigoros und kompromisslos gegen jeden »Sozialisierungsversuch«, unabhängig davon, ob das als politische Forderung vorgetragen wurde oder wie in Hessen Bestandteil des durch Volksabstimmung legitimierten Verfassungsrechtes war.

Die Zähmung der Gewerkschaften – oder: Immer, wenn Jay Loveston kam

Ungleich stärker und schneller als die Ausprägung von Parteien vollzog sich in den Westzonen die Gewerkschaftsentwicklung. Die früheren von den Nazis verbotenen und verfolgten Gewerkschaften versuchten bald nach dem Kriegsende wieder Fuß zu fassen. Sie verfolgten ein Konzept der Einheitsgewerkschaft, »die als einzige straff zentralisierte Organisation sämtliche Arbeitnehmer – Arbeiter, Angestellte und Beamte – umfassen sollte«.[38] Das aber passte in keiner Weise in das Konzept der westlichen Besatzungsmächte. Deren Reaktion: Sowohl die amerikanische wie die britische Militärregierung verboten in den ersten Nachkriegsmonaten gewerkschaftliche Tätigkeit, besonders die Bildung gewerkschaftlicher Zentren. Die mögliche Herausbildung wirkungsvoller Gewerkschaftszentralen war nicht systemkonform und sollte unbedingt verhindert werden. Die Orientierung der westlichen Besatzungsorgane zielte deshalb auf eine dezentrale Gewerkschaftsentwicklung von unten. Damit hoffte man, einem kommunistischen Einfluss auf die Gewerkschaften einen Riegel vorzuschieben.

Der Amerikaner Harold Zink stellte 1957 im Ergebnis einer Analyse fest: Ein Teil des Zögerns (der amerikanischen Besatzungsbehörde) im Zusammenhang mit den Arbeiterorganisationen rührte zweifellos von der Sorge her, die sich in den zuständigen Abteilungen der Militärregierung zeigte, »dass die Kommunisten einen Vorteil aus der Situation ziehen könnten«.[39] Der britische Oberbefehlshaber Marschall Montgomery dazu in seinen Memoiren: »Wären wir zu schnell vorgegangen, so hätte die Gefahr bestanden, dass die Gewerkschaften in falsche Hände gerieten und daraus Schwierigkeiten entstanden.« Bei dieser Lagebeurteilung ging der erfahrene Marschall vor allem von der Tatsache aus, dass »in allen von Westalliierten besetzten Gebieten sich kommunistische Zellen gebildet hatten«.[40] Erst im September 1945 wurde in den Westzonen die Bildung von Gewerkschaften – allerdings nur auf lokaler Ebene und mit erstaunlichen Vorbehalten – zugelassen.[41]

Dem Prinzip der Einheitsgewerkschaft setzten die westlichen Militärregierungen – offensichtlich bedingt durch Erfahrungen aus dem eigenem Land – das Modell von Industriegewerkschaften entgegen. Das fand nicht die gewünschte Zustimmung. Um einen Umschwung zu erreichen, wurde noch im letzten Quartal 1945 eine Gruppe englischer Gewerkschafter des Trade Union Council (T.U.C.) nach Deutschland geholt, damit diese die Gewerkschaftsführer in der britischen Zone so bearbeiten, dass eine Lösung zugunsten von Teilgewerkschaften erreicht wurde. Anfangs wurde den Abgesandten von der britischen Insel heftig widersprochen und das Konzept einer Einheitsgewerkschaft verteidigt. Am 7. Dezember 1945 hatten sich die Briten durchgesetzt. Die Deutschen waren eingeknickt. Der Gewerkschaftskongress in Bielefeld vom August 1946 besiegelte die Niederlage der Einheitsgewerkschaftsidee. Welche Argumente oder welche anderen Stimulanzien zum Überzeugungswechsel dabei eine Rolle spielten, ist nicht dokumentiert.

Mit der Entscheidung gegen eine Einheitsgewerkschaft hatten die Kräfte des Kapitals einen historischen Sieg errungen. Damit war es ihnen gelungen, ein möglichest starkes Zentrum der Arbeiterbewegung im Westen zu verhindern. Divide et impera, teile und herrsche, der alte Grundsatz der Besitzenden – nunmehr ausgeübt durch Einfluss der Besatzungsmacht – trug wesentlich zur Stärkung der Position des westdeutschen Bürgertums in den künftigen politischen, wirtschaftlichen und sozialen Auseinandersetzungen mit der Arbeiterschaft bei. Zugleich waren damit wichtige Voraussetzungen für eine Übernahme von Strukturen und Verfahrensweisen aus England und Amerika und damit ein Gegenpol zu guten deutschen Gewerkschaftstraditionen geschaffen. Widerstand dagegen wurde erstickt. Die Gewerkschaftsführung scheute aber – wie Eberhard Schmidt 1975 in einer Gewerkschaftspublikation anmerkte – eine »Kraftprobe, da sie einmal befürchten musste, dass die Alliierten, wie sie es mehrfach angeordnet hatten, beim Aufflammen radikaler Massenbewegungen und politischer Unruhen mit militärischen Mitteln eingreifen oder die lebensnotwendigen Nahrungsmittellieferungen reduzieren würden«.[43]

Erwartungsgemäß lenkten auch die westlichen Geheimdienste früh ihre Blicke auf die westdeutsche Gewerkschaftsbewegung. In einer Untersuchung amerikanischer Dienste ist zu lesen, dass der Verdacht, dass die R&A-Branch des US-Geheimdienstes OSS der Entwicklung von westdeutschen Gewerkschaften und der Sozialdemokratie besondere Aufmerksamkeit widmete, berechtigt sei. Dabei arbeite man eng mit dem War Department, dem Kriegsministerium, zusammen.[44] Das von Allan Dulles geleitete OSS-Büro in Europa hatte sich schon vor Ende des Krieges darauf vorbereitet, Personen zu finden und zu formen, die künftig in Deutschland amerikanischen Interessen dienen könnten. Im Rahmen der Aktion »Crown Jewels« (Kronjuwelen) waren dafür geeignete Personen kontaktiert und in der etwa 1.500 Personen umfassenden »Weißen Liste« nach Zielvorstellungen registriert worden. Auf dieser Liste standen u. a. der Berater von Dulles, Dr. Wilhelm Hoegner, er wurde bald bayerischer Ministerpräsident; der OSS-Informant Paul Dickopf fand seinen Platz als Polizeiführer; Erich Ollenhauer, der auf dieser Liste vermerkt ist, sollte an die Spitze der SPD und Ludwig Rosenberg in führende Gewerkschaftsposition gebracht werden. Die Liste ließe sich fortsetzen.[45]

Eine Filmdokumentation mit dem Titel »Germany made in USA« gestattete einen Blick hinter die Kulissen des Einflussbereiches der OSS (später CIA) bei der Orientierung und Steuerung der inneren Verhältnisse in den westlichen Besatzungszonen und in der BRD.[46] In der Eingangsaussage in dieser Dokumentation wurde hervorgehoben, die Nachkriegspolitik der USA sei vorrangig von der OSS/CIA über die von ihr beeinflussten US-Gewerkschaftsverbände und *nicht* über das Außenministerium bestimmt und abgestimmt worden.

Zu den Pionieren der CIA-Infiltration in Westeuropa gehörte zweifellos Frank Wiesner, der sich vorher als Wallstreet-Anwalt einen Namen als Vertreter des Großkapitals gemacht hatte. Wiesner übernahm 1947 den Aufbau der Abteilung der CIA für verdeckte psychologische Operationen. Zu seinen engsten Mitarbeitern gehörte Thomas W. Braden. Dieser war für die geheimen Operationen in Deutschland zuständig. Braden, der seine Tätigkeit wohl zu tarnen wusste, nannte sich in Deutschland Warren Henkins. Im eben genannten Filmdokument zeigte er sich nunmehr als ausgesprochene Plaudertasche. Er brüstete sich seiner verdeckten, oft schmutzigen Operationen – auch der Bestechung westdeutscher Politiker – und erklärte ungeniert: »Ich bin froh, dass die CIA unmoralisch war, denn wir hatten ja den Kalten Krieg zu gewinnen.«

An anderer Stelle des Films teilte Braden in der Pose eines großen Gönners mit: »Ich weiß, dass Willy Brandt Geld von der CIA erhalten hat. Und überhaupt war es so: Benötigte ein deutscher Politiker mit demokratischen Absichten Hilfe und Unterstützung gegen die Kommunisten, hat die CIA geholfen.«

Der wohl einflussreichste Mann, den Braden in Deutschland und besonders auf die deutschen Gewerkschaften ansetzte, war der als »Superagent« bezeichnete Jay Loveston. Über ihn liegt seit 1999 eine Studie von Ted Morgan mit dem bezeichnenden Titel »A Covert Life-Communist, Anticommunist and Spymaster« (Ein Untergrundkommunist, Antikommunist und Meisterspion) vor.[47] Loveston, Jahrgang 1897, in Litauen als Jacob Liebstein geboren, hat in seinem Leben oft die Seiten gewechselt. Am Beginn der 20er Jahre war er Kommunist in den USA und arbeitete auch für die Komintern. 1925 nach innerparteilichen Auseinandersetzungen aus der Partei ausgeschlossen, gründete er später eine linke Splittergruppe unter dem Namen Kommunistische Partei (Mehrheitsgruppe). Der Titel täuschte. Dieser »Partei« gehörten nur wenige hundert Leute an. Aus den 40er Jahren sind erste Informationen darüber bekannt, dass Loveston in der Automobilarbeitergewerkschaft daran beteiligt war, Kommunisten aus den Gremien dieser Organisation zu entfernen. Seit spätestens 1943 nahm er eine Spitzenstellung bei der Gestaltung der internationalen Beziehungen der amerikanischen Gewerkschaften ein. Nicht bekannt wurde, seit wann er für den amerikanischen Auslandsgeheimdienst tätig war. Dass er es war, steht außer Zweifel. Ein Hinweis auf seine CIA-Meriten in einem deutschsprachigen Wikipedia-Artikel wurde von »ungenannten Interessenten« gelöscht.

In der Nachkriegszeit tauchte Loveston, begleitet von seinem Atlatus Irving Brown, formell als Vertreter der US-Gewerkschaft American Federation of Labor (AFL) in Westdeutschland auf. Er verfügte, wie es scheint, über unbegrenzte Geldmittel. Das Hauptanliegen der beiden als »Arbeitervertreter« auftretenden Schlapphüte war die Beeinflussung der westdeutschen Gewerkschaften im antikommunistischen Sinne. In der genannten Filmdokumentation wurde der Frage nachgegangen, in welchem Ausmaß die amerikanische Arbeiterbewegung von der CIA benutzt wurde, um Einfluss auf die deutschen Gewerkschaften zu nehmen. Die Antwort von Braden dazu lautete: »In ganz großem Stil. Wir nutzten sie voll und ganz, soweit wir es nur ermöglichen konnten. Die Arbeiterbewegung hatte unter Jay Loveston und Irving Brown ein internationales Komitee für freie Gewerkschaften gegründet. Sie pumpten viel Privatkapital aus Spenden rein und Geld aus den Mitgliedsbeiträgen, um in Westeuropa den Aufbau freier unabhängiger Gewerkschaften zu fördern. Das war der Anfang unseres Einflusses der amerikanischen Arbeiterbewegung in Europa. Und wir, die CIA, wir nutzten die Komitees, die sie errichtet hatten, um unseren Einfluss auszubauen und den Einfluss freier Gewerkschaften voranzutreiben. Und wir stellten dafür reichlich Geld zur Verfügung.«[48]

Loveston organisierte Gewerkschaftskongresse, Ausstellungen, Schulungen, Treffen und was sonst zur Kontaktarbeit gehört.

Loveston und Brown hatten ihre Hände in vielen Bereichen der westdeutschen Politik. Dabei bedienten sie sich eines Netzes europäischer Agenten. Manche von denen hatte Loveston aus Kreisen der Trotzkisten, der Bucharinisten und auch aus der deutschen KPO – einer Abspaltung der KPD in den 20er Jahren – rekrutiert. Mit ihnen pflegte er bereits mit seiner »kommunistischen« Splittergruppe in den USA vor 1933 die Zusammenarbeit.[49] Als das später bekannt wurde, erinnerte sich sicher so mancher der älteren Generation daran, dass bei der Parteiüberprüfung der SED 1950/51 frühere Mitglieder derartiger Gruppierungen nicht selten besonders intensive Befragungen über sich ergehen lassen mussten. Einige aus der früheren KPO – die angesichts ihrer Vita Vertrauen verdienten – wurden vorsorglich aus übertriebener Wachsamkeit aus sensiblen Bereichen in weniger wichtige Funktionen versetzt, was meist nicht verstanden wurde. Erst 50 Jahre danach wurde offenbar, dass der US-Geheimdienst sogenannte frühere Abweichler – die sich in der Arbeiterbewegung auskannten, die Zweifel an der Politik der kommunistischen Parteien erkennen ließen – besonders gern und zielgerichtet für seine Interessen einspannte und nicht selten im Feuer des Kalten Krieges verheizte.

Jay Loveston wurde 1960, in »Würdigung seiner Verdienste«, mit dem Großen Verdienstkreuz der Bundesrepublik Deutschland geehrt. An der Herausbildung dieses Staats- und Gesellschaftssystems hatte er nachhaltigen Anteil. Loveston wurde 93 Jahre alt. Bis zu seinem Lebensende blieb er im inneren Kreis der Spitzenleute der CIA. Als 1983 ein Komplott der CIA gegen den Vermittler des amerikanischen Präsidenten bei Abrüstungsgesprächen mit der UdSSR, Lyndon LaRouche angezettelt wurde[50], war der damals 86-jährige Loveston ebenso dabei wie James J. Angleton, der bekannte Chef der US-Spionageabwehr, und Leo Cherne, der bereits bei den Ungarnereignissen 1956 für die CIA wirkte.[51]

Aber nicht nur Loveston und Brown arbeiteten im Auftrag der CIA. Auch die Repräsentanten des US-Gewerkschaftsverbandes *Congress of Industrial Organizations* (CIO) Victor Reuter und sein Bruder Walter, der die internationale Arbeit dieses Verbandes leitete, waren mit von der Partie. Beide standen in Konkurrenz zu

Loveston und mochten ihn nicht. Victor Reuter bezeichnete ihn als *agent provocateur*. Jeder der beiden Seiten bearbeitete eben ein unterschiedliches Klientel. Reuter hob im genannten Film seine besonders enge Beziehung zu Willy Brandt und zum Westberliner Bürgermeister Ernst Reuter hervor, dem er Zugang zu General Clay verschafft habe.

Natürlich wurde der Einfluss der US-Geheimdienste auf die westdeutsche Gesellschaft nicht allein über die »Gewerkschaftsschiene« organisiert. Es ging im umfassenden Sinne um die Seelen, um beständigen Einfluss auf das Denken, auf die Lebensweise der Bevölkerung. Vielfältige Mittel wurden eingesetzt, damit die Deutschen in Amerika ihr Vorbild sehen sollten. Braden erinnerte: »Wir vergessen gern, Intellektuelle und Künstler, Schriftsteller und Journalisten haben die USA als Land ohne Kultur verachtet und verspottet. Wir hatten keine berühmten Maler, keine großen Künstler. Wir versuchten unser Bestes in der CIA, um mit diesem Vorurteil aufzuräumen. Wir organisierten den *Kongress für kulturelle Freiheit* und schickten das Boston Sinfonieorchester nach Europa.« Organisator des Kongresses für kulturelle Freiheit wurde Melvin J. Lasky. Er gestaltete – ausgerüstet mit Finanzmitteln der CIA – den Kongress für kulturelle Freiheit zum Forum der nichtkommunistischen Linken in Deutschland und in Europa.

In der genannten Filmdokumentation wurden Ziele und Zielgruppen dieser Organisation – die nach dem Prinzip des trojanischen Pferdes wirkte – recht schnörkellos beschrieben. Es war dort zu erfahren: »Ist der ideologische Machtkampf um Deutschlands Nachkriegsintellektuelle erst gewonnen, ist es einfacher, die Neutralitätsgedanken innerhalb der SPD zu diskreditieren.« Für die CIA gehörte dieser Kongress zu den einflussreichsten Instrumenten, um den Kalten Krieg zu gewinnen. Dass zumindest zwei Minister des Adenauerkabinetts, Ernst Lemmer und Jakob Kaiser, zu den Quellen der CIA gehörten, wurde 2007 in einer Publikation des Militärgeschichtlichen Forschungsamtes der Bundesrepublik erhellt.[52]

Selbstverständlich konnte die Saat, die westliche Geheimdienste in Nachkriegsdeutschland legten, nur aufgehen, weil sie – auf welche Weise auch immer –, deutsche Partner fanden. Letztlich folgten diese in Kenntnis oder auch in Unkenntnis des geheimdienstlichen Hintergrundes – ob überzeugt, gebeugt, materiell geködert oder schlicht in den Strudel der Ereignisse geraten – amerikanischen Intentionen. Das Fremde und das Eigene verbanden sich dabei in einer vorrangig antikommunistisch determinierten Symbiose.

Menetekel der Spaltung – oder: Von der Zusammenarbeit zur Eindämmung

Geschichte vollzieht sich mehrdimensional. Schließlich verlaufen historische Prozesse in der Regel auf sehr unterschiedlichen geistigen und materiellen Ebenen, die jeweils eigenen Bewegungsgesetzen folgen. Deshalb werden wesentliche Ereignisse zumeist durch eine nicht selten widersprüchliche Vorgeschichte begleitet. Weitgehend unbestritten ist heute die Erkenntnis, dass die deutsche Nachkriegsgeschichte entscheidend vom Kalten Krieg geprägt wurde. Kielmannsegg bringt das auf die Formel: »Die beiden deutschen Staaten. […] sind Geschöpfe des Kalten Krieges gewesen. Vorentscheidungen freilich, die sich im Rückblick als Weichenstellungen auf die Teilung des besiegten Landes darstellen, sind schon im Krieg gefallen, Entscheidungen, die jene Ausgangslage geschaffen haben, aus denen heraus der Kalte Krieg dann zur Doppelgründung von 1949 führen konnte.«[53]

Der Begriff des Kalten Krieges ist geläufig. Wann aber begann er, wer zettelte ihn an, worin bestand sein Konfliktpotenzial? Darüber wird noch immer gestritten. Als Systemkonfrontation begann der Kalte Krieg unmittelbar nach der russischen Oktoberrevolution. Deutschland, Polen, England, Frankreich, die USA und Japan unterstützten die weißgardistischen Kräfte gegen den jungen Sowjetstaat mit Geld, Waffen und Logistik und schließlich mit Expeditionskorps, die tief in das Land eindrangen. Nach Beendigung der Intervention 1922 folgte über lange Zeit eine Periode der Auseinandersetzung auf politischem, ökonomischem und diplomatischem Gebiet. Erst 1933 nahmen die USA diplomatische Beziehungen mit der UdSSR auf. Bis dahin hatte Amerika die 1917 gestürzte Regierung unter Kerenski als »rechtmäßige Regierung« Russlands betrachtet.

In Folge dessen hatte sich vor dem Zweiten Weltkrieg zwischen den kapitalistischen Hauptmächten und der UdSSR eine bipolare Konfliktstruktur herausgebildet. Erfordernisse und Bedingungen der Antihitlerkoalition während des Zweiten Weltkriegs überlagerten und dämpften für einen Zeitraum von etwa fünf Jahren den sich nach 1917 herausgebildeten Systemkonflikt. Mit dem Sieg über das faschistische Deutschland aber belebten und verschärften sich die alten Gegensätze. Es gehört zu den historischen Zufällen, dass der seit langem schwelende Konflikt erst seit 1947 mit dem Begriff »Kalter Krieg« bezeichnet wurde. Die Urheberschaft dieser Bezeichnung wird dem amerikanischen Journalisten Walter Lippmann zugeschrieben.

Die unterschiedlichen Ideen und Interessen, eben die Klassenpositionen, die dem Systemkonflikt zu Grunde lagen, haben sich in der Besatzungspolitik der Siegermächte vor allem in deren sehr unterschiedlichem Verhältnis zum bürgerlichen Eigentum an Produktionsmitteln früh offenbart. Bei allen anfänglichen Differenzen zwischen der amerikanischen, britischen und französischen Besatzungspraxis wirkten sie einheitlich dahin, dass in ihren Zonen keine Eingriffe in das bürgerliche Eigentum vorgenommen wurden. In der sowjetischen Zone wurde sowohl die Enteignung der Großgrundbesitzer in der Landwirtschaft, als auch der Kriegs- und Naziverbrecher in der Industrie und im Finanzwesen mit den Beschlüssen der Potsdamer Konferenz begründet. Damit offenbarte sich auf deutschem Boden der alte Systemkonflikt. Die These Badstübners von einem »alliierten Grundkonsens über die Notwendigkeit der Enteignung des Großgrundbesitzes«[54] stützt sich zwar auf ein Gerüst von Zitaten. Die Wirklichkeit war einfach anders – und das von Anbeginn.

Die deutsche Frage hatte aus geostrategischer Sicht einen besonderen Rang. Dies schon wegen der mitteleuropäischen Zentrallage des Landes, besonders aber, weil nirgendwo anders eine derart grenznahe Berührung beider Seiten mit ihrem erheblichen militärischen Potential zu verzeichnen war. Die zu Kriegsende getroffenen Westberlin-Regelungen der Alliierten für die zeitweilige Militärverwaltung der Stadt erwiesen sich dabei für die Westmächte als ein dauerhafter strategischer Vorteil.

Das nie verloren gegangene, aus unterschiedlichen Grundpositionen gespeiste Misstrauen der früheren Kriegsverbündeten mutierte in relativ kurzer Zeit zu ausgeprägter Gegnerschaft. Das zeigte sich bald auch auf dem Feld der internationalen Begegnungen. Wie in Potsdam vereinbart, trafen sich die Außenminister der Siegermächte in den folgenden zwei Jahren regelmäßig. Schon auf ihrer ersten Beratung, die vom 11. September bis zum 2. Oktober 1945 in London stattfand, wurden erste unüberbrückbare Gegensätze deutlich. Die nachfolgende Konferenz in Paris erstreckte sich in zwei Sitzungsperioden vom 25. April bis zum 15. Mai und danach vom 15. Juni bis zum 12. Juli 1946. Während die Außenminister im Sommer in Paris über Teilfragen der Potsdamer Vereinbarungen – besonders über die Reparationen, über Föderalismus und deutsche Zentralregierung – stritten, waren 1947 besonders in

London und in Washington die Weichen in Richtung einer Teilung Deutschlands vorbereitet. Die Abkehr Großbritanniens, aber auch der USA vom im August 1945 in Potsdam vereinbarten Vorgehen zeichnete sich schon wenige Monate danach ab. Erkennbar wurde das an der frühen Debatte über Sitz und Status der im Potsdamer Abkommen vorgesehenen Bildung von Deutschen Zentralverwaltungen, die unter Leitung des Alliierten Kontrollrates tätig werden sollten. Derartige Verwaltungen sollten auf den Gebieten der Finanzen, des Transports, des Verkehrs, des Außenhandels und der Industrie tätig werden.[55] Vor allem britische Dokumente lassen erkennen, mit welcher Intensität der vereinbarten deutschen Zentralverwaltung in Berlin begegnet wurde.

Auch für den Alliierten Kontrollrat hatte man 1945 Überlegungen parat, ihn lieber in Frankfurt am Main, Weimar, Erfurt oder in Coburg ansässig zu machen.[56] Der britische Diplomat W. Strang stellte gar eine neue Zonenaufteilung zur Debatte, wonach die Besatzungszonen in Leipzig zusammentreffen sollten, um dort den Kontrollratssitz einzurichten.[57] »Eine mögliche Zentralregierung in Berlin konnte man sich zu diesem Zeitpunkt (*1945-1946 – H. G.*) in London überhaupt nur noch kommunistisch beherrscht vorstellen. Es wurden deshalb Überlegungen angestellt, Berlin als Hauptstadt Deutschlands und Sitz einer gesamtdeutschen Regierung zugunsten einer weniger preußisch beeinflussten und von den Sowjets beherrschten Stadt seinem Schicksal zu überlassen […], dann aber fiel die Entscheidung, Berlin als westlichen Freiheitsposten zu halten und die SPD in den Westsektoren um jeden Preis zu unterstützen.«[58]

Die Wandlung der britischen Position zu Berlin war zugleich mit einer Verschärfung der Aversion gegen eine deutsche Zentralverwaltung verbunden. Im März 1946 unterbreitete der britische Außenminister Ernest Bevin dem Kabinett eine geheime Vorlage zur Deutschlandpolitik, in der in der Ziffer 47 die Order enthalten war, »die Errichtung einer Zentralregierung mit Sitz in Berlin zu verzögern«. In Ziffer 59 dieses Papiers wurde ein »nach Westen ausgerichtetes Deutschland«[59] als Ziel britischer Interessen bezeichnet. Wenige Wochen danach, am 3. Mai 1946, erörterte die britische Regierung die Lage in Deutschland. In der Vorlage ging man davon aus, dass »die augenblicklichen Lebensbedingungen […] eine ausgezeichnete Ausgangsbasis für die Aktivitäten der Kommunisten sind. Kurz- und langfristig ist die Situation für sie günstig«. Zu den Schlussfolgerungen aus dieser Analyse der Situation gehörte: »Wir müssten unsere Zone (oder Westdeutschland) politisch und wirtschaftlich gegenüber dem Osten abschotten. Wir müssten z. B. eine eigene Währung und mit ziemlicher Sicherheit eine andere Nationalität einführen.«[60]

So bahnte sich, wie auch Steininger feststellte, im April 1946 in London eine »dramatische Wende« in der britischen Deutschlandpolitik an. Dort wurde die Frage gestellt: Ist es »angesichts der sowjetischen Politik ratsam, auf eine Spaltung Deutschlands hinzuarbeiten, einen Teil Westdeutschlands, d. h. das Ruhrgebiet oder ganz Westdeutschland in einen letztlich gegen die Sowjetunion gerichteten Westblock zu integrieren, mit der Möglichkeit, dass die Westdeutschen bei langsamer demokratischer Entwicklung – unter Anleitung des Westens – eines Tages fähig wären, ›to reconquer the East for Western ideas?‹ (*den Osten für westliche Ideen zurückzuerobern – H. G.*).«[61]

Ähnlich entwickelte sich in den USA die Abkehr von Potsdam und die Hinwendung zu einer anderen Deutschlandpolitik, als von den »Großen Drei« vereinbart worden war. Schon im Herbst 1945 beauftragte Präsident Truman den Experten Byron Price, Deutschland zu besuchen und ihm einen Bericht über die Lage und Vorschläge zur Veränderung vorzulegen. Im Oktober 1945 lag der Byron-Price-Report dem US-Präsidenten vor.[62] Der Autor empfahl ein Überdenken der amerikanischen Deutschlandpolitik auch bei einem Abrücken von den Potsdamer Vereinbarungen. Er schlug eine Verstärkung des amerikanischen Einflusses auf die deutsche Gesellschaftsentwicklung, die Übermittlung amerikanischer Erfahrungen und Werte durch Experten, Bücher und Filme vor. Truman hielt diesen Bericht für so wichtig, dass er ihn nicht nur an General Clay, sondern auch den amerikanischen Außen-, Kriegs- und Marineministerien übermittelte.[63] Wenig später wurde im Washingtoner State Department – ausgehend von der Bereitschaft, »eine Vertiefung der Spaltung Deutschlands in Kauf zu nehmen« – eine Arbeitsgruppe mit dem Auftrag gebildet, die Grundzüge einer langfristigen amerikanischen Deutschlandpolitik zu entwerfen.[64]

Im Dezember 1946 hatten sich die britischen Vorarbeiten für ihre »systemkonforme« Deutschlandpolitik zu einer strategischen Position verdichtet. Der Leiter der für die Sowjetunion zuständigen Abteilung des Foreign Office, M. A. Hanky, stellte in einem Dokument die Frage: »Müsse daher nicht die Teilung Deutschlands Ziel britischer Politik sein – wobei die Verantwortung dafür natürlich den Sowjets angehängt werden sollte.«[65] Im gleichen Sinne wirkten politische Kräfte der USA. Im Februar 1946 kabelte der Gesandte an der Botschaft der USA in Moskau, George F. Kennan[66], ein Telegramm an das State Department, in dem er eine Änderung der Politik der USA gegenüber der Sowjetunion einforderte.

Der Wind hatte sich gedreht. Er gewann an Stärke und sorgte zunehmend für Turbulenz. Personell war dieser Wandel in den USA mit dem Wechsel der Außenminister von James F. Byrnes – der seit der Potsdamer Konferenz dieses Amt innehatte – im Januar 1947 zu George C. Marshall und der gleichzeitigen Einsetzung des verbissenen Antikommunisten George F. Kennan als Leiter der Strategieabteilung dieses Ministeriums (Policy Planing Staff) verbunden. Das war ein Personalwechsel, der dem Interessenwechsel der herrschenden Kreise der Wallstreet und der US-Großindustrie und der davon ausgehenden aggressiven Neuausrichtung der US-Außenpolitik entsprach.

Nicht mehr Zusammenwirken im Sinne des Potsdamer Abkommens, sondern »containment«, also Eindämmung des sowjetischen Einflusses, hieß nunmehr das Ziel der US-Strategie. Es verging wenig Zeit, bis der Präsident am 12. März 1947 die »Truman-Doktrin« verkündete. Ausgehend von einer Zweiteilung der Welt in »West und Ost«, in seiner Darstellung in »demokratisch und diktatorisch«, im Grunde in ein biblisches »Gut und Böse«, definierte er als Ziel die Eindämmung des kommunistischen Einflusses. Anders ausgedrückt. Er gab damit das Signal für eine wegweisende Attacke zur Stabilisierung und Ausweitung der kapitalistischen Gesellschaftsordnung und der Zurückdrängung dessen, was als sozialistische Welt verstanden wurde.

Es war kein Zufall, dass diese Doktrin am zweiten Tag der Tagung der Außenminister der USA, Englands, Frankreichs und der Sowjetunion, welche vom 10. März bis zum 24. April 1947 in Moskau stattfand, verkündet wurde. Der Sowjetunion sollte die in der Antihitlerkoalition vereinbarte Zusammenarbeit aufgekündigt werden. Der britische Außenminister Bevin hatte schon vor seiner Abreise zu dieser Beratung zu Papier gegeben: »Wir brauchen unter diesen Umständen nicht auf die Lösung der Deutschlandfrage zu drängen.«[67] Folglich redeten die Teilnehmer aus den vier Siegerstaaten über Wochen gezielt aneinander vorbei. Obwohl in Moskau länger als ein Monat verhandelt wurde, endete die Konferenz – wie konnte es anders sein – ergebnislos. Schon vor Eröffnung dieser Tagung hatte sich bei den Westmächten der Wille auf eine Westlösung der deutschen Frage als Teil der internationalen Blockbildung als kaum noch umkehrbar herausgebildet. Ob der Obstruktion der

Westmächte wird diese Zusammenkunft der vier Außenminister im Rückblick auch als politisches Theater bezeichnet.[68] Sie war offensichtlich ebenso ein klassisches Exempel für ein diplomatisches Spiel mit verdeckten Karten, der Desinformation des früheren Verbündeten – der UdSSR – und der Öffentlichkeit.

Verwandte und Verbündete – oder: Der informierte Dr. Adenauer

Waren es die Westmächte allein, die die Herausbildung der in Potsdam vereinbarten Zentralregierung verhindern und die Zoneneinteilung der Besatzungszeit in eine grundlegende Spaltung Deutschlands verwandeln wollten? Keinesfalls. In dem deutschen konservativen bürgerlichen Lager fanden sie einflussreiche Verbündete. Konrad Adenauer hatte schon im Oktober 1945 Gleichgesinnten die Auffassung übermittelt, er betrachte »die Trennung in Osteuropa, das russische Gebiet, und Westeuropa« als »Tatsache«. Schon zu diesem frühen Zeitpunkt vertrat er die Auffassung: »Die Schaffung eines zentralisierten Einheitsstaates wird nicht möglich, auch nicht wünschenswert sein.«[69] Zu einer derartig präzisen Aussage konnte im Herbst 1945 kein Hellseher, sondern nur ein Insider, ein Angehöriger des inneren Kreises der politisch Mächtigen kommen.

Adenauer hatte in jenen Tagen zumindest zu mehreren Personen engen Kontakt, die mit den geheimsten Absichten der konservativen Kreise der USA vertraut waren. Die wichtigste Person war sicher der Staatsekretär im US-Verteidigungsministerium John McCloy. Dessen Frau Ellen, eine geborene Zinser, stammte aus der Adenauer-Familie. McCloy war über Jahrzehnte der Deutschlandspezialist der Herrschenden in den USA. Er verhandelte vor dem Zweiten Weltkrieg mit Hitler und Göring. Als Hoher Kommissar für Deutschland (1949-1952) gehörte die Durchsetzung des Marshallplanes, die Westintegration der Bundesrepublik und die Begnadigung von in Nürnberg verurteilten Kriegsverbrechern zu seinen wichtigsten Amtshandlungen. McCloy hatte das 65. Lebensjahr schon überschritten, als er als Sonderbeauftragter Kennedys in Moskau und in Sotschi mit Chruschtschow den Deal aushandelte, in dessen Ergebnis die Mauer in Berlin errichtet wurde. Dass McCloy zu den Lobbyisten der amerikanischen Ölindustrie gehörte, war bei seiner Machtstellung zu erwarten. Eng waren seine Beziehungen zur Familie Rockefeller. Die weltbekannte Chase Manhattan Bank gehörte zu den Klienten seiner Anwaltskanzlei. Der Konrad Adenauer nahestehende McCloy war ein wahrhaft einflussreicher Mann.

Am 28. März 1945, als in Deutschland noch der Krieg tobte (im März hatte die amerikanische Armee den Rhein überschritten, erst am 10. April erreichten sie Hannover), hatte Konrad Adenauer bereits Besuch von einem Mitarbeiter amerikanischer Dienste. Er nannte sich Just Lunning. Adenauer hatte ihn – auf welchem Wege auch immer – zu einem Gedankenaustausch eingeladen.[70] Adenauer hielt seinem Besucher einen Vortrag über seine Sicht auf *zwei* Deutschlands. Das eine basiere auf einer römischen Kultur, und das andere sei das preußische Deutschland, das uns in der Vergangenheit seinen Willen aufbürdete. Daraus entwickelte Adenauer die Idee eines künftigen deutschen Bundesstaates im Einklang mit Österreich, unter Einbeziehung der Reste von Preußen, Westdeutschlands (Westfalen und das Rheinland) und Süddeutschland. Er vertrat dabei die Auffassung, machte man Preußen zu einem von vier Staaten, werde es möglich, den undeutschen Einfluss von Preußen zu neutralisieren. Seinem amerikanischen Gast riet Adenauer, politische Parteien erst zu einem »späteren Zeitpunkt« zuzulassen. »Vorläufig war es nach Adenauers Ansicht durchaus angebracht, dass die Militärregierung keine politische Betätigung zuließ.«[71]

Eine weitere Person, die zu den Quellen der frühen und präzisen Deutschlandprognosen Adenauers im Jahr 1945 gehört, ist unter dem Namen Ulrich Biel bekannt. Die *FAZ* hob in einer Überschrift Ulrich Biel gar in den Rang, »Adenauers Entdecker« zu sein.[72] Eher ist anzunehmen, dass der Hauptmann der US Army Biel in den Apriltagen 1945, als die Schlacht um Berlin noch tobte und die amerikanischen Truppen sich vorbereiteten, Magdeburg einzunehmen, im Auftrag seines Vorgesetzten McCloy – und in Auswertung des Vorgesprächs mit Lunning – in Adenauers Haus in Bad Honnef vorsprach. Biel war zu diesem Treffen mit dem Jeep vom französischen Verdun, dem damaligen Hauptquartier der Armeegruppe Bradlay, angereist. Den weiten Weg hatte er nicht aus eigener Intuition unternommen. Sein Gesprächspartner stand an vorderer Stelle auf der weißen Liste der CIC, dem Vorläufer der CIA.

Auch Biel fand freundliche Aufnahme. Nach den Gesprächen mit Adenauer am 16. und 17. April notierte Biel: Adenauer sei der »ungekrönte König des Rheinlandes, ein Mann mit wichtiger Vergangenheit und potentieller Zukunft«. Auch in diesem Gespräch mit dem ihm noch unbekannten Hauptmann verhehlte Adenauer seine Aversion gegen Berlin und den Osten nicht. Dieses Preußen erschien ihm schon in den 20er Jahren, als er als preußischer Staatsrat im Herrenhaus in der Leipziger Straße (dem heutigen Bundesratsgebäude) Sitzungen absolvieren musste, zu protestantisch, zu sozialdemokratisch. Biel erhielt Adenauers Rat, gegenüber Berlin, »wo keinesfalls zentrale Stellen der Alliierten errichtet werden dürfen«, skeptisch zu sein.[73]

Adenauers Politikverständnis korrespondierte mit den Interessen des westdeutschen Großbürgertums. Da man es unter den gegebenen Umständen für ausgeschlossen hielt, im Osten die Macht der Junker und Großindustriellen in absehbarer Zeit wieder zu errichten, schrieb man den Osten ab, um einen Weststaat zu errichten. Deutsche Teilung, Trennung der Menschen in Ost und West, wurde zu einer Vorbedingung ihrer Politik für die nächsten Jahrzehnte. Unverblümt stellte Adenauer im August 1946 auf einer Tagung der CDU fest: »Für uns bedarf es wohl keiner Erörterung, dass es sehr wünschenswert ist, wenn Russland den eisernen Vorhang nicht hochzieht und wir infolgedessen kein einheitliches Wirtschaftsleben in ganz Deutschland haben können, wir dann als zweitbeste Lösung das einheitliche Wirtschaftsleben in den drei nicht von Russland besetzten Zonen möglichst bald verlangen müssen und dabei auch der Hoffnung Ausdruck geben dürfen, dass England, Frankreich und Amerika dann auch, wenn sie diesen entscheidenden Schritt gegenüber Russland getan haben, nun auch nicht zögern werden, das Wirtschaftsleben in diesen drei westlichen Zonen wirklich zur Entfaltung kommen lassen.«[74]

Es klang im Nachhinein fast visionär, als Adenauer im Oktober 1945 gegenüber Journalisten erklärte: »Nach meiner Ansicht sollten die Westmächte die drei Zonen, die sie besetzt halten, tunlichst in einem staatsrechtlichen Verhältnis zueinander belassen. Das Beste wäre, wenn die Russen nicht mittun wollen, sofort wenigstens aus den drei westlichen Zonen einen Bundesstaat zu bilden.«[75]

Die Münchener Konferenz 1947 – Kabale des Ostens oder: Ein Schurkenstreich des Westens?

Kein Zusammengehen mit dem Osten wurde sehr bald zur allgemeinen Leitlinie der bürgerlichen Politiker und der von Kurt Schumacher geführten westdeutschen Sozialdemokratie. Sie folgten der im Laufe des Jahres 1946 entwickelten neuen Deutschlandstrategie der Westalliierten. Diese lief immer eindeutiger auf Abgrenzung ihrer Zonen von der sowjetischen Zone und letztlich auf einen separaten Zusammenschluss ihrer drei Zonen als Vorstufe eines westdeutschen Staates hinaus. Unter diesen Bedingungen hatten sich die Beziehungen zwischen den deutschen Ländervertretungen und ebenso der politischen Parteien zunehmend verhärtet. Am 1. Januar 1947 war mit der Schaffung der Bizone (aus britischer und US-Zone) eine neue Etappe deutscher Teilung eingeleitet worden.

Im Deutschen Historischen Museum in Berlin (dem alten Zeughaus) und auch im Nationalarchiv in Washington D. C. ist – offensichtlich ob seiner realitätsnahen Aussagen – ein Bericht eines Wissenschaftlers aus Leipzig an den Vorstand der CDU über den Besuch der amerikanischen Zone 1946 hinterlegt. Der Verfasser des Berichtes, Hermann Mau (1913-1952), war vom Fach. Er lehrte später an der Münchener Maximilian-Universität und war als Generalsekretär des Instituts für Zeitgeschichte in München tätig. In dem Bericht ist zu lesen: »Die erregendste Erfahrung meiner Reise deutete ich anfangs schon an: die Zonen entwickeln sich mit gefährlicher Schnelligkeit auseinander. Es wird immer schwieriger, sich von den westlichen Zonen aus ein klares Bild von der östlichen zu machen. Und umgekehrt gilt dasselbe. Die Vorstellungen von der russischen Zone, auf die man jenseits der Zonengrenze trifft, sind oftmals grotesk. Hier macht sich geltend, dass das Bild weithin bestimmt wird durch die Berichte derer, die als enteignete Grundbesitzer, von Verhaftung bedrohte Stabsoffiziere oder als sonstige Leidtragende der sozialen Umwälzung, die sich hier auf kaltem Wege abspielt, emigriert sind und nun in dem Bestreben, ihre Emigration vor sich und anderen zu rechtfertigen, ihren sehr verständlichen Ressentiments freien Lauf lassen. Andererseits macht sich bei vielen, die mit der Entwicklung der amerikanischen Zone unzufrieden sind, die Neigung bemerkbar, den Weg der russischen Zone im verklärten Licht zu sehen. Es wird nicht lange dauern, bis sich da so eine Art Mythos der russischen Zone gebildet hat. […]

Zum anderen spielt wohl bei der relativ optimistischen Beurteilung unserer Zone, wie ich sie gerade bei einsichtigen und politisch modern denkenden Leuten öfters gefunden habe, das Missvergnügen an der politischen Rückständigkeit der Amerikaner mit dem Unbehagen über so viel Illusionismus und Verschrobenheit, wie sie sich im Schatten der Rückständigkeit breitmachen könne. Man spürt ganz einfach, was sich auch mir während meiner Reise immer wieder bestätigt hat, dass man in der russischen Zone der Realität unendlich näher ist als in Bayern (wo man ihr allerdings ferner sein mag, als in irgendeinem anderen Teil Deutschlands).«[76]

Als im Mai 1947 der bayerische Ministerpräsident die Regierungschefs aller deutschen Länder zu einer Konferenz einlud, hatte die von Mau beschriebene Situation sich weiter zugespitzt. Seit der im Sommer 1946 erfolglos verlaufenen Außenministerkonferenz in Paris hatten die amerikanischen und die englischen Militärregierungen neue Tatsachen geschaffen. Als Vorstufe einer endgültigen Spaltung Deutschlands hatten sie in Frankfurt am Main einen gemeinsamen Wirtschaftsrat ihrer Zonen und entsprechende politische Organe gebildet. Vorbereitungen zur Einbeziehung der französischen Zone in dieses »Westsystem« waren erkennbar.

Es verwundert unter den beschriebenen Umständen nicht, dass die westlichen Militärregierungen ihre Zustimmung zu dieser Konferenz deutscher Ministerpräsidenten lediglich unter dem Vorbehalt gaben, dass auf dieser Beratung allein wirtschaftliche, keinesfalls politische Themen behandelt werden dürften. Der französische Militärgouverneur hatte die Teilnahme der Länderchefs seiner Zone ausdrücklich davon abhängig gemacht, dass dort keine politischen Fragen berührt werden.

Entsprechend hieß es im Einladungstelegramm des bayerischen Ministerpräsidenten Dr. Ehard. Gegenstand der Konferenz solle »die Beratung von Maßnahmen sein, die von den verantwortlichen Ministerpräsidenten den alliierten Militärregierungen in Vorlage gebracht werden sollen, um ein weiteres Abgleiten des deutschen Volkes in ein rettungsloses Chaos zu verhindern«.[77]

Die Einladung der Ministerpräsidenten der Ostzone folgte – wie Steininger darstellt – der wohl etwas hinterhältigen Überlegung der »Gastgeber«, dass »Russland damit in die unangenehme Lage gebracht (wird), die Teilnahme [...] verbieten zu müssen und das Odium auf sich zu nehmen, die gesamtdeutsche Wirtschaftseinheit [...] unmöglich zu machen.«[78]

Normalerweise müsste es als verständlich erscheinen, dass die Reaktion der östlichen Seite auf eine solche Einladung in Ruhe bedacht und beraten wird. Das wird offensichtlich von einigen Historikern derzeit nicht akzeptiert. Die verständliche Debatte darüber, wie diese Einladung zu werten und wie darauf zu reagieren sei, welche im Mai 1947 zwischen den fünf Ministerpräsidenten der Länder der sowjetischen Besatzungszone, dem Parteivorstand der SED und Vertretern der SMAD stattfand, wird auch in jüngsten

Veröffentlichungen zu einem dramatischen Streit der Beteiligten stilisiert. Badstübner etwa titelte: »Der Streit in der SED um die Teilnahme und der Widerstand gegen die intransigente (*ablehnende – H. G.*) Haltung der SMAD« oder auch »Mannesmut vor Königsthronen«.

Fritz Reinert stellte gar die Behauptung in den Raum, dass Pieck und Ulbricht eine Mitverantwortung für das Misslingen der Konferenz zu tragen und eingestanden hätten. Er schrieb weiter, der »altkommunistische Kern der SED-Führung lehnte [...] von vornherein eine Teilnahme an der Konferenz ab. Wegen gegenteiliger Meinungen einer offenbar großen Mehrheit in der Parteiführung konnten diese Kräfte aber eine Zusage zur Konferenz nicht verhindern«.[80]

Es war wohl verständlich, dass in Berlin in Ansehung der Entwicklung in den Westzonen die Einladung Dr. Hans Ehards unterschiedlich bewertet wurde. Schon wenige Tage nach Eingang des Telegramms war jedoch in der Zeitung der SED *Neues Deutschland* als eine erste Reaktion zu lesen, dass die SED »niemals Bedenken gegen eine Beratung gesamtdeutscher Fragen hegen (wird) – wenn solche Erörterungen oder auch Vereinbarungen reale Grundlagen haben«.[81]

Der Chef der Sowjetischen Militäradministration, Marschall W. D. Sokolowski, erklärte in einer Beratung mit den fünf Ministerpräsidenten zur Einladung aus München: »Ich meine, wir sollten nicht ablehnen. Ihre Position ist klar, und es ist wichtig, dass Sie Ihren Standpunkt darlegen. Es ist sowohl aus nationaler Sicht als auch unter dem Aspekt der dem deutschen Volk auferlegten internationalen Verpflichtungen und der Antihitlerkoalition gestellten abgestimmten Ziele einwandfrei.«[82]

Am 10. und 11. Mai 1947 tagte das Zentralsekretariat der SED in Schierke im Harz gemeinsam mit den Ministerpräsidenten der Länder. Das Ergebnis der Tagung: die Einladung wird angenommen. Fünf Tage danach beriet der antifaschistisch-demokratische Block der Parteien und Massenorganisationen zur gleichen Frage und beantwortete sie ebenfalls positiv. Schließlich fand kurz vor der Abfahrt der Ministerpräsidenten nach München am 2. Juni 1947 ein weiterer Meinungsaustausch zum Auftreten in München statt, den – der sicher heute noch unverdächtige Teilnehmer der Beratung – Erich Gniffke in seinen Erinnerungen als friedlich schilderte.[83]

Erich Gniffke gehörte über Jahrzehnte der SPD an. Vor allem mit Walter Ulbricht führte er vor und nach seinem Eintritt in die SED oft recht kontroverse Debatten. Sein Bericht über die Diskussionen im inneren Parteizirkel der SED, dem er angehörte, steht den Entstellungen und Unterstellungen, die heute gern dazu publiziert werden, entgegen. Gniffke leitete seine Erinnerung damit ein, dass Vertrauensleute aus Westdeutschland folgendes übermittelt hätten: »Auf einer Zusammenkunft aller sozialdemokratischen Ministerpräsidenten, Minister und Fraktionsvorsitzenden wurde die Münchener Konferenz besprochen [...]. Schumacher verlangte, nach entsprechenden Diskussionsbeiträgen des Berliner Vertreters Ernst Reuter und anderer, in kategorischer Form eine politische Demonstration gegen die SED. Für den Fall, dass die ja immerhin als Gäste nach München eingeladenen Ministerpräsidenten der Ostzone erscheinen würden, soll ein sozialdemokratischer Ministerpräsident die Erklärung abgeben, dass die Ministerpräsidenten der Ostzone keine ausreichende demokratische Legitimation hätten, weil bei ihnen in den Landtagen die SPD nicht vertreten sei, die sich ja mit der KPD zur SED vereinigt hat. Man ist sich klar darüber, dass diese Anzweifelung einer vollgültigen demokratischen Legitimation die Münchener Konferenz wahrscheinlich zum Scheitern zwingt.«[84]

Die Information, auf die sich Gniffkes Einschätzung stützte, war eine Kurzfassung der Ergebnisse der SPD-Konferenz am 31. Mai und 1. Juni 1947 in Frankfurt am Main.[85]

Dass diese Mitteilung bei den Beratungen im SED-Parteivorstand unterschiedliche Reaktionen hervorrief, versteht sich von selbst. Trotzdem kam das Gremium zu folgendem Ergebnis: »Nachdem Otto Grotewohl darauf hingewiesen hatte, dass eine Beratung der Notlage ganz zwangsläufig zu einer Erklärung der wirtschaftlichen Herstellung der Einheit, wenn nicht auch zur politischen führen musste, schlug Ulbricht vor, dass die sowjetzonalen Ministerpräsidenten einen Antrag auf Erweiterung der Tagesordnung stellen sollten, wenn die vorliegende unseren Standpunkt zur Wiederherstellung der Einheit Deutschlands nicht genügend Rechnung tragen sollte. Dieser Vorschlag wurde einhellig gebilligt.«[86]

Der Vorschlag Ulbrichts auf eine mögliche Erweiterung der Tagesordnung kam nicht aus taktischen Gründen. Dem Ministerpräsidenten des Landes Brandenburg, Carl Steinhoff, hatte vorher ein Emissär des bayerischen Ministerpräsidenten, der Generalsekretär des Länderrates der US-Zone Erich Rossmann, übermittelt, »dass alles von der Tagesordnung abgesetzt und alles auf die Tagesordnung gesetzt werden sollte, was die Ministerpräsidenten der Ostzone wünschten«.[87] Im Ergebnis dieses einzigen wirklichen Zeitzeugenberichtes von Gniffke kann man wohl kaum zu einem anderen

Schluss als dem kommen: Schumacher hat sein Möglichstes getan, um die Münchener Konferenz zu torpedieren. Pieck, Grotewohl und Ulbricht haben trotz berechtigter Zweifel an der Lauterkeit der Einladung alles unternommen, um einen Erfolg der Konferenz im Sinne einer wirtschaftlichen und politischen Einheit Deutschlands zu ermöglichen.

Als die Ministerpräsidenten aus dem Osten entgegen den Erwartungen des bayerischen Ministerpräsidenten und der Getreuen Schumachers am 5. Juni in München ankamen, gab es ein gemeinsames Abendessen. Den Teilnehmern aus der Ostzone wurde allerdings vorenthalten, was sich am Nachmittag in München zugetragen hatte. Die der SPD angehörenden Regierungschefs hatten in einer vertraulichen Beratung den Ministerpräsidenten Bayerns unter Druck gesetzt. In Kenntnis des Vorhabens der ostdeutschen Ministerpräsidenten, einen Antrag zur Tagesordnung zu stellen, verlangten sie, ein solcher Antrag dürfe auf der Konferenz nicht behandelt werden. Falls das doch geschehe, drohten sie abzureisen und auf diese Weise die Konferenz platzen zu lassen.[88]

Nach dem Abendessen wurde zum Erstaunen der Ostministerpräsidenten gegen 22 Uhr eine Vorbesprechung zur Tagesordnung der Konferenz anberaumt. Die von den Kollegen aus dem Westen vorgelegten Vorschläge fanden Zustimmung. Als der Ministerpräsident Thüringens, Dr. Rudolf Paul (ein früherer Sozialdemokrat), vorschlug, auch die Bildung einer deutschen zentralen Verwaltung zur Schaffung eines deutschen Einheitsstaates zur Debatte zu stellen, schlug ihm der vorbereitete Unwillen der westlichen Partner entgegen. Den ostdeutschen Gästen wurde bedeutet, sie hätten die vorliegende Agenda bedingungslos zu akzeptieren. Selbst der Kompromissvorschlag des Thüringer Ministerpräsidenten, dem Anliegen seiner Kollegen aus dem Osten durch die Verlesung einer kurzen Erklärung während der Konferenz gerecht zu werden, scheiterte an der aus Arroganz und Antikommunismus gespeisten Kompromisslosigkeit der westlichen Vertreter.

Die »Vorverhandlung« währte bis in die erste Morgenstunde des nächsten Tages. In einer Pause hatten sich die ostdeutschen Teilnehmer (Dr. Paul, Thüringen; Dr. Steinhoff, Brandenburg; Höcker, Mecklenburg; Hübener, Sachsen-Anhalt; und Fischer – in Vertretung des erkrankten Dr. Friedrich, Sachsen) geeinigt, unter diesen diskriminierenden Umständen nicht weiter an der Konferenz teilzunehmen.[89] Man trennte sich grußlos. Noch in der Nacht zum 6. Juni 1947 erklärte Dr. Steinhoff Pressevertretern: »Wir sehen uns einer geschlossenen Phalanx eines ›Nein‹ gegenüber. Diese Entwicklung ist ein Ausdruck der deutschen Misere – es ist eine Schande.«

Der Ministerpräsident von Baden-Württemberg, Dr. Reinhold Maier, beschrieb die Stimmung seiner westdeutschen Kollegen nach dieser makabren Inszenierung. In seinen Erinnerungen war zu lesen: »Nicht wenige aus dem Kreis der westdeutschen Delegierten atmeten auf. Gottlob, so hörte man, dass wir die Kommunisten los sind.«[90]

Rolf Steininger, der die Dokumente der Münchener Konferenz einschließlich des erst 1975 freigegebenen Geheimprotokolls über das »Vorgespräch« veröffentlicht und eingehend bewertet hatte, kam in seiner Analyse des Geschehens zu dem Ergebnis, die »westdeutschen Regierungschefs hatten weder den Mut noch den Willen zum Gespräch mit ihren ostdeutschen Kollegen [...]. Bekenntnisse zur Einheit – auch und gerade von westdeutscher Seite – blieben von nun an Lippenbekenntnisse«.[91]

Der brüske, demokratischen Gepflogenheiten widersprechende Affront der Münchener Konferenz gegen die Ostministerpräsidenten veranlasste Kardinal Faulhaber, den westdeutschen Hardlinern den Glückwunsch »zur Großtat der Ministerpräsidentenkonferenz« auszusprechen. Der fromme Kardinal fand das rüde Vorgehen gegenüber einer Delegation aus dem Osten außerordentlich lobenswert. Er fasste das in die Worte: »Der Gedanke, der zunächst Freund und Feind überrascht hat, ist in einer so diplomatisch feinen und großlinigen Form durchgeführt worden, dank Ihrer Linienführung, dass wir als Bayern und wir als Deutsche gerade in dieser Stunde im Geiste Ihnen die Hand reichen.«[92]

Die Münchener Konferenz hatte ein unübersehbares Zeichen gesetzt. In der Mitte des Jahres 1947 waren bei den westlichen Besatzungsmächten und von den bürgerlichen und sozialdemokratischen Eliten die Signale auf ein separates Westdeutschland, letztlich auf die Spaltung Deutschlands gestellt. Das Ergebnis dieser »Tagung« bestätigte eher die Positionen jener im Osten, die der Einladung mit einer – offensichtlich begründeten – Skepsis begegnet waren. Es enttäuschte diejenigen, die der Illusion anhingen, es gäbe auf dieser politischen Ebene im Westen noch eine Chance für faire ergebnisoffene Gespräche.

Die Klasseninteressen der Bourgeoisie an der Etablierung ihrer politischen Macht im Westen und die Integration in das westlich-kapitalistische Bündnis erwiesen sich auch in dieser Situation stärker als nationale Erfordernisse. Begleitet war diese Position von einem ausgeprägten Antikommunismus, der in dieser Zeit die bürgerlichen und einen Teil der sozialdemokratischen Eliten des Westens beherrschte. Franz Josef Strauß hat in seinen Erinnerungen diese antikommunistische Grundstimmung mit einem biblischem Bezug zum Ausdruck gebracht: »Ein Leben nach russischem Muster wäre für uns die Hölle auf Erden gewesen, während das Leben unter westlicher Vorherrschaft selbst bei eigener Recht- und Machtlosigkeit im Vergleich dazu ein Fegefeuerzustand war mit der Aussicht auf spätere Aufnahme in den Himmel.«[93]

Der nicht selten vertretenen These, »München war die letzte bedeutende Chance, deutscherseits den Zerfall Deutschlands in zwei Teilstaaten zu verhindern«[94], wurde auch von dem bekannten Staatsrechtler Theodor Eschenburg mit berechtigtem Zweifel begegnet. »An eine Inaugurierung einer gesamtdeutschen Politik war«, so bemerkte er, »bei dieser Konferenz nicht zu denken. Dafür fehlten jegliche Voraussetzungen.« Er bezeichnete die Vorstellung mancher Autoren von einem »Brückenschlag« zwischen dem Muster östlicher Volksdemokratien und westlichen Vorstellungen als eine Aporie (*gedankliche Ausweglosigkeit bzw. Unmöglichkeit, ein Problem zu lösen – H. G.*).[95]

Der Marshallplan, menschenfreundlich – oder Kampfprogramm?

Es war am 5. Juni 1947 – dem gleichen Tag, als in der bayerischen Staatskanzlei in München die westdeutschen Ministerpräsidenten ihre ostdeutschen Kollegen so schäbig behandelten –, als der neu ernannte Außenminister der USA George C. Marshall in einer Rede vor der Harvard-Universität ein neues Europa- und Deutschland-Konzept der USA vorstellte. Es sollte unter dem Namen »Marshallplan« in die Geschichte eingehen. Marshall begründete sein Vorhaben erwartungsgemäß mit salbungsvollen, freundlichen Worten mit dem Hauptziel, »die wirtschaftliche Wiederaufrichtung Europas durchzuführen«.[96] Kissinger nannte diesen Plan später einen »Ausdruck unseres Idealismus, unseres technologischen Wissens und unserer Fähigkeit, Probleme unter Ausnutzung unserer Hilfsquellen zu lösen«.[97]

Heute, mehr als ein halbes Jahrhundert danach, lernen wir eine andere – wahrscheinlich eine wahrheitsnähere – Version der Motive für den Marshallplan kennen. Die amerikanische Autorin einer viel gerühmten Geschichte des Marshallplanes, Carolyn Eisenberg, erklärte in ihrer Schrift mit dem bezeichnenden Titel »Die amerikanische Entscheidung zur Teilung Deutschlands«, dass es zu diesem Plan »ursprünglich nicht aus Wohlwollen, ja, noch nicht einmal aus rationalen Überlegungen, sondern aus Angst vor Volksaufständen kam«[98]. Eisenbergs Einschätzungen der Nachkriegssituation begründeten ihre Feststellung: »Die Sowjetunion war wie ein entsichertes Gewehr. Die Wirtschaft befand sich in der Krise, es gab eine starke deutsche Linke und (der Westen) musste schnell das Vertrauen des deutschen Volkes gewinnen. Man betrachtete das wirklich als einen Kampf für die deutsche Seele«.[99] Der Kampf der Ideologien brachte den Marshallplan hervor.

Die begründete Besorgnis, dass antikapitalistische Kräfte Oberwasser bekämen, war also bei diesem Plan mit im Spiel. Die bekannte kanadische Publizistin Naomi Klein bezeichnet den Marshallplan als stärkste Waffe an der ökonomischen Front. Ihre 2007 publizierte Untersuchung kommt zu dem Ergebnis: »Zudem fühlten sich so viele Deutsche zum Sozialismus hingezogen, dass die US-Regierung lieber die Teilung Deutschlands akzeptierte, als zu riskieren, das ganze Land zu verlieren – entweder durch den völligen Zusammenbruch oder einen Sieg der Linken. In Westdeutschland baute die US-Regierung mit dem Marshallplan ein kapitalistisches System auf, das nicht dazu gedacht war, schnell und problemlos neue Märkte für Ford und Sears zu schaffen, sondern das aus sich heraus so erfolgreich werden sollte, dass Europas Marktwirtschaft gedieh und der Kommunismus seine Attraktivität verlor.«[100]

Dem Kommunismus sollte begegnet werden, dazu waren alle Mittel recht. Aus der Sicht der Westmächte war die Idee des Marshallplans schon deshalb ein Geniestreich, weil man von der sicheren Erkenntnis ausgehen konnte, dass die im Krieg ökonomisch stark geschwächte Sowjetunion nicht über analoge materielle und finanzielle Mittel verfügte, um diesem Unternehmen etwas entgegenzusetzen. Um den ökonomischen Druck auf die Sowjetunion zu erhöhen, hatten die Militärregierungen der Westmächte der Sowjetunion die ursprünglich vereinbarte Entnahme von Reparationen aus den Westzonen verweigert. Es ist nicht auszuschließen, eher als sicher anzunehmen, dass das in der Voraussicht erfolgte, dass die UdSSR nunmehr zur Befriedigung ihrer Reparationsansprüche allein die von ihr besetzte Zone in Anspruch nahm. Was prompt geschah und dazu führte, dass die Aufbaubedingungen und die

Lebensverhältnisse der Bevölkerung im Osten Deutschlands weiter belastet wurden.

Der Marshallplan setzte auf eigene Stärke des Westens und traf den nunmehrigen Gegner an seiner Schwachstelle. Dabei wurde in Washington in Kauf genommen, dass die Maßnahmen im Rahmen des Marshallplanes nicht der reinen Lehre des Kapitalismus folgten. Man verließ in gewisser Weise dabei die klassische Lehre der Profitmaximierung mit ihrem Dogma der Dreifaltigkeit: Beseitigung der öffentlichen Sphäre, Deregulierung und Reduzierung der Sozialausgaben. Die Lehren von John Maynard Keynes, der für staatliche Eingriffe in die Wirtschaft plädierte, selbst die Notwendigkeit einer volkswirtschaftlichen Planung und eines sozialen Ausgleichs implizierte, gewannen nunmehr neue Aktualität. So schloss der Marshallplan im Kamps um die Seelen auch spürbare Maßnahmen zur Verbesserung der Lebenslage der Menschen, selbst unerwartete Elemente der Mitbestimmung von Gewerkschaften, ein.

Das aber erwies sich bekanntermaßen als ein mittelfristiges taktisches Manöver. Naomi Klein stellte fest: »Solange der Kommunismus eine Gefahr war, ließ man den Keynesianismus gewähren und gedeihen; als das konkurrierende System an Boden verlor, konnten endlich alle Kompromisse beseitigt und damit das puristische Ziel verwirklicht werden, das Friedmann seiner Bewegung ein halbes Jahrhundert zuvor vorgegeben hatte.«[101] Dieser Erkenntnis haben sich deutsche Historiker und Philosophen angeschlossen. Der Philosoph Peter Sloterdijk fasste seine Auffassung dazu in der Formel zusammen: »Die sozialen Errungenschaften der Nachkriegszeit in Europa, namentlich der viel zitierte Rheinische Kapitalismus samt seinem extensiv ausgebauten Sozialstaat und der überbordenden Therapiekultur, waren Geschenke des Stalinismus.«[102]

Dieser Hintergrund der US-Nachkriegsstrategie öffnet zugleich einen Weg zur Beurteilung der zeitweiligen Renaissance des Keynesianismus in Westeuropa. Er war nicht – wie von Protagonisten eines »Dritten Weges« und Verfechtern der Konvergenztheorie angenommen – als Alternative zum kapitalistischen Mainstream, sondern als zeitweilige taktische Variante klassischer Kapitalismusstrategie in Mode gekommen. Deshalb bleiben auch nach der Lektüre des Kapitels »Konvergenz – die unsichtbare Hand des Marktes im Sozialismus« in der in vieler Hinsicht anregenden Schrift »Wehe dem Sieger« von Daniela Dahn meine Zweifel gegenüber der darin vertretenen Konvergenztheorie. Die von der Autorin kritisierte ablehnende Haltung der »Parteioberen der DDR« zu ihrer Theorie war wohl nicht – wie sie meint – ein Resultat deren »unendlichen Wachsamkeit«.[103] Sie war eher das Ergebnis einer nüchternen Einschätzung der gleichen Tatsachen, auf deren Analyse sich das Urteil von Naomi Klein, Peter Sloterdijk und anderer gründet.

Währungsreform 1948 – Vorstufe zum Vollzug der Spaltung

Die sich über Wochen hinschleppenden Beratungen der Außenminister der Alliierten in Paris endeten im Sommer 1947 ergebnislos. Die Interessenlage der im Krieg gegen Nazideutschland Verbündeten hatte sich grundlegend gewandelt. Peter Graf Kielmannsegg gelangte zu der Auffassung: »Alle Vereinbarungen, die der Sowjetunion Möglichkeiten der Einwirkung auf ganz Deutschland eröffneten – und das heißt praktisch alle denkbaren gesamtdeutschen Lösungen – mussten als gefährlich erscheinen. […] Keine Seite sprach aus, dass sie in den Ungewissheiten des sich rasch verschärfenden Ost-West-Konfliktes nicht mehr gewillt sei, ihr Verfügungsrecht über den eigenen Anteil an der Beute Deutschland zur Disposition zu stellen. Nachdem der Kalte Krieg nun einmal ausgebrochen war, musste nüchterne Kalkulation der eigenen Interessen – um die deutschen ging es ja nicht – jede der entzweiten Siegermächte notwendig zu dem Schluss führen, dass keine der allenfalls aushandelbaren gesamtdeutschen Lösungen ihr so viele Vorteile bringen konnte wie die Teilung.«[104]

Zu den gravierendsten Einschnitten in der Geschichte der deutschen Teilung gehört zweifellos die Währungsreform, die am 20. Juni 1948 in den Westzonen durchgeführt wurde. Begonnen hatte die Organisation dieser geheimen Aktion auf einem Kasernengelände der idyllischen Gemeinde Rothwesten im Landkreis Kassel. Seit dem 21. April 1948 bereiteten dort, militärisch abgeschirmt, elf führende Vertreter deutscher Banken, einige Wissenschaftler und Spezialisten der drei Westalliierten die Einzelheiten der Währungsumstellung in Westdeutschland vor. Im Geheimen wurden vier komplizierte Gesetzestexte (erstes bis viertes Gesetz zur Neuordnung des Geldwesens[105]) vorbereitet, die am 20. Juni durch die Militärregierungen der drei Westmächte in Kraft gesetzt wurden. Die Banknoten waren vorher im Rahmen einer geheimen Operation mit dem Decknamen »Bird Dog« in New York und Washington gedruckt und per Schiff in 23.000 Stahlkisten über den Atlantik nach Bremerhaven gebracht worden.

Franz Josef Strauß war an den Vorbereitungen beteiligt. In seinen Erinnerungen lässt er unbeschwert den Geist des Herangehens erkennen. »Dass die Währungsreform der entscheidende Schritt zu einer scharfen Ost-West-Konfrontation, der wirtschaftliche Vollzug der Trennung der sowjetischen von den westlichen Besatzungszonen werden könnte, spielte in unseren Überlegungen keine Rolle.«[106] Zielbewusst und ohne Rücksicht auf die Zuspitzung des internationalen Klimas strebten die konservativen bürgerlichen Kräfte Westdeutschlands nach deutscher Teilung, nach westdeutscher Staatsgründung. Ihre politischen Intentionen wie ihre ökonomischen Interessen waren mit denen der westlichen Besatzungsmächte weitgehend identisch. Ein analoges Klassenbewusstsein bildete das geistige Band dieser Allianz.

Die politischen, wirtschaftlichen und geografischen Bedingungen für das Vorhaben einer Staatsbildung und die Westintegration dieses Staates waren einschränkungslos gegeben. Das Territorium und die Bevölkerungszahl in den Westzonen Deutschlands überstiegen das des Kontrahenten im Osten um mehr als das Doppelte. In diesem Gebiet gab es im Unterschied zur sowjetischen Zone keine mit Rechten Dritter belasteter Luft-, Land- und Schifffahrtskorridore und kein Konstrukt mit der politischen Sensibilität von Westberlin. Die Westzonen verfügten mit dem Ruhrgebiet, mit den industriellen Kernen von Hamburg bis München und von Mannheim bis Kassel über erhebliche Rohstoffquellen, energetische Grundlagen und umfassendes industrielles Potenzial, das von der Stahlindustrie bis zur Leichtindustrie reichte. Reparationsleistungen wurden nach relativ geringen Entnahmen früh erlassen.

Der Marshallplan erwies sich als schubkräftige Starthilfe, um die Kriegsfolgen in der Wirtschaft schnell zu überwinden und das Warenangebot ab 1949 in den westlichen Zonen sichtbar zu verbessern. Mit dem Marshallplan konnten zugleich die weltweiten Verbindungen des deutschen Kapitals, das vor dem Zweiten Weltkrieg auf allen Erdteilen und auf den Weltmeeren präsent war, reaktiviert und der direkte Zugang zu den Weltmärkten ermöglicht werden. Die Westmächte stellten als Verbündete der BRD die Bundesrepublik nie – auch nicht zugunsten einer gesamtdeutschen Lösung – in Frage. Nie wurde auch nur eine Fall bekannt, dass sie hinter dem Rücken der BRD mit dem anderen deutschen Staat Geheimgespräche geführt hätten.

Das deutsche Bürgertum, das mit der Gründung der Bundesrepublik die Machtverhältnisse und die Gesellschaft neu organisierte, verfügte über eine seit Generationen – im Grunde über mehr als hundert Jahre – gesammelte Leitungserfahrung in Staat und Wirtschaft, über ein beträchtliches Geistes- und naturwissenschaftliches Potential, über umfangreiche Fähigkeiten zur Bewältigung gesellschaftlicher Konflikte. Über Jahrzehnte hatten die bürgerlichen Kräfte in Deutschland es erfolgreich verstanden, die Mittel der Massenbeeinflussung zu nutzen. Die britischen und amerikanischen Demokratie- und Rechtsvorstellungen, die bei der Bildung der Bundesrepublik im staatlichen Bereich und auch in der Praxis der Medien wie im öffentlichen Umgang Pate standen, rieben sich zwar mit den Positionen der erzkonservativen Kräfte, konnten aber insgesamt verkraftet werden. Schließlich wurden sie zum Bestandteil der neuenLebensweise.

Der sogenannte Neubeginn war im Westen dennoch eine Fortsetzung. Ein Weiter-so, nur eben ohne Hitler, ohne dessen Partei und die Nazi-Organisationen. Die Gefolgsleute und Stützen des Nazireiches – von Richtern, Staatsanwälten, Beamten, Diplomaten, Hochschullehrern bis hin zu Geheimdienstlern und Militärs – durften dort weitermachen, wo sie 1945 zwangsweise hatten aufhören müssen. Es war auch ein Weiter-so mit den Strukturen und Prinzipien der kapitalistischen Wirtschaft, mit dem Bürgerlichen Gesetzbuch und dem bürgerlichen Rechtssystem.

Die Zuspitzung der Situation 1948 – die Luftbrücke und Moskauer »Archivdefizite«

Der Masterplan, der den Weg zum Grundgesetz und der Gründung der Bundesrepublik vorzeichnete, war vorrangig ein Produkt amerikanischer und britischer Deutschlandpolitik. Wie die Gründung der NATO, später die Westintegration der Bundesrepublik und die Wiederbewaffnung gehörte auch die Erarbeitung des Grundgesetzes zur Gesamtstrategie, die sich im westlichen Bündnis herausgebildet hatte. Die Erarbeitung des Grundgesetzes 1948/49 war einer der politischen Schachzüge in der Eröffnungssituation einer neuen Phase des Kalten Krieges.

Wenig fruchtbar erscheint heute die Debatte über den Zeitpunkt, ab dem die Westmächte auf die Teilung Nachkriegsdeutschlands und damit auf die Bildung eines Weststaates setzten. Die Antwort fällt dazu unterschiedlich aus. War es – wie Christian Bommarius annimmt – schon im Sommer 1946, nach der zweiten

Nachkriegskonferenz der Außenminister der USA, Großbritanniens, Frankreich und der Sowjetunion in Paris[107], oder im Laufe des Jahres 1947 – wie Peter Graf Kielmannsegg meint[108] –, oder 1948 – wie Gunter Mai das »Ereignis«[109] datiert? Für die historische Betrachtung wie für manch aktuelle Debatte ist vor allem die Tatsache von Bedeutung, dass die Teilung von den Westmächten ausging. Die Entscheidung dazu bildete sich nicht an diesem oder jenem Tag, sondern in einem Prozess, in dem die Vereinbarungen von Potsdam zunehmend unterlaufen und durch eine Strategie der Eindämmung des früheren Verbündeten, der UdSSR, ersetzt wurden.

Es bleibt der Disput über den Wahrheitsgehalt der Behauptung der Westmächte, dass ein vermeintlicher Expansionsdrang der Sowjetunion eine derartige Strategie herausgefordert hätte. Nicht nur der britische Außenminister Bevin heizte 1947/48 die antikommunistische Stimmung mit der Behauptung einer »Bedrohung der westlichen Zivilisation durch die Sowjetunion«[110] an. Nicht anders argumentierte Konrad Adenauer. Aggressive Absichten wurden der Sowjetunion gegenüber Nachkriegsdeutschland immer wieder unterstellt, nie aber bewiesen. Auch Kielmannsegg hat bei seinen intensiven Studien zu dieser Materie keinen überzeugenden Beweis für aggressive Absichten der Sowjetunion gefunden. Er kommt allerdings zu dem – für einen renommierten Historiker erstaunlichen – Schluss, »entscheidend war, wie man seine (*Stalins – H. G.*) Politik im Westen wahrnahm«.[111]

Politische Entscheidungen von derart strategischer Bedeutung wie der Kalte Krieg und die deutsche Teilung basierten, das ist kaum bestreitbar, aber nicht auf Wahrnehmungen, sondern auf grundlegenden langfristigen Interessen.

Der in den letzten Jahren verbesserte Zugang zu amerikanischen und sowjetischen Archiven hat mit neuen Erkenntnissen die Einschätzung gestützt, dass es keine aggressiven Nachkriegsplanungen der UdSSR gegeben hat. Der Historiker Jochen Laufer, der wie kaum ein anderer mit russischen Experten in den letzten Jahren in Moskauer Archiven gearbeitet hat, stellte fest: »In keiner der bisher zugänglichen sowjetischen Quellen findet sich eine Spur für eine konfrontative antiwestliche Nachkriegsplanung in Moskau.«[112] Schon Jahre zuvor hatte Elke Scherstjanoi aus ihrer eingehenden Analyse der sowjetischen Deutschlandpolitik den Schluss gezogen: »Einem Revolutionsschema folgte Moskaus Deutschlandpolitik nicht.«[113] Auch ihre Forschungen bestätigten, dass die Propaganda von der angeblichen sowjetischen Gefahr, mit der die öffentliche

Meinung manipuliert wurde, nicht durch Tatsachen gedeckt war. Diese Propaganda diente allein den auf Blockbildung und Teilung gerichteten Interessen der Westmächte. Diese Einschätzung deckt sich mit der Beschreibung der Nachkriegssituation durch Henry Kissinger, der feststellte: »Die Sowjetunion war durch vier Kriegsjahre und 20 Millionen Gefallene erschöpft. Wir (*die USA – H. G.*) hatten ein atomares Monopol und waren den Sowjets 20 Jahre lang nuklear weit überlegen. Unsere relative Stärke ist niemals größer gewesen als zu Beginn des bald so bezeichneten Kalten Krieges.«[114]

Die Zweiteilung der Welt und der konzentrierte Ausbau der Machtpositionen der USA waren nach der Truman-Doktrin (1947) inzwischen zur Zentralachse des Denkens der Politiker, Diplomaten und Militärs der Westmächte geworden. Diese Vorgabe erforderte eine zunehmende Einbeziehung deutscher Experten in Planung und Realisierung der Besatzungspolitik. Während westdeutsche Politiker in den Anfangsjahren der Besatzungszeit nur in wenigen Einzelfällen konsultiert und informiert wurden, gewann die deutsche Mitarbeit nach der Truman-Doktrin neue Dimensionen. Schon im Januar 1947 hatten die Westmächte in Stuttgart-Ruit eine bizonale »Leitstelle für Außenpolitische Fragen« installiert, die auf Initiative von General Clay später in »Deutsches Büro für Friedensfragen« umbenannt wurde. In dieser frühen Phase der Nachkriegsentwicklung erfolgte die Einbeziehung genehmer deutscher Experten in die Realisierung der Blockbildung und zur Vertiefung der sich abzeichnenden Gräben zwischen Ost und West. Gemeinsames Handeln der Verbündeten des Zweiten Weltkrieges war Geschichte. Der deutsche Partner gewann strategische Bedeutung.

Dabei nahmen die USA auch Verstimmungen mit Frankreich in Kauf. Frankreich hatte anfangs Einwände gegenüber der amerikanischen Blockbildung und einen starken westdeutschen Staat erhoben. Im Januar 1948 kam es zum Konflikt, als bekannt wurde, dass die Amerikaner hinter dem Rücken ihrer französischen Verbündeten ihre neuen Deutschlandpläne vorab mit westdeutschen Politikern beraten und abgestimmt hatten. Letztlich einigte man sich jedoch. In der Folgezeit wurden die Deutschlandpläne der Westmächte – unter bewusstem Ausschluss der UdSSR – im Kreis der Amerikaner, Briten und Franzosen unter Einbeziehung der Beneluxländer weiter verhandelt.

Schlüsselereignis des weiteren Geschehens war die Londoner Sechsmächtekonferenz (Februar bis Juni 1948), an der die USA, Großbritannien, Frankreich und die Benelux-Staaten teilnahmen.

Dort wurde die mit der Truman-Doktrin vorgegebene Marschrichtung in ein umfangreiches Konzept praktischer Maßnahmen umgesetzt. Man war sich einig über die Einbeziehung Westdeutschlands in den westlichen Block, über die Schaffung eines Staates aus den westlichen Zonen und die Vorbereitung eines Grundgesetzes bürgerlicher Provenienz. Es wurden Grundsatzentscheidungen getroffen und die nächsten Schritte vorbereitet. Die Londoner Konferenz benötigte – trotz der weitgehend analogen politischen und sozialen Grundpositionen der Beteiligten – für ihr umfangreiches Programm in zwei Sitzungsperioden acht Wochen. (Zum Vergleich: Die Konferenz in Jalta war in sechs Tagen, die in Potsdam in zwei Wochen absolviert worden.)

Diese fundamentale Kursänderung gegenüber den Vereinbarungen von Potsdam mit der Sowjetunion war ein Affront gegenüber dem früheren Verbündeten, der in der Geschichte seinesgleichen sucht. Die Londoner Konferenz arbeitete hinter verschlossenen Türen und bei strikter Geheimhaltung. Vom britischen Außenminister ist die Weisung zum Verhalten gegenüber Vertretern der UdSSR bekannt geworden: »Nichts sagen und sich nicht vom Fleck rühren.«[115] Die Tatsache jedoch, dass man zusammen saß, blieb nicht verborgen. Am 20. März 1948 ersuchte der Vertreter der UdSSR im Alliierten Kontrollrat Marschall Sokolowski seine Kollegen aus den USA, Großbritannien und Frankreich um eine Information über Gegenstände und Ergebnisse der Beratung in London. Diese erwiderten, »dazu seien sie von ihren Regierungen nicht autorisiert«.[116] Damit war Gemeinsamkeit auch im Alliierten Kontrollrat aufgekündigt. Die sowjetischen Vertreter verließen ob dieser provokanten Antwort den Konferenzsaal.

Die Atmosphäre zwischen den Offizieren der Alliierten im Kontrollrat war in den frühen Sommertagen hoch gespannt. Am 16. Juni 1948 war der Zusammenarbeit in der alliierten Militärkommandantur für Berlin provokativ ein Ende gesetzt worden. Gegen Ende der 93. (ergebnislosen) Sitzung dieses Gremiums verließ der amerikanische Stadtkommandant, Oberst Howley, mit der lakonischen Bemerkung, er sei müde, die Beratung. Der sowjetische Vertreter, Oberst Jelisarow, protestierte gegen diese Handlungsweise. Auch Jelisarow verließ einige Zeit danach die durch die Abwesenheit des amerikanischen Vertreters nicht mehr beschlussfähige Sitzung. Die Vertreter Englands und Frankreichs machten daraufhin Jelisarow mit der fadenscheinigen Begründung, er hätte es unterlassen, einen Termin für die nächste Sitzung zu nennen, für das Ende dieses Gremiums verantwortlich. Der Anlass war banal. Er hätte bei einem Quäntchen guten Willens bereinigt werden können. Der Westen hatte jedoch sein Interesse an den 1945 vereinbarten alliierten Gremien für Berlin und für Gesamtdeutschland verloren.[117]

Auch nach Abschluss der Londoner Konferenz blieben die Westmächte gegenüber der UdSSR auf der Linie der Geheimniswahrung. Der sowjetische Botschafter in London, G. M. Zarubin, erhielt auf Nachfrage nicht mehr als eine Kopie des nichtssagenden Pressekommuniqués. In einem geheimen Schreiben an den britischen Militärgouverneur in Deutschland lehnte der britische Außenminister jeden weiteren Kontakt mit der sowjetischen Regierung ab. Er begründete das mit der Erklärung, »es ist schwierig, den Sowjets die Teilnahme an politischen Verhandlungen anzubieten und sie gleichzeitig von den Vereinbarungen über die Ruhr und die zukünftige Sicherheit ›gegenüber Deutschland‹ auszuschließen«.[118]

Wenige Wochen danach wurde die Spannung nunmehr in der Berlin-Frage weiter erhöht. Noch im Februar 1948 hatten britische Diplomaten in einer Beratung im britischen Außenministerium die Möglichkeit erörtert, Westberlin aufzugeben.[119] Am 18. März stoppte Außenminister Bevin derartige Debatten und Pläne mit der Erklärung: »Wir müssen bleiben.«[120] Die Lage spitzte sich weiter zu, als die Währungsreform in den Westzonen vom 20. Juni 1948 wenige Tage danach auf Westberlin übertragen wurde. Obwohl im ersten Gesetz der Militärregierungen der USA, Großbritanniens und Frankreichs zur Neuordnung des Geldwesens (Gesetz Nr. 61 sowie Verordnung 158) als Geltungsbereich dieser Maßnahme allein die Länder in den Westzonen als »Währungsgebiet« ausgewiesen waren, wurde die D-Mark entgegen allen Zusagen und abweichend vom offiziellen Gesetzestext in den Westsektoren Berlins eingeführt.[121]

Wie bei diesem Vorgehen die UdSSR von den Westalliierten getäuscht und hintergangen wurde, offenbarte ein Briefwechsel der Militärgouverneure. Am 18. Juni 1948 wurden die Vertreter der Sowjetunion von den Westalliierten über die per 20. Juni in den Westzonen in Kraft gesetzte Währungsreform informiert. Am gleichen Tag erhielt der Chef der sowjetischen Militäradministration, Marschall Sokolowski, ein Schreiben des britischen Militärgouverneurs, in dem dieser zur vorgesehenen Währungsreform versicherte: »Der britische Sektor Berlins wird von dieser Entscheidung unberührt bleiben. Ich erkenne die besonderen Bedingungen einer Viermächteregelung in Berlin an und wünsche in keiner Weise, dass sie gestört wird, es sei denn, dass es unvermeidlich werde.«[122]

Dieser Brief war jedoch nichts anderes als ein Paradestück hinterhältiger Täuschung. Fünf Tage danach, am 23. Juni 1948, setzten der britische, der amerikanische und der französische Militärkommandant die Währungsreform für ihre Westberliner Sektoren in Kraft. Erkennbare Bedenken dahingehend, dass bei diesem Verstoß der Westmächte gegen die Viermächtevereinbarungen auch Gefahren eines möglichen militärischen Risikos entstehen könnte, wurden beiseite geschoben. »Es war Ernst Reuter und General Clay gelungen, sie (*die Zweifler – H. G.*) zu überzeugen, dass die zu erwartende Gegenreaktion der Sowjetunion unterhalb eines Krieges bleiben werde.«[123]

Die massivste sowjetische Antwort auf dieses provokative Vorgehen der Westmächte waren die verschärfte Kontrolle und zeitweilige Sperrung der Landverbindung nach Westberlin auf dem Territorium ihrer Zone ab Ende Juli 1948. Sie ging als »Berliner Blockade« in den Sprachgebrauch ein. Übergangen wird bei dieser Definition, dass es nie eine Totalblockade gab. Auch in dieser angespannten Situation war der Zugang der Westberliner und der Westalliierten nach und über Ostberlin *zu jeder Zeit* weiter möglich. Unbeeinflusst blieben weiter die Luftkorridore, die eine massive Luftbrücke ermöglichten.

Bis heute wird in Darstellungen über die »legendäre Luftbrücke« übergangen, dass sich die Westalliierten bei der Einrichtung und dem Betrieb der Luftbrücke an der Grenze der Legalität bewegten. Die benutzten Luftkorridore waren 1948 keineswegs durch internationale Abkommen gesichert. Sie waren zwar in der unmittelbaren Nachkriegszeit als zeitweiliges Verwaltungsabkommen eines alliierten Koordinierungskomitees (Coordinating Committee) vereinbart, wurden jedoch nicht vom Alliierten Kontrollrat bestätigt.[124] Im Bericht über die Schaffung von Luftkorridoren vom 27. November 1945 an den Alliierten Kontrollrat wurde der provisorische Charakter der Luftkorridorregelung unmissverständlich ausgedrückt. Es hieß darin: »Die obigen Vorschläge werden zu dem Zwecke gemacht, um den Erfordernissen der unmittelbaren Zukunft, soweit wir sie jetzt übersehen können, zu genügen.«[125]

Berichte über die Blockade und Luftbrücke gehören bekanntlich zu den Ereignissen der Nachkriegsgeschichte, die nachträglich besonders dramatisiert und fernab der Hintergründe des Geschehens Propagandazwecken dienten und nach wie vor weiter dienen. Ernsthafte Analysen des Geschehens vermitteln ein anderes Bild. Der Zeithistoriker Gunter Mai kam im Ergebnis seiner Forschungen zum Alliierten Kontrollrat zu der Erkenntnis, dass die sowjetischen Maßnahmen »keine Kriegstreiberei, sondern ein untaugliches Unternehmen, die Westalliierten erneut an den Verhandlungstisch zu bringen«, darstellten.[126]

Es ist im Nachhinein wenig nutzbringend, darüber zu orakeln, ob und wie die UdSSR in dieser Situation angemessener, klüger und erfolgreicher auf die – offensichtlich auf Provokation und Abgrenzung ausgerichtete – Politik der Westalliierten hätte reagieren können. Sie hat so reagiert, wie sie es damals verstand und dabei die Mittel eingesetzt, die ihr zur Verfügung standen. Sie verfügte weder über das ökonomische Potential, um dem Marshallplan etwas entgegenzusetzen, noch über die politischen und psychologischen Erfahrungen der medialen Massenbeeinflussung, die vor allem in den USA einen erstaunlichen Wirkungsgrad erreicht hatten. Obendrein hegten die Verantwortlichen in der UdSSR zu lange irreale Hoffnungen über die Bestands- und Wirkungskraft der Nachkriegsvereinbarungen der Antihitlerkoalition und über die Überzeugungskraft ihrer politischen Erklärungen und gesellschaftlichen Entwürfe.

Angesichts der fragwürdigen oder auch ungereimten Berlin-Regelungen im EAC-Dokument vom 12. September 1944 – vor allem hinsichtlich der rechtlich ungeregelten Frage der Zugangswege – verwundert es, dass die UdSSR 1948 offensichtlich nichts unternommen hat, um auch mit rechtlichen Mitteln einer Lösung dieses Problems näher zu kommen. Hinweise darauf, dass seitens der UdSSR 1948 rechtliche Mittel für eine internationale Bereinigung der Ungereimtheiten in den Berlin-Regelungen im EAC-Dokument vom September 1944 geprüft wurden, liegen nicht vor. Bekanntlich war in der EAC-Entscheidung von 1944 und in den Festlegungen zum Alliierten Kontrollrat stets von einer zeitlich begrenzten »Alliierten Verwaltung Berlins« ausgegangen worden. Nie wurde in dieser Phase eine Zugehörigkeit Westberlins zum westlichen Deutschland geregelt. Im Londoner Abkommen vom 14. November 1944 wird in Artikel 7 die Vollmacht der geplanten interalliierten Regierungsbehörde für Berlin darauf konzentriert, »gemeinsam die Verwaltung des Gebietes von Großberlin zu leiten«. Diese Regelung wird im Artikel des gleichen Dokumentes zeitlich ausdrücklich auf die »Anfangsphase der Besetzung Deutschlands, die unmittelbar auf die Kapitulation folgt«, begrenzt.[127]

Eine Ursache für die rechtliche Zurückhaltung der Sowjetunion mag auch in der mehrfach beschriebenen desolaten Situation bei der Aufbewahrung und Nutzung des internationalen Archivbestandes zu finden sein. Falin bezeichnet den Zustand der Unterlagen zur Berlin-Frage, die er 1959 im sowjetischen Außenministerium vorfand, als deprimierend. Bei der Suche nach Vereinbarungen wurde er auf »noch nicht aufgeräumte Schränke« verwiesen. Dort fand er u. a. ein britisches Dokument, wonach man im Alliierten Kontrollrat 1947 festgehalten hatte: »Berlin ist der Standort der Viermächteorgane und zugleich Hauptstadt der sowjetischen Zone.«[128] Falin kommentiert diese Schwäche des sowjetischen Archivwesens mit der Bemerkung: »Die westlichen Diplomaten zerbrechen sich die Köpfe, warum Moskau nicht den einen oder anderen für die Westmächte unbequemen Präzedenzfall hervorhebt.«[129]

Das Moskauer »Archivdefizit« war langlebig. Der spätere Botschafter der UdSSR in der Bundesrepublik Julij A. Kwizinskij, der am Ende des Jahres 1965 in das Moskauer Außenministerium wechselte, berichtete über den unverändert desaströsen Zustand des Archivbestandes zur Berlin-Frage. Die von ihm dazu vorgefundenen Akten waren weder vollständig noch geordnet. So geschah es zuweilen, wie er berichtete, »dass unseren Diplomaten ein paar wichtige Dokumente einfach fehlten, während die andere Seite alles zur Hand hatte und auf jedes noch so kleine Detail in irgend einem Brief unserer Vertreter oder einer sowjetischen Note von vor zwanzig Jahren hinweisen konnte. [...] Wir hatten und haben kein zuverlässiges System der Aufnahme, Speicherung und zielgerichteten Nutzung von Informationen.«[130] Als in späteren Jahren nach internationalen Verhandlungen beispielsweise der Grenzverlauf an der Elbe erneut klärungsbedürftig wurde, stellte man in Moskau verwundert fest, dass darüber keine Unterlagen vorliegen. Nur die britische Seite verfügte dazu über ein Dokument, unterzeichnet von zwei subalternen Offizieren der britischen und der sowjetischen Streitkräfte, die ihre »Übereinkunft« obendrein fernab international üblicher Regeln (Grenzlinie nicht Flussmitte, sondern am rechten Ufer) getroffen hatten. Internationale Politik folgt nicht nur großen Strategien, sie stolpert nicht selten auch über primitive Fußangeln.

Die auch für die Westmächte erstaunliche Zurückhaltung der UdSSR bei der Wahrnehmung ihrer Rechte und Interessen in der Berlin-Frage führte in den Planungsstäben zu wichtigen Erkenntnissen über Grenzen und Belastbarkeit des früheren Verbündeten. Erkennbar wurde, dass die Sowjetunion in der Berlin-Frage zwar zeitweise begrenzte Sperrmaßnahmen durchführte, dabei aber jeglichen militärischen Konflikt zu vermeiden suchte. Triumphierend erklärte der amerikanische Außenminister Marshall im September 1948: »Die Russen sind auf dem Rückzug […], wir befinden uns auf dem Weg zum Sieg.«[131]

Neben den beschriebenen Defiziten haben mit hoher Wahrscheinlichkeit Überschätzungen der Differenzen zwischen den drei Westmächten und auch fehlendes Gespür gegenüber der Verführungskraft von Konsumangeboten eine nicht unwichtige Rolle in der Summe der Fehleinschätzungen Moskaus zu jener Zeit gespielt. Kielmannsegg stellte in diesem Zusammenhang die hypothetische Frage: »Hätte man sich nicht über den defensiven Charakter der Blockbildung auf beiden Seiten verständigen können?« Seine Antwort: Dazu wäre ein stabiles wechselseitiges Vertrauen erforderlich gewesen, »und eben das konnte sich unter der unaufhebbaren Bedingung des Systemgegensatzes nicht bilden«.[133] Der unaufhebbare Systemgegensatz war zum Kulminationspunkt der tief greifenden Auseinandersetzung in der Nachkriegsentwicklung an jeder Front des Kalten Krieges geworden.

Die Blockade Westberlins und die Luftbrücke der Westalliierten währten zehn Monate. In dieser historisch kurzen Zeit wandelte sich in großen Teilen der deutschen Bevölkerung die Grundstimmung. Als Reaktion auf die Blockademaßnahmen entstand – was vorher nicht annähernd zu erkennen war – eine Allianz politischer Übereinstimmung nicht nur der Westberliner, sondern großer Teile der westdeutschen Bevölkerung mit der Haltung und der Politik der Westalliierten. Die Sowjetunion hatte an Prestige, an Einfluss, an Vertrauen verloren. Vorher noch möglich erscheinende Chancen für eine neutrale gesamtdeutsche Lösung waren verspielt. Der Strategie der Westmächte kamen Blockade und Luftbrücke entgegen. Die Solidarisierung der Bevölkerung gegen die sowjetischen Sperrmaßnahmen schuf eine wichtige massenpsychologische Grundlage für die vorbereitete Spaltung Deutschlands.

Als sich die Aufhebung der Blockade im Mai 1949 ankündigte, gehörte – so berichtete damals die *Herald Tribune* – der amerikanische Militärgouverneur Lucius Clay zu denen, die darüber nicht erfreut waren. Das passte ihm offensichtlich nicht ins Konzept. Clay wurde schon damals in amerikanischen Veröffentlichungen als starrköpfiger, streitsüchtiger Militär- und Staatsmann aus Georgia gekennzeichnet. Er »soll schwere Befürchtungen geäußert haben über das sowjetische Angebot, die Blockade aufzuheben. Wenn nicht feste wirtschaftliche und politische Bande es an einen westlichen Europa-Bund knüpften«, könne, so meinte General Clay, »ein besiegtes, aber geeinigtes Deutschland zu einem Pufferstaat in einem Kalten Krieg und dem russischen Druck viel zugänglicher werden als jetzt ein geteiltes Deutschland.«[134]

Durch die Blockade Westberlins hatte die Führung der UdSSR zweifellos ungewollt und sicher unerwartet zugleich den Plänen der Gegenseite in die Hände gespielt. Ein günstiges politisches Klima für die Bildung eines separaten westdeutschen Staates hatte sich herausgebildet.

Die Frankfurter Dokumente – ein bürgerlicher Weststaat wird angeordnet

Die Londoner Sechsmächtekonferenz beendete in der ersten Juniwoche 1948 ihre Beratungen. Danach wurde ohne Verzug und ohne Rücksicht auf die ursprünglichen gemeinsam mit der UdSSR getroffenen Entscheidungen für ein künftiges Gesamtdeutschland gehandelt. Am 1. Juli 1948 übergaben die drei westlichen Militärgouverneure in Frankfurt am Main den Regierungschefs der Länder der drei Westzonen die in London ausgearbeiteten »Frankfurter Dokumente«. Sie umfassten keine drei Seiten und enthielten unmissverständliche Anordnungen. Dokument I regelte die Grundlinien für die Verfassung. Vorgesehen war dabei, dass dem zu erarbeitenden Verfassungsentwurf durch eine Volksabstimmung die erforderliche Legitimation vermittelt werden soll.[135] Dokument II forderte die Überprüfung der Ländergrenzen. Das Dokument III schließlich enthielt die Grundsätze eines Besatzungsstatutes.

Die vorrangigste Aufgabe war die Anordnung, innerhalb von zwei Monaten – also bis zum 1. September 1948 – eine verfassungsgebende Versammlung einzuberufen. Dieser kurzfristige Termin war von der amerikanischen Delegation in London ebenso durchgesetzt worden wie auch die Festlegung, dass die Regierungsbildung innerhalb von 30 Tagen nach Billigung der Verfassung zu erfolgen habe. Man hatte es in den USA im Sommer 1948 eilig mit der Staatswerdung und Westintegration der Bundesrepublik. Eine konzertierte politische, ökonomische, organisatorische und mediale Aktion lief an.

Obwohl der Verfassungsauftrag nicht unerwartet kam, das angeordnete Tempo und der damit verbundene Druck überraschte die meisten schon. Christian Bommarius dazu: »Die Verhandlungen der Ministerpräsidenten, die Treffen der Parteipolitiker, die Beratungen mit den Militärgouverneuren, die Sitzungen der Landesregierungen, die auf diesen denkwürdigen Auftritt (*die Übergabe der Frankfurter Dokumente – H. G.*) folgten, wurden damals und werden bis heute gemeinhin als ›dramatisch‹ bezeichnet.«[136] Die westdeutschen Politiker waren nunmehr vor die Frage gestellt, Weststaatsgründung oder Deutschland einig Vaterland. Der württembergische Ministerpräsident Reinhold Maier beschrieb den ihnen von den Westalliierten eingeräumten Entscheidungsspielraum folgendermaßen: »Entweder einer staatlichen zumindest staatsähnlichen Organisation zustimmen mit der unvermeidlichen Konsequenz einer Teilung Deutschlands, wenn nicht, was das Schicksal verhüten möge, auf Dauer [...] ohne eigene Rechte dahinvegetieren, was im Grunde gar nicht möglich war.«[137]

Maier war nicht der einzige Politiker, der von derartigen Sorgen geplagt wurde. Vor allem der amerikanische Militärgouverneur Lucius D. Clay trieb die Dinge – nicht selten gegen den Widerstand seiner westdeutschen Partner – energisch voran. »Die USA gaben dabei«, wie Klaus Wiegrefe treffend bemerkte, »einen engen Korridor vor, in dem sich die Gründerväter bewegen durften. [...] Ohne Washingtons Einfluss würde die heute viel bewunderte Bundesrepublik anders aussehen, wenn es sie denn überhaupt gäbe«.[138]

Es ist schon ein erstaunliches Beispiel von Geschichtsumschreibung, wenn der Präsident der Bundeszentrale für politische Bildung öffentlich behauptet, die Furcht der Politiker der drei Westzonen *vor einer Festschreibung der Teilung* war der Ausgangspunkt der Aktivitäten zur Erarbeitung des Grundgesetzes.[139] So stellt man die Wahrheit wirklich auf den Kopf.

In der dritten Juliwoche 1948 trafen sich erstmals die Ministerpräsidenten mit Vertretern westdeutscher Parteien, um das Vorgehen zur Erfüllung des Verfassungsauftrags der Alliierten zu beraten. Noch immer gab es vorsichtige Stimmen, die dem zu konstruierenden Gebilde des Weststaates eher einen provisorischen als einen definitiven Charakter verleihen wollten. Dem trat der Sozialdemokrat Ernst Reuter energisch entgegen. Er plädierte für einen deutschen *Kernstaat*, der eine »magnetische Wirkung« auf die gesamte Ostzone ausüben soll. Ob dies eigener Erkenntnis entsprang oder auf Anraten seiner vertrauten Verbindungsleute Jay Loveston und Walter Reuter erfolgte, bleibt wohl ewig verborgen.

Sechs Wochen nach der Übergabe der Frankfurter Dokumente traf sich eine elfköpfige Herrenrunde – je ein Vertreter jedes westdeutschen Bundeslandes sowie einige Mitarbeiter und Sachverständige – auf der beschaulichen Insel im bayerischen Chiemsee. Abgeschottet vom politischen Alltag und bar jeden Kontaktes mit Interessenvertretungen des Volkes sollten sie im Konklave die Grundzüge der künftigen Konstitution entwerfen. Zwei Arbeitswochen waren ihnen dafür eingeräumt worden. Alle Teilnehmer – ob aus der CDU, der CSU, der FDP oder der SPD – waren gut situiert. Sie verstanden ihr Fach und sie verstanden zu leben. Jedem Teilnehmer standen auf Wunsch täglich ein Liter Bier, eine halbe Flasche Wein und drei Zigarren oder zwölf Zigaretten zu.[140]

Große Interessengegensätze zwischen den Vertretern der bürgerlichen Parteien und der SPD hinsichtlich des Charakters des künftigen Staats waren kaum vorhanden. Seit 1945 hatten sich wesentliche soziale Grundauffassungen der CDU und der von Schumacher geführten SPD weitgehend angeglichen. Innerhalb der CDU hatte Adenauer schon frühzeitig – im April 1946 – seinen damaligen innerparteilichen Kontrahenten eine Absage hinsichtlich deren Vorstellung von einer Synthese zwischen Ost und West erteilt.[141] Adenauers Staatsverständnis stützte sich auf drei Säulen: auf die Ablehnung eines deutschen Einheitsstaates, auf sein Bekenntnis zu christlichen Werten und bürgerlicher Freiheit sowie auf sein Interesse an einem uneingeschränkten Privatkapital. In seinen Erinnerungen findet sich dazu eine bemerkenswerte Aussage: »Wer eine Zentralisierung der politischen und der wirtschaftlichen Macht beim Staate oder einer Klasse erstrebt […], ist ein Feind jeder Freiheit der Einzelperson.«[142]

Wie wenig ernst es Adenauer war mit seinem christlichen Menschenbild und der von ihm apostrophierten Freiheit des Individuums, lässt ein Dialog zwischen ihm und dem Sozialdemokraten Carlo Schmid erkennen. Schmid berichtete, Adenauer hätte ein Gespräch mit ihm mit der Bemerkung beendet: »Was uns beide unterscheidet ist nicht nur das Alter, es ist noch etwas anderes: Sie glauben an den Menschen, ich glaube nicht an den Menschen, ich habe nie an ihn geglaubt.«[143] Sicher ein dahin geworfener Satz. Aber Adenauer redete zumeist sehr bedacht, recht kontrolliert. Sollte er ausgerechnet hier von dieser Praxis abgewichen sein?

Die Haltung der SPD stand ursprünglich den Vorstellungen Adenauers recht entgegen. Differenzen waren anfangs vor allem zur Frage, ob – wie die SPD es propagierte – auf ein einheitliches Deutschland oder – wie Adenauer ihn anstrebte – auf einen Weststaat und damit auf eine Spaltung des nach dem Krieg verbliebenen deutschen Staatsgebietes orientiert werden sollte. Ausgeprägt war in der SPD damals – im Unterschied zu den westdeutschen bürgerlichen Parteien – der Wille nach Sozialisierung der Großbetriebe und, daraus resultierend, nach starkem regulierenden und planenden Einfluss des Staates auf die Wirtschaft. In den ersten Nachkriegsjahren dominierte in der sozialdemokratischen Mitgliederschaft die Überzeugung vom Klassenwesen des Staates. Theoretische Positionen von Marx und Engels gehörten damals ebenso wie Publikationen von August Bebel in Ortsverbänden und Gremien der Sozialdemokratie zum theoretischen Standard. Vielen war Bebels Definition »In seiner Natur und seinem Wesen ist der Staat ein Klassenstaat«[144] geläufig.

Die Befreiung der Arbeiterklasse, die Überwindung der bürgerlichen Gesellschaft war die Zentralachse des Gründungskonsenses der deutschen Sozialdemokratie und über lange Zeit Zielbestimmung ihrer Strategie und Taktik. Diese programmatische Tradition der SPD war schon in der Weimarer Republik erodiert, sie wurde nach dem Zweiten Weltkrieg verlassen. Diese Kursänderung hat bis in die Gegenwart erkennbare Folgen, wie Franz Walter 2010 feststellte: »Den Kräften des Marktes ohne hemmende Reglements volle Entfaltungsmöglichkeiten zu verschaffen – das gehörte seit den späten 90er Jahren zu den Kernanliegen der postreformistischen Sozialdemokratie des Dritten Weges und der Neuen Mitte.«[145]

Unter Kurt Schumacher gab die SPD ihre traditionellen programmatischen Positionen auf. Nun ging es nicht mehr um die Freiheit der Arbeiterklasse, sondern um die Freiheit der Persönlichkeit, die im Kapitalismus zur bloßen Fiktion verkommen sei.[146] Carlo Schmid, der als aktiver geistreicher sozialdemokratischer Teilnehmer des Verfassungskonvents in Herrenchiemsee und Mitglied des Parlamentarischen Rates wesentlich zur Ausgestaltung des Grundgesetzes beigetragen hatte, kleidete das neue Staatsverständnis der SPD in die Formel: »Letztlich ist der Staat dazu da, die äußere Ordnung zu schaffen, deren die Menschen zu einem auf Freiheit des einzelnen beruhenden Zusammenleben bedürfen.«[147]

Wie sehr sich das Staatsverständnis Carlo Schmids dem der Kreise um Adenauer genähert hatte, war bereits 1947 in seinen Formulierungen bei der Erarbeitung der Landesverfassung von Baden-Württemberg abzulesen. Blumig hatte Schmid schon im Artikel 1 dieses Dokumentes formuliert: »Der Mensch ist berufen, in der ihn umgebenden Gemeinschaft seine Gaben in Freiheit und in der Erfüllung des ewigen Sittengesetzes zu seinem und der anderen Wohl zu entfalten. Der Staat hat die Aufgabe, ihm hierbei zu dienen.«[148] Der Staat wurde damit aus Sicht des SPD-Repräsentanten nunmehr als Diener »des ewigen Sittengesetzes« und nicht mehr, wie bei Bebel, als Klassenherrschaft definiert. Eine Kurskorrektur um 180 Grad war damit vollzogen. Marx, Bebel, selbst Lassalle ließ die Partei hinter sich. Die SPD hatte sich von proletarischen Positionen entfernt und der bürgerlichen Auffassung erheblich genähert. Bommarius kommentierte diese Metamorphose sozialdemokratischer Positionen als »kopernikanische Wende« im deutschen Staatsverständnis.[149]

Dieser Wandel in der SPD war eine der wesentlichen Voraussetzungen dafür, dass im Verfassungskonvent innerhalb weniger Tage das Grundgerüst des künftigen Grundgesetzes einvernehmlich vereinbart wurde. Von den vier Sozialdemokraten, die am Herrenchiemseer Verfassungskonvent teilnahmen, war Carlo Schmid zweifellos am einflussreichsten. Seinem Kollegen, dem Chef der hessischen Staatskanzlei Hermann Brill, plagten bei dem, was da erörtert wurde, rechte Sorgen. Seinem Tagebuch vertraute er über diese Beratungen an: »Es ist wirklich traurig anzusehen, wie wenig juristisches Ethos in diesen Menschen vorhanden ist. [...] Sie sehen die Dinge in erster Linie von den schon einmal diskutierten Bedürfnissen der Verwaltung. Sie wollen einen gut funktionierenden Staatsapparat, aber sie wollen nicht, dass der Staat nur eine Funktion des Volkes ist.«[150] Derartige Positionen gingen der SPD-Führung um Schumacher natürlich gegen den Strich. Brill, der zu den herausragenden Persönlichkeiten des Widerstandes gegen die Nazis gehörte, fiel im Vorstand der SPD bald in Ungnade. Als einzigem SPD-Teilnehmer des Verfassungskonvents wurde ihm die Teilnahme an den Arbeiten des nunmehr zu bildenden Parlamentarischen Rates von der »Hannover-Clique um Menzel und Schumacher«[151] verweigert.

Mit begründetem Erstaunen registrierten kritische Zeitgenossen, dass im Verfassungskonvent Konsens auch darüber erzielt worden war, dass das künftige Grundgesetz mit – in den Vorjahren so intensiv erörterten, in einigen Länderverfassungen artikulierten und kodifizierten – »Sozialisierungsabsichten« nicht »belastet« werden sollte. Der Vorsitzende der SPD-Verfassungskommission Walter Menzel hat den Gremien seiner Partei vom März 1947 bis zum September 1948 drei Entwürfe zum Grundgesetz vorgelegt. In keinem dieser Dokumente – die im Kern eher ein »Organisationsstatut« darstellten – waren Aussagen zur künftigen Wirtschaftsstruktur enthalten, allerdings auch nicht zu den Grundrechten.[152]

Die Militärregierungen waren ebenso wie das konservative deutsche Bürgertum für ein privatkapitalistisches, vom Staat unabhängiges Wirtschaftsmodell. Schon im Juli 1947 war im Zusammenhang mit dem Marshallplan der amerikanische Oberbefehlshaber von Washington in der Direktive Nr. 1779 angewiesen worden, »keine Maßnahmen in Bezug auf ein öffentliches Besitzrecht zu billigen«.[153] Die CDU hatte längst ihr Ahlener Programm von 1947 revidiert und mochte daran nicht erinnert werden. Die FDP hatte bereits in ihren programmatischen Richtlinien von Februar 1946 ihre Klassenposition deutlich gemacht, als sie postulierte: »Die Freiheit der Wirtschaft darf nicht sozial missbraucht werden.«[154]

Nach dem Strategiewandel der SPD-Führung brachten die Vertreter der SPD im Verfassungskonvent die Sozialisierungsfrage nicht einmal zur Sprache. Die noch einige Monate zuvor von SPD-Mitgliedern vertretenen Positionen zur Verstaatlichung der Großbetriebe und für eine Bodenreform waren Mitte 1948 aufgegeben und einer Anpassung an bürgerliche Gesellschaftsentwürfe gewichen. Die Führungskräfte der westdeutschen SPD waren in der bürgerlichen Gesellschaft angekommen.

Erwartungsgemäß erfolgte die Erarbeitung des Grundgesetzes nicht ohne permanente Einflussnahme der westlichen Besatzungsmächte. Die Militärgouverneure hatten sich von vorn herein in den Frankfurter Dokumenten jedes Recht des Einflusses und des Einspruchs vorbehalten. Sie waren die Herren des Verfahrens. In ihrem Auftrag war eine qualifizierte Schar von Beratern und Verbindungsoffizieren tätig. Aus dieser Schar ragte Johann Ludwig Hugo Simons heraus. Er war deutscher Herkunft, hatte sich als Jurist, Verwaltungsbeamter und Hochschullehrer einen Namen gemacht. 1935 war er nach Amerika emigriert. Sechs Jahre danach wurde er amerikanischer Staatsbürger. Neben seiner wissenschaftlichen Arbeit bewährte er sich seit 1943 als Berater des Office of Strategic Services, der neu geschaffenen Geheimdienstorganisation zu Fragen der europäischen Nachkriegsplanung. Als Jurist wurde er in die Arbeiten zur Gründung der Vereinten Nationen einbezogen. Welchen Intentionen er dabei folgte, machte eine Aussage in einer seiner Veröffentlichungen vom Januar 1947 deutlich: »Die USA exportieren Demokratie, weil sie Märkte im Ausland suchen. […] Moralische Missionen seien so ein Komplement ihrer materiellen Lage.«[155]

Hans Simons kam 1947 mit dem Auftrag, eine Staatsgründung vorzubereiten, nach Deutschland. Als Chef einer politischen Abteilung in der US-Militärregierung (OMGUS) sollte er den an der Umsetzung der Frankfurter Dokumente herangezogenen Deutschen nicht etwa nur Formulierungshilfe leisten, er sollte Einfluss nehmen.[156] Schon an den Vorbereitungen für die Schaffung der Bi-Zone war er entscheidend beteiligt. Im Sommer 1948 ging es um mehr. Simons sprach von vorn herein Klartext. Schon zu Beginn der »Aktion Grundgesetz« machte er seinen deutschen Partnern und Gehilfen klar, um was es gehe. Er betonte: Die deutsche Teilung sei der Preis der Freiheit, der künftige Weststaat sei für die Amerikaner »ein wichtiger Baustein im Bollwerk gegen den Kommunismus«.[157]

Kaum jemand hatte größeren Einblick in die Hintergründe der Schaffung der Bundesrepublik Deutschland und in die Genesis des Grundgesetzes als Hans Simons. In einer 1951 in Chicago veröffentlichen Arbeit offenbarte er: »Demokratie und Menschenrechte, Föderalismus und eine unabhängige Justiz in Westdeutschland seien nicht das erste Ziel der Alliierten, vielmehr Mittel zum Zweck, ›einen Partner für die westeuropäische Integration zu finden, bessere Bedingungen für den Marshall-Plan zu schaffen und in der Mitte Europas einen Schwachpunkt zu beseitigen, der nicht länger brüchig gelassen werden durfte‹.«[158]

Ihm und seinen »Mitwirkenden« ging es im Kern um die Schaffung eines antikommunistischen Bollwerks im Zentrum Europas. Alles andere wurde nach der Nützlichkeit für diese Grundbedingung beurteilt. Darin waren sich Simons auch mit seinem Kollegen Rolland Alfred Aimè Chaput de Saintonge bei der britischen Militärregierung sowie mit Jean Laloy, dem Beauftragten des französischen Oberkommandierenden, offensichtlich einig. Später wurde beschrieben, mit welchen Mitteln dieses Dreigestirn Angehörige des Parlamentarischen Rates aushorchte und auf diese oder jene Weise beeinflusste. Dem amerikanischen Verbindungsoffizier Antony F. Pabsch wird die süffisante Bemerkung zugeschrieben: »We observe them, then we cocktail them, dine them und lunch with them.«[159] (Wir beobachten sie, tranken mit ihnen, aßen zu Mittag und zu Abend.)

Die Genesis des Grundgesetzes – Freiheit, die ich meine, oder: Volksabstimmungen sind verdächtig

Wie angeordnet, trat in den Mittagsstunden des 1. September 1948 der Parlamentarische Rat zusammen, um die Arbeit am Grundgesetz zu einem Ergebnis zu führen. Der Modus der Bildung dieses Rates war in den Frankfurter Dokumenten vorgeschrieben. Seine Mitglieder wurden durch die Länder in der Weise benannt, dass für je 750.000 Einwohner ein Vertreter entsandt werden konnte. 61 Männer und vier Frauen gehörten diesem Gremium an. Als Präsident des Rates wurde entgegen anderen Erwartungen kein Teilnehmer des Verfassungskonvents, sondern Konrad Adenauer gewählt.

Der Parlamentarische Rat arbeitete in sechs Arbeitsgruppen. Sehr bald wurde grundlegende Übereinstimmung in den Kernfragen des künftigen Grundgesetzes erreicht. Gegenüber der Weimarer Verfassung, deren Grundrechtsregelungen nicht einklagbar waren, sollte nunmehr die gesamte Verfassungskonstruktion auf dem Fundament einklagbarer Grundrechte errichtet werden. In kritischer Auswertung des Missbrauchs des Notverordnungsrechtes des Reichspräsidenten in der Weimarer Republik wurden bei den Regelungen dem Bundespräsidenten vorrangig repräsentative Aufgaben übertragen.

Die in der Öffentlichkeit hervorgehobene Aufwertung der Grundrechte und deren Einklagbarkeit hatten gegenüber den Regeln der Weimarer Verfassung – wenn auch nicht uneingeschränkt – positive Auswirkungen für die Beziehungen zwischen Bürgern und Staat. Zugleich wurde damit jedoch der Justiz ein bis dahin weder bekanntes noch unmittelbar erwartetes hohes spezifisches Gewicht im Rahmen der Gewaltenteilung vermittelt. Damit wurde im Grundgesetz die Souveränität und der Regelungseinfluss der – ohne jeden Einfluss des Volkes und seiner Vertretungen – zu bildenden und tätigen Gerichte weitaus stärker ausgebaut als die Rechte der durch Wahlen legitimierten Parlamente. Bald sollte sich erweisen, dass diese Konstruktion – angesichts des richterlichen lebenslangen Status von Entscheidungsbefugnissen ohne Rechenschaftspflicht – besonders auch wegen der bald nach Beschlussfassung über das Grundgesetz vollzogenen Wiedereinsetzung von Richtern und Staatsanwälten aus der Nazijustiz – sich zu einer kritischen Masse verdichtete.

Angemerkt sei, dass inzwischen die richterliche Auslegung der Grundrechte in einigen Fällen recht skurrile Formen angenommen hat. In Auslegung des Art. 2 des Grundgesetzes (Recht auf freie Entfaltung der Persönlichkeit) wurde durch Rechtssprechung des Bundesverfassungsgerichtes inzwischen sowohl das Füttern von Tauben auf Straßen und Anlagen[160] als auch das Reiten im Walde[161] zum Schutzbereich der definierten Grundrechte erhoben.

Während in den einleitenden Grundrechtsartikeln des Grundgesetzes den Menschen- und Bürgerrechten ein hoher Rang eingeräumt wurde, ließen die konkreten politischen Regelungen dieses

Dokuments eher ein Misstrauen gegenüber Volkes Willen und Volkes Meinung erkennen. Der dazu entscheidende Artikel 20 des Grundgesetzes reduzierte unmissverständlich die angebliche Ausübung der Staatsgewalt durch das Volk auf die Teilnahme an Wahlen und Abstimmungen. Praktisch bedeutete das, der Staatsbürger ist in seinem Lande nicht einmal König für einen Tag. Er hat lediglich das Recht, in einem kurzen Moment – der Minute der Stimmabgabe – sich staatsgestaltend zu beteiligen. Volksabstimmungen, Volksbegehren und andere Mitwirkungsformen wurden von vorn herein ausgeschlossen. Unter diesen Umständen waren und sind die Abgeordneten des Bundestages wohl kaum – wie immer wieder erklärt wird – als Vertreter des Wählerwillens zu erkennen. Hermann Klenner merkte dazu berechtigt an: »Sie sind nicht die Vertreter des Wählerwillens, da der Wille ohnehin nicht vertreten werden kann. Sie sind nicht einmal die Beauftragten des Wahlvolkes. Die Abgeordneten vergegenwärtigen als dessen Repräsentanten das nichtpräsente Volk.«[162]

Auf die Grundrechtsdebatten des Parlamentarischen Rates nahmen Vertreter der Kirchen stärkeren Einfluss, als es vielen Ratsmitgliedern lieb war. Beträchtlich war dabei der Druck der katholischen Würdenträger. Der Bischof von Münster, Michael Keller, hatte gar angedroht, bei Nichtaufnahme der katholischen Partikularinteressen zum Elternrecht den Gläubigen zu empfehlen, bei der vorgesehenen Abstimmung gegen das Grundgesetz zu stimmen. Das nahmen die Gegner von Volksentscheiden und Volksabstimmungen zum willkommenen Anlass, derartige Abstimmungen ein für alle Mal zu verhindern.

Es dauerte nur eine kurze Zeit, dann waren sich die Vertreter der SPD und der CDU in ihrer Ablehnung derartiger Demokratieelemente einig. Sie erreichten es auch, dass in diesem einzigen, allerdings wesentlichem Punkt, von den Frankfurter Dokumenten abgewichen wurde. Über das Grundgesetz wurde nicht – wie in den Frankfurter Dokumenten vorgesehen – in einer Volksabstimmung, sondern lediglich in den Länderparlamenten abgestimmt. Das erfolgte nicht nur vor dem Hintergrund der Drohung des Bischofs von Münster. Das Misstrauen zum Wahlvolk war grundsätzlicher Natur. Es blieb bis heute tief verwurzelt.

Beim Parlamentarischen Rat gingen in den zehn Monaten seines Wirkens etwa 5.000 Briefe aus der Bevölkerung ein. Mehr als die Hälfte davon war von der Kirche zum Elternrecht organisiert. Insgesamt hat die Elternrechtsdebatte zu Artikel 7 des Grundgesetzes die Mitglieder des Parlamentarischen Rates länger und stärker in Anspruch genommen als irgendeine andere Frage. Sieht man von den 314 Zuschriften zum Wahlrecht ab, widmete sich der Rest Randproblemen eines Verfassungsentwurfs. So wurde beispielsweise eingebracht, die Sonntagsruhe in der Verfassung zu verankern, das Kellnergewerbe als Handwerk zu kodifizieren und die Unantastbarkeit der Offiziersehre als Bürgerrecht zu gewährleisten.

Die Demokratiedefizite des Grundgesetzes in seiner ursprünglichen Fassung haben sich in den 60 Jahren seiner Wirkung eher vergrößert als verringert. Vor allem Notstandsgesetze in den 50er und 60er Jahren und nunmehr Antiterrorgesetze haben zu spürbaren Einschränkungen der Bürgerrechte geführt. Erkennbar hat sich – wie an der kontinuierlich sinkenden Wahlbeteiligung und der zunehmenden Politikverdrossenheit abzulesen ist – die Beziehung von Wählern und Gewählten stetig verschlechtert. Selbst ein Präsident des Bundesverfassungsgerichtes beklagte inzwischen eine zunehmende »Entparlamentarisierung [...], weil die politischen Weichenstellungen bereits früher und außerhalb des Parlaments erfolgt sind«.[163] Das ist m. E. eine sehr zurückhaltende Betrachtung des wachsenden wirtschaftlichen Lobbyismus und des erkennbaren Zuwachses des Einflusses der nationalen Regierungsorgane und von internationalen Gremien, vor allem der EU.

Die Debatte über die Freiheitsrechte des Grundgesetzes der Bundesrepublik vollzieht sich derzeit auch innerhalb der konservativen Kräfte recht facettenreich. So beklagte Wolfgang Schäuble die »Ausschöpfung« und »Entgrenzung«[164] der individuellen Freiheit und die zu großen Unterschiede in der Verteilung von Einkommen. Der Verfassungsrichter a. D. Paul Kirchhoff hält es für besonders wichtig, dass das Grundgesetz die Eigentümerfreiheit garantiert. Kirchhoff betrachtete die Grundrechte zuvörderst aus der Sicht, dass diese »jeden staatlichen Zugriff auf das private Eigentum rechtfertigungsbedürftig« machten. Kirchhoff beklagte: »Der Staat setzt nicht mehr auf die Grundregel der Freiheit, wonach der Freiheitsberechtigte für sich und damit für das Gemeinwohl am besten weiß, wie er seine selbstverdiente Finanzkraft richtig einsetzt.« Der Wettbewerb teilt nach Kirchhoff – wie der Sport – »die Menschen in Sieger und Besiegte«.[165] Die Bundesrepublik ist demnach – aus der Sicht dieses Professors aus Heidelberg – keine soziale Gemeinschaft, sondern ein Haifischbecken mit Gefräßigen und zu Fressenden. Freiheit erstrangig als »Eigentümerfreiheit«, eine solche Staats- und Rechtsordnung bleibt wohl in letzter Instanz ein Instrument der Klassenherrschaft.

Der Entwurf des Grundgesetzes wurde im Parlamentarischen Rat in drei Lesungen beraten. Streitpunkt war über Monate die konkrete Ausgestaltung der Finanzverfassung des föderalen Systems. Im Frühjahr 1949 schien es fast, als ob ein Konsens dazu nicht kurzfristig zu erreichen wäre. Dann aber bestimmten wiederum die USA das Tempo der Schlussarbeiten. Als im Ergebnis von Geheimverhandlungen mit der UdSSR abzusehen war, dass die Sowjetunion die Sperre der Verbindungswege nach Westberlin in der zweiten Maihälfte 1949 aufheben würde, mussten rechtzeitig Tatsachen geschaffen werden. Am 4. April 1949 war die NATO als Militärbündnis der Westmächte gegründet worden. Noch vor dem Ende der Blockade »mussten die formalen Voraussetzungen für die Gründung des neuen Weststaates geschaffen sein«.[166] Der Zeitplan wurde eingehalten.

Am 8. Mai 1949 waren die Arbeiten am Entwurf des Grundgesetzes beendet. Kurz vor Mitternacht wurden die Mitglieder des Parlamentarischen Rates zur Abstimmung gerufen. Das Ergebnis lautete: 53 Stimmen dafür, zwölf dagegen. Die Ratsmitglieder aus der CDU, der SPD und der FDP und zwei CSU-Leute aus Franken hatten dafür gestimmt. Die Gegenstimmen kamen aus der CSU, der Deutschen Partei und von den Kommunisten.

Da Adenauer und seine Gefolgsleute sich des Ausgangs der vorgesehenen Volksabstimmung nicht gewiss waren, hatten sie bei den Militärgouverneuren die Zustimmung dafür eingeholt, dass der Entwurf des Grundgesetzes lediglich durch Abstimmungen in den Landtagen Bestätigung finden soll. Diese »Zustimmungsveranstaltungen« fanden in der dritten Maiwoche 1949 statt. Allein der bayerische Landtag stellte sich dabei quer. Nachdem man in München 15 Stunden über den Entwurf des Grundgesetztes gestritten hatte, verweigerte die Mehrheit der Abgeordneten ihre Zustimmung. Um diesen Eklat nicht zur Krise auswachsen zu lassen, unterbreitete die bayerische Staatsregierung daraufhin dem Landtag einen Antrag, nach dessen listiger Formel bei Annahme des Grundgesetzes in zwei Dritteln der westdeutschen Länder »die Rechtsverbindlichkeit dieses Grundgesetzes auch für Bayern anerkannt« werde.[167] Damit hatte Bayern eigene Verantwortung für dieses Grundgesetz eindeutig von sich gewiesen.

Als sechzig Jahre später, im März 2009, der Annahme des Grundgesetzes in einem Festakt gedacht wurde, erklärte ausgerechnet der Vertreter der bayerischen CSU Peter Ramsauer das Grundgesetz als »Dokument des Glücks, das in seinem Kern und seiner

Substanz unangetastet blieb«.[168] Beide Aussagen in diesem kurzen Satz begründen erhebliche Zweifel. Bayerische Ablehnung später als Glücksfall zu bezeichnen, ist kaum mehr als dubiose Rhetorik. Aber auch mit der »im Kern unangetasteten Substanz des Grundgesetzes« hatte der bayerische Vertreter Schwierigkeiten mit der Wahrheit. Tatsächlich war das Grundgesetz durch 57 verfassungsändernde Gesetze in seinem Kern, in seiner Substanz, von 1949 bis 2000 rein quantitativ um das Doppelte gewachsen.[169] Es wurde dabei grundlegend modifiziert. Dabei wurde u. a. mit der Wehrverfassung (7. Änderungsgesetz – 1956), der Notstandsverfassung (17. Änderungsgesetz – 1958), der Regelung über den großen Lauschangriff (45. Änderungsgesetz 1998), der Neufassung der Auslieferung Deutscher an andere Staaten (47. Änderungsgesetz – 2000) und der Zulassung des Dienstes an der Waffe durch Frauen (48. Änderungsgesetz – 2000) massiv in verbriefte Grundrechte eingegriffen und der Freiheitsraum der Bürger eingeengt. Das Grundgesetz hätte zu seinem 60. Geburtstag mehr als nur klangvolle Sonntagsreden verdient. Warum eigentlich wurde in den offiziellen Reden und Erklärungen zu diesem Thema übergangen, auf wessen Initiative, auf welche Weise und in was für einem politischen und geistigen Klima dieses Grundgesetz entstanden ist?

Am 12. Mai 1949 wurde – wie am 4. Mai zwischen der UdSSR, den USA, Großbritannien und Frankreich vereinbart[170] – die Berlin-Blockade aufgehoben. Schon zwei Tage vorher war unter ausdrücklichen Hinweis auf eine Anweisung der Regierung der UdSSR der entsprechende Befehl Nr. 56 des Chefs der Sowjetischen Militärverwaltung in Deutschland, Armeegeneral W. I. Tschuikow öffentlich bekannt gemacht worden.[171] Noch am gleichen Tage wurde der am 8. Mai verabschiedete Entwurf des Grundgesetzes von den Militärgouverneuren der Westmächte bestätigt.

Innerhalb von zwölf Monaten hatte sich die Situation in Zentraleuropa grundlegend gewandelt. Nicht nur das internationale Kräfteverhältnis hatte sich geändert. Mit der Herausbildung der von den Systemauseinandersetzungen der ersten Phase des Kalten Krieges geprägten Bundesrepublik war ein neues Völkerrechtssubjekt, ein dynamisches Kraftzentrum der kapitalistischen Welt geschaffen.

Am 23. Mai 1949 wurde das Grundgesetz vom Parlamentarischen Rat verabschiedet. Die Mitglieder des Parlamentarischen Rates wurden aufgefordert, das Dokument durch ihre Unterschrift zu bestätigen. Die KPD-Vertreter in diesem Gremium weigerten sich, diese Urkunde der Spaltung Deutschlands zu unterschreiben.

Unbeantwortet blieb an diesem Tage und auch später die Frage danach, ob es wirklich nur Zufall war, dass dieser Schlussakt der Arbeit am Grundgesetz auf den Tag gelegt worden war, an welchem vier Jahre zuvor die faschistische Dönitz-Regierung in Flensburg ihre Tätigkeit eingestellt hatte.

In der amerikanischen Militärmission, im Frankfurter IG Farben-Hochhaus, wurde die Annahme des Grundgesetzes gefeiert. Die Militärgouverneure der drei Westmächte hatten seit der Übergabe der Frankfurter Dokumente mit Rat, Mahnung, Warnung hinter den Mitgliedern des Parlamentarischen Rates gestanden. Nunmehr wollten sie mit 30 Flaschen Champagner und vier Flaschen Cognac Louis Rouyer & Cie den Erfolg feiern.[172] Eine fünfte Flasche der edlen Spirituose war herbeigeschafft, aber – wie es hieß – einem Bediensteten aus der Hand gefallen. Das war nicht das einzige, zweifellos aber das nebensächlichste Malheur beim Zustandekommen des Grundgesetzes.

Mit der Annahme dieses Verfassungsdokumentes waren entscheidende Grundpfeiler für die Staats- und Gesellschaftsordnung des Weststaates gesetzt. In der Systemauseinandersetzung des Kalten Krieges war dem Westen ein wichtiger Schachzug gelungen. Die Bundesrepublik nutzte als der zuerst konstituierte Staat hemmungslos ihre Chance, Ansprüche auch auf solche Teile Deutschlands zu artikulieren, über die die Westmächte nach den Bestimmungen des Potsdamer Abkommens keine Hoheitsfunktionen ausübten. Das konnte geschehen, ohne damit mit Rechtsvorschriften der anderen deutschen Seite zu kollidieren. Der andere deutsche Staat, die Deutsche Demokratische Republik, wurde erst Monate danach gegründet. Er konnte als Völkerrechtssubjekt seine Werte und seinen Willen erst später in Gesetzen und Erklärungen zum Ausdruck bringen.

Hans Simons verließ nach getaner Arbeit am 15. Mai 1949 Deutschland. Philipp Heß nannte ihn den vergessenen Vater des Grundgesetzes. Er setzte in seiner Würdigung hinzu: »Es war das beste Ergebnis, das die Alliierten und die Deutschen hatten bekommen können, wird er (*Hans Simons – H. G.*) später resümieren. Er konnte das beurteilen, denn mit maßvollem Druck, diplomatischem Geschick und Gespür für das Machbare hatte er die schwierigen Verhandlungen zwischen den Alliierten und den Deutschen über das deutsche Grundgesetz begleitet, hatte vermittelt und unerbittlich auf Einigung gedrungen – und war dabei selbst bescheiden im Hintergrund geblieben. Seine Herkunft und markante Wechselfälle seines Lebens hatten ihn für diese entscheidende Rolle prädestiniert.«[173]

»Schumacher, Adenauer und die anderen Politprominenten der Bizone übernahmen«, nach dem Urteil von Historikern, »bei alledem nur die Rolle von Statisten, und manche Historiker sehen den Hauptanteil der westdeutschen Elite an der Gründung der Bundesrepublik darin, sich alliierten Vorgaben angepasst zu haben«.[174] Nach einem im *Spiegel* vom Mai 1949 dokumentierten Zeitzeugnis stellten sich die Mitglieder des Parlamentarischen Rates »als ob sie eine Verfassung machen könnten, berauscht durch die Erinnerung an die Paulskirche und das 48er Traditionsjahr. Die Aufgabe war nüchterner: die staatliche Unordnung in den Westzonen durch ein Minimum an Organisationsformen in eine Behelfsordnung des öffentlichen Lebens unter dem Besatzungsregime umzuwandeln. Mehr nicht.«[175]

Anmerkungen

1 »Die Potsdamer (Berliner) Konferenz der höchsten Repräsentanten der drei alliierten Mächte – UdSSR, USA und Großbritannien (17. Juli – 2. August 1945). Dokumentensammlung«, Staatsverlag der DDR, Moskau-Berlin 1986, Dok. Nr. 158, »Protokoll der Berliner Konferenz der Großmächte« vom 1. August 1945, S. 383ff.
2 a. a. O., Dokument Nr. 33, »Memorandum der Delegation der USA über die Politik hinsichtlich Deutschlands«, S. 254ff.
3 a. a. O., Dokument Nr. 159, »Mitteilung über die Berliner Konferenz der drei Mächte , 2. August 1945«, S. 403
4 a. a. O., Dokument Nr. 158, S. 385ff.
5 ebenda
6 Petra Marquardt-Bigman: »Amerikanische Geheimdienstanalysen über Deutschland 1942-1940«. Studie zur Zeitgeschichte, R. Oldenbourg Verlag, München 1995, S. 25
7 »Relation Between Business Structur and Agression in Germany«. In: National Archives Washington D. C. (nachfolgend NA) RG 59, R&A 1145, 25. August 1943; IV 2. Teil
8 »Economic Interest of the European Countries in German Reparations« NA, RG 59, R&A 2350
9 Zitiert in: Petra Marquardt-Bigman, »Amerikanische Geheimdienstanalysen …«, S. 127
10 Peter Graf Kielmansegg, »Das geteilte Land – Deutschland 1945-1990«. In: »Deutsche Geschichte«, Bd. 4, Siedler Verlag, München 2000, S. 24
11 Rolf Badstübner, »Clash. Entscheidungsjahr 1947«. Karl Dietz Verlag, Berlin 2007, S. 23
12 So der von Badstübner auf S. 24, FN 35, zitierte John Herz in: »Zur

Archäologie der Demokratie Deutschlands«, Bd. 2, Fischer Verlag, Frankfurt am Main 1989, S. 37

13 Petra Marquardt-Bigman, »Amerikanische Geheimdienstanalysen...«, S. 270

14 ebenda, S. 270

15 Werner Abelshauser, »Auf der Suche nach einem dritten Weg«, in: »Deutsche Wirtschaftsgeschichte seit 1945«, München 2004, S. 89ff.

16 Rolf Badstübner, »Clash ...«, S. 31f.

17 George F. Kennan, »Memoiren eines Diplomaten«. München, 1982, S. 264

18 Zitiert in Rolf Steininger, »Deutsche Geschichte 1945-1961«, Bd. 1, Fischer Taschenbuchverlag, Frankfurt am Main 1983, S. 27

19 Bericht über eine Reise, die Otto Grotewohl und Gustav Dahrendorf in der Zeit vom 17. bis 26.Nov. 1945 nach Frankfurt am Main, Stuttgart, München und Regensburg unternahmen. Archiv des Autors

20 ebenda

21 Theo Pirker, »Die verordnete Demokratie«, Verlag Olle und Wolle, Berlin 1977, S. 55

22 Rolf Steininger: »Deutsche Geschichte 1945-1961«, Bd. 2, Fischer Taschenbuchverlag, Frankfurt am Main 1983, S. 457, sowie Hermann Weber, »Grundriss der Geschichte der DDR«, Hannover 1982, S. 42

23 Veröffentlicht in: Susanne Miller, »Die SPD vor und nach Godesberg«, Bonn 1974, S. 75ff.

24 Vgl. »Forderungen und Ziele der SPD, Mai 1945«. In: Ossip Flechtheim, Dokumente zur parteipolitischen Entwicklung. Bd. 3, Berlin 1962, S. 17ff.

25 Abdruck des SPD-Plakates in: Rolf Steininger, »Deutsche Geschichte 1945-1961«, Bd. 1, S. 119

26 Jakob Kaiser, »Reden auf der Vorstandssitzung der CDU am 13.2.1946«, in: Jakob Kaiser, »Wir haben eine Brücke zu sein. Reden, Äußerungen und Aufsätze«. Hrsg. Christian Hacke, Köln, 1988, S. 86f.

27 Helmut Kohl, »Erinnerungen 1930-1982«, Droemer, München 2004, S. 81

28 Veröffentlicht in: »Konrad Adenauer und die CDU der britischen Besatzungszone 1946-1949, Dokumente zur Gründungsgeschichte der CDU Deutschlands«, Konrad Adenauer Stiftung, Bonn 1975, S. 280ff.

29 Albert Einstein, »Why socialism?« In: *Monthly Review*, New York, Mai 1949, Nachdruck: *Monthly Review* V, 1. Mai 1989

30 Vgl. Petra Marquardt-Bigman, »Amerikanische Geheimdienstanalysen ...«, S. 229-232

31 ebenda

32 Hessische Verfassung, Offenbach am Main 1947, S. 3-27. Nachdruck in »Verfassungen deutscher Länder und Staaten«, Staatsverlag der DDR, Berlin 1989, S. 368

33 ebenda, Artikel 42

34 Vgl. Christian Bommarius, »Das Grundgesetz. Eine Biographie«, Rowohlt Verlag, Berlin 2009, S. 125

35 Vgl. Rolf Badstübner, »Clash ...«, S. 47, sowie ders., »Wie viel und was für ein Deutschland wollten die Sieger?«. In: Hefte zur ddr-Geschichte, Heft 117, Berlin 2009, S. 10

36 Rolf Steininger, »Deutsche Geschichte 1945-1961«, Bd. 1, S. 101f.

37 Peter Graf Kielmansegg, »Das geteilte Land – Deutschland 1945-1990«, in: »Deutsche Geschichte«, Bd. 4, Siedler Verlag, München 2000, S. 36
38 Rolf Steininger: »Deutsche Geschichte ...«, Bd. 1, S. 103
39 Harold Zink, »The United States in Germany 1945-1952«, Princeton 1957, S. 281
40 Marschall Bernard Montgomery, »Memoiren«, Collins Verlag, München 1958, S. 427
41 Bekanntmachung der britischen Militärregierung über die Bildung von Gewerkschaften vom 30. August 1945. In: »Die Gewerkschaftsbewegung in der britischen Besatzungszone, Geschäftsbericht des Deutschen Gewerkschaftsbundes (Britische Besatzungszone) 1947-1949, Köln o. J., S. 14f.
42 Vgl. Rolf Steininger, S. 101f.
43 Eberhard Schmidt, »Die verhinderte Neuordnung 1945-1948«. Europäische Verlagsgesellschaft, Frankfurt am Main 1975, S. 171
44 Vgl. Petra Marquardt-Bigman, »Amerikanische Geheimdienstanalysen ...«, S. 183
45 Vgl. Heinz Höhne, »Der Krieg im Dunkeln. Macht und Einfluss der deutschen und russischen Geheimdienste«. Bindlach 1993, S. 479; Jürgen Heideking/Christof Mauch, »Geheimdienstkrieg gegen Deutschland«, Göttingen 1993, S. 113; Klaus Eichner, »Nachkriegsstrategie der Westalliierten und ihrer Geheimdienste«. In: *GeschichtsKorrespondenz* Nr. 1/14. Jg., Hrsg. Marx-Engels-Stiftung, Berlin 2008
46 »Germany made in USA. Wie US-Agenten Nachkriegsdeutschland steuerten«, Film von Joachim Schröder (*WDR, Phoenix 1999*)
47 Ted Morgan, »A Covert Life-Communist, Anticommunist and Spymaster«, Random House ,New York 1999
48 »Germany made in USA ...«, *WDR*
49 Vgl. Michael Kubina, »Von Utopie, Widerstand und kaltem Krieg: Das unzeitgemäße Leben des Rätekommunisten Alfred Weiland«. LIT Verlag, 2001
50 *http://www.bueso.de Artikel/ john-train-und-geheime-nebenregierung-bankiers-amerika*
51 Vgl. Eric Thomas Chester, »Covert network: progressives, the international Rescuse Committee and the CIA«, S. 133
52 Vgl. Armin Wagner und Matthias Uhl, »BND contra Sowjetarmee«. Ch. Links Verlag, Berlin 2007, S. 39
53 Peter Graf Kielmansegg: »Das geteilte Land ...«, S. 19
54 Rolf Badstübner, »Zur Entstehung von BRD und DDR«. In: *UTOPIE kreativ*, H. 103/04 (Mai/Juni), Berlin 1999, S. 92
55 Vgl. Amtliche Verlautbarung der Berliner Konferenz ..., Ziffer 9 IV, S. 405
56 Zitiert in Rolf Steininger, S. 32
57 ebenda
58 a. a. O., S. 157
59 Public Record Office. London, FO 371/55843/ C6079/2860/18
60 a. a. O., CAB 129/9
61 Rolf Steininger, »Deutsche Geschichte ...«, S. 172
62 Byron Price Report, National Archivs Washington D. C., RG 260, Records of the Executive Corespondence and other Records maintainment for Lt.

General Lucius D. Clay 1945-1949
63 a. a. O., Briefe Präsident Truman zum Byron Price Report
64 Petra Marquardt-Bigman, »Amerikanische Geheimdienstanalysen ...«, S. 232f.
65 Zitiert in Rolf Steininger, S. 207
66 Der Antikommunismus des George F. Kennan war derart manifest und vordergründig, dass er 1952 kurze Zeit nach seiner Berufung zum Botschafter in der UdSSR abberufen werden musste, weil er zur persona non grata erklärt worden war
67 Zitiert in: Rolf Steininger, S. 222
68 Christian Bomarius, S. 103
69 Konrad Adenauer, »Brief an den Oberbürgermeister von Duisburg vom 31. Oktober 1945«. Zitiert in: Rolf Steininger, S. 227ff.
70 Petra Marquardt-Bigman: »Amerikanische Geheimdienstanalysen ...«, S. 171f.
71 ebenda
72 Martin Otto, «Adenauers Entdecker«, in: *Frankfurter Allgemeine Zeitung* vom 16. Mai 2007, S. 13
73 ebenda
74 Wortlaut in: »Konrad Adenauer und die CDU der britischen Besatzungszone 1946-1949. Dokumente zur Gründungsgeschichte der CDU Deutschlands«, bearb. von Helmut Pütz, Bonn 1975, S. 171
75 Zitiert in: Gösta von Uexküll, »Konrad Adenauer in Selbstzeugnissen und Dokumenten«. Rowohlt, Reinbek 1976, S. 72
76 Wortlaut des Berichtes von Herman Mau in: »Miscellanea. Festschrift für Helmut Krausnick«, Hrsg. Wolfgang Benz u.a., Stuttgart 1980, S. 162f.
77 Einladung zur Münchner Konferenz, 7. Mai 1947. In: Akten zur Vorgeschichte der Bundesrepublik Deutschland. Hrsg. von Bundesarchiv und Institut für Zeitgeschichte, Bd.2, München 1979, S. 424f.
78 Vgl. Rolf Steininger, »Zur Geschichte der Münchener Ministerpräsidentenkonferenz 1947«. In: *Vierteljahreshefte für Zeitgeschichte* 23/1975, S. 375f.
79 Vgl. Rolf Badstübner, »Clash ...«, S. 78 und S. 83
80 Fritz Reinert, »Die nationale Konzeption der SED und die Münchener Ministerpräsidentenkonferenz 1947«. In: »Carl Steinhoff – Wirken für die deutsche Einheit. Zum 50. Jahrestag der Münchener Ministerpräsidentenkonferenz«. Hrsg. Brandenburger Verein für politische Bildung »Rosa Luxemburg« e. V., Potsdam 1997, S. 44
81 Vgl. *Neues Deutschland* vom 13. Mai 1947
82 Zitiert nach Sergej Tulpanow, »Deutschland nach dem Kriege (1945-1949) Erinnerungen«. Dietz Verlag, Berlin 1987
83 Erich W. Gniffke, »Jahre mit Ulbricht«, Verlag Wissenschaft und Politik, Köln 1966, S. 239
84 ebenda
85 Vgl. Carlo Schmid, »Erinnerungen«. Scherz Verlag, Bern-München-Wien 1979, S. 287f.
86 Erich W. Gniffke, S. 241. Original SAPMO-BArch DY 30/IV2/2.1/95
87 Mitteilung von Carl Steinhoff an Willhard Grünewald vom November 1966. Zitiert in: »Carl Steinhoff – Erinnerungen an die Persönlichkeit und sein deutschlandpolitisches Wirken in den ersten Jahren nach dem Zweiten

Weltkrieg«. Veröffentlicht in: »Carl Steinhoff – Wirken für die deutsche Einheit...«, S. 23

88 a. a. O., S. 24

89 Vgl. Rolf Steininger, »Deutsche Geschichte 1945-1961«. Bd. 1, S. 227-233; Willhard Grünewald. »Carl Steinhoff ...«, S. 24f.; Erich W. Gniffke, »Jahre mit Ulbricht«, S. 242f.

90 Reinhild Maier, »Ein Grundstein wird gelegt. Die Jahre 1945-1947«. Reiner Wunderlich Verlag, Tübingen 1964, S. 370

91 Rolf Steininger, S. 231

92 Schreiben Kardinal Faulhabers an den bayerischen Ministerpräsidenten Hans Ehard vom 13. Juni 1947, Bayerische Staatskanzlei 0106

93 Franz Josef Strauß, »Die Erinnerungen«, Siedler, München1988, S. 87

94 Willhard Grünewald, »Die Münchener Ministerpräsidentenkonferenz 1947. Anlass und Scheitern eines gesamtdeutschen Unternehmens«. Verlag Anton Hain, Meisenheim 1972

95 Theodor Eschenburg, »Deutsche Einheit verfehlt?«, in: *Die Zeit*, 22. Dezember 1972

96 George C. Marshall, »Rede vor der Harvard University am 5. Juni 1947«. In: *Europaarchiv* 1947, S. 819f.

97 Henry A. Kissinger, S. 71

98 Carolyn Eisenberg, »Drawing the Line: The American Decision to Divide Germany, 1944-1949«. Cambridge University Press, New York 1996

99 ebenda

100 Naomi Klein, »Die Schockstrategie. Der Aufstieg des Katastrophenkapitalismus«, S. Fischer Verlag, Frankfurt am Main 2007, S. 348

101 a. a. O., S. 351

102 Peter Sloterdijk, »Zorn der Zeit«. Suhrkamp, Frankfurt a. M., 2006, S. 336f.

103 Daniela Dahn, »Wehe dem Sieger«. Rowohlt, Reinbek 2009, S. 47

104 Peter Graf Kielmansegg, S. 36f.

105 »Gesetz der Alliierten Hohen Kommission zur Neuordnung des Geldwesens vom 20. Juli 1948«. In: Gesetz und Verordnungsblatt des Wirtschaftsrates des Vereinigten Wirtschaftsgebietes 1948, Beilage, und in: Amtsblatt des französischen Oberkommandos in Deutschland 1948, S. 1506ff.

106 Franz Josef Strauß, S. 101

107 Christian Bommarius, S. 102

108 Peter Graf Kielmansegg, S. 27

109 Gunter Mai, »Der Alliierte Kontrollrat in Deutschland 1945-1948«, München 1995, S. 465

110 Zitiert in Rolf Steininger, »Deutsche Geschichte 1945-1949«. Fischer Taschenbuchverlag, Frankfurt am Main 1983, Bd. 2, S. 86

111 Peter Graf Kielmansegg, S. 29

112 Jochen Laufer, »Pax Sovietica – Stalin, die Westmächte und die deutsche Frage 1941-1945«, Böhlau Verlag, Köln-Weimar-Wien 2009, S. 349

113 Elke Scherstjanoi, »Zwei deutsche Staaten? Forschungsfragen zur Nachkriegsplanung Moskaus im Lichte neuer Quellen 1948-1950«. In: Tel Aviver Jahrbuch für deutsche Geschichte (TAJB) XXVIII/1999, S. 262

114 Henry A. Kissinger, »Memoiren 1968-1973«. C. Bertelsmann Verlag,

München 1979, S. 72

115 Außenminister Ernest Bevin. In: Public Record Office, London, FO/70492/C3580

116 Zitiert in Rolf Steininger, »Deutsche Geschichte 1945-1949«. Bd. 2, S. 290

117 Vgl. Gerhard Keiderling: »Es herrschte das Prinzip der Einstimmigkeit. Die Alliierte Kommandantur 1945-1948.« In: *Berlinsche Monatsschrift*, H. 12/2000, Edition Luisenstadt

118 Public Record Office, London, FO 371/7059/c4284/71/18

119 Vgl. Rolf Steininger, »Deutsche Geschichte 1945-1949«, Bd. 2, S. 289

120 Zitiert in: Rolf Steiniger, »Deutsche Geschichte 1945-1949«, Bd. 2, S. 290

121 Erstes Gesetz zur Neuordnung des Geldwesens (Währungsgesetz) vom 29. Juni 1948, als Gesetz der Befehlshaber der amerikanischen und der britischen Besatzungszone sowie als Gesetz-Verordnung 158 des Obersten Befehlshabers der französischen Zone

122 Schreiben des britischen Militärgouverneurs vom 18. Juni 1948 an Marschall Sokolowski zur Einführung der Währung. In: »Berlin, das britische Weißbuch zur Krise«, Hamburg 1948; sowie in: »Dokumente zur Berlin-Frage 1944-1948«. R. Oldenbourg Verlag, München 1987, S. 67

123 Friedrich Dieckmann, in: »Deutsche Daten. Der lange Weg zum Frieden«, Wallstein Verlag, Göttingen 2009, S. 166 , unter Verweis auf Willy Brandt/Richard Löwenthal, »Ernst Reuter«, München 1957, S. 405-423

125 So berichtet auch Valentin Falin in: »Politische Erinnerungen«, Droemer Knaur Verlag, München 1993, S. 338

125 Bericht des Luftfahrtdirektorats über die Schaffung eines Systems von Luftkorridoren vom 27. November 1945, Ziffer 7, bestätigt vom Kontrollrat am 30. November 1945, in: Engl. Department of State, Fort he Press 8. September 1961

126 Gunter Mai, S. 465

127 Londoner Abkommen vom 14. November 1944 über die Kontrolleinrichtungen in Deutschland. In: »Europa Archiv« X, 1955, S. 7376

128 Valentin Falin, S. 338

129 ebenda

130 Julij Kwizinski, »Vor dem Sturm«, Siedler Verlag, München 1993, S. 218

131 Zitiert in Rolf Steininger, »Deutsche Geschichte 1945-1949«. Bd. 2, S. 297

132 Vgl. dazu auch Elke Scherstjanoi, S. 264 und 302

133 Peter Graf Kielmansegg, S. 29f.

134 Zitiert in: *Der Spiegel* 21/1949, »Wie ein schlechter Soldat«, S. 5

135 Frankfurter Dokumente (1. Juli 1948). In: *documentArchiv.de* , URL

136 Christian Bommarius, S. 138

137 Reinhold Maier, »Erinnerungen 1948-1953«. Tübingen 1966, S. 55

138 Klaus Wiegrefe, »Die goldene Chance«. In: *Der Spiegel* 7/2009, S. 46

139 Thomas Krüger, »Eine Erfolgsgeschichte«. In: *Berliner Zeitung* vom 23./24. Mai 2009. Beilage. Das Grundgesetz.

140 Vgl. Charlotte Ebert, »Bauanleitung für die Bundesrepublik«. In: *Spiegel-online*, 21. Mai 2009

141 Vgl. Werner Conze, »Jakob Kaiser. Politiker zwischen Ost und West 1945 -1949«, Stuttgart 1969, S. 79

142 Konrad Adenauer, »Erinnerungen 1945-1953«. Stuttgart 1965, S. 45
143 Zitiert in: Christian Brommarius, S. 171
144 August Bebel, «Die Frau und der Sozialismus«, Dietz, Berlin 1953, S. 386
145 Franz Walter, »Vorwärts oder abwärts? Zur Transformation der Sozialdemokratie«. Suhrkamp Verlag, Berlin 2010, S. 51
146 Vgl. Peter Merseburger, »Der schwierige Deutsche. Kurt Schumacher. Eine Biographie«, Propyläen Verlag, Stuttgart 1996, S. 238
147 Carlo Schmid, in: »Der Parlamentarische Rat, Akten und Protokolle«. Hrsg. Deutscher Bundestag und Bundesarchiv, Bd. IX, Boppard am Rhein 1981, S. 1781
148 Zitiert in: Christian Bommarius, S. 118
149 ebenda
150 Hermann Brill, »Herrenchiemseer Tagebuch«. Hrsg. Rüdiger Griepenburg. In: *Vierteljahreshefte für Zeitgeschichte* 34 (1986), S. 621
151 Christian Bommarius, S. 153
152 Vgl. Walter Menzel, »Richtlinien für den Aufbau der Deutschen Republik. 13./14. März 1947. In: Bewegt von der Hoffnung aller Deutschen - zur Geschichte des Grundgesetzes: Entwürfe und Diskussionen 1941-1949«. Hrsg. Wolfgang Benz, Deutscher Taschenbuchverlag, München 1979, Dokument 34, S. 359f.; »Westdeutsche Satzung (Erster Menzel-Entwurf), 26. Juli 1948«, Dokument 36, S. 367f.; »Grundgesetz (Zweiter Menzel-Entwurf), 2. September 1948, Dokument 38, S. 391f.
153 »Germany 1947-1949. The Story in Documents«, Washington 1950, S. 33
154 Programmatische Richtlinien der FDP der britischen Zone; 4. Februar 1946, Dokument 39, S. 413
155 Zitiert in: Edmund Spevack, »Ein Emigrant in amerikanischen Diensten. Zur Rolle des Politikwissenschaftlers Hans Simons in Deutschland nach 1945«. In: Claus-Dieter Krohn (Hrsg.) Rückkehr und Aufbau nach 1945. Deutsche Remigranten im öffentlichen Leben Nachkriegsdeutschlands (Schriften der Herbert-und-Elsbeth Weichmann-Stiftung). Metropolis-Verlag, Marburg 1997, S. 321ff.
156 Vgl. Christian Bommarius, S. 134
157 ebenda
158 Hans Simons, »The Bonn Constitution and its Government«. In: Germany and the Future of Europa, Chicago 1951, S. 14. Vgl. auch: Christian Bommarius, S. 134
159 Zitiert in: Christian Bommarius, S. 166
160 Entscheidungen des Bundesverfassungsgerichtes (BVerfG) 54, 143, 146
161 BVerfGE 80, 137, 124ff.
162 Hermann Klenner: »Es ist bequem, unmündig zu sein«. In: *Neues Deutschland* vom 23. Mai 2009, Beilage 60 Jahre Grundgesetz, S. 5
163 Hans Jürgen Papier, »Die Parlamente müssen wiederbelebt werden«. In: *Frankfurter Allgemeine Zeitung* vom 22. Mai 2009, S. B.1
164 Wolfgang Schäuble, »Was uns verbindet«. In: *Frankfurter Allgemeine Zeitung* vom 22. Mai 2009, S. B.3
165 Paul Kirchhof, «Der Unternehmer als Kapitän«. In: *Frankfurter Allgemeine Zeitung* vom 22. Mai 2009, S. B. 6

166 Vgl. Rolf Steininger, Bd. 2, S. 300
167 Vgl. Christian Bommarius, S. 214
168 Peter Ramsauer. In: Deutscher Bundestag, Stenographischer Bericht, 222. Sitzung. Berlin, 14. Mai 2009, S. 24239
169 Angaben aus: Patricia Robbe, »60 Jahre Bundestag – Zahlen und Fakten«, Wissenschaftliche Dienste des Bundestages, WD 3-381/09
170 Vgl. Viermächtekommuniqué vom 4. Mai 1949. In: »Europa-Archiv«, IV, 1949, S. 2146
171 Befehl Nr. 56 des obersten Chefs der Sowjetischen Militärverwaltung, Armeegeneral Tschuikow, über die Aufhebungen der Beschränkungen im Verkehr zwischen den westlichen Zonen und Berlin vom 12. Mai 1949. In: *Tägliche Rundschau* vom 10. Mai 1949
172 Vgl. » Ich suchte den göttlichen Funken«, S. 7
173 Philipp Heß, »Der vergessene Vater des Grundgesetzes«. In: *spiegel-online, http:77einestages.spiegel.de/static7topicalbumbackground/4161/der*
174 Klaus Wiegrefe, »Die goldene Chance«. In: *Der Spiegel* 7/2009, S. 51
175 »Ich suchte den göttlichen Funken«. In: *Der Spiegel* 21/1949, S. 61

Kapitel 4
Die DDR als Verbündeter oder als Manövriermasse?

Welches der Dokumente man aus der Nachkriegszeit auch in die Hand nimmt, sie besagen: Der Kurs der UdSSR war eindeutig auf die Schaffung eines einheitlichen, neutralen, demokratischen Staates gerichtet. Solide politische wie wirtschaftliche Interessen bildeten ein Fundament für diesen Kurs. Ein einheitliches Deutschland hätte es der Sowjetunion erlaubt, politischen und wirtschaftlichen Einfluss auf das ganze Land auszuüben und gesichert, dass die UdSSR ihre aus den immensen Kriegszerstörungen begründeten Reparationsansprüche auch aus dem wirtschaftlich stärkeren Westteil Deutschlands hätte beziehen können. Letztlich wollte die UdSSR nicht »den größten Teil Deutschlands dem alleinigen Einfluss der USA und ihrer Hauptverbündeten überlassen und nach Möglichkeit die USA aus ihren Militärstützpunkten in Europa verdrängen«.[1]

Die Interessen und die strategischen Positionen der UdSSR waren nicht auf die Gründung eines ostdeutschen Staates in ihrer Zone gerichtet. Deutschland sollte als ein »Sicherheitspuffer« wirken und nie wieder zu einer Aggression gegen die Sowjetunion fähig sein. Schon aus diesem Grunde hatte die UdSSR die englischen und amerikanischen Pläne einer Zerstückelung Deutschlands zwar zur Kenntnis genommen, aber nie zur Strategie erhoben. Prononciert erklärte Stalin in seiner Siegesansprache am 9. Mai 1945 öffentlich, die Sowjetunion feiere den Sieg, »auch wenn sie sich nicht anschickt, Deutschland zu zerstückeln oder zu vernichten«.[2]

Eine gesamtdeutsche Lösung blieb – ebenso wie das Bestreben, die Zusammenarbeit mit den Westmächten trotz zunehmender Verwerfungen nicht abreißen zu lassen – die Grundlinie der Politik der UdSSR. Sie hat diesen Kurs über eine lange Zeit auch dann weiter verfolgt, als unübersehbar wurde, dass mit der Gründung der Bundesrepublik und deren Eingliederung in das westliche Bündnissystem keine reale Chance mehr zur Verwirklichung der sowjetischen Strategie bestand.

Stalin, Deutschland und die KPD – konnte das Modell »Weimar« eine Lösung sein?

Die fixe Idee, »eine gute Nachbarschaft Deutschlands und der Sowjetunion löst das Sicherheitsproblem unseres Landes von Westen her« – wie Valentin Falin konstatierte –, »hatte Stalin zum Pakt mit Hitler 1939 veranlasst, und die Erfahrung des Krieges bestärkte ihn noch in diesem Aberglauben«.[3]

Stalins Verhältnis zu Deutschland war ambivalent. Mit Ausnahme des kurzen Aufenthalts in dem engen abgesperrten Gebiet in Potsdam im Sommer 1945 hatte er Deutschland nie besucht. Seine ersten Berührungen mit den Problemen Deutschlands fanden offensichtlich in der zweiten Hälfte der 20er Jahre in den Debatten der Komintern statt. Das war eine Zeit auch von Spannungen zwischen den Außenpolitikern der UdSSR und der Komintern.

Forschungen von Bernd Hoppe veranlassten diesen zu der Einschätzung: Das sowjetische Außenministerium, »die Komintern, und die KPD misstrauten sich gegenseitig, bearbeiteten unklar gegeneinander begrenzte Zuständigkeitsbereiche und standen in ungeklärten Hirarchieverhältnissen zueinander«.[4]

Im Zusammenhang mit dem VI. Weltkongress der Komintern 1928 verstärkte sich deutlich Stalins Interesse an der Politik deutscher Kommunisten. Seine Einmischung in deren Orientierung und in die Personalentscheidungen nahm zu. Verbunden war dies mit dem von Stalin inszenierten Streit mit angeblichen »Rechten« in der kommunistischen Bewegung und der zutiefst fehlerhaften Einschätzung, »dass die rechte Gefahr in der Arbeiterbewegung in Deutschland, deren Ausdruck die Sozialdemokratische Partei ist, die Hauptgefahr darstellt«.[5] In erstaunlichem Maße engagierte sich Stalin 1928 gerade in diesem Zusammenhang in Auseinandersetzungen in der KPD bei der sogenannte Wittorf-Affäre. Dabei handelte es sich um einen Streit über die Transparenz der Bewertung eines Kassenvergehens eines Hamburger KPD-Funktionärs – es ging um ein Defizit von 1.550 Reichsmark –, der sich zu einer Krise in der Führung der KPD ausgeweitet hatte.[6] In dieser – im Grunde international wenig bedeutsamen – Angelegenheit kam es zu einer heftigen Auseinandersetzung zwischen Stalin und dem Exekutivkomitee der Komintern.

Am 28. September 1928 fand dazu eine Sitzung dieses Gremiums statt, die Stalin zu heftigen Attacken gegen seine angeblich rechten Kontrahenten nutzte.[7] Ernst Thälmann, der in der Wittorf-

Affäre von Stalin unterstützt wurde, hat nie erfahren, dass Stalin ihn 1941 als keinen prinzipienfesten Marxisten bezeichnete, weil dessen Briefe (*aus dem Zuchthaus Bautzen – H. G.*) angeblich »vom Einfluss der faschistischen Ideologie« zeugten.[8] Aus welchem Grund auch immer: Nach dem heftigen Streit in der Wittorf-Affäre – in dem Stalin auch heftigen Gegenwind zu spüren bekam – trat Stalin nie wieder persönlich in einer Zusammenkunft der Komintern auf. Auch für die deutschen Kommunisten machte er sich zunehmend rar. In der Zeit von 1933 bis 1945, als die Auslandsleitung der KPD in Moskau arbeitete, gab es für keinen der deutschen Genossen eine Gesprächsmöglichkeit mit Stalin. Weder hinsichtlich der sowjetischen Deutschlandpolitik der 30er Jahre noch bei der Vorbereitung der Nachkriegsregelungen für Deutschland wurden Vertreter der KPD in Moskau als Partner gesehen. Weder ihre Erfahrung noch ihr Rat wurden gesucht.

Die KPD-Auslandsleitung musste in den Jahren des Stalinschen Terrors ertragen, dass 70 Prozent ihrer Mitglieder bis zum April 1938 verhaftet wurden[10] und später, nach dem Hitler-Stalin-Pakt 1939, Emigranten an Nazideutschland ausgeliefert wurden. Auch die Mitglieder der KPD-Führung Pieck, Ulbricht und Florin blieben von hanebüchenen Verdächtigungen nicht verschont. Im Zentralarchiv des KGB (jetzt FSB) liegt ein Dokument »über die konterrevolutionäre bucharinistische-trotzkistische Organisation Pieck-Ulbricht«.[11] Am 13. April 1939 notierte Georgi Dimitroff in sein Tagebuch: »Ulbricht – aus dem NKWD kam angeblich die Weisung, über ihn zu informieren (also ein ›fragwürdiges‹ Element).«[12]

Der bekannte sowjetische Schriftsteller Konstantin Simonow, der Stalin des Öfteren begegnet war, charakterisierte dessen Verhaltensstrukturen folgendermaßen: »In Iwan dem Schrecklichen sah Stalin sein Spiegelbild eigenen Strebens – Niederringung der inneren Gegner, der Bojarenwillkür, im Bunde mit Zentralisierung der Macht. Hier fanden sich Ansätze geschichtlicher Selbstrechtfertigung, genauer Selbstbestätigung. [...] Wer ungeschoren blieb, musste ihm dankbar sein, dass er davonkam, wer entlassen und rehabilitiert wurde, musste ihm dankbar sein, dass er zurückkehrte und rehabilitiert wurde, und wer nicht zurückkehrte, der blieb bis an sein Lebensende ein Schuldbeladener.«[13]

Es ist undenkbar, dass sich diese bitteren »Erfahrungen« deutscher Kommunisten nicht in das Gedächtnis der Überlebenden eingebrannt haben. Das Erlebte machte die Betroffenen nicht – wie gern behauptet wird[14] – zu *Stalinisten.* Es vermittelte eher eine praxisnahe Erkenntnis über die Enge des Spielraums für jeden kommunistischen Politiker im Hinblick auf Stalins Willen, Worte und Weisungen. Das prägte Verhaltensmuster der Beteiligten und Betroffenen in der KPD im Umgang mit der Moskauer Spitze. Das Problematische dieser Situation ergab sich daraus, dass die Beteiligten in diesem beschriebenen Spannungsverhältnis jeweils davon überzeugt waren, den Interessen der arbeitenden Menschen zu dienen, den Ideen von Marx und Engels zu folgen und dem Ausbeutungssystem des Kapitalismus eine bestandskräftige Alternative entgegenzustellen.

Wechselnder, sich zu oft verengender Spielraum, korrekter ausgedrückt, wechselnde Entscheidungsfreiheit in innen- und außenpolitischen Angelegenheiten besonders im Verhältnis zur UdSSR gehörten folglich zu den Begleitern der späteren Verantwortungsträger in der SED und der DDR. Dabei ist anzumerken, dass auch die Beziehungen der Führung der KPdSU zu den Führungen der volksdemokratischen Länder Osteuropas und ebenso zu anderen Kommunistischen Parteien sich nicht problemlos vollzogen.[15] Auch sie wurden vom Hegemonialanspruch der Moskauer Führung geprägt. Allerdings waren die sowjetische Kontrolle und der Einfluss nirgendwo derart institutionell ausgebaut wie in ihrer Besatzungszone im Osten Deutschlands.

Es gehört allerdings – das sei hier angemerkt – wie überall in der Welt zu den Voraussetzungen und zur Kunst der Politik, Handlungsspielräume zu erkennen, zu nutzen und möglichst zu erweitern. Absolute Entscheidungsfreiheit im politischen Geschäft gehört gerade in der nunmehr globalisierten Welt zu den gern verbreiteten Ammenmärchen. Schon Karl Marx machte darauf aufmerksam: »Die Menschen machen ihre eigene Geschichte, aber sie machen sie nicht aus freien Stücken, nicht unter selbst gewählten, sondern unter unmittelbar vorgefundenen, gegebenen und überlieferten Umständen.«[16]

Auch der mit allen Wassern gewaschene diplomatische Fuchs Henry Kissinger, der wie kaum ein anderer an wichtigen politischen Entscheidungen der letzten Jahrzehnte beteiligt war, stellte resümierend fest: »Jeder Staatsmann ist zum Teil ein Gefangener unausweichlicher Gegebenheiten. Er sieht sich einer Umwelt gegenüber, die er selbst nicht geschaffen hat, und er ist selbst Ergebnis einer politischen Vergangenheit, an der er nichts ändern kann. [...] Der politische Führer hat nur wenig Zeit, tiefgründige Überlegungen anzustellen. Er steht unaufhörlich im Kampf, in dem das Dringende immer das Wichtige verdrängt. Das öffentliche Leben jedes Politikers ist ein ständiges Ringen, aus dem Druck der Verhältnisse ein Element der freien Wahl zu retten.«[17]

Bedingt durch die schmerzhaften Erfahrungen aus den Interventionskriegen 1918-1922 gegen den jungen Sowjetstaat und unter dem unmittelbaren Eindruck der Verluste bei der Abwehr der faschistischen deutschen Aggression 1941-1945 bildete sich in der sowjetischen Führung die Haltung heraus, dass die Wahrnehmung und Verteidigung der Interessen der UdSSR Vorrang vor allen andern politischen Interessen – auch ihrer Verbündeten – hat. Das prägte auch die sowjetischen Sicherheitsdoktrinen. Dies war offensichtlich auch einer der Ausgangspunkte für über Jahrzehnte praktizierte Politik der KPdSU, jedwedem Versuch zu begegnen, den Sozialismus in Nachbarstaaten auf anderen Wegen, mit anderen Methoden zu errichten als in der UdSSR.

Stalins Vorstellungen über Deutschland und die Deutschen waren durch viele schlechte Erfahrungen vorgeprägt. Zu Beginn der 20er Jahre gehörte Deutschland zu den Interventen. Der Friedensvertrag von Brest-Litowsk (1918) bedeutete für die junge Sowjetmacht einen Verlust von 26 Prozent des europäischen Territoriums, in dem ein Drittel der Gesamtbevölkerung des einstigen Russischen Reiches lebte. Am Ende der 20er Jahre hatte Stalins Fehleinschätzung zum Verhältnis von Kommunisten und Sozialdemokraten großen Schaden angerichtet und sein Engagement in der Wittorf-Affäre für ihn zu ärgerlichem Widerspruch geführt.

In den 30er Jahren, zwischen 1935 und 1937, scheiterte Stalins Versuch, über seinen kaukasischen Landsmann David Kandelaki – dieser war als Handelsvertreter in Deutschland akkreditiert und hatte eine Verbindung zum damaligen Reichswirtschaftsminister Hjalmar Schacht hergestellt – vertrauliche Gespräche über die Verbesserung der Beziehungen zwischen beiden Staaten in Gang zu setzen. Kandelaki wurde im Frühjahr 1937 zurückbeordert und bald darauf erschossen.[18]

Der Abschluss des deutsch-sowjetischen Nichtangriffspaktes sollte der UdSSR eine Atempause in der aufgeheizten Vorkriegssituation verschaffen. Dieser Vertrag verleitete Stalin allerdings zu der fundamentalen Fehleinschätzung: »Die Unterscheidung der kapitalistischen Länder in faschistische und demokratische hat ihren bisherigen Sinn verloren.«[19] Aus dieser Haltung heraus zog er den nicht weniger fatalen Schluss, die Losung nach einer »Einheitsvolksfront« (die in Korrektur früherer Fehler in der Strategie der Kommunistischen Parteien auf dem VII. Weltkongress im Juli 1935 und der Brüsseler Konferenz der KPD vom Oktober 1935 als neue Linie erarbeitet war) zurückzunehmen, »sie bedeute auf die Positionen der Bourgeoisie abzugleiten«.[20]

In ihrer Analyse der sowjetischen Nachkriegspolitik kam Elke Scherstjanoi zu dem Schluss, »Stalin und seine Berater waren am Kriegsende weitsichtig genug, um ein revolutionäres, gar kommunistisch beherrschtes Nachkriegsdeutschland für eine Illusion zu halten. Dauerhafte Besetzung kam ohnehin nicht in Betracht. Im Kontext der Besatzungs- und der internationalen Kooperationspraxis versuchte man, sich in Moskau darüber klar zu werden, was für ein Nachkriegsdeutschland sowjetischen Sicherheitsinteressen am meisten entspricht. Ein geeintes ›bürgerliches‹ Deutschland bot der UdSSR im Vergleich zu einem sowjetisch beeinflussten Teildeutschland mehrere Vorteile. […] Stalin sah zunehmend klarer, dass der UdSSR mit einem entwaffneten, entnazifizierten, politisch ähnlich wie Weimar konstruierten (ohne politische Institutionen des preußischen Großgrundbesitzes und der nationalen Großindustrie), verfassungsrechtlich in partieller Kontinuität zu Weimar stehenden Deutschland in den von Jalta und Potsdam gezogenen Grenzen hinreichend gedient würde, wenn es nur gelänge zu verhindern, dass dieses Deutschland ganz oder in Teilen in einen Militärblock gegen die Sowjetunion einbezogen wird.«[21]

Dieser Bezug zum politischen Modell der Weimarer Republik ist in Stalins Nachkriegspolitik mehrfach festzustellen. Semjonow hinterließ: Der von Stalin unmittelbar nach der deutschen Kapitulation am 8. Mai 1945 nach Berlin entsandte Anastas Mikojan hatte die Orientierung mitgebracht, »dass in der sowjetischen Zone das Regime der Weimarer Republik wieder eingeführt […] werden sollte«.[22] Semjonow bezog sich auch später – sowohl in seinen Ämtern in der SMA als auch als Hoher Kommissar in seinen Empfehlungen und Direktiven – immer wieder auf Weimar. Kannte man in den Moskauer Führungsetagen das Modell der Weimarer Republik so gut, dass es den Status eines Modells für das politische System für Nachkriegsdeutschland gewinnen konnte? Eigene Erfahrungen zu den parlamentarischen Regeln und Gepflogenheiten der Weimarer bürgerlichen Demokratie lagen in Moskau keinesfalls vor. Das in der UdSSR praktizierte politische System stand dem der Weimarer Republik diametral gegenüber.

Beruhte die Weimarer Republik nicht auf einer Wirtschaftsordnung mit einer Dominanz der Großindustrie und Großgrundbesitz feudaler Kräfte auf dem Lande, die nunmehr nach dem Sieg über das faschistische Deutschland zur Disposition gestellt war? Mit dem ausgeprägten und oft ausgeübten Notverordnungsrecht des Reichspräsidenten, der starken Stellung der Reichswehr im Lande und dem Einfluss der Medienkonzerne war Weimar im Gedächtnis vieler Deutscher alles andere als ein Hort der Demokratie oder gar ein Zukunftsmodell. Hatte nicht das Weimarer Modell eines Obrigkeitsstaates ohne verbriefte Grundrechte die Machtergreifung der Faschisten 1933 ermöglicht?

Die deutschen Kommunisten teilten die Vorliebe Stalins für das Weimarer Modell kaum. Auf ihrer 1939 durchgeführten »Berner Konferenz« hatten sie den Standpunkt vertreten: »Um die Schwächen der Weimarer Republik gegenüber der Reaktion nicht zu wiederholen, muss der Staatsapparat grundlegend demokratisiert werden. Der von den Faschisten geschaffene Staatsapparat sollte aufgelöst und ein neuer aus zuverlässigen Kräften der Volksfront gebildet werden.«[23] Das aber war mit den politischen Regelungen der Weimarer Verfassung kaum zu realisieren. Allerdings widersprach aus verständlichen Gründen niemand der Orientierung Stalins auf Weimar. Als der führende Vertreter der KPD in Moskau Anton Ackermann 1944 von sowjetischer Seite zu einer Meinungsäußerung aufgefordert wurde, antwortet er unmissverständlich: »Die breiten Massen wollen keine Rückkehr zu den Weimarer Verhältnissen, da sie mit dem sozialen Unglück und nationaler Erniedrigung verbunden sind.«[24] Die Antwort Ackermanns wurde zur Kenntnis, aber nicht ernst genommen.

Als sich Stalin am 4. Juni 1945 erstmals seit mehr als zwölf Jahren mit Vertretern der KPD traf, übermittelte er ihnen die Aufgabe, die bürgerlich-demokratische Revolution zu vollenden, eine bürgerlich-demokratische Regierung zu schaffen, die Macht der Rittergutsbesitzer zu brechen und die Reste des Feudalismus zu beseitigen.[25] Die umgehende Erfüllung dieser Aufgabe vollzog sich bekanntlich in völlig anderen politischen Konditionen, als aus einem »Weimarer Modell« abzuleiten gewesen wären.

Weder für eine Orientierung auf ein demokratisches neutrales Gesamtdeutschland noch für die sowjetische Zone erwies sich die Fixierung auf »Weimar« als besonders produktiv. Auch nach Restaurierung der kapitalistischen Wirtschaftsordnung in den Westzonen konnte die Weimarer Verfassung für die Kodifizierung des Grundgesetzes nur in Teilen Pate stehen. In Kernbereichen dieses Dokumentes wie der Grundrechtssicherung, der wachsenden Kompetenz des Parlaments und der gegenüber Weimar erheblichen Reduzierung der Vollmachten des Präsidenten ging man auch in Bonn andere Wege.

Die Weimarer politische Ordnung hatte schon vor 1933 ihre Defizite offenbart. Für die Gestaltung eines neuen demokratischen Deutschlands in einer sehr veränderten Welt hatte »Weimar« substantiell weitaus weniger zu bieten, als in Stalins Kabinett erwartet wurde. Die Orientierung auf »Weimar« stiftete angesichts der Probleme wahrscheinlich mehr Verwirrung als kreative Anregung.

Taktische Positionen, strategische Irrtümer und eine »vertrauensvolle« Zusammenarbeit?

Über annähernd ein Jahrzehnt herrschte in der Führung der UdSSR nach dem Sieg über den Hitlerfaschismus – von Schwankungen abgesehen – die Erwartung vor, dass die Wahrnehmung von Hoheitsaufgaben in der sowjetischen Besatzungszone und das Vorgehen der in ihrer Zone handelnden deutschen Organe sich der deutschlandpolitischen Hauptlinie der sowjetischen Politik unterzuordnen habe. Diese Grundhaltung war offensichtlich eine der wesentlichen Ursachen dafür, dass seitens der UdSSR solche Vereinbarungen der Alliierten, die Existenzbedingungen eines möglichen ostdeutschen Staates zweifelsfrei negativ beeinflussen konnten wie die Westberlin-Regelung und eine damit verbundene Zugangsregelung der Westmächte in ihrer Brisanz nicht erkannt und deshalb auch nicht, solange das noch möglich war, international einer Klärung zugeführt wurden.

Noch im Sommer 1949, nach der Beendigung der ersten Berlin-Krise (Blockade und Luftbrücke), vertraten die Verantwortlichen der UdSSR die Auffassung, »die Berlin-Frage (sei eine) Teilfrage, untergeordnet unter andere Fragen«.[26] Aus dieser offensichtlichen Fehleinschätzung erwuchsen für die wenige Wochen später entstehende Deutsche Demokratische Republik permanente, weitgehend unbeherrschbare politische und wirtschaftliche Belastungen. Eine Staatsgründung auf dem Gebiet der sowjetischen Besatzungszone wurde in den Nachkriegsplanungen Moskaus bis in die Herbstwochen 1949 weder als Möglichkeit, schon gar nicht als Erfordernis behandelt.

Die Bildung einer provisorischen Regierung für die sowjetische Zone – als Zwischenetappe zu einer gesamtdeutschen Lösung (also keine Staatsgründung!) – galt seit dem Ende des Jahres 1948 bis in die letzte Septemberwoche 1949 als das bevorzugte Projekt der sowjetischen Besatzungspolitik. Während die Schaffung eines Weststaates zumindest seit 1946 intern geplant und nach der Londoner Konferenz von 1948 in aller Öffentlichkeit vorbereitet worden war, wurde in den sowjetischen Nachkriegsplanungen die Gründung eines Staates in ihrem Besatzungsgebiet bis zum September 1949 nicht erörtert.

Unter den bis zum Frühjahr 1945 geltenden Bedingungen des Zusammenwirkens der Mächte der Antihitlerkoalition – besonders in der Zeit der Präsidentschaft von Franklin D. Roosevelt – entsprach die deutschlandpolitische Positionsbestimmung der UdSSR einer nachvollziehbaren Logik. Dieser Ausgangspunkt für künftige Planungen verlor sich allerdings im gleichen Maße, wie sich die Systemkonfrontation zwischen den Westmächten und der Sowjetunion aufbaute und der Kalte Krieg das politische Klima erkennbar abkühlte.

Im Juli 1946 – die Spaltungspläne der Westmächte hatten schon erkennbar Gestalt angenommen – stellte der Außenminister der UdSSR, W. M. Molotow, seinen Ministerkollegen aus den USA, aus England und Frankreich die Position der UdSSR folgendermaßen dar: »Bleibt Deutschland ein einheitlicher Staat, so wird er auch weiterhin ein Faktor des Welthandels sein, was auch den Interessen der anderen Völker entspricht. […] In letzter Zeit ist es Mode geworden, von der Zerstückelung Deutschlands in einzelne autonome Staaten zu sprechen, von einer Föderalisierung Deutschlands, von der Lostrennung des Ruhrgebietes von Deutschland. […] Wir sind natürlich im Prinzip für den Abschluss eines Friedensvertrags mit Deutschland; bevor aber ein solcher Vertrag abgeschlossen wird, muss eine einheitliche deutsche Regierung geschaffen werden, die demokratisch genug ist, um alle Überreste des Faschismus auszurotten und verantwortlich genug ist, um allen ihren Verpflichtungen den Verbündeten gegenüber nachzukommen, darunter besonders den Reparationslieferungen an die Verbündeten.«[27]

Spätestens seit der Londoner Konferenz der Westmächte und der Benelux-Staaten vom Frühjahr 1948 und den dort verabschiedeten Frankfurter Dokumenten schwanden die Voraussetzungen für das sowjetische Streben nach einem einheitlichen, neutralen, entmilitarisierten, entmonopolisierten Deutschland.

Stalin und die sowjetische Führung aber ließen sich von den im Westen geschaffenen Tatsachen kaum beeindrucken. Ihr Urteil nährte sich aus der immer wieder aufflackernden Hoffnung auf Interessengegensätze und Uneinigkeit der Westmächte und der Überschätzung der durch geschönte Informationen erzeugten Erwartung von Aktionen der Volksmassen zugunsten der sowjetischen Position. Die Folge waren u. a. permanente Direktiven an die Führung der SED, die Gewährleistung der Einheit Deutschlands zur Leitachse ihres politischen Handelns zu machen.

Selbst riskante Pläne des amerikanischen Militärs riefen in Moskau kein Umdenken hervor. Wie Franz Josef Strauß offenbarte, hatte der Chef der amerikanischen Militärregierung Clay 1948 alle Vorbereitungen dafür getroffen, »mit Panzern auf der Autobahn nach Berlin vorzudringen, und falls er mit militärischen Mitteln daran gehindert werden sollte, dann auch die Panzerkanonen sprechen zu lassen«.[28] Dieses gefährliche Abenteuer wurde zwar in Washington untersagt. Die Gefahr aber blieb latent. Trotzdem hielt Moskau an der gesamtdeutschen Lösung als Grundlinie der Politik fest. Die sowjetische Führung um Stalin vermochte es nicht, auf die seit 1947 erkennbare und seit 1948 kaum noch beeinflussbare Veränderung in Westeuropa in geeigneter Weise zu reagieren.

Zu den ungeklärten Phänomenen der Nachkriegszeit gehört, welche erstaunlichen Schlussfolgerungen Stalin und die sowjetische Außenpolitik aus der Tagung der Außenminister der USA, Großbritanniens und der UdSSR im Juli 1949 zogen. Die Konferenz hatte – wie schon frühere Beratungen dieses Gremiums – in der Deutschlandfrage zu keiner Übereinkunft geführt. Mit der Annahme des Grundgesetzes der Bundesrepublik Deutschland am 23. Mai 1949 und dem unmittelbar danach verkündeten Besatzungsstatut der Westmächte war eine neue völkerrechtliche Situation in Mitteleuropa entstanden.

Hatten die Westmächte die sowjetischen Diplomaten auf der Pariser Konferenz getäuscht, ihnen falsche Hoffnungen auf eine Rückkehr zu den Prinzipien von Potsdam gemacht? Hatte die sowjetische Delegation ihre Führung nicht korrekt informiert? Oder war man in Moskau nicht bereit oder in der Lage, unbequeme Tatsachen zur Kenntnis zu nehmen? Noch immer bleiben die Hintergründe darüber im Dunkel, welche Motive der von Semjonow am 17. Juli 1949 – also nach der Pariser Konferenz – Politikern der sowjetischen Zone übermittelten Direktive (!) Stalins zu Grunde lagen, mit der ultimativ gefordert wurde, »alle Bemühungen fortzusetzen und die wirtschaftliche und politische Einheit Deutschlands zu erreichen«. Semjonow kündigte bei dieser Begegnung – wie aus den erhaltenen Notizen von Wilhelm Pieck hervorgeht – eine Wiederaufnahme der Tätigkeit des Alliierten Kontrollrates und der Alliierten Kommandantur in Berlin sowie die Schaffung eines einheitlichen deutschen Zentralorgans an.[29]

Zu den erstaunlichen Aspekten dieser Besprechung Semjonows gehörte, dass daran auch Hermann Moritz Wilhelm Kastner, ein Politiker der Liberaldemokratischen Partei, teilnahm. Er dankte am Ende der Zusammenkunft im Namen der deutschen Teilnehmer Semjonow für dessen Informationen.[30] Es dauerte nur Stunden, bis die Residentur der CIA in Westberlin über Stalins Direktive und Semjonows Fehlinterpretationen der Pariser Konferenz informiert war. Sie und ihre Vorgesetzten in den USA konnten ob dieser Nachricht ihr Geschäft zielsicher betreiben: Kastner gehörte zu ihren Spitzenagenten. Seit 1948 diente er der CIA. Der Meißener Bischof Wienken hatte den liberalen Politiker Kastner im Westberliner Franziskus-Krankenhaus mit Agenten Dr. Caroly Tarnay zusammen gebracht. Tarnay wurde Kastners Kurier und Führungsoffizier. Später wurden Tarnay und Kastner vom westdeutschen Geheimdienst, der Organisation Gehlen, übernommen. Jahre später – in der kritischen Situation im Juni 1953 – trug Semjonow seinem Intimus Kastner den Vorsitz im Ministerrat der DDR an. Im September 1956 wechselte der Topagent schließlich über eine Agentenschleuse zu seinem Auftraggeber nach Pullach.[31]

Elke Scherstjanoi vertritt die Auffassung, dass die Fehlschlüsse der Stalinschen Führung nur zum geringen Teil einem ideologischen Denkschema geschuldet waren, sondern zum größten Teil ihrer politischen Unerfahrenheit in komplizierten außenpolitischen Konstellationen. Die Historikerin sah darin eine Ursache für strategische Defizite in der sowjetischen Deutschlandpolitik.[32] Wie man die Ursachen auch bewerten mag, letztlich gelangte die UdSSR in die Situation, die durch die Westmächte herbeigeführten Änderungen in der deutschen Realität nicht mehr beeinflussen zu können.

In der Literatur wird Stalin die Aussage zugeschrieben: »Dieser Krieg ist nicht wie in der Vergangenheit, wer immer ein Gebiet besetzt, der legt ihm auch sein gesellschaftliches System auf. Jeder führt sein eigenes System ein, soweit seine Armee vordringen kann.«[33] Die sowjetische Deutschlandpolitik bewegte sich bei Vorherrschen einer gesamtdeutschen Lösung im ersten Nachkriegsjahrzehnt zwischen diesem Ziel und der geostrategischen Position, mit der DDR die westliche Frontlinie der sozialistischen Gemeinschaft des Kalten Krieges stabil zu halten. Westliche Historiker stellen nicht selten die Frage: »Hatte die Sowjetunion 1945 überhaupt eine klare deutschlandpolitische Position?« Die vorherrschende Antwort lautet, »dass für die sowjetische Deutschlandpolitik bis 1949, vielleicht sogar darüber hinaus, eine auffallende Uneindeutigkeit charakteristisch sei«.[34]

Zu denen, die die russischen Archivalien am gründlichsten studieren und auswerten konnten, gehört der russische Historiker Professor Dr. Wladimir K. Wolkow. Er schildert vor allem an Hand der Protokolle der Begegnungen Stalins mit Pieck, Grotewohl und anderen Repräsentanten der SED und der DDR in der Zeit von 1945 bis 1952, wie die Kluft »zwischen Stalins Ziel (Friedensvertrag und einheitliches Deutschland) und der Realität« sich ständig vergrößerte.[35] Wolkow kam zu dem Schluss, dass Stalin ein schlechter Stratege war. »Alle seine großen Entscheidungen, die den Charakter strategischer Wenden besaßen, führten zu beachtlichen Fehlern und Niederlagen.«[36] Wolkow verwies dabei auf die Kollektivierung der sowjetischen Landwirtschaft, auf die Orientierung der Komintern in den 20er Jahren und auch auf die Fehlkalkulation hinsichtlich des Verhältnisses zu Hitlerdeutschland.

Zu Stalins größten Fehlern aber zählte Wolkow »das Herangehen an die deutsche Frage und alle daraus resultierenden Implikationen«. Er schilderte, in welch dogmatischer, von eigener Unfehlbarkeit ausgehender Weise Stalin dabei vorging. Stalin ignorierte »in der Zeit des Übergangs vom Krieg zum Frieden und in der Vorbereitungsphase der Potsdamer Konferenz« fachlichen Rat. »Empfehlungen und vorbereitete Ausarbeitungen des Ministeriums für Auswärtige Angelegenheiten wurden dazu nicht angefordert. Er ignorierte die fortlaufenden und durchdachten Instruktionen der Sowjetischen Militäradministration (SMAD) in Deutschland. […] Es dominierte eine gewisse Improvisation.«[37]

Derartige subjektive Erscheinungen wirkten sich – wie alle Fehler der ersten Schritte – für die Deutschlandpolitik der UdSSR wie für die Entwicklung in der sowjetischen Zone erkennbar negativ aus. Sie bereiteten auch Freunden und Verbündeten immer wieder Kopfzerbrechen. Während die Westmächte zumindest seit 1946/47 kontinuierlich auf einen politisch und wirtschaftlich starken, bürgerlichen, in das Bündnissystem des Westens integrierten westdeutschen Staat setzten, war das Verhältnis der UdSSR gegenüber der DDR erkennbaren Schwankungen bzw. veränderlichen Auffassungen politischer Kräftegruppen in der Moskauer Führung unterworfen.

Sowohl die Gründung der DDR wie auch ihre Einbeziehung in internationale Gremien der sozialistischen Gemeinschaft wie dem Rat für Gegenseitige Wirtschaftshilfe (RGW) oder dem Warschauer Pakt wurden vorrangig nicht aus eigenem inneren Erfordernis, sondern jeweils im Nachgang von Entscheidungen auf der westlichen Seite vollzogen. Mit der Stalin-Note vom März 1952 wurde – wie in allen wesentlichen Fällen ohne vorherige Konsultation mit den ostdeutschen Partnern – die zweieinhalb Jahre zuvor gegründete DDR zugunsten eines neutralen, nichtpaktgebundenen demokratischen Gesamtdeutschlands zur Disposition gestellt.

Ein Jahr später, 1953, waren zumindest Beria und seine Umgebung nach Stalins Tod bereit, die DDR gegen einen Preis von zehn Milliarden Dollar dem Westen zu überlassen. Drei Jahre später war – in wessen Auftrag liegt noch immer im Dunkel – der sowjetische Botschafter in der DDR, Georgi Puschkin[38], in geheime Aktionen involviert. Dabei sei, wie Strauß hinterließ, »eine Wiedervereinigung [...] zwar nicht oder erst in einer späteren Phase in Aussicht gestellt, aber immerhin käme es«, so Strauß, »zu einer antikommunistischen Regierung in der DDR«.[39]

Am Ende der 60er Jahre wurde mit Billigung Breshnews vom KGB ein geheimer informativer Kanal zur Bundesregierung geschaffen. Endstellen dieser Verbindung waren in Moskau der KGB-Offizier Wjatscheslaw K. Keworkow und in Bonn Staatssekretär Egon Bahr. Über diesen Kanal wurden deutschlandpolitische Projekte der UdSSR hinter dem Rücken der DDR – ihres treuesten Verbündeten – mit der Regierung der Bundesrepublik erörtert. Während eines gemeinsamen Fluges von Kap Kennedy nach Washington am 31. Januar 1971 wurde der Kanal Bahr-Kissinger mit dem Bahr-Keworkow-Kanal zu einem Netzwerk verknüpft.[40] Nur wenig später komplettierten der Botschafter der USA in Bonn, Kenneth Rush, und der Moskauer Diplomat Valentin Falin dieses Netzwerk. Die Nachrichtenübermittlung dieser fünf Akteure erfolgte verdeckt über militärische Spezialnetze, u. a. über die der US-Kriegsmarine[41], die selbst den Außenministerien ihrer Staaten keinen Einblick zuließen.

Die DDR befand sich somit im Zentrum des Dreiecks USA-UdSSR-BRD. Sie war seit Ende der 60er Jahre über mehr als zwei Jahrzehnte Objekt geheimer Verhandlungen zwischen Moskau, Bonn und Washington. Der im politischen Geschäft erfahrene Markus Wolf hinterließ in seinem letzten Interview die Erkenntnis: »Strukturell freilich war die DDR für Moskau hauptsächlich eine Figur im politischen Schachspiel mit dem Westen.«[42]

Die Beziehungen zwischen der UdSSR und der DDR waren ebenso vom – der Öffentlichkeit vermittelten – Gleichklang wie durch – vorrangig intern ausgetragene – Differenzen geprägt. Der erfahrene sowjetische Diplomat Julij Kwizinskij bezeichnete das Verhältnis zwischen seinem Land und der DDR in mancher Hinsicht als »schizophren«[43]. Nach seinem Urteil ging es der UdSSR darum, die »so günstigen Ergebnisse des Zweiten Weltkrieges, des so teuer erkauften Sieges, endgültig zu konsolidieren«[44]. »In Ostberlin«, so der Diplomat weiter, »hielt man sich damals an eine ähnliche Linie – nur mit einem deutschen Koordinatensystem«.[45] Den meisten politisch aktiven Bürgern der DDR blieben die Wendungen der Sowjetunion in der Deutschlandfrage und der unterschiedlich ausgeprägte Einfluss der UdSSR auf die innere Entwicklung ihres Staats verborgen. Auch in den politischen Gremien war dieses Thema mit einem dauerhaften Tabu belegt.

Im Vorfeld der Nachkriegszeit – Erwartungen und Vorbereitungen der KPD

Die in der Emigration und im aktiven Widerstand gegen das Naziregime in Deutschland kämpfende Kommunistische Partei Deutschlands war auch nach dem Urteil der R&A-Branch des amerikanischen Geheimdienstes »the most numerous, most highly disciplined and best organized party of the German Emigration«[46] (die zahlenmäßig stärkste, diszipliniertеste und am besten organisierte Partei der deutschen Emigration). Früher als jede Emigrationsorganisation der SPD oder auch bürgerlicher Parteien hat die Auslandsleitung der KPD in Moskau sich konzeptionell damit beschäftigt, was nach dem Sieg in Deutschland zu unternehmen sei.

Die in der Emigration in der Sowjetunion lebenden deutschen Kommunisten hatten sich gründlich auf die Neugestaltung Deutschlands nach der Niederlage des Faschismus vorbereitet. Schon im Februar 1944 hatte die Auslandsleitung der KPD eine Arbeitsgruppe beauftragt, Grundfragen der Gestaltung eines neuen Deutschland zu bearbeiten. Ihr gehörten Anton Ackermann, Fritz Apelt, Johannes R. Becher, Wilhelm Florin, Georg Hansen, Rudolf Herrnstadt, Edwin Hoernle, Alfred Kurella, Rudolf Lindau, Hans Mahle, Hermann Matern, Fred Oelßner, Wilhelm Pieck, Elli Schmidt, Sepp Schwab, Gustav Sobottka, Walter Ulbricht, Paul Wandel, Erich Weinert und Otto Winzer an.[47] Jeder dieser Antifaschisten hat an seinem Platz im Nachkriegsdeutschland erkennbare Spuren hinterlassen.

Diese Gruppe erarbeitete ein Aktionsprogramm, das auf die Errichtung eines »demokratischen Volksregimes« orientierte. Als wichtigste Aufgabe für den angestrebten »Zusammenschluss aller demokratischen Kräfte des deutschen Volkes« bezeichneten sie die »Schaffung der Einheit der Arbeiterklasse, die sich nur durch innere Geschlossenheit und eine richtige Politik die ihr zukommende wichtige Rolle im Block der kämpferischen Demokratie verschaffen kann«. Davon ausgehend wurden Konzepte für die Bewältigung der ersten dringenden Aufgaben im vom Krieg zerstörten Deutschland erarbeitet.[48]

Es ist dokumentarisch gesichert, dass seit 1944 Wilhelm Pieck gegenüber Georgi Dimitroff – der nach der Auflösung der Komintern (1943)das Informationsbüro beim ZK der KPdSU (B) leitete – starke Initiativen entwickelt hat, um Vorbereitungen für die Linie des künftigen Herangehens nach dem Sieg über den Faschismus zu treffen. Dazu gehörte die Gewinnung zuverlässiger und befähigter Patrioten für die Erfüllung der Anfangsaufgaben.[49] Das Informationsbüro arbeitete eng mit der ebenfalls im ZK der KPdSU (B) ansässigen – von Dimitri S. Manuilski und Generaloberst A. S. Schtscherbakow geleiteten – Politischen Hauptverwaltung der Sowjetarmee zusammen. Es hatte über diese Verbindung die Möglichkeit, zwischen der KPD-Führung und den militärischen Organen der UdSSR Kontakte herzustellen.

Nach Zustimmung der sowjetischen Behörden wurde im September 1944 nordwestlich von Moskau – damals als Objekt 12 bezeichnet – die »Schule fürs Land« eröffnet. Das war eine Ausbildungsstätte der KPD, in der vor allem antifaschistische deutsche Kriegsgefangene auf einen künftigen Einsatz im besiegten Deutschland vorbereitet wurden. Der erste Schulleiter war Hermann Matern.[50] Im Januar 1945 eröffnete Wilhelm Pieck den zweiten Lehrgang an dieser Schule. Seine Rede bleibt ein wichtiges Zeitzeugnis, in dem der Fortschritt im strategischen Denken der deutschen Kommunisten und die selbstkritische Überwindung fehlerhafter Positionen eindrucksvoll zum Ausdruck kommen. Pieck hob damals hervor: »Das Neue in Deutschland ist, dass wir die Aufgabe haben, <u>die ganze Nation</u> aus der tiefen historischen Krise herauszuführen, und dass wir dazu eine breite Front – weit über die Arbeiterklasse hinaus – schaffen müssen, um diese Aufgaben zu erfüllen. Wir müssen <u>in ernster Selbstkritik</u> die Mängel u(nd) Fehler in unserer Politik erkennen, warum es uns früher nicht gelungen (ist), die Einheitsfront herzustellen, die Reaktion in Deutschland zu schlagen, die Aufrichtung der faschistischen Diktatur zu verhindern.«[51] (*Unterstreichungen im Original*)

Den in Moskau ansässigen Repräsentanten der KPD war sehr daran gelegen, bei ihren Vorhaben die Erfahrungen der Emigrationsgruppen der KPD in Ländern des Westens einzubeziehen. Am 4. August 1944 schrieb Pieck an Dimitroff: »Ich bitte Dich zu überlegen, ob es nicht zweckmäßig wäre, wenn der Versuch unternommen wird, die Genossen Merker und Jungmann aus Mexiko und den Genossen Wilhelm Koenen aus London nach Moskau zu holen. Es wird doch wahrscheinlich so sein, dass von hier aus zuerst die Führung unserer Partei ins Land gehen wird, während die Rückkehr der führenden Genossen aus den anderen Ländern sich viel mehr verzögern wird. Es wäre deshalb gut, wenn hier in Moskau schon ein größerer Kreis der führenden Genossen sich auf die Arbeit im Lande vorbereiten könnte.«[52]

Den Vorbereitungen der KPD-Führung lag eine gesamtdeutsche Betrachtungsweise zugrunde. Im Frühjahr 1945 wurden die deutschen Kommunisten in Moskau von der im September 1944 getroffenen EAC-Entscheidung über die künftigen Besatzungszonen informiert. Im Archiv Stiftung der Parteien und Massenorganisationen der DDR im Bundesarchiv (SAPMO-BArch) liegt der Bericht von Elli Schmidt, der die Gefühlslage kommunistischer Emigranten in Moskau bei der Information Dimitroffs über die Festlegungen von Jalta deutlich macht. Darin heißt es: »Er sagte uns, wie die Grenzen der Besatzungszonen verlaufen und wie schwer es sein würde durch die Vierteilung Berlins. Ich ging erschüttert heraus. [...] Wir sahen immer das ganze Deutschland.«[53]

Auch über den künftigen Verlauf der deutsch-polnischen Grenze war die Führung der KPD lange nicht exakt informiert. Noch im Februar 1945 besprachen sowjetische Offizielle den Einsatz deutscher Antifaschisten aus sowjetischer Emigration in den »von der Roten Armee befreiten deutschen Gebiete« in Pommern und Schlesien.[54] Besondere Aufmerksamkeit galt dabei Breslau. Eine Gruppe von sieben erfahrenen kommunistischen Politikern (darunter Ulbricht und Ackermann) war entsprechend dem »Vorschlag für den Einsatz von Kadern zur Unterstützung der Roten Armee in den von ihr besetzten deutschen Gebieten« am 20. Februar 1945 dafür vorgesehen, »sobald Breslau von der Roten Armee vollständig besetzt ist«, in die Stadt zu fahren und dort mit der Arbeit zu beginnen.[55] Der Kampf um Breslau endete jedoch erst in den Maitagen 1945. Dadurch entfiel die für die deutschen Kommunisten vorgesehene Mission in diesem Gebiet.

Obwohl die Entscheidung der Europäischen Beratungskommission über die Einteilung der Besatzungszonen in Deutschland seit dem 12. September 1944 festgeschrieben war, herrschte zumindest in der deutschen Emigration in Moskau im März 1945 noch immer Unklarheit über die territoriale Ausdehnung der sowjetischen Zone. Laufer zog aus seinen eingehenden Analysen des sowjetischen Vorgehens den Schluss: Die deutschen Kommunisten wurden »nur sehr begrenzt über die sowjetischen Planungen aufgeklärt, insbesondere dann, wenn sie deren vermeintlichen nationalen Interessen zuwiderliefen. Über die Details der sowjetischen Nachkriegsplanungen blieb die KPD-Führung in Moskau im Unklaren.«[56]

Diese Situation reflektierte Wilhelm Pieck in seiner Rede am 10. März 1945 in der »Schule fürs Land«. Er stellte dabei dar, dass die Grenzen der einzelnen Besatzungszonen noch vereinbart würden und vermutete: »Es wird aber schon heute allgemein angenommen, dass der Osten Deutschlands – vielleicht bis zur Elbe von der Roten Armee, der Süden von den Amerikanern und der Westen von den Engländern u. Teile im Westen von den Franzosen besetzt werden.«[57] (*Unterstreichungen im Original*)

Auch in einer Besprechung zwischen Pieck und Dimitroff gab es, als über die künftige sowjetische Besatzungszone gesprochen wurde, nur annähernde Angaben über deren westliche Demarkationslinie. Es blieb bei folgender Darstellung: »Mecklenburg östliche Hälfte, zwischen Rostock und Schwerin (12° Längsgrad), Wittenberge über die Elbe, Magdeburg-Staßfurt (westl. Halle) – Naumburg, Ostthüringen (Zeulenroda), ganz Sachsen (Plauen).«[58]

Auch in der Begegnung mit Stalin am 4. Juni 1945 notierte Wilhelm Pieck: Das »Okkupationsgebiet ist noch nicht klar«. Als Koordinaten der Demarkationslinie der sowjetischen Zone nach Westen nannte er die Städte »Lübeck-Erfurt-Leipzig-Chemnitz«. Bei der sowjetischen Information über die zu bildenden Landesregierungen wurde Thüringen als zur US-Zone gehörend dargestellt.[59]

Die sowjetischen Politiker und Diplomaten hielten es weder während ihrer Verhandlungen in der EAC noch danach für geboten, die Verantwortlichen der deutschen Bruderpartei zu konsultieren oder zu informieren. Die in der Notiz von Wilhelm Pieck über die Beratung bei Stalin im Juni 1945 vermeintliche Unsicherheit über die reale Einteilung der Besatzungszonen entsprach nicht dem tatsächlichen Kenntnisstand der sowjetischen Regierung. Dokumente beweisen, dass sie im Juni 1945 über alle Details der Besatzungsregelungen weitaus exakter informiert war, als sie das ihren Gesprächspartnern der KPD offenbarte.

Das EAC-Abkommen lag seit September 1944 in Moskau vor. Im April 1945 gab es dazu einen Telegrammwechsel zwischen Stalin, Churchill und Roosevelt. Am 27. April 1945 erhielt Stalin ein Telegramm von Churchill. Darin hieß es: »Die Demarkationslinien in Deutschland sind bereits beschlossen.«[60] Tags darauf telegrafierte Präsident Truman an Stalin: »Von Premierminister Churchill habe ich eine vom 27. April datierte Botschaft erhalten, die an Sie und an mich adressiert ist und einen ordnungsgemäßen Modus für die Besetzung der Zonen, die unsere Truppen in Deutschland und in Österreich besetzen werden, betrifft. Ich bin mit der oben genannten Botschaft, die Premierminister Churchill an uns beide gerichtet hat, völlig einverstanden und werde den Premierminister von meiner Zustimmung in Kenntnis setzen.«[61] Stalin antwortete darauf am 2. Mai 1945 in Telegrammen an seine Bündnispartner in London und Washington, erhob zu deren Position keine Einwände und teilte mit, dass dem sowjetischen Oberkommando Anweisung zum einvernehmlichen Handeln mit den amerikanischen und britischen Truppen gegeben wurden.[62]

Für die sowjetische Art des Umgangs mit Wilhelm Pieck und Genossen gibt es keine überzeugende Erklärung. Besaßen die deutschen Kommunisten kein Vertrauen in Moskau? Demonstrierte Stalin damit seine Art des Umgangs mit seinem Herrschaftswissen? Oder sollten die Vertreter der KPD in den Glauben gehalten werden, hinsichtlich der Einteilung der Besatzungszonen seien noch Veränderungen möglich? Man ging – das sollte sich später wiederholen – im Kreml weder sehr vertrauensvoll noch solidarisch, letztlich nicht brüderlich mit den Kampfgefährten von der KPD um.

Man ließ sie auch lange im Unklaren darüber, durch welche Koordinaten die Ostgrenze der sowjetischen Zone bestimmt werde. Am 11. Juli 1945 (eine Woche vor Beginn der Konferenz von Potsdam), als diese bekannt wurden, bezeichnete Wilhelm Pieck gegenüber Marschall Shukow die »Austreibung der Deutschen aus den Ostgebieten« als Maßnahme gegen die Politik der KPD.[63] Fünfzehn Jahre danach, im Juni 1960, antwortete Walter Ulbricht einem Parteiveteranen auf dessen Frage, ob alle Grenzregelungen der Nachkriegszeit von der UdSSR gut überlegt gewesen seien. Ulbricht zögerte ein wenig und fand dann die salomonische, aber durchaus distanzierte Antwort: »Die Frage kann ich nicht beantworten, denn wir sind dazu nicht gefragt worden. Nun müssen wir damit leben.«[64] Er deutete in seiner spezifischen Art der Zurückhaltung in derartigen Angelegenheiten an, dass sich die Erwartung deutscher Kommunisten von der Entscheidung in den Führungsgremien der UdSSR unterschied.

Die KPD erhielt von der KPdSU zwar Direktiven und Aufträge, auch Unterstützung bei der Erfüllung von Aufträgen. Eine Chance, bei der Vorbereitung von Entscheidungen für Nachkriegsdeutschland mitzureden, wurde ihr nicht eingeräumt. Weder bei der Erarbeitung der Grundfragen noch zu Detailregelungen wurde der Sachverstand deutscher Emigranten in der UdSSR in Anspruch genommen. Jochen Laufer stellte dazu fest: »Stalin [...] mied [...] während des gesamten Krieges den direkten Kontakt mit deutschen Genossen. Er ignorierte die deutschen Kommunisten bei der Vorbereitung der Nachkriegspolitik ebenso wie Churchill die deutschen Exilanten, die sich in London versammelt hatten.«[65]

Der »kleine Unterschied«, den Laufer bei dieser Einschätzung außer Acht lässt, bestand darin, dass es sich bei der KPD in Moskau auch um eine mit der KPdSU eng verbundene Bruderpartei handelte. Das war etwas völlig anderes als das Verhältnis zwischen der britischen Regierung und den deutschen Emigranten in London.

Am 5. April 1945, als die sowjetischen Truppen sich östlich der Oder auf die letzte große Offensive vorbereiteten, verabschiedete die Parteiführung der KPD in Moskau eine Richtlinie für die Arbeit der deutschen Antifaschisten in den von der Roten Armee besetzten deutschen Gebieten. Sie orientierte darauf, »die Einheit der fortschrittlichen Kräfte aus allen werktätigen Schichten, der Kommunisten, Sozialdemokraten, bürgerlichen Demokraten und Christen auf neuer, antifaschistischer Grundlage zu schaffen«. Das Dokument enthielt Vorschläge zur praktischen Arbeit u. a. bei der Gewährleistung der Ernährung, der Tätigkeit städtischer Betriebe, der Wohnungsämter, des Handels, des Handwerks, der Volksbildung, der Finanzen.[66]

Von einer Orientierung am Modell der Weimarer Republik war in diesem Dokument nicht die Rede. Als die KPD am 11. Juni 1945 mit ihrem – in Moskau vorbesprochenen – Aufruf an die Öffentlichkeit trat, war darin erwartungsgemäß der Hinweis Stalins enthalten, dass nunmehr »die Sache der bürgerlich-demokratischen Umbildung, die 1848 begonnen hat, zu Ende zu führen« sei. Dem folgte unmittelbar die außerordentlich wichtige Aussage: »Wir sind der Auffassung, dass der Weg, Deutschland das Sowjetsystem aufzuzwingen, falsch wäre, denn dieser Weg entspricht nicht den gegenwärtigen Entwicklungsbedingungen in Deutschland. Wir sind vielmehr der Auffassung, dass die entscheidenden Interessen des deutschen Volkes in der gegenwärtigen Lage für Deutschland einen anderen Weg vorschreiben, und zwar den Weg der Aufrichtung eines antifaschistischen demokratischen Regimes, einer parlamentarischen Republik mit allen Rechten und Freiheiten in Deutschland.«[67]

Mit diesem Aufruf wurden unmissverständlich Losungen der KPD aus der Weimarer Zeit für ein Sowjetdeutschland korrigiert. Zugleich wurde den auf der Berner Konferenz der KPD von 1939 entwickelten Volksfrontvisionen im Rahmen einer parlamentarischen Republik Rechnung getragen. Er war – das ist anzumerken, weil er nicht selten als ein Ursprungsdokument für die DDR bezeichnet wird – kein Masterplan für einen künftigen ostdeutschen Staat. Er war ein erstes Programm, ein Angebot für ein anderes Deutschland von der Oder bis zum Rhein.

Jochen Laufer nannte es eine wohlbedachte Entscheidung, dass Stalin dieses Treffen mit den deutschen Kommunisten in der ersten Juniwoche 1945 angeordnet hatte. Tage vorher war die Entscheidung für das Treffen der »Großen Drei« gefallen. Stalin wollte »sicherstellen, dass der erste Aufruf der KPD seinen strategischen Überlegungen entsprach, nicht über seine Ziele hinausschoss, aber auch nicht zu kurz griff«.[68]

Bereits am 30. April 1945, als noch die Kämpfe im Berliner Stadtzentrum tobten, flog die Gruppe Ulbricht nach Deutschland. Ihr Auftrag war es, die Situation zu analysieren und unmittelbar deutsche Selbstverwaltungsorgane aufzubauen. Dafür galt es, vom ersten Tage an Menschen aus allen nicht von Naziverbrechen belasteten Kreisen der Bevölkerung zu gewinnen, ihnen Vertrauen zu vermitteln und mit ihnen Verantwortung zu übernehmen.

Wenn heute in Medien über die Gruppe Ulbricht vom April 1945 berichtet wird, dann wird fast ausnahmslos Wolfgang Leonhard – der dieser Gruppe angehörte und später mit seiner Partei in Konflikt geriet – mit der Erklärung zitiert, Ulbricht hätte als Handlungsmaxime seiner Gruppe gefordert: »Es muss demokratisch aussehen, aber wir müssen alles in der Hand behalten.«

Dieser Satz wird bis in unsere Tage in Wort und Schrift, in Radiosendungen und im Fernsehen wie ein Gottesurteil wiederholt. Es scheint, dass niemand bisher zur Kenntnis genommen hat, dass

Leonhard später in einer Schrift einräumen musste: »Unzählige Male ist dieser Ausspruch zitiert, oder besser gesagt verzerrt worden. Meist sollte er beweisen, dass Ulbricht schon damals die Errichtung einer Diktatur geplant habe. Aber das war keine Direktive, die für alle Zeiten zu gelten hatte und schon gar nicht die Urformel für den späteren Staatsaufbau der DDR. […] Ulbricht ging es an diesem Abend (*an dem im Mai 1945 laut Leonhard der Satz von Ulbricht gefallen sein soll – H. G.*) darum, die Diskussion zu beenden. Wir sollten die Leute für unsere Arbeit gewinnen, möglichst viele, und aus möglichst unterschiedlichen politischen Lagern. Wichtig war ihm, dass wir darüber unseren Einfluss nicht verloren.«[69]

Vorzeichen der Besatzungspolitik – oder: Mit den Okkupationserfahrungen Napoleons

Die Ausübung der Besatzungsbefugnisse in der sowjetisch besetzten Zone vollzog sich in entscheidenden Bereichen oftmals recht gegenläufig zur Strategie der sowjetischen Deutschlandpolitik. Dafür gab es ein Bündel von Ursachen. Es erwies sich bald, dass die vorgenommenen Veränderungen der Eigentumsstrukturen in der Industrie und in der Landwirtschaft, im Personalbestand und hinsichtlich der Prinzipien der Verwaltungsarbeit im Wesentlichen mit einem anderen Instrumentarium als dem einer parlamentarischen Demokratie nach Weimarer Muster vorbereitet und realisiert werden mussten. Die Forderung tief greifende gesellschaftliche Umwälzungen zu vollziehen, Eingriffe in Eigentumsverhältnisse vorzunehmen und dabei nach aus der Weimarer Zeit stammenden parlamentarischen Regeln vorzugehen, glich der Aufforderung, die Quadratur des Kreises zu begründen. Die aus dieser Situation erwachsenen Schwierigkeiten wurden vielerorts dadurch multipliziert, wenn nicht potenziert, dass die sowjetischen Offiziere, die in Dörfern, Städten und in den Stäben der Kreis- und Landeskommandanturen eingesetzt waren, über keine Erfahrungen einer parlamentarischen Demokratie verfügten. Auch »Besatzungserfahrungen« hatten weder die Generale der Sowjetarmee noch die große Zahl der sowjetischen Kommandanten vorher sammeln können.

Die Kriegsalliierten England, Frankreich und die USA hingegen besaßen reichlich Erfahrungen in der Verwaltung okkupierter oder kolonisierter Territorien. 1942 – die USA waren gerade in die Antihitlerkoalition eingetreten – wurde an der Virginia-Universität in

Charlottesville eine »School of Military Government« (Schule für Militärregierung), 1943 im amerikanischen Kriegsministerium eine Sondereinheit zur Vorbereitung der amerikanischen Besatzungspolitik, die »Civil Affairs Division« (CAD), gebildet. Die R&A-Branch des US-Geheimdienstes bereitete gemeinsam mit wirtschaftlichen Institutionen für die künftigen Besatzungsoffiziere der US-Armee achtzig Broschüren im Umfang von je zwanzig Seiten als Hilfsmittel der Verwaltungsführung vor. Darin wurde ein breites Spektrum administrativer, wirtschaftlicher und politischer Aufgaben im zu besetzenden Deutschland behandelt.[70]

Dagegen beschritt die UdSSR bei der Vorbereitung ihrer Besatzungsaufgaben weitgehend Neuland. Der Leiter der Dritten Europäischen Abteilung des sowjetischen Außenministeriums, Andrej Smirnow – er verfügte über kurzzeitige Erfahrungen aus der gemeinsamen britischen Besetzung von Teilen des Iran –, hatte im Sommer 1944 die Vorbereitung von Direktiven und Personal für die sowjetische Militärregierung vor allem aus außenpolitischer Sicht angeregt. Er fand dafür keine Resonanz. Im Oktober 1944 drängte auch der sowjetische Botschafter in London mit einem Telegramm an seinen Außenminister in dieser Sache. Er schrieb: »Die Amerikaner und Engländer haben ihre Leute für den Einsatz im Rahmen des Kontrollmechanismus der Alliierten in Deutschland bereits ausgebildet« und schlug die Entsendung sowjetischer Offiziere zum Erfahrungsaustausch vor.[71]

Es schien, als bewege man sich danach. Die Militärführung entschied, eine Gruppe von 150 Offizieren für eine solche Mission vorzubereiten.[72] Am 26. September 1944 übermittelte der Botschafter der UdSSR in London der britischen Regierung die positive Entscheidung aus Moskau. Stalin erfuhr – wie Jochen Laufer ermittelt hat – drei Tage danach vom Plan der Entsendung der Offiziere nach London. Trotz der schon an London übermittelten Zusage seiner Diplomaten untersagte Stalin kategorisch diese Mission. Es wurden keine sowjetischen Offiziere nach London entsandt, auch eine Einladung der USA wurde abgelehnt.[73] Unter diesen Umständen standen für Wladimir S. Semjonow, als er sich in Moskau auf seine Aufgaben als Politischer Berater des Chefs der Sowjetischen Militäradministration in Deutschland vorbereitete, nach eigenem Bekunden als Literatur nur die Dokumente der Okkupationspolitik Napoleons I. zur Verfügung. Semjonow berichtete, dass er in Vorbereitung seiner Aufgaben in Deutschland bei Dimitroff und einigen sowjetischen Militärexperten Rat eingeholt habe.

Über eine Beratung mit den deutschen Kommunisten in Moskau berichtet Semjonow in diesem Zusammenhang nicht.

Im Juni 1945 hatte die sowjetische Regierung über Aufgaben und Struktur der Sowjetischen Militäradministration in Deutschland zu entscheiden. Semjonow, der an der Vorbereitung dieser Entscheidung beteiligt war, verfügte – wie er später berichtete – nur über unzureichende Informationen der EAC-Beratungen über die Besatzungszonen und die Militärverwaltung in diesen Zonen.[75] In der sowjetischen militärpolitischen Literatur war im September 1943 eine differenzierte Darstellung der amerikanisch-britischen Militärverwaltung in Sizilien (Allied Military Government for Occupied Territories [AMGOT]) veröffentlicht worden.[76] Offensichtlich wurden Anregungen daraus von der Sowjetunion genutzt. So wurde die in dieser Arbeit dargestellte Regelung, dass der Militärgouverneur als Oberbefehlshaber die gesamte militärische und administrative Befehlsgewalt in seinen Händen konzentriert, von der SMAD übernommen.[77]

Allein: Diese Regelung reichte nicht zur Klärung der umfangreichen Probleme beim Aufbau einer Militärverwaltung. Wie Sergej I. Tulpanow feststellte, hatte die UdSSR »nicht wie die Westmächte die Möglichkeit, die Kader im Hinterland ruhig auf die Besetzung vorzubereiten«.[78] An anderer Stelle schrieb er, dass die KPdSU und die UdSSR »keine ausgearbeitete Theorie der Besatzungsadministration« hatten.[79] Die Leitung und die Mitarbeiter der SMAD konnten sich – wie ihr erster Chef Marschall Shukow einräumte – kaum auf Erfahrungen stützen und mussten sich vieles »während der Tätigkeit aneignen«.[80]

In welchen Dimensionen sich die Aufgaben und die Personalbesetzung der SMAD entwickelten, wird daran erkennbar, dass im Frühjahr 1945 die ersten Planungen des sowjetischen Außenministeriums einen Personalbestand von 125 Mitarbeitern der SMAD vorsahen. Tatsächlich waren in der SMAD am 1. September 1945 etwa 2.000, im Januar 1947 mehr als 80.000 Mitarbeiter tätig.[81] Aus einem ursprünglich vorgesehenen kleinen Apparat wurde in relativ kurzer Zeit eine komplexe Großorganisation mit komplizierten Verzweigungen in die Strukturen der politischen, militärischen und wirtschaftlichen Leitungsorgane der UdSSR in Moskau.

Das relativ oft wechselnde Personal – 1948 waren 30 Prozent der Mitarbeiter weniger als zwölf Monate und 25 Prozent zwischen einem und zwei Jahren im Dienst der SMAD[82] – schuf zusätzliche Probleme. Die überwiegende Mehrheit der sowjetischen Offiziere, die in der SMAD Dienst taten, sammelte gewisse Erfahrungen bei der Wiederherstellung des täglichen Lebens in den befreiten sowjetischen Dörfern und Städten. Die deutschen Gegebenheiten waren ihnen jedoch weitgehend fremd. Systematische Schulungen während ihrer Einsatzzeit in Deutschland konnten das Defizit nicht wettmachen. Auch verantwortliche Generale, die in Spitzenpositionen der SMAD versetzt wurden, waren – wie sie später veröffentlichten – auf ihre neue Aufgabe nicht speziell vorbereitet.[83] Der erste Stellvertreter des Obersten Chefs der SMAD, Konstantin I. Kowal (1941-1945 Stellvertreter des Volkskommissars für Schwerindustrie), berichtete später, dass er »lediglich die Protokolle der Potsdamer Konferenz und den Auftrag erhalten habe, die sowjetische Besatzungszone in diesem Sinne zu verwalten«.[84]

Eine gewisse Ausnahme bildete hinsichtlich der Kenntnis der deutschen Verhältnisse vor allem die Gruppe der Kulturoffiziere. Schon in der Vergangenheit war in der Sowjetunion der deutschen Kultur, den deutschen Intellektuellen hohe Aufmerksamkeit gewidmet worden. Daraus resultierte ein beträchtliches Potential gebildeter Spezialisten. Auf anderen Gebieten der Lebensverhältnisse, Gewohnheiten, Regeln, Mentalitäten und der Rechtspflege im bürgerlich geprägten Deutschland war ein derartiger Erkenntnisvorlauf nur in geringem Maße vorhanden. Dieses Defizit war eine wesentliche Ursache dafür, dass viele Vertreter der sowjetischen Besatzungsmacht – wie konnte es anders sein – an die Wahrnehmung ihrer Aufgaben in Deutschland vom Erfahrungshorizont der sowjetischen Praxis in der UdSSR und mit den dabei üblichen Mitteln und erworbenen Eigenschaften herangingen. Stalins Absicht von einem einheitlichen demokratischen Deutschland erforderte von der sowjetischen Militäradministration eine radikale Überwindung des eigenen Erfahrungshorizontes und einen Bruch in der Art und den Methoden des Umgangs mit Anderen. Das aber war wie Wilfried Loth anmerkte, »den wenigsten bewusst; und noch weniger waren in der Lage, den Erfordernissen einer pluralistischen Ordnung in der Praxis durchgehend Rechnung zu tragen«.[85]

Vorschriftenwidrige Übergriffe einzelner Offiziere und unverständliche Maßnahmen sowjetischer Abwehrorgane schadeten dem politischen Anliegen sowjetischen Vorgehens. Umfang und Praxis der sowjetischen Demontagepolitik gossen dazu in erheblichem Maße Wasser auf die Mühlen antisowjetischer Propaganda. Letztlich war es eine Summe von Faktoren, die kontraproduktiv wirkten auf die sowjetischen Strategie, welche darauf gerichtet war, mit der

Entwicklung in ihrer Besatzungszone ein Vorbild für eine gesamtdeutsche Lösung zu sein.

In der Praxis zeigten sich nicht wenige sowjetischen Offiziere und Soldaten bei der Wahrnehmung ihrer Pflichten schlicht überfordert. Sie entstammten in der Regel der ersten Generation nach der Revolution, welche nach der schrittweisen Überwindung der ökonomischen und zivilisatorischen Rückständigkeit des Zarenreiches aufgewachsen war. Ihre Eltern lebten teils noch unter Bedingungen des Zarenreiches, die heute kaum noch in Erinnerung sind. Philipp Blom hat sie in seiner Schrift »Der taumelnde Kontinent – Europa 1900-1914« eindrucksvoll charakterisiert. »Das russische Wort Dorfbewohner, *derewno*, ist vom Wort für ›Holz‹ abgeleitet, das als Baumaterial für die primitiven Hütten diente. Mehrere Generationen lebten unter einem Dach, oft in einem einzigen Raum mit einem Ofen, auf dem sie schliefen, einem Tisch, an dem sie aßen, und einem Schrein mit einer Ikone und einer ewigen Kerze, eine beengte und armselige Existenz. […] Am Ende des 19. Jahrhunderts waren die meisten Dorfbewohner Analphabeten, und bis 1917 gab es keine Schulpflicht. […] Das Leben der Bauern hatte seine eigenen Gesetze. Anfang des zwanzigsten Jahrhunderts […] oblag die Rechtsprechung den Dorfgerichten, die ohne formelle Gesetze Strafen verhängten.«[86]

Von den etwa zweieinhalb Millionen Industriearbeitern im zaristischen Russland, die das Revolutionsgeschehen 1917 mit ihren politischen Auffassungen, moralischen Werten, ihrer Organisation und Disziplin entscheidend geprägt hatten, waren im Ergebnis des Ersten Weltkrieges und der nachfolgenden Kämpfe gegen die Interventen annähernd die Hälfte gefallen. Die negativen Folgen dieses »Substanzverlustes« waren unübersehbar. Die von der Sowjetmacht eingeleiteten grundlegenden Veränderungen im Lande blieben nicht ohne mentale Folgen. Alles vollzog sich in den zeitlichen Dimensionen eines historischen Wimpernschlages. Als das faschistische Deutschland die Sowjetunion im Sommer 1941 vertragsbrüchig überfiel, waren kaum mehr als zwei Jahrzehnte seit dem Sturz der Zarenherrschaft vergangen.

1945/46: in schwerer Zeit ein Quantensprung im Verfassungsdenken

Die Verantwortlichen der KPD und SPD, später der SED, und ebenso die Repräsentanten der mit ihnen verbundenen Parteien und

Massenorganisationen setzten unter oft außerordentlich schwierigen Bedingungen ihre Kraft dafür ein, dass im Osten Deutschlands die Beschlüsse der Potsdamer Konferenz konsequent umgesetzt wurden. Von Anbeginn waren sie jedoch in ihrem Handeln damit konfrontiert, dass – wie Jochen Laufer es ausdrückte – sich »Stalins öffentliche Äußerungen zu Deutschland selten mit seinen internen Weisungen zur Besatzungspolitik in der SBZ« deckten. »Die Diskrepanz wuchs dadurch, dass sich beide auf dasselbe Land, aber selten auf die gleichen Vorgänge bezogen. Weisungen des Kremlchefs zu den einzelnen Sachfragen der Besatzung erfolgten nur sporadisch und oftmals verspätet. Unter diesen Bedingungen – wo prinzipiell alles klar schien, aber konkret vieles höchst unsicher war –, mussten seit April 1945 sowjetische Funktionäre im Osten agieren.«[87]

Auch unter diesen Umständen haben die deutschen »Aktivisten der ersten Stunde« Enormes geleistet und dabei wichtige neue Erfahrungen bei der Gestaltung der politischen und wirtschaftlichen Prozesse und des gesellschaftlichen Lebens gesammelt. Die Bodenreform, die Schaffung des Volkseigentums, die Befreiung des Schul- und Gerichtssystems von belasteten Nazis im Rahmen der Schul- und Justizreform hatten auch ursprünglich differierende Auffassungen der Kräfte aus den verschieden Parteien und sozialen Schichten einander näher gebracht.

Ein herausragendes Ereignis der deutschen Nachkriegsgeschichte war die Vereinigung von Kommunisten und Sozialdemokraten zur Sozialistischen Einheitspartei Deutschlands (SED). Mit diesem Zusammenschluss, der – auch wenn dem heute gern widersprochen wird – auf einer breiten Basis erfolgte, wurde die 1918 vollzogene Spaltung der deutschen Arbeiterbewegung zu überwinden versucht. Die oft dargestellte Ablehnung, gar Bekämpfung dieser Entscheidung durch Sozialdemokraten in den Westsektoren Berlins und durch Schumacher in Hannover hat die historische Bedeutung der Schaffung einer vereinigten Arbeiterpartei ebenso wenig schmälern können wie der unnötige Druck örtlicher Kommandanten in der sowjetischen Zone, mit dem sie diese Entwicklung zu beschleunigen versucht hatten. Wenn der Vereinigungsprozess der beiden deutschen Arbeiterparteien heute nicht selten als Zwangsvereinigung diffamiert oder in einer Schrift mit dem Untertitel »Historische Tiefendimensionen« als Ergebnis eines »Moskauer Manövers« denunziert wird[88], geht das an den historischen Tatsachen weit vorbei.

Erinnert sei daran: Das erste Dokument mit einem Angebot, ein »Einheitsorgan der deutschen Arbeiterklasse zu schaffen«, stammt aus den letzten Kriegstagen. Sein Absender war der Sozialdemokrat Max Fechner. Der Adressat des Briefes Walter Ulbricht. Fechner schreibt darin: »Meine politischen Freunde und ich stehen auf dem Standpunkt, dass bei der ersten Möglichkeit, sich wieder politisch betätigen zu können, über alle Vergangenheit hinweg der neu zu beschreitende Weg ein gemeinsamer sein muss zwischen KPD und SPD.«[89] Derartige originäre Nachweise der Vereinigungsinteressen auch in der SPD werden in der bürgerlichen Geschichtsschreibung gern übergangen.

In den Parlamenten und neuen Verwaltungen der Länder, Kreise, Städte und Gemeinden, bei der Leitung in den nunmehr volkseigenen Betrieben, bei der Sicherung der Versorgung, bei der Unterbringung von Millionen Um- und Aussiedlern und den ersten Schritten zur Überwindung von Hunger, Kälte und Not wurden wichtige Erfahrungen bei der Führung von Staat und Wirtschaft gesammelt. Neue Kräfte wuchsen heran. Das bürgerliche Bildungsprivileg wurde beseitigt. Arbeiter- und Bauernkindern wurde der Weg in höhere Schulen und an die Universitäten gebahnt. Fortschrittliche Intellektuelle und Künstler wie Heinrich Mann, Arnold Zweig, Lion Feuchtwanger bekundeten Sympathie und Verbundenheit mit dem, was sich gesellschaftlich im Osten Deutschlands entwickelte.

Nach der Vereinigung der KPD und der SPD und den Wahlen zu den Landtagen 1946 konzentrierten die demokratischen Kräfte in der sowjetischen Zone strategisches Potential auf eine Verfassung für ein einheitliches und demokratisches Deutschland. Schon im August 1946 war ein erster Entwurf erarbeitet und der Sowjetischen Militäradministration zur Stellungnahme übermittelt worden. In mehr als einhundert Artikeln wurden der staatliche Aufbau, Grundrechte und -pflichten der Bürger sowie Gesetzgebung und Rechtsprechung behandelt. Zu den Autoren des Entwurfes gehörten Wilhelm Pieck, Otto Grotewohl, Walter Ulbricht, Max Fechner und Karl Polak. Damit wurde ein sichtbares Zeichen nicht nur für eine gesamtstaatliche Lösung der deutschen Frage gesetzt, sondern auch ein erster gewichtiger Vorschlag für die demokratische Gestaltung Gesamtdeutschlands unterbreitet. Nach Beratung im Parteivorstand der SED wurde dieser Verfassungsentwurf am 14. November 1946 veröffentlicht und damit zur allgemeinen Diskussion gestellt.

Für das Demokratieverständnis in der sowjetischen Zone war die Verfassungsdiskussion von elementarer Bedeutung. Die rechtliche und politische Ausgestaltung im Verfassungsentwurf unterschied sich im Grundsatz erkennbar von den bürgerlichen Prinzipien der Weimarer Verfassung und später vom Bonner Grundgesetz. Die Ausübung der Staatsmacht wurde nicht allein dem Parlament, sondern dem Volk zuerkannt. Es hieß dort: »Alle Staatsgewalt geht vom Volke aus, wird durch das Volk ausgeübt und hat dem Wohle des Volkes zu dienen. Das Volk verwirklicht seinen Willen durch die Wahl von Volksvertretungen, durch Volksentscheid, durch Mitwirkung an der Verwaltung und Rechtsprechung und durch umfassende Kontrolle der öffentlichen Verwaltungsorgane.«[90] Damit wurde das Tor für die Bewältigung eines heute nach wie vor aktuellen Problems, der Beziehung von Wählern und Gewählten und der Überwindung der Grenzen der repräsentativen Demokratie, geöffnet. Die Staatsgewalt sollte in einer Einheit von parlamentarischen Entscheidungen, von Volksentscheiden und der aktiven Mitwirkung der Bürger an der Verwaltung und der Rechtsprechung wahrhaft vom Volk ausgeübt werden!

Dabei nahm nach diesem Entwurf das Parlament die zentrale Stellung im Staats- und Rechtssystem ein. Die demokratische Macht sollte von den Vertretungskörperschaften, den gewählten Volksvertretungen auf allen Ebenen ausgeübt werden. Es hieß in Artikel 40: »Das Parlament ist das höchste Staatsorgan der Republik. Die Gesetzgebung der Republik obliegt ausschließlich dem Parlament. In seiner Hand liegt die oberste Kontrolle über alle Regierungsmaßnahmen, über die gesamte Verwaltung und Rechtsprechung.« Das war ein Quantensprung gegenüber dem bürgerlichen Verfassungsverständnis, das bis heute den Wähler- und damit den Bürgerwillen allein im Wahlakt zur Geltung kommen lässt. Damit sollte sich die Freiheit des Volkes nicht allein als eine Freiheit in der – von einer gegenwärtigen oder früheren Obrigkeit geprägten – Ordnung, sondern als Freiheit der Bürger zu seiner eigenen Staatsgestaltung entfalten. Das war unter den Umständen der bitteren Nachkriegszeit und in Anbetracht des geltenden Besatzungsrechts ohne Zweifel eine kühne Zukunftsvision.

Es lohnt sich daran zu erinnern. Bekanntlich bleiben im Ergebnis der dem Grundgesetz der Bundesrepublik zugrunde liegenden Gewaltenteilung die Rechte und Vollmachten des Bundestages begrenzt, während den Gerichten, vor allem dem Bundesverfassungsgericht, die letztinstanzliche Entscheidung auch über verabschiedete Gesetze übertragen wurde. Die Gewaltenteilung wird heute im Allgemeinen als eine unumstößliche Säule bürgerlicher Demokratie bewertet. Übersehen oder vergessen wird allerdings, dass ihr geistiger Vater, der französische Philosoph und Staatstheoretiker Charles-Louis Montesquieu, die Idee der Gewaltenteilung nicht als Zukunftsmodell, sondern als aktuelle Forderung zur Veränderung des Feudalstaates verstand.[91]

Ihm ging es darum, dem absolut regierenden König die Gesetzgebung zu entreißen und diese auf das Volk zu übertragen. Sein Modell zielte auf eine konstitutionelle Monarchie. Es prägte nachhaltig die europäische Verfassungsentwicklung des 19. Jahrhunderts. Es bleibt zumindest der Überlegung wert, ob die derzeit vorherrschende Theorie und Praxis der Gewaltenteilung unter den Bedingungen des Auseinanderdriftens der sozialen Kräfte und der Beziehungen der Bürger zum Parlament den Anforderungen des 21. Jahrhunderts standhalten wird.

Im Gegensatz zu den Verfassungsentwürfen aus den Parteien in westlichen Zonen Deutschlands 1947/48 wurde den Grundrechten im Verfassungsentwurf der SED vom November 1946 eine dominierende Stellung eingeräumt. Das galt für politische Bürgerrechte wie die Freiheit des Wortes, die Versammlungsfreiheit, das freie Niederlassungsrecht, aber auch für die den bürgerlichen Verfassungen fremden sozialen Grundrechte. Erstmals wurde in einem deutschen Verfassungsentwurf ein Grundrecht auf Arbeit aufgenommen. Dies obendrein nicht in unverbindlicher Formulierung, sondern mit der Festlegung des Instrumentariums: »Es ist Aufgabe der Republik, durch Wirtschaftslenkung jedem Bürger Arbeit und Lebensunterhalt zu sichern.«[92] Diese Verfassungsaussage korrespondierte mit dem Artikel 18, der besagte: »Die Ordnung des Wirtschaftslebens muss den Grundsätzen der sozialen Gerechtigkeit mit dem Ziel der Gewährleistung eines menschenwürdigen Daseins für alle entsprechen. In diesen Grenzen ist die wirtschaftliche Freiheit des Einzelnen zu sichern. Alle privaten Monopolorganisationen wie Kartelle, Syndikate, Konzerne, Trusts und ähnliche auf Gewinnsteigerung durch Produktions-, Preis- und Absatzregelung gerichtete private Organisationen sind verboten und zu bekämpfen.«

Die substantiellen Vorgaben dieses Verfassungsentwurfs beförderten eine annähernd zwei Jahre verlaufende öffentliche Debatte darüber. Sie vollzog sich unaufgeregt, demokratisch und erwies sich als fruchtbar. Mehr als 15.000 Einsendungen und Änderungsvorschläge gingen der Verfassungskommission zu. Nie zuvor hatte es in Deutschland eine Verfassungsdebatte unter derartiger Beteiligung der Bürger gegeben. Die Debatte vermittelte vielen Menschen erstmals die Bedeutung der Verfassungsfrage für ihr eigenes Leben und offenbarte ihnen bislang unbekannte Möglichkeiten der Mitwirkung in Staat und Wirtschaft. Sie schuf damit erste Elemente eines Verantwortungsbewusstseins für das Ganze und wirkte in breiten Kreisen der Bevölkerung Identität stiftend.

Im März 1949 bestätigte der vom Volkskongress gebildete Volksrat in seiner sechsten Sitzung den endgültigen Verfassungsentwurf. Er beschloss, mit dem Parlamentarischen Rat – der in den Westzonen zu jener Zeit am Projekt des Grundgesetzes arbeitete – Verbindung aufzunehmen, um beide Entwurfsdokumente zu einer einheitlichen Initiative zusammenzuführen. Der Vorschlag fand keine Resonanz. Das Demokratieverständnis – insbesondere die Verbindung von politischen mit sozialen Rechten der deutschen Sozialisten, das im Verfassungsentwurf von 1946 zum Ausdruck kam – widersprach den großbürgerlichen Verfassungsprinzipien. Es korrespondierte allerdings mit den Ideen humanistischer Kräfte in anderen Regionen der Welt.

Erinnert sei bei der Betrachtung des SED-Verfassungsentwurfs vom November 1946 an die weitgehend analoge Position, die dazu der große indische Humanist und Staatsmann Jawaharlal Nehru einnahm. Nehru ließ sich in seinem Anliegen für ein neues Indien von dem Grundsatz leiten: »Wenn Demokratie überhaupt etwas bedeutet, dann bedeutet sie Gleichheit; nicht die Gleichheit, die im Besitz einer Wählerstimme gipfelt, sondern ökonomische soziale Gleichheit. Kapitalismus ist genau das Gegenteil. Es gibt unter diesem System keine Gleichheit, und die zugestandenen Freiheiten bewegen sich innerhalb der Grenzen kapitalistischer Gesetze, die der Aufrechterhaltung des Kapitalismus dienen. Der Konflikt zwischen Kapitalismus und Demokratie ist unüberwindlich; er wird oft durch irreführende Propaganda und die äußeren Formen der Demokratie verdeckt, durch die Parlamente und die Brosamen, welche die besitzenden Klassen den anderen zuwerfen, damit sich diese mehr oder weniger zufrieden geben.«[93]

Dem gleichen Ideal entsprachen auch die Überlegungen des Literaturnobelpreisträgers Thomas Mann. Er hob in seinen politischen und philosophischen Schriften hervor, dass die Demokratie, um ihre unzweifelhafte Überlegenheit historisch wirksam zu machen, »im Ökonomischen ebenso wie im Geistigen von sozialistischer Moral das zeitlich Gebotene und Unentbehrliche in sich aufnehmen« müsse.[94] Aus dieser Sicht entwickelte Mann die konstruktive Überlegung: »Wir haben nicht die Pflicht, eine unmenschliche soziale Ordnung zu konservieren, sondern müssen im

Gegenteil alle darauf hinarbeiten, dass eine humanere Ordnung an ihre Stelle tritt, die die wahre Hierarchie der Werte aufbaut, das Geld in den Dienst der Produktion stellt, die Produktion in den Dienst des Menschen und den Menschen selbst in den Dienst eines Ideals, das dem Leben einen Sinn gibt.«[95]

Die Autoren des Verfassungsentwurfs des Parteivorstandes der SED vom November 1946 befanden sich mit ihrer Haltung in guter Gesellschaft.

Die Klimaverschärfung – »Volksdemokratisierungskurs« und der »Aufklärer« Semjonow

Im Laufe des Jahres 1947 änderten sich als Folge der Zuspitzung der weltpolitischen Lage Positionen und Verhaltensstrukturen in den internationalen Beziehungen in Moskau zu Freund und zu Feind. 1947 wurde auf Initiative der KPdSU das Kominformbüro kommunistischer Parteien Europas gegründet. Die Führungen der kommunistischen Parteien Jugoslawiens, Polens, Bulgariens und Ungarns hatten schon seit 1946 eine Intensivierung der Zusammenarbeit der kommunistischen und sozialistischen Parteien im Interesse des gegenseitigen Erfahrungsaustausches und der Abstimmung der Außenpolitik angestrebt. Auf einer Konferenz kommunistischer und Arbeiterparteien (Polen) im September 1947 in Szklarska Poreba wurde dem Rechnung getragen und zugleich die veränderte strategische Position der KPdSU und der UdSSR dargestellt und als einheitliche Linie beschlossen. Es wurde als gemeinsames Organ ein Informationsbüro (Kominform) mit Sitz in Belgrad geschaffen und ein Presseorgan unter dem Titel *Für dauerhaften Frieden, für Volksdemokratie* herausgegeben.

Im Abschlussdokument der Konferenz wurde der politischen Analyse der sowjetischen Delegation gefolgt und festgestellt: Somit haben sich zwei Lager gebildet, »das imperialistische und antidemokratische Lager, dessen Hauptziel die Errichtung der Weltherrschaft des amerikanischen Imperialismus und die Zerschlagung der Demokratie ist, und das antiimperialistische und demokratische Lager, dessen Hauptziel die Untergrabung des Imperialismus, die Festigung der Demokratie und die Liquidierung der Überreste des Faschismus ist«.[96] Als Konsequenz daraus wurde ein monolithischer Zusammenschluss der Kräfte des Friedens und der Demokratie um die Sowjetunion gefordert

Die SED war zu dieser Konferenz nicht eingeladen worden. Sie war auch vorab von der Vorbereitung einer solchen Zusammenkunft nicht informiert worden. Sie hatte jedoch – etwas anderes war unter den gegebenen Umständen nicht zu erwarten – die Ergebnisse ohne Verzug und einschränkungslos gebilligt und übernommen. Am 7. September 1947 war dazu im *Neuen Deutschland* zu lesen: »Ideologisch und politisch verfolgt die Sozialistische Einheitspartei Deutschlands die gleichen Ziele, ohne sich deshalb organisatorisch dem Informationsbüro anzuschließen. Sie ist eine selbständige deutsche Partei.«[97]

Der politisch scharfe Wind, der nun durch Europa fegte, zog allerdings am sowjetisch besetzten Teil Deutschlands nicht vorbei. In Polen wurde nach harten Auseinandersetzungen die These vom nationalen Weg zum Sozialismus bekämpft. Die Beziehungen zwischen der KPdSU und der Kommunistischen Partei Jugoslawiens spitzten sich zu bis zum Bruch. Wer dem sowjetischen Modell nicht folgte, galt als Abweichler.

Als die Teilnehmer der Konferenz von Szklarska Poreba im Herbst 1947 der Grundsatzentscheidung zustimmten, ahnte niemand, dass auf der nächsten Zusammenkunft im Juni 1948 in Bukarest die kommunistische Partei Jugoslawiens – die an der Vorbereitung der ersten Konferenz großen Anteil hatte – auf Initiative der KPdSU (B) scharf verurteilt und aus der Gemeinschaft des Kominform ausgeschlossen werden sollte. Diese Entscheidung wurde zum Ausgangspunkt intensiver Aktionen des sowjetischen Geheimdienstes, um in den Ländern der Volksdemokratie »Titoisten« und nationale Abweichler ausfindig zu machen und zu bestrafen. Der Ungar Laszlo Rajk, der Bulgare Traitscho Kostow, der Tscheche Rudolf Slansky und der Pole Wladislaw Gomulka gehörten zu den bekanntesten Opfern dieser durch nichts zu rechtfertigenden Aktion.

In diesem internationalen Klima verlangten die sowjetischen Besatzungsorgane in ihrer Zone die Verschärfung des Tempos der gesellschaftlichen Entwicklung, besonders eine Verschärfung des Klassenkampfes, und forderten, prononcierter als zuvor, Unduldsamkeit gegenüber Andersdenkenden. In der Memoirenliteratur und in Analysen wird das Jahr 1948 zumeist als ein Jahr der »Volksdemokratisierung« der sowjetischen Zone beschrieben. Der Begriff »Volksdemokratie« war nach dem Zweiten Weltkrieg entstanden. Er galt als Synonym für eine gesellschaftliche und staatliche Ordnung, die sich in ihren Grundlagen und Zielen von der bürgerlichen Ordnung unterschied. Es war die damals übliche Beschreibung einer frühen Phase der Entwicklung zum Sozialismus. »Volksdemokratisierung« wurde allgemein als eine Beschleunigung dieses Prozesses verstanden.

Die SED wurde in dieser Periode veranlasst, sich nach dem Muster der KPdSU (B) zu einer hierarchisch organisierten Partei »Neuen Typus« zu entwickeln. Schon am 2. Februar 1947 hatte Michail Suslow, der nunmehr (nach Shdanow, dem das vorher oblag) für die Deutschlandfragen im Politbüro der KPdSU zuständig war, einer Delegation der SED, der Pieck, Grotewohl, Ulbricht, Fechner und Oelßner angehörten, einen langen Vortrag über die Wirkungs- und Organisationsprinzipien einer Partei neuen Typus gehalten.[98] Es entsprach den damaligen Verhältnissen, dass die SED auf ihrer 1. Parteikonferenz im Januar 1948 beschloss: »Die Partei kann diese Aufgabe nur erfüllen, wenn sie unermüdlich daran arbeitet, die SED zu einer Partei neuen Typus, zu einer marxistisch-leninistischen Kampfpartei zu entwickeln.«[99]

Semjonow, der in jener Zeit politischer Berater des Oberkommandierenden der sowjetischen Streitkräfte in der sowjetischen Zone war und unmittelbaren Zugang zu Stalin hatte, machte später in seinen Memoiren den Leiter der Politischen Abteilung der SMAD, Oberst Tulpanow, für diese – auch im Sinne der sowjetischen Deutschlandpolitik kontraproduktive – Veränderung der Besatzungspolitik verantwortlich. Selbstverständlich finden sich Belege dafür, dass Tulpanow sich in jener Zeit – wie andere Mitarbeiter der SMAD auch – für eine Forcierung der Veränderung der gesellschaftlichen Verhältnisse in der Ostzone ausgesprochen hatte. Zu den weiterhin gesicherten Tatsachen gehört aber ebenso, dass Tulpanow auf Semjonows Betreiben abgelöst und aus dem Militärdienst entlassen wurde.[100] Das geschah allerdings nicht – wie Semjonow Glauben macht – im Zusammenhang mit der Korrektur der »Volksdemokratisierung« im Dezember 1948, sondern ein Jahr später, nachdem Tulpanow zum General befördert war und aktiv an der Vorbereitung der Gründung der DDR mitgewirkt hatte.[101] Tatsächlich war Tulpanow im Oktober 1948 in Moskau einer »kaderpolitischen Überprüfung« unterzogen worden. Inwieweit dies – wie die Umbesetzung auch anderer Generale und Offiziere des politischen Bereichs der SMAD – mit einem größeren Revirement nach dem Tod des Stalin-Vertrauten Andrej A. Shdanow (1896-1948) zusammenhing[102], ist nicht auszuschließen, hier aber nicht Gegenstand dieser Betrachtungen.

Gegen die Darstellung Semjonows von der Alleinschuld eines Armeeoberst an einer mehr als ein Jahr vollzogenen Fehlentwicklung spricht, dass alle anderen Organe der vom Marschall Sokolowski geführten SMAD ohne Ausnahme den gleichen scharfen Kurs gegenüber ihren deutschen Partner betrieben. Inzwischen sind zahlreiche Dokumente erschlossen, die belegen, dass gerade Semjonow über lange Zeit einer »Volksdemokratisierung« der sowjetischen Zone energisch das Wort geredet hat. Die Notizen von Wilhelm Pieck über die Gespräche mit Semjonow am 5., am 10. und am 24. Juni, besonders die vom 16. August 1948[103], legen exemplarisch Zeugnis dafür ab, welch außerordentlich aktive Rolle Semjonow bei der Verschärfung der Situation in jener Zeit spielte. Energisch forderte Semjonow in diesen Begegnungen, sich mit dem »Klassenkampf in der Übergangsperiode« und mit der »Wirtschaft in der Epoche der Diktatur des Proletariats« zu beschäftigen.

In einem Nachwort zu den 1995 erschienenen Semjonow-Memoiren charakterisierte Julij Kwizinskij seinen langjährigen Vorgesetzten als einen komplizierten Menschen. Er gehörte zu jenen, von denen man ausgehen konnte, dass sie das »heute für falsch erklärten, was sie gestern noch vertreten und gepriesen hatten«. Die »steinerne Rückgratlosigkeit« Semjonows sei, so die Auffassung Kwizinkijs, ein Ergebnis der Repressalien der 30er Jahre gewesen.[104]

Obwohl die dubiose Rolle Semjonows seit Jahrzehnten bekannt ist, verwundert es, dass die von ihm in die Welt gesetzte Schuldzuweisung an Tulpanow von Historikern übernommen und von einigen zu einem Komplott von Tulpanow und Ulbricht hinter Stalins Rücken hochstilisiert wurde. So verbreitete Wilfried Loth die durch nichts begründete These, Ulbricht habe »seine Hegemonialphantasien als Programm durchdrücken können« und Tulpanow gedrängt, den sowjetischen Kurs der Deutschlandpolitik zu verändern.[105]

Einer derartigen Hypothese stehen gesicherte Tatsachen entgegen. Bei aller Bedeutung Tulpanows: Er gehörte zweifellos nicht zu den höchsten Entscheidungsträgern im politischen System der UdSSR, eher zählte er zur zweiten, wenn nicht gar zur dritten Reihe. Jan Foitzik, der die umfassendste Darstellung der inneren Verhältnisse der SMAD veröffentlicht hat, kommt zu dem Urteil, dass Tulpanow »in der formalen Hierarchie der politischen Entscheidungsträger innerhalb der SMAD bestenfalls fünftrangig war«.[106] Der Autor verweist dabei darauf, dass gegenüber den dreizehn an der Spitze der SMAD tätigen stellvertretenden Volkskommissare (= stellvertretende Minister) sich die Position Tulpanows vergleichsweise bescheiden ausnahm.[107] Die unterschiedliche Stellung Tulpanows und Semjonows im System der sowjetischen Deutschlandpolitik ist auch daran abzulesen, dass zwischen 1945 und 1948 Semjonow *häufig* (öfter als seine Vorgesetzten Shukow und Sokolowski, wie Jan Foitzik feststellte[108]), jedoch Tulpanow *nie* an Beratungen bei Stalin bzw. im Politbüro der KPdSU teilnahm.

Ohne Zweifel lassen sich Zitate auch von Walter Ulbricht aus dem Jahr 1948 nachweisen, die mit Weisungen der SMAD und damit auch mit Zitaten Tulpanows identisch sind. Diese sind allerdings kein verwertbarer Beleg für dessen eigene Aktivität oder Initiative. Eher entsprechen sie der Denkungsart und dem Sprachgebrauch, der in dieser Zeit in der SMAD und in der UdSSR üblich waren. Walter Ulbricht war ein Mann, der – wie auch seine Kritiker bestätigen – es verstand, die Spielräume seines Handelns zu erkennen. Eine Aktion hinter dem Rücken der sowjetischen Führung, um eine grundlegende strategische Linie zu eliminieren, das wäre – in jener Zeit – auch für ihn einem politischem Selbstmord gleichgekommen. Die Veränderung der sowjetischen Haltung zur gesellschaftlichen Entwicklung in ihrer Besatzungszone war – ebenso wie die spätere Korrektur – nicht, wie in einigen zeitgeschichtlichen Beiträgen unterstellt wird, der Intrige zweier hinterhältiger Funktionäre geschuldet. Sie war das Ergebnis eines Sinneswandels in der sowjetischen Zentrale.

Vor der 1948 erfolgten Verhärtung der Beziehungen zwischen der KPdSU und den Bruderparteien existierten in der Führung der UdSSR, auch bei J. W. Stalin, Erwartungen und Hoffnungen, in jedem von Sowjettruppen befreiten und besetzten Land einen Weg zum Sozialismus zu finden, der von den realen Bedingungen der jeweiligen Nation geprägt und sich vom sowjetischen Revolutionsverlauf unterscheiden würde. In diesem Sinne hatte Stalin im April 1945 gegenüber Tito auch von der Möglichkeit eines parlamentarischen Weges zum Sozialismus gesprochen.[109] Selbst ein Sozialismus unter den Bedingungen der englischen Monarchie war damals für Stalin vorstellbar.[110] Allein in dieser Atmosphäre der Jahre 1945 und 1946 war es möglich, dass die KPdSU (B) den Dokumenten, die von deutschen Kommunisten im sowjetischen Exil vorbereitet waren, Zustimmung erteilte. Wenn im Aufruf der KPD vom 11. Juni 1945 festgeschrieben war: »Wir sind der Auffassung, dass der Weg, Deutschland das Sowjetsystem aufzuzwingen, falsch wäre, denn dieser Weg entspricht nicht den gegenwärtigen Entwicklungsbedingungen in Deutschland«, dann war das keine taktische

Finte, sondern eine gemeinsame Überzeugung deutscher und sowjetischer Kommunisten.

Als am 2. Februar 1946 Stalin mit Walter Ulbricht Probleme der aktuellen und künftigen Entwicklung in der sowjetischen Zone besprach, bestand noch immer Konsens darüber, dass in Deutschland keinesfalls der russische Weg wiederholt werden solle. Ein demokratischer Weg, ohne Errichtung einer Diktatur, stand im Zentrum dieser Begegnung.[111] Auf dieser Grundlage konnte die SED den im Aufruf der KPD von 11. Juni 1945 angedeuteten Kurs weiterführen. Die Absprache zwischen Stalin und Ulbricht vom 2. Februar 1946 bildete die Voraussetzung für das Konzept des *besonderen deutschen Weges zum Sozialismus*, den Anton Ackermann in einem Artikel publik machte. Ackermanns viel beachteter peogrammatischer Beitrag in der *Einheit* gab nicht allein die Meinung des Autors wieder. Seine Aussagen waren das Ergebnis der von Ulbricht mit Moskau abgestimmten Politik der Partei-Führung.

In der Mitte des Jahres 1948 aber wollte in Moskau niemand mehr etwas von der ursprünglichen Position wissen. Nunmehr galt: Wer dem sowjetischen Modell nicht folgte, galt als Abweichler. Unter Druck musste die SED sich von der vernünftigen Strategie eines deutschen Weges zum Sozialismus trennen. Sie musste – entgegen besseren Wissens – ein Kernstück ihrer Strategie öffentlich als Fehler, als Abweichung vom rechten Weg selbst kritisieren. Erst 1956 verabschiedete sich zumindest formell die KPdSU auf ihrem XX. Parteitag von ihrer irrigen Vorstellung über die universelle Verbindlichkeit des sowjetischen Modells. Aber auch danach – vor allem im Zuge der später unter Breshnew eingeleiteten und praktizierten Politik – gab es in Moskau immer wieder Rückfälle in das alte Denken.

Stalins Kurskorrektur 1948 – viele Fragen bleiben offen

Die Verschärfung des innen- und außenpolitischen Kurses der KPdSU und der UdSSR führte auch in der Sowjetunion zu einer kritischen Anhäufung von Problemen und Spannungen. Das Land litt noch unter den schweren Kriegsverlusten. Die Beseitigung der Verwüstungen und der Wiederaufbau banden Mittel des Staates. Die Lebensverhältnisse der Menschen verbesserten sich langsamer als erwartet. Als eine Folge der politischen Klimaverschärfung brodelten antizionistische Debatten. Ein zutiefst unproduktiver wissenschaftsfeindlicher Streit über die Genetik und die Bewertung der wissenschaftlichen Kompetenz des Biologen Trofim D. Lyssenko (1898-1976) wurde von Propagandisten vom Zaune gebrochen. Dramatisch erhöhten sich 1948 die Spannungen in Europa. »Unzufrieden über den Widerstand der Jugoslawen, die Spannungen in Berlin und die Intrigen der Zionisten hatte Stalin beschlossen, dass dies der richtige Moment war, um Washington vor Europa zu brüskieren«[112], meinte Simon Sebag Montefiore 2005.

Das geschah in einer Situation, in der – wie Zeitzeugen beschrieben – der physische und der psychische Zustand Stalins sich zunehmend verschlechterte. Nach der Beerdigung Andrej A. Shdanows im September 1948 verließ Stalin Moskau für drei Monate, um sich im Kaukasus zu erholen.[113] Es ist heute fast unvorstellbar, aber tatsächlich war der wichtigste Mann in Moskau nicht im Amt, als in Westeuropa die Weichen für die Westintegration der künftigen Bundesrepublik gestellt wurden und die antisowjetische Kampagne im Zusammenhang mit der Berliner Luftbrücke einen Höhepunkt erreichte. Aber nur er entschied nach dem von ihm geprägten Regime über jede Frage von strategischer Bedeutung.

Die politische Atmosphäre in Moskau wurde wenige Monate nach dem Tod Shdanows durch die »Leningrader Affäre« beeinflusst. Führende Funktionäre der UdSSR, darunter der Vorsitzende der Staatlichen Plankommission, Nikolai A. Wosnessenski, wurden verhaftet und hingerichtet. Molotow wurde als Außenminister entlassen. In der SMAD löste Armeegeneral Tschuikow Marschall Sokolowski ab, der Leiter der Politischen Hauptverwaltung der SMAD, Josef W. Schikin durch Fjodor F. Kusnezow ersetzt, Tulpanow wurde nach Moskau zeitweise zurückbeordert. Die umfangreichen Personalveränderungen jener Tage nannte man *Perestroika* (Umbau, Umgestaltung, Umstrukturierung).

In den Herbstmonaten 1948 hatte der Stau der unbedingt zu klärenden Grundprobleme ein nicht mehr aufschiebbares Ausmaß erreicht. Es war höchste Zeit für eine Klärung der deutschen Angelegenheiten im Lichte der neuen Realität. Im Dezember 1948 erhielt die Führung der SED das Signal, dass noch im gleichen Monat mit einem Gespräch bei Stalin zu rechnen sei. In der zweiten Dezemberwoche 1948 reisten Wilhelm Pieck, Otto Grotewohl, Walter Ulbricht und Fred Oelßner zu Verhandlungen nach Moskau. Sie hatten sich gründlich darauf vorbereitet, um über die inneren Entwicklungsprobleme in der sowjetischen Zone und über Konsequenzen aus der Bildung des westdeutschen Staates zu sprechen. Am

18. Dezember schließlich fand eine Aussprache bei Stalin statt. Sie währte annähernd vier Stunden. Es sollte das längste Gespräch bleiben, das eine Delegation der SED je mit Stalin führte.

Erstaunlicherweise enthält die Niederschrift über dieses wichtige Gespräch keinen Hinweis auf die noch immer andauernde Blockade der Zufahrtswege nach Westberlin. Der russische Historiker Wladimir K. Wolkow kommentiert das – nach seiner Recherche in den Akten des russischen Präsidentenarchivs – folgendermaßen: »Man sprach nicht über Ursachen, sondern nur über die Folgen, die aber nicht als Folgen der eigenen Politik benannt wurden. […] Die Blockade Westberlins wurde selbstverständlich nicht ohne persönliche Anweisung Stalins verhängt – und er hatte sich verkalkuliert. Die Westmächte nutzen sie gleichsam als Katalysator zur Schaffung eines westdeutschen Staates. Das heißt: Nicht Stalin diktierte den Gang der Dinge in Deutschland, sondern die Gegenseite.«[114]

In der Begegnung mit Stalin stand – für die deutschen Teilnehmer erwartungsgemäß – auch das Problem der »Volksdemokratisierung« in der sowjetischen Zone zur Debatte. Wilhelm Pieck unterbreitete im Sinne der von der SMAD erhaltenen Orientierung Vorschläge für das weitere Vorgehen. Stalin akzeptierte zwar weitere gesellschaftliche Veränderungen, warnte allerdings vor übereilten Maßnahmen und plädierte für ein Abwarten. Im Protokoll wird er dazu folgendermaßen zitiert: »Der Weg zur Volksdemokratie ist noch zu früh.«[115] Sein Rat: »Zum Sozialismus kann man nicht geradewegs gehen, sondern im Zickzack.«[116] Das war eher eine partielle als eine grundsätzliche Ablehnung der von der SMAD 1948 vertretenen Auffassung. Es erschien wie eine Floskel, als ein dahingeworfener Satz, der nach jeder Seite auslegbar war.

Vielleicht empfand das Stalin selbst. Er nannte seine Vorschläge für die Arbeit in der sowjetischen Zone opportunistisch. Im Protokoll ist dazu vermerkt: »Stalin bemerkte scherzend, dass er deshalb im gegebenen Fall in seinen alten Tagen zum Opportunisten geworden ist.«[117] Die Notizen von Wilhelm Pieck über dieses Gespräch offenbaren, dass Stalin in dieser Situation weitere Schritte zu einer Volksdemokratie von der Verwirklichung seiner Vision von einem einheitlichen deutschen Staat abhängig machen wollte. In Stichworten zitierte Pieck Stalins Bemerkungen: »noch nicht Volksdemokratie […] Arbeiterschaft noch nicht an (der) Macht, kein einheitl.(*licher – H. G.*) Staat«.[118]

Im Kern ging es aber – wie aus den Unterlagen hervorgeht – auch in dieser Beratung Stalin noch immer um eine gesamtdeutsche Lösung, zumindest um die Verhinderung der Bildung eines Weststaates. Dass der Zug dafür längst abgefahren war, mochte er nicht akzeptieren. Wolkow interpretierte das folgendermaßen: »Bei der Erörterung der deutschlandpolitischen Probleme war auch noch nie so deutlich geworden, wie groß die Kluft zwischen Stalins Ziel (Friedensvertrag mit einem einheitlichen Deutschland) und der Realität geworden war.«[119]

Es war Wilhelm Pieck, der in diesem Gespräch die Initiative ergriff, um Konsequenzen aus der veränderten Situation in Deutschland zur Debatte zu stellen. Er unterbreitete – für den Fall, dass eine westdeutsche Regierung gebildet würde – Überlegungen für die Bildung einer deutschen Regierung in Berlin. Allerdings war bei dem Gedankenaustausch darüber nicht von einer Staatsgründung, sondern allein von einer Regierungsbildung die Rede. Molotow, der an der Beratung teilnahm, bemerkte, man solle nicht den Namen Zonenregierung, sondern Provisorische Deutsche Regierung wählen.[120] Danach drehte sich die weitere Debatte allein noch darum, auf welche Weise eine Regierung gebildet werden könne. Als Ulbricht vorschlug, die Regierung aus der Volkskammer heraus zu bilden, die vom Deutschen Volksrat bestätigt wird, gab es Zustimmung. Im Protokoll hieß es dazu: »Genosse Stalin resümiert, dass auf diese Weise die Regierung eine Zonenregierung sein wird, aber die Bestätigung von einem nationalen Organ erhalten wird.«[121]

Dass die Zukunft eines ostdeutschen Staates in diesem Gespräch und auch in späteren Beratungen mit Stalin vorrangig aus dem Blickwinkel einer Regierungsbildung (also einer Exekutive) behandelt wurde, lässt erkennen, wie weit Stalin und seine Umgebung sich vom Marx'schen Staatsverständnis entfernt hatten. Für Karl Marx und die revolutionäre Arbeiterbewegung ging es in der Staatsfrage vorrangig um die Stellung und Rechte der Vertretungskörperschaften, um die Rechenschaftspflicht von Abgeordneten, Richtern und Staatsdienern gegenüber dem Volk, um die Abrufbarkeit von Funktionären, Richtern und Beamten und um ein demokratisches Wahlsystem. In gleicher Weise hatte auch Lenin in seinem Hauptwerk »Staat und Revolution« die gewählten Vertretungskörperschaften in den Mittelpunkt seiner staatstheoretischen Konzeption gestellt.[122] Marx hatte die Pariser Kommune als die »endlich entdeckte politische Form, unter der die ökonomische Befreiung der Arbeit sich vollziehen konnte«[123], charakterisiert und Lenin die Kommune als »Wetterleuchten der Weltgeschichte bezeichnet und deren Lehren zur Grundlage seiner staatstheoretischen Konzeption gewählt.

Stalin ging in seinen Gesprächen mit der Führung der SED nur einmal und das sehr kritisch im April 1952 auf Ideen bzw. Auffassungen der Kommune (zur Militärfrage und zum Entlohnungssystem) ein.[124]

Stalin dachte, wenn es um das Wesen der Macht ging, offensichtlich nicht an die Beziehung von Bürger und Staat, an Demokratie und Bürgerrechte, sondern an die Errichtung von Institutionen, von Regierungen und im besonderen Maße an polizeiliche und militärische Machtmittel. Es verwundert deshalb nicht, dass er in dieser Begegnung den Ausbau der Polizeiorgane in der sowjetischen Zone thematisierte. Stalin interessierte sich besonders dafür, ob man aus dem Bestand von Polizei und Grenzpolizei eine Armee schaffen könne. Ihm schwebte ein utopisch hoher Mannschaftsbestand vor. Apodiktisch forderte er die Ausbildung von 84.000 unteren und mittleren Offizieren.[125]

Als die SED-Delegation in den letzten Dezembertagen 1948 nach Berlin zurückkehrte, hatte sie zwar die Zustimmung zur Vorbereitung einer Regierungsbildung für die sowjetische Zone erreicht. Eine weitsichtige Klärung des weiteren Vorgehens war damit aber nicht verbunden. Es blieb bei der – inzwischen unrealistischen – Erwartung Stalins, die Bildung eines Weststaates zu verhindern und einen einheitlichen entmilitarisierten deutschen Staat zu errichten. Wesentliche Fragen der künftigen staatlichen Ordnung in der sowjetischen Zone Deutschlands blieben ungeklärt. Die Sowjetunion verfügte in dieser Zeit offensichtlich nicht über die Kapazität, um ihre Deutschlandstrategie der neuen Lage gemäß zu bestimmen.

Auf der nachfolgenden Tagung des Parteivorstandes der SED im März 1949, der 17. (31.) Tagung, wurde das Gespräch mit Stalin ausgewertet und der erneute Kurswechsel in Moskau deutlich gemacht. Mit Nachdruck wurden jetzt alle bisherigen Auffassungen und Absichten zurückgewiesen, in der Zone den Übergang zum Sozialismus zu vollziehen. Betont wurde: »Wir sind demgegenüber der Meinung […], dass wir mit allen uns zu Gebote stehenden Mitteln den Kampf um die Einheit Deutschlands weiterführen, das heißt, dass wir in der Ostzone eine solche Politik verwirklichen, die in ganz Deutschland realisierbar ist, von der die Mehrheit der Bevölkerung in Deutschland überzeugt werden kann.«[126] Damit war der Deutschlandstrategie Stalins entsprochen. Semjonow konnte sich bestätigt fühlen.

Zu den »Nachweisen«, die Semjonow im Nachhinein für Stalins gesamtdeutsche Politik vorgebracht hat, gehört erstaunlicher Weise auch die rigorose Demontagepolitik der UdSSR in ihrer Zone. Semjonow berichtete in seinen Memoiren, in einer Beratung mit Kossygin, Shukow, Sokolowski und anderen im Moskauer Kreml sei die Frage erörtert worden, ob Stalin die Absicht habe, »die Ostzone abzuspalten und dort eine sozialistische Entwicklung einzuleiten. Alle waren der Meinung, dass dies nicht der Fall sei. Wie anders sollte man das rasche Tempo der Demontage der Betriebe [...] in der Ostzone verstehen?«[127] Die Authentizität dieser Aussage ist ebenso wenig verbürgt wie manch andere Erklärung aus Semjonows Feder. Wenn dieses Gespräch tatsächlich so stattgefunden hat, reflektiert das Zitat die »Ausgewogenheit« der Vorstellungen hoher sowjetischer »Deutschlandexperten« zu einem Zeitpunkt, als sowjetische Zusagen gegenüber Pieck und Ulbricht über die Beendigung von Demontagen und Reduzierung von Reparationen[128] im Osten mehrmals gebrochen und Vorbereitungen für die westdeutsche Staatsbildung fast abgeschlossen waren.

Auch hinsichtlich der im Dezember 1948 mit Stalin besprochenen Vorbereitung einer Regierungsbildung in Berlin hatte man es in Moskau und in der SMAD in Berlin nicht eilig. Moskau trat in dieser Frage erkennbar auf die Bremse. Wilhelm Pieck drängte angesichts der unübersehbaren Entscheidungen der Westmächte auf eine Klärung, wie weiter verfahren werden sollte.

Vom 14. April bis zum 21. Mai 1949 – also in der Endphase der Beratung des Grundgesetzes – hielt sich Pieck in Moskau auf. Sein dreiseitiger Brief an Molotow mit der Bitte um Aussprache zu aktuellen Fragen der deutschen Politik, insbesondere auch einer Berliner Regierungsbildung, wurde nicht beantwortet. Ohne ein Gespräch mit einem Repräsentanten kehrte Pieck zurück.[129]

Am Abend des 22. Mai 1949, wenige Stunden vor der Entscheidung über das Bonner Grundgesetz und den Beginn der Pariser Konferenz der Siegermächte, übermittelte Semjonow – der eine Woche vorher in Moskau an Beratungen zur Deutschlandpolitik teilgenommen hatte – Grotewohl Stalins neue Instruktionen. Sie bezogen sich, wie aus den archivierten Notizen zu entnehmen ist, *allein* auf die Forderung nach Schaffung einer Nationalen Front.[130]

Tags darauf sprach Semjonow in den Mittagsstunden mit Pieck. Auch dort ging es ihm vorrangig darum, die Volkskongressbewegung zur Nationalen Front zu verbreitern.[131] Das geschah in der gleichen Zeit, als im Hauptquartier Eisenhowers in Frankfurt am Main die Sektkorken knallten, um das verabschiedete Grundgesetz der Bundesrepublik Deutschland zu begießen.

Auch als Semjonow am 19. Juli 1949 mit Wilhelm Pieck über die Ergebnisse der Pariser Außenministerkonferenz sprach, fiel kein Wort über eine mögliche Regierungsbildung in Berlin.[132] Sie erschien in Moskau immer noch nicht dringlich und sollte offensichtlich weiter hinausgeschoben werden. In den ersten Augusttagen 1949 sprachen schließlich Grotewohl und Ulbricht mit Semjonow über die nunmehr erforderlichen eigenen Schritte im Osten Deutschlands. »Die Antwort fiel negativ aus.«[133] Der unentschiedene Zustand bezüglich der notwendig gewordenen Konsequenzen aus der Staatsgründung »und Stalins fortdauernden gesamtdeutschen Ambitionen dauerte den ganzen Sommer 1949 über an«.[134]

Konditionen einer Staatsgründung – eine Entscheidung muss getroffen werden

Von einer Staatsgründung im Osten war im Sommer 1949 nirgendwo die Rede. Zweifellos musste aber darüber nachgedacht werden, auf welchen territorialen, wirtschaftlichen und politischen Grundlagen ein künftiges Staatsgebäude errichtet werden könnte. In der Mitte des 20. Jahrhunderts gehörte es zu den als gesichert geltenden Erfahrungswerten, dass die Gründung eines Staates ein solides wirtschaftliches Potential – entweder aus eigenem Bestand oder aus der Kooperation mit einem starken Verbündeten – erforderte. Ebenso galt, dass eine starke Idee und eine tragfähige und klare Konzeption der Kräfte, die an der Genesis eines neuen Staatsgebildes beteiligt waren, zu den grundlegenden Voraussetzungen für ein solches Vorhaben gehörten.

Bekanntlich folgte die Reichsgründung durch Bismarck 1871 der Grundidee, die Zersplitterung des Reichsgebietes durch Kleinstaaten und Zollschranken zu überwinden. Das entsprach den Geboten wirtschaftlicher Vernunft. Die Gründung der Weimarer Republik wurde getragen vom Erfordernis, die feudale Monarchie durch eine republikanische Staatsform zu ersetzen. Zugleich sollte damit ein Gegengewicht gegen die damals populäre Idee einer Rätedemokratie geschaffen werden. Die Gründung der Bundesrepublik und ihre Westintegration erfolgten nach dem Willen der Alliierten und der deutschen bürgerlichen Elite, um damit ein Bollwerk gegen die Sowjetunion zu schaffen. Sollte bzw. konnte mit einer Staatsgründung aus dem »Bestand« der sowjetischen Besatzungszone ein Bollwerk gegen den Westen errichtet werden? Keineswegs.

Die Staatsgründung im Osten Deutschlands war nicht das Ergebnis eigener Strategie oder der Dynamik der inneren politischen Bewegungen. Sie vollzog sich in der zweiten Hälfte des Jahres 1949 vorrangig als Reaktion auf die im Westen geschaffenen Tatsachen. Der nach der Beratung bei Stalin am 18. Dezember 1948 ausgesprochenen Erwartung, dass »die Mehrheit der Bevölkerung in Deutschland (davon) überzeugt werden kann«, dass die in der Ostzone verwirklichte Politik »in ganz Deutschland realisierbar ist«[135], lagen eher Hoffnungen denn gesicherte Tatsachen zugrunde.

Die sowjetische Zone war von dem nach 1945 verbliebenen deutschen Staatsgebiet gegenüber den Westzonen nicht nur der kleinere Teil. Sie hatte vor allem ungleich schlechtere wirtschaftliche Ausgangsbedingungen. Der Osten Deutschlands war von den Folgen der letzten schweren Schlachten des Zweiten Weltkrieges gezeichnet. Keine deutsche Region war so lange und so intensiv Kampffeld wie Berlin und seine Umgebung. Der größte Anteil des Stroms der 12,5 Millionen Umsiedler durchquerte in den ersten Nachkriegsjahren das Territorium der sowjetischen Zone, musste zeitweise dort untergebracht und versorgt werden. Annähernd 4,5 Millionen dieser Personen – prozentual mehr als im Westen – waren in der Ostzone unterzubringen.

Es gehört zu den fundamentalen Irrtümern des langjährigen »Deutschlandspezialisten« des Kremls, Valentin Falin, der in der Memoirenliteratur der letzten Jahre die zweifelhafte Behauptung verbreitet: »Die BRD und die DDR, Teile eines Ganzen, hatten unter annähernd gleichen ökonomischen Bedingungen ein neues Leben begonnen«.[136] Mit einer derartigen Fehleinschätzung mag Falin seine – in mehreren Publikationen dokumentierte – unverkennbare Aversion gegenüber der DDR begründen, auch wenn nach seinem Selbstzeugnis er sich keineswegs als »Gegner der DDR« empfand.[137] Aus der Feder eines »Verbündeten« erscheint das jedoch kaum als besonders freundliche Charakterisierung.

Zweifellos blieb auch Falin die nüchterne Analyse nicht verborgen, die Walter Ulbricht im August 1961 der sowjetischen Führung und den Partei- und Staatsführungen der Staaten des Warschauer Vertrages vorstellte. Darin hieß es: »Nach der Neufestlegung der Grenzen und der Rückgabe Oberschlesiens an Polen und danach nach der Spaltung Deutschlands befanden sich auf dem Gebiet der DDR nur 2,7 Prozent der deutschen Steinkohlenförderung, 6,6 Prozent der Stahlproduktion, 0,6 Prozent der Kokserzeugung. Auf Grund der Arbeitsteilung, die sich in früheren Jahrzehnten in

Deutschland entwickelt hat, erfordern noch heute 20 Prozent der im Maschinenbau der DDR produzierten Typen den Import von Komplettierungsteilen aus Westdeutschland.«[138]

Angesichts solcher Tatsachen von annähernd gleichen ökonomischen Bedingungen der BRD und der DDR zu sprechen, erscheint zumindest als eine erstaunliche Interpretation.

Schon im Dezember 1946 hatten sowjetische Ökonomen in einer Expertise – die auch mit dem Chef der sowjetischen Militäradministration, Marschall Wassili D. Sokolowski, und dessen Stellvertreter für wirtschaftliche Fragen, Konstantin I. Kowal, abgestimmt war – festgestellt: »Eine weitere getrennte wirtschaftliche Existenz der Zonen würde es erforderlich machen, die in Jahrhunderten gewachsene Wirtschaftsstruktur umzubauen.« Im Ergebnis der Beurteilung der Situation wurde eingeschätzt: »Es bleibt festzuhalten, dass eine weitere selbständige Existenz der sowjetischen Zone trotz einer Reihe vorteilhafter Seiten zu außergewöhnlichen Schwierigkeiten führt. [...] Über die Frage, inwieweit die selbstständige Existenz der sowjetischen Zone zweckmäßig ist, muss schnellstmöglich entschieden werden.«[139] Weder 1946 noch danach wurde die von den Verfassern dieser Analyse erwartete und erforderliche Entscheidung getroffen. 1949 folgte man in Moskau den Gegebenheiten, also den vom Westen geschaffenen Tatsachen. Das bedeutete, dass der im Osten zu schaffende deutsche Staat von Beginn an gegenüber der Bundesrepublik erhebliche wirtschaftliche und politische Defizite hatte.

Das wirtschaftliche Potential im Osten Deutschlands war bekanntlich schon vor dem Zweiten Weltkrieg schwächer als in den westlichen Regionen des Reiches. Die historisch gewachsenen Wirtschaftskreisläufe waren durch die Nachkriegsgrenzregelungen sowohl nach Osten wie nach Westen abrupt unterbrochen. Vergleichbares wie etwa im Ruhrgebiet war in der Ostzone nicht vorhanden. Sowohl hinsichtlich ihrer Rohstoffvorkommen, im Energiesektor, beim Zugang zu den Weltmeeren und in vielen anderen ökonomischen Bereichen befand sich der Osten Deutschlands durch Teilung des Landes unverkennbar im erheblichen Nachteil. Von den 24 Hochöfen, die 1936 in Deutschland Roheisen erzeugten, befanden sich lediglich vier in der sowjetischen Zone.

Dieses wirtschaftliche Teilungsdefizit wurde dadurch vergrößert, dass die sowjetische Zone ab 1945 und dann die DDR über fast ein Jahrzehnt 98 Prozent der Reparationsleistungen erbringen musste, die Gesamtdeutschland auf der Potsdamer Konferenz der Siegermächte aufgetragen worden war. Die ursprünglich zwischen den Siegermächten in Potsdam vereinbarten Reparationsleistungen für die UdSSR aus den Westzonen hatten zwar am 28. März 1946 begonnen. Sie wurden jedoch kaum mehr als einen Monat später, in der ersten Maiwoche des gleichen Jahres, durch die Militärregierungen der Westmächte beendet. »Lieferungen aus der laufenden Produktion der sowjetischen Zone traten künftig an die Stelle der ursprünglich erhofften Demontagegüter aus dem Westen.«[140]

Der Osten Deutschlands hat zwischen 1945 und 1953 eine Reparationslast von 99,1 Milliarden DM abgetragen, während der weitaus größere und wirtschaftlich stärkere Westen lediglich 2,1 Milliarden DM (berechnet zu Preisen des Jahres 1953) Reparationsleistungen erbrachte. Wie Siegfried Wenzel errechnete, entnahm die UdSSR 40 bis 60 Prozent mehr Reparationen, als sie in der Potsdamer Konferenz gefordert hatte. Dadurch betrug der »Substanzverlust an industriellen und infrastrukturellen Kapazitäten in der DDR – der als Reparation für die Sowjetunion in Form von Demontagen vorhandener Betriebe und Einrichtungen geleistet wurde – rund 30 Prozent der 1944 auf diesem Gebiet vorhandenen Fonds«.[141] Der Abbau der Uranvorkommen im Süden der DDR verstärkte vor allem in den Anfangsjahren die wirtschaftlichen Disproportionen im Osten. Die daraus resultierenden Belastungen werden mit etwa 15 Milliarden Mark beziffert.[142]

Etwa 18 Milliarden betrugen die Besatzungskosten in der Zeit von 1945 bis 1953. Sie gehörten zu den weiteren Belastungen der Volkswirtschaft der DDR.[143] Damit wurde das von Beginn an schwache wirtschaftliche Potential im östlichen Teil Deutschlands weiter erheblich reduziert. Eine zielgerichtete Politik mit der Orientierung auf die Schaffung eines leistungsfähigen Verbündeten an der Nahtstelle des Kalten Krieges hätte zweifellos zu einem anderen ökonomischen Konzept der UdSSR gegenüber ihrer Besatzungszone bzw. der DDR geführt. Bekanntlich gelang es erst im August 1953 in einem Regierungsabkommen zwischen der UdSSR und der DDR zu vereinbaren, dass ab dem 1. Januar 1954 keine weiteren Reparationsverpflichtungen, »sei es in Warenlieferungen oder in anderer Gestalt«, mehr bestehen.

Zu den in der Weltgeschichte einmaligen Erschwernissen bei der Herausbildung eines Staates gehörte die Besetzung des Westteils der künftigen Hauptstadt Berlin durch Besatzungstruppen der Westmächte und deren Ansprüche und Rechte für Luft-, Land- und Schifffahrtskorridore der DDR. Die mit der Entscheidungen der

Europäischen Beratungskommission von September 1944 verursachten Probleme, insbesondere in und um Berlin, erwiesen sich als dauerhafte Belastung. Die Geburtsurkunde eines solchen Staates war dadurch mit einer schweren – aus eigener Kraft nicht abzulösender – Hypothek versehen. Die seitens der UdSSR geübte Toleranz gegenüber den Ungereimtheiten der – von ihr mitgetragenen – EAC-Entscheidung von 1944 und das Unterlassen eines international zu vereinbarenden Korrekturversuches, zumindest in der Zeit, als es dafür noch mögliche Voraussetzungen gab, sollten sich über annähernd ein halbes Jahrhundert für die DDR und die UdSSR als folgenschwer erweisen.

Selbst als die Bundesrepublik gegründet war, kamen erstaunlicherweise sowjetische Diplomaten von der nachfolgenden Außenministerkonferenz in Paris im Juli 1949 mit der Nachricht nach Berlin, dass auch nach Gründung der Bundesrepublik nunmehr bevorstehe, die »Tätigkeit des Kontrollrates als oberste Macht« zu reaktivieren und die internationale »Kommandantur in Berlin wieder herzustellen«.[144] Es ist heute kaum nachvollziehbar, dass dabei von sowjetischer Seite offensichtlich ignoriert wurde, dass die Westmächte bereits am 14. März 1949 ein spezielles Besatzungsstatut für Westberlin erlassen hatten.[145] Ebenso hatten sie am 7. Juni 1949 eine »Revidierte Geschäftsordnung der Alliierten Kommandantur Berlin auf Grund des Washingtoner Abkommens über die Dreimächtekontrolle vom 8. April 1949«[146] verabschiedet. Damit war der Bruch der in den Dokumenten des EAC (1944) sowie der Konferenzen von Jalta und Potsdam (1945) vereinbarten Viermächteregelung durch die drei Westmächte unübersehbar.

Bei einer Betrachtung der Ausgangsbedingungen der Staatswerdung im Osten ist auch zu berücksichtigen: Die deutschen Sozialisten und ihre Verbündeten, die 1945 Verantwortung übernahmen, betraten hinsichtlich der Leitung von staatlichen und wirtschaftlichen Angelegenheiten Neuland. Die deutsche Arbeiterbewegung hatte sich bekanntlich historisch später zu organisieren begonnen als das deutsche Bürgertum. Seit der Bildung des Reichstages 1871 waren Sozialisten in der Regel in der Opposition. Dort konnten sie meist keine »Regierungserfahrungen« sammeln. Die Mitwirkung an der Leitung von Betrieben und Wirtschaftsorganisationen war ihnen über Jahrzehnte versagt geblieben. Die ostdeutschen Sozialdemokraten hatten in der Weimarer Republik im Reich und in den Ländern zeitweise einige Minister und Staatssekretäre gestellt. Ihre ausgeprägte Leitungserfahrung war vorrangig auf Länderebene entstanden, besonders auch von kommunaler Provenienz. Kommunisten hatten in der Zeit fast ausschließlich Oppositionserfahrungen sammeln können.

Die Deutschen, die im Osten Deutschlands in zentralen Gremien und in den Ländern 1945 mit dem Neuaufbau begannen, kamen aus jahrelanger Emigration, gehörten zu den Überlebenden der Konzentrationslager der Nazis, hatten als Kämpfer am Widerstand gegen die Nazidiktatur aktiv teilgenommen. Ihr Erfahrungspotenzial resultierte vor allem aus dem Widerstand gegen Faschismus und Krieg, aus den parlamentarischen und außerparlamentarischen Auseinandersetzungen mit den konservativen Kräften in Deutschland, aus der Organisation der Arbeiterbewegung und von nationalen und internationalen Bündnissen im Kampf um Demokratie und für den Frieden. Zu diesem Erfahrungspotenzial gehörte auch die Analyse eigener Fehler in der Vergangenheit, vor allem aber die Überzeugung, dass künftig die Einheit der Arbeiterbewegung zur Zentralachse des politischen Handelns sein würde.

Des Defizits an eigenen Leitungserfahrungen wohl bewusst, waren die Verantwortlichen im Osten in ihrem antifaschistischen, demokratischen Grundkonsens bestrebt, mit Entschlossenheit, mit dem der Arbeiterbewegung eigenen Organisationsvermögen, mit der Einbeziehung breiter auch nichtsozialistischer Bevölkerungsschichten, vor allem der Jugend, auf neue Art eine Lösung der Gegenwarts- und der Zukunftsprobleme Deutschlands zu erreichen. Jeden Tag war dabei im politischen wie im wirtschaftlichen Bereich Neuland zu betreten. Die Bewältigung der Aufgaben beim Aufbau einer neuen gesellschaftlichen Ordnung vollzog sich nicht selten aus dem gerade gewonnenen Erfahrungspotential. Auch für die Leitung einer nicht auf Profit orientierten volkseigenen Wirtschaft standen noch keine ausgereiften Theorien zur Verfügung. Die dazu in der UdSSR bekannten und übermittelten Erfahrungen waren unter ökonomisch und politisch völlig anderen Bedingungen erworben und zu Empfehlungen der SMAD verdichtet worden.

Es sollte ein schwerer Anfang werden. Ein zu bildender ostdeutscher Staat war unter den 1949 vorhandenen Bedingungen autark und ohne enge politische und wirtschaftliche Beziehungen zu einem andern starken politischen Zentrum und einem adäquaten Rohstoff- und Absatzmarkt kaum überlebensfähig. Unübersehbar war, dass ein auf dieser Grundlage an der Nahtstelle zweier gegensätzlicher Systeme zu gründende Staat eines permanenten Rückenhalts verlässlicher Bündnispartner bedurfte. Unter diesen Umständen durfte – das aber wurde Jahre später deutlich – das relativ schwache Potential dieses Staates weder politisch noch wirtschaftlich überstrapaziert werden.

Die in jener Zeit vollzogene Blockbildung zwischen dem kapitalistischen Westen und dem prosozialistischen Osten ließ nur einen engen Entscheidungsspielraum zu. Im Herbst 1949 erwies sich eine Staatsgründung auf dem Gebiet der sowjetischen Besatzungszone als weitgehend alternativlos. Vom Westen war kein Entgegenkommen für eine gesamtdeutsche Variante zu erwarten. Eine Regelung für die sowjetische Besatzungszone wie im der Sowjetunion zugesprochenen Teil Ostpreußens – auch bei einer deutschen Selbstverwaltung – schloss sich sowohl aus völkerrechtlichen wie aus politischen Gründen von vorn herein aus. Die eigene Zone, unter welchen Bedingungen auch immer, dem Westen zu überlassen, war damals bei dem verständlichen Sicherheitsinteresse der Sowjetunion undenkbar. Es hätte damals bedeutet, dass die NATO bis an die Oder und Neiße vorrückte. Der Disput über die Oder-Neiße-Grenze und damit das gesamte Gebäude der Nachkriegsregelungen von Jalta und Potsdam hätte so unbeherrschbare Dimensionen angenommen. Auch wenn die Bedingungen dafür nicht ideal waren: Die Bildung eines Staates im Osten war angesichts der im Westen geschaffenen Tatsachen die, wenn auch ursprünglich nicht angestrebte, aber doch unausweichliche Lösung. Die Errichtung der DDR war unter den gegebenen Bedingungen für Europa ein friedensstiftender Akt.

Unübersehbar war zugleich, dass der auf dieser Grundlage an der Nahtstellen zweier gegensätzlicher System zu gründende Staat eines starken Rückhalts verlässlicher Bündnispartner bedurfte.

Wendepunkt in der Geschichte Europas – oder: Zwischenstation sowjetischer Deutschlandpolitik?

Erst nachdem die Regierung der Bundesrepublik Deutschland unter Kanzler Konrad Adenauer am 15. September 1949 gebildet war, fand man sich in Moskau bereit, über entsprechende Konsequenzen für die sowjetische Besatzungszone ernsthaft nachzudenken und mit deutschen Repräsentanten zu verhandeln. Wilhelm Pieck, Otto Grotewohl, Walter Ulbricht und Fred Oelßner waren am 16. September 1949 nach Moskau geflogen. Am Nachmittag des 17. September begegneten sie einer hochrangigen sowjetischen Delegation

(Malenkow, Beria, Bulganin, Molotow, Mikojan, Kaganowitsch, Tschuikow, Semjonow, Gregorian und Smirnow), um ihre Anliegen und Vorschläge zu unterbreiten. Dabei ging es auch in Grundfragen nicht immer einvernehmlich zu.

Aus den Notizen von Wilhelm Pieck wird die ursprüngliche Diktion der deutschen Seite – die offensichtlich mit der SMAD abgestimmt war – erkennbar. Dort war festgehalten: »Aus dieser Situation heraus ergibt sich jetzt die Notwendigkeit, in der sowjetischen Besatzungszone mit der Bildung einer deutschen Regierung vorzugehen, zu deren Legitimation als deutsche Regierung wir uns ebenso wie beim Volksrat darauf berufen können, dass sie auf dem Potsdamer Abkommen beruht und für die Einheit Deutschlands den Friedensvertrag und die nationale Selbständigkeit eintritt. Wir bitten deshalb um den Rat des Genossen St.(alin), wie wir bei der Bildung der deutschen Regierung vorgehen sollen.«[147] Diese Vorstellung zur Bildung einer deutschen Regierung – also im Anspruch nicht allein auf das Gebiet der sowjetischen Zone – wurde nach der Beratung in Moskau nie wieder verwandt. Offensichtlich gab es dafür keine Zustimmung.

Eine Zusammenfassung der Beratungsergebnisse und der Überlegungen der deutschen Delegation wurde zwei Tage danach in einem von Otto Grotewohl unterschriebenen Brief an Stalin übermittelt.[148] In diesem Brief, der eindeutig nach der Beratung am 17. September 1949 in Moskau geschrieben und abgesandt wurde, ging es in keiner Formulierung mehr um die »Bildung einer deutschen Regierung« in der sowjetischen Besatzungszone. Das Gründungsprocedere für diese »provisorische Regierung« wird in diesem Dokument in einem langen Satz folgendermaßen beschrieben: »Die Regierung soll in der ersten Hälfte des Oktober innerhalb einer Woche gebildet werden, indem der jetzt bestehende Volksrat sich zur provisorischen Volkskammer umbildet und der schon beschlossenen Verfassung Gesetzeskraft verleiht, eine Länderkammer der 5 Länder aus 35 Vertretern beschließt und in einer gemeinsamen Tagung der Volkskammer und der Länderkammer den Präsidenten der Republik wählt.«

Für ein derartiges Vorgehen waren politische, institutionelle und verfassungsrechtliche Voraussetzungen in den Vorjahren geschaffen worden. Der deutsche Volkskongress war im Dezember 1947 entstanden. Zu seinen wichtigsten Forderungen gehörte die Bildung einer zentralen deutschen Regierung. Aus dieser Volkskongressbewegung bildete sich 1948 ein deutscher Volksrat heraus. Dessen

Organisation war an die eines Parlamentes angelehnt. Unter seinen sieben Ausschüssen gewann der von Otto Grotewohl geleitete Verfassungsauschuss besondere Bedeutung.

Am 15. und 16. Mai 1949 wurden nach öffentlicher Debatte die Mitglieder des 3. Deutschen Volkskongresses auf gemeinsamen Landeslisten zur allgemeinen geheimen Wahl gestellt. Die Stimmzettel enthielten die Namen der Vorschläge. In einem vorgezeichneten Kreis war vom Wähler die Zustimmung oder die Ablehnung der Vorschläge zu entscheiden. Die Vorschläge fanden die Zustimmung von mehr als zwei Dritteln der Wahlberechtigten. Der Volkskongress konnte danach als ein zonenübergreifendes, demokratisch legitimiertes Organ zusammentreten. Er bestand aus 1.400 Mitgliedern. Davon kamen 610 aus den westlichen Besatzungszonen. Er bildete auf seiner ersten Sitzung als sein permanentes Organ den Deutschen Volksrat und bestätigte den Verfassungsentwurf, der auf dem Vorschlag des Parteivorstandes der SED vom 14. November 1946 fußte und nach annähernd zweijähriger öffentlicher Diskussion von den Organen des Volksrates beraten und – mit der Einarbeitung von 129 Veränderungsvorschlägen[149] – partiell verändert worden war.

Der Terminus »Deutsche Demokratische Republik« war in diesem Verfassungsentwurf der SED von 1949 und auch noch in den Entscheidungen des Jahres 1949 ausschließlich als Synonym für den angestrebten gesamtdeutschen Staat gebraucht worden. Keinesfalls war das in jenen Jahren als Bezeichnung für eine deutsche Teilstaatlichkeit geprägt oder nur angedacht worden. Deshalb war es auch kein Zufall, sondern folgte der Logik des bisherigen »gesamtdeutschen Denkens«, dass im Brief Grotewohls an Stalin Begriffe wie »Staatsgründung« oder auch »Deutsche Demokratische Republik« *nicht* verwendet wurden.

Die Unterlagen des Kabinetts des sowjetischen Partei- und Staatschefs weisen aus, dass sich Stalin vom 2. September bis zum 10. Dezember 1949 nicht in Moskau aufhielt.[150] Der Brief der deutschen Delegation wurde ihm aber zugeleitet. Es dauerte mehr als eine Woche, ehe am 27. September 1949 eine bestätigende Antwort auf diesen Brief eintraf. An Hand der vorliegenden Dokumente ist nachzuvollziehen, wie sich in der Beratung am 17. September 1949 mit Malenkow und anderen der Wandel von der »Bildung einer deutschen Regierung« (Piecks Notizen) in »Bildung einer provisorischen Regierung der sowjetischen Besatzungszone« vollzog. Seit der Antwort Stalins vom 27. September 1949 auf den Brief der deutschen Delegation wird das angestrebte Vorhaben nunmehr ausschließlich als »Bildung der Provisorischen Regierung der Deutschen Demokratischen Republik« bezeichnet. Ein signifikanter Unterschied.

Offen blieb allerdings bisher, wer Urheber dieser politischen Wendung war, und warum es zu diesem Wechsel kam. Eine Autorschaft Stalins ist dabei eher zu erwarten als auszuschließen. Dass es hier nicht vordergründig um terminologische, sondern um substantielle Differenzen ging, machten nachfolgende Erklärungen von Wilhelm Pieck und Otto Grotewohl in dieser Sache deutlich. Wilhelm Pieck hielt es für geboten, am 5. Oktober 1949 in einer öffentlichen Sitzung zu betonen, »dass die Regierungsbildung nicht mit dem Anspruch erfolgt, ›eine Regierung Gesamtdeutschlands‹ zu sein«. Grotewohl argumentierte in gleicher Weise in einer Parteivorstandssitzung der SED am 9. Oktober 1949: »Es wird zu viel von einer gesamtdeutschen Regierung gesprochen. Genossinnen und Genossen, wir bilden keine gesamtdeutsche Regierung.«[151]

Am Morgen des 28. September 1949 um sieben Uhr startete das Flugzeug, das Wilhelm Pieck und seine Genossen aus Moskau nach Berlin zurückbrachte. Eile war geboten. Zehn Tage später sollte eine »Deutsche Demokratische Republik« gegründet werden. In den frühen Nachmittagsstunden des gleichen Tages bereits beriet das Politbüro des Parteivorstandes der SED über die Ergebnisse der Moskauer Verhandlungen. Am Abend folgte eine Besprechung mit dem nun hyperaktiven Semjonow. Zwei Tage danach erörterte Wilhelm Pieck mit den Repräsentanten der CDU und der LDPD die Situation und die Ergebnisse der Moskauer Verhandlungen. Nuschke (CDU), Dertinger (CDU) und Kastner (LDPD) stimmten nach hartnäckigen Verhandlungen den Vorschlägen, die Pieck für die Gründung der DDR unterbreitet hatte, zu.[152] Zwei Tage später, es war der 5. Oktober 1949, erklärten auch die Vorstände dieser Parteien ihr Einverständnis zu den Vorschlägen zur Regierungsbildung und der Prozedur zur vorgesehenen Staatsgründung.[153] Am 7. Oktober 1949 konstituierte sich – wie vorgesehen – der Deutsche Volksrat zur Provisorischen Volkskammer. Dieses Ereignis wurde zum Gründungsakt der Deutschen Demokratischen Republik.

Von den annähernd 200 Staaten, die derzeit bestehen, sind etwa 150 – davon allein 50 in Afrika – im Verlauf der letzten sechzig Jahre entstanden. Jeder von ihnen hat sehr verschiedene politische, wirtschaftliche und ethnische Grundlagen und ebenso einen sehr verschiedenartigen historischen Hintergrund. Die DDR wies mit nicht wenigen von ihnen erkennbare Gemeinsamkeiten auf. In einer Hinsicht unterschied sie sich von allen anderen: Nirgendwo war die Frist zwischen der Entscheidung über eine Staatsgründung und dem Vollzug so kurz wie beim Entstehen der DDR.

Am 13. Oktober 1949 wurde das später oft zitierte Telegramm Stalins veröffentlicht. Darin erklärte er die Bildung der friedliebenden Deutschen Demokratischen Republik »zu einem Wendepunkt in der Geschichte Europas«. (Im russischen Original dieses Telegramms ist die Wortstellung etwas anders zu interpretieren. Dort ist sie nicht an die offizielle Staatsbezeichnung angelehnt und unverbindlicher als ›einer deutschen demokratischen friedliebenden Republik‹ zu interpretieren.[154]) Das Telegramm endete mit dem Aufruf: »Es lebe und gedeihe das einheitliche, unabhängige, demokratische, friedliebende Deutschland.«[155]

Wieder war von den wenigen Eingeweihten in die »Strategiedebatten« im Kreml darüber nachzudenken: Ist die gerade gegründete DDR ein erklärtes völkerrechtliches Subjekt oder eher eine Zwischenstation für die deutschlandpolitische Vision Stalins aus der Zeit vor der Potsdamer Konferenz? War diese Staatsgründung umkehrbar oder unumkehrbar? Manche Historiker kommen zu dem Schluss: »Die DDR war im Selbstverständnis ihrer Gründer und noch mehr ihrer sowjetischen Befürworter als Provisorium, als Mittel zum Zweck und als Staat auf Zeit geschaffen.«[156]

Seit Loths Buch »Stalins ungeliebtes Kind. Warum Moskau die DDR nicht wollte« vorliegt[157], wird dieser Titel nicht selten in zeithistorischen Darstellungen wie ein gesichertes Analyseergebnis verwandt. Er ist allerdings kaum mehr als eine zugkräftige Marketingentscheidung des Verlages gewesen. Geliebt oder nicht geliebt – das sind bekanntlich keine Kategorien bei der Beurteilung historischer Vorgänge. Stalins Ziel war eine gesamtdeutsche Lösung im Sinne der Vereinbarungen von Jalta und Potsdam. Die Entscheidung für eine Staatsbildung in Osten Deutschlands war lange Zeit so weder gewollt noch vorgesehen. War – so ist im Nachhinein zu fragen – das, was Stalin in Deutschland wollte, so wie er sich das dachte und wie er vorging, überhaupt zu realisieren? Fehlte der von Stalin verfolgten Kombination einer Vision von einem neutralen Gesamtdeutschland und seinen – zumindest seit 1948 erkennbaren und in jeder nachfolgenden Begegnung mit DDR-Politikern wiederholten – Weisungen zur Schaffung eines unverhältnismäßig konditionierten militärischen Potentials[158] der DDR nicht die innere Logik?

Die DDR entstand aus dem Zwang der Verhältnisse. Die Urheberschaft für diesen Zwang lag eindeutig bei den Westmächten und dem westdeutschen Großbürgertum. Nachdem die BRD geschaffen war, musste im Osten reagiert werden. Die Beibehaltung eines Besatzungszonenstatuts im Osten hätte das strategische Defizit der sowjetischen Deutschlandpolitik 1949 vergrößert. Für die Bildung eines neuen Staates gab es auch für die UdSSR in dieser Situation gute Gründe. Aber auch das bedeutete keinesfalls ein Abrücken von der Gesamtdeutschlandversion Stalins. Am 10. Oktober 1949 ließ er den im März 1949 ernannten Oberbefehlshaber der sowjetischen Streitkräfte in Deutschland, Marschall Tschuikow, bei der Umwandlung der SMAD in eine Sowjetische Kontrollkommission erklären, dass »die Sowjetunion den Sinn der Beschlüsse des deutschen Volksrates« zur DDR-Gründung darin sehe, »einen Beitrag zur Wiederherstellung der Einheit Deutschlands« und zu dessen »Wiedergeburt auf demokratischer und friedliebender Grundlage zu schaffen«.[159]

Am gleichen Tage wurden die Verwaltungsfunktionen der SMAD auf die Provisorische Regierung der DDR übertragen. Das aber bedeutete keinesfalls, dass sich die sowjetischen Militärorgane und der Politische Berater des Vorsitzenden der SKK, Wladimir S. Semjonow, nicht mehr in die Angelegenheiten der DDR einmischten. Semjonow spielte in dieser Situation und auch in den Jahren danach eine dubiose Rolle. Während er einerseits Rücksichtnahme auf die deutschlandpolitischen Erwartungen der Sowjetunion einforderte, drängte er Politiker der DDR zu Maßnahmen, die nicht nur der Bündnispolitik der SED zuwiderliefen, sondern auch dem internationalen Ansehen der Sowjetunion Schaden zufügten. Bei der Vorbereitung der Zusammensetzung der provisorischen Regierung der DDR forderte Semjonow im Oktober 1949 Rücksichtnahme auf Interessen der CDU und der LDPD ein. Zehn Wochen danach, am Nachmittag des 24. Dezember, suchte Semjonow Wilhelm Pieck auf und forderte, die »Reaktion in bürgerlichen Parteien zu schlagen« und in den bürgerlichen Parteien CDU und LDPD Agitatoren zu schaffen.[160] Zugleich übte er scharfe Kritik an der SED, die nachlässig sei im Kampf gegen den »Titoismus«, und dass sie nicht in dem von ihm geforderten Maß über den Rajk-Kostoff-Prozess informiere. Er beschuldigte den im Juni unter dramatischen Umständen aus Amerika geflohenen Kommunisten Gerhart Eisler des Kontaktes mit »Leuten von den Westmächten« und forderte zu prüfen, »ob nicht Agenten im Apparat« seien.[161] Elke Scherstjanoi stellte dazu fest: »Semjonows Order war zunächst eine Neuauflage klassenkämpferischer Vorstöße, wie es sie auch zuvor immer wieder gegeben hat. Nun freilich war der außenpolitische Kontext ein anderer. Moskauer Sicherheitsdienste bereiteten eine ›Säuberung‹ in osteuropäischen Staatsparteien vor.«[162] Diese Orientierung Semjonows führte in der Folge zu nicht wenigen oft ungerechtfertigten Verhaftungen von Mitgliedern der CDU und der LDPD und damit zu Verunsicherung und Vertrauensverlust in der Bevölkerung der DDR und auch in der BRD.

Diejenigen Männer und Frauen, die mit der Gründung der DDR Verantwortung übernommen hatten, mussten mit vielen Widrigkeiten umgehen. Der Kurs der Sowjetunion, die weiterhin Rechte aus dem Potsdamer Abkommen verwirklicht wissen wollte, zugleich ihre Position als Zentrum und Führungskraft der sozialistischen Gemeinschaft und der kommunistischen Bewegung ausbaute, blieb über lange Zeit widerspruchsvoll. Er verlief zumindest bis in die Mitte der 50er Jahre wellenartig zwischen den Polen eines neutralen Gesamtdeutschlands einerseits und andererseits einem den Intentionen der UdSSR folgenden Bündnispartners DDR.

So begann die wechselvolle 41-jährige Reise der Deutschen Demokratischen Republik durch die Geschichte. Sie war unter ungünstigen Bedingungen nicht originär aus der Kraft einer überzeugenden Strategie, sondern eher im Nachvollzug der Entwicklung im Westen entstanden. In den Jahren ihrer Existenz blieb der Kreis derer sehr begrenzt, die wussten oder ahnten, dass die DDR für die Sowjetunion nicht nur Partner war, sondern in kritischen Situationen auch zur Manövriermasse in den Auseinandersetzungen und im Zusammenspiel der Großmächte werden konnte.

Anmerkungen

1 Stefan Doernberg, »Machtpoker um die deutsche Einheit«. In: *Hefte zur ddr-geschichte*, Helle Panke e. V., Berlin 1999, S. 7

2 Josef W. Stalin, »Über den Großen Vaterländischen Krieg der Sowjetunion«, Moskau 1946, S. 217

3 Valentin Falin, »Politische Erinnerungen«. Droemer Knauer, München, 1993, S. 308

4 Bert Hoppe, »Stalin und die KPD in der Weimarer Republik«. In: Jürgen Zarusky (Hrsg.), »Stalin und die Deutschen. Neue Beiträge der Forschung«. R. Oldenbourg Verlag, München 2006, S. 35

5 Abkommen der Delegationen der KPdSU (B) und der KPD im EKKI,

Moskau 29. August 1928. Dokumentiert in: »Der Thälmann-Skandal. Geheime Korrespondenzen mit Stalin«. Hrsg. Hermann Weber/Bernhard H. Bayerlein, Aufbau Verlag, Berlin 2003, S. 111

6 Vgl. »Hintergründe des Ursprungsskandals. Der Chronologische Verlauf der Hamburger Affäre«. Stiftung Archiv der Parteien und Massenorganisationen der DDR im Bundesarchiv (SAPMO-BArch) RY 1/I2/70, Bl.167ff.

7 Vgl. »Rede Stalins in der Sitzung des Präsidiums des EKKI vom 19. Dezember 1928«. Dokumentiert in: »Der Thälmann-Skandal ...«, S. 271ff.

8 Stalin im Gespräch mit Dimitroff am 15. Oktober 1941. In: Georgi Dimitroff, »Tagebücher 1933-1945«. Aufbau Verlag, Berlin 2000, S. 441

9 Vgl. Bert Hoppe, »Stalin und die KPD in der Weimarer Republik ...«, S. 35

10 Mitteilung von Paul Jäckel, Mitarbeiter der »Deutschen Vertretung« an das ZK der KPD, vom 19. April 1938. In: Russisches Archiv für Sozialpolitische Geschichte, RGASPI f. 495, op. 292, d. 101, 11.13-18, Veröffentlicht in: Reinhard Müller, »Denunziation und Terror: Herbert Wehner und das Moskauer Exil«, in: Jürgen Zarusky (Hrsg.), »Stalin und die Deutschen ...«, S. 51

11 Zentralarchiv des ZSB Nr. 33543, Band 1, Blatt 200-202. Vgl. dazu: Reinhard Müller, »Denunziation und Terror ...«, S. 54

12 Georgi Dimitroff, »Tagebücher 1933-1945 ...«, S. 249

13 Konstantin Simonow, »Aus der Sicht meiner Generation. Gedanken über Stalin«, Verlag Volk und Welt, Berlin 1990, S. 181

14 Vgl. »Zur Stalinismusdebatte. 50 Jahre nach dem XX. Parteitag der KPdSU. Erklärung der Historischen Kommission beim Parteivorstand der Linkspartei.PDS vom 7. Februar 2006«. In: *http.// sozialisten.de/partei/Geschichte/view_html?zid=31685*

15 Vgl. Karl-Heinz Gräfe, »Kominform. Die Konferenzen 1947 und 1948«. In: *UTOPIE kreativ* H. 84 (Oktober 1997), S. 51-60

16 Karl Marx, »Der achtzehnte Brumaire des Louis Bonaparte«. MEW Bd. 8, S. 115

17 Henry A. Kissinger, »Memoiren 1968-1973«, C. Bertelsmann Verlag, München1979, S. 63

18 Vgl. Sergej Slutsch, »Stalin und Hitler 1933-1941. Kalküle und Fehlkalkulationen des Kreml«. In: Jürgen Zarusky (Hrsg.), »Stalin und die Deutschen ...«, S. 59-88

19 Zitiert in: Georgi Dimitroff, »Tagebücher 1933-1945...«, S. 273f.

20 ebenda

21 Elke Scherstjanoi, »Zwei Staaten? Forschungsfragen zur Nachkriegsplanung Moskaus«. In: Tel Aviver Jahrbuch für deutsche Geschichte XXVIII/1999, S. 263

22 Wladimir S. Semjonow, »Von Stalin bis Gorbatschow. Ein halbes Jahrhundert im diplomatischen Dienst 1939-1991«. Nicolaische Verlagsbuchhandlung, Berlin 1995, S. 189

23 Zitiert in: »Geschichte der deutschen Arbeiterbewegung«. Bd. 5, Dietz Verlag, Berlin 1966, S. 221

24 Anton Ackermann, »Material zum Thema: Auf welche Kräfte kann sich eine konsequente demokratische Bewegung in Deutschland stützen, die sich auf eine wirkliche Freundschaft mit der UdSSR orientiert?, vom 7. Januar 1944«. In: Archiv für Außenpolitik der Russländischen Förderation

(AVPRF) f.0512 op.4, p.17, d. 101. Bl.1: Veröffentlicht in: Jochen Laufer, »Pax Sovietica ...«, S. 391

25 SAPMO-BArch NY 4036/692, Bl. 62-66. Vgl. auch Rolf Badstübner, »Wilhelm Pieck. Aufzeichnungen zur Deutschlandpolitik 1945-1953«, Akademieverlag, Berlin 1994

26 W. S. Semjonow in einer Beratung mit Wilhelm Pieck am 17. Juli 1949. SAPMO-BArch NY 4036/753, Bl. 213

27 W. M. Molotow, »Rede auf der Außenministerkonferenz in Paris, 10. Juli 1946«. In: »Fragen der Außenpolitik. Reden und Erklärungen. April 1945 bis Juni 1948«, Moskau 1949, S. 68ff.

28 Franz Josef Strauß, »Die Erinnerungen«. Siedler Verlag, Berlin 1998, S. 425

29 SAPMO-BArch NY 4036/735, Bl. 204-213. Siehe auch Rolf Badstübner/Wilfried Loth, a. a. O., S. 287-291

30 ebenda

31 H. Zolling/H. Höhne, »Pullach intern«. Hoffman und Campe Verlag, Hamburg 1971, S. 1971ff; sowie: Reinhard Gehlen, »Der Dienst. Erinnerungen 1942-1971«, Hase & Köhler Verlag, München 1971, S. 203; sowie Herbert Graf, »Mein Leben. Mein Chef Ulbricht. Meine Sicht der Dinge«. edition ost, Berlin 2008, S. 225ff.

32 Vgl. Elke Scherstjanoi, »Zwei deutsche Staaten? Forschungsfragen zur Nachkriegsplanung Moskaus im Lichte neuer Quellen 1948-1950«. In: Tel Aviver Jahrbuch für deutsche Geschichte (TAJB) XXVIII/1999, S. 262

33 Zitiert in Milovan Djilas, «Gespräche mit Stalin«. S. Fischer Verlag, Frankfurt am Main 1962, S. 146

34 Peter Graf Kielmansegg, »Das geteilte Land. Deutschland 1945-1990«. In: Siedler (Hrsg.), »Deutsche Geschichte«, Bd. 4, Siedler Verlag, München 2000, S. 30

35 Vgl. Wladimir K. Wolkow, »Stalin wollte ein anderes Europa. Moskaus Außenpolitik 1940 bis 1948 und die Folgen«. edition ost, Berlin 2003, S. 185

36 a. a. O., S. 199

37 ebenda

38 Grigorij M. Puschkin machte sich nach vorliegenden Veröffentlichungen nicht nur als Diplomat einen Namen. Als Oberstleutnant Timofejew war er nach Kriegsende in Belgrad für den sowjetischen Geheimdienst tätig. In Ungarn soll er 1948 der Vorbereitungsgruppe des Rajk-Prozesses angehört haben. Vgl. George Hermann Hodos, »Stalinsche Säuberungen 1948-1954«, Berlin 1990, S. 299 sowie S. 82

39 Franz Josef Strauß, »Die Erinnerungen«. Siedler Verlag, Berlin 1998, S. 208

40 Henry A. Kissinger, »Memoiren 1968-1973«, C. Bertelsmann Verlag, München 1979, S. 857ff.

41 a. a. O., S. 861

42 Markus Wolf, »Letzte Gespräche«, Das Neue Berlin, Berlin 2007, S. 207

43 Julij Kwizinzkij, »Vor dem Sturm. Erinnerungen eines Diplomaten«. Siedler Verlag, Berlin 1993, S.165

44 ebenda

45 ebenda

46 Petra Marquardt-Bigman, »Amerikanische Geheimdienstanalysen über Deutschland 1942-1949«. R. Oldenbourg Verlag, München 1995, S. 116
47 Vgl. »Geschichte der deutschen Arbeiterbewegung«, Bd. 5, Dietz Verlag, Berlin 1966, S. 424
48 »Aus den Richtlinien des Politbüros des ZK der KPD für die Arbeit der deutschen Antifaschisten in den von der Roten Armee besetzten deutschen Gebieten«. Veröffentlicht in: *Beiträge zur Geschichte der Arbeiterbewegung* (BzG), Heft 2/1965, S. 264f.
49 Vgl. Gerhard Keiderling, »Gruppe Ulbricht in Berlin. April bis Juni 1945. Von den Vorbereitungen im Sommer 1944 bis zur Wiedergründung der KPD im Juni 1945. Eine Dokumentation«. Verlag Arno Spitz, Berlin 1993
50 a. a. O., S. 127ff., besonders Fußnote 2
51 SAPMO-BArch NY 4036/421, Bl. 2-20. Veröffentlicht in: Wilhelm Pieck, »Gesammelte Reden und Schriften«. Bd IV 1939 bis Mai 1945, Dietz Verlag, Berlin 1979, S. 328f.
52 SAPMO-BArch NY 4036/545, Bl. 54f.; Keiderling, a. a. O., S. 206
53 SAPMO-BArch SgY 30/1305, vgl. auch Anton Ackermann ..., S. 21f.
54 Notiz von Pieck über eine Besprechung beim Mitarbeiter des ZK der KPdSU Panuschkin am 17. Februar 1945. SAPMO-BArch NY 4036/545, Bl. 17 und 19
55 Kaderliste für den Einsatz in besetzten Gebieten. In: IfGA ZPA NL 36 / 517, Bl. 113
56 Jochen Laufer, »Pax Sovietica ...«, S. 390
57 Wilhelm Pieck, Rede in der Parteischule der KPD vom 10. März 1945. In: Gerhard Keiderling, »Gruppe Ulbricht ...«, S. 237
58 Notiz Piecks über ein Gespräch mit Dimitroff am 1. April 1945. SAPMO-BArch NY 4036/545, Bl. 59
59 Wilhelm Pieck, Beratung am 4. Juni 1945 um 6 Uhr bei Stalin, Molotow, Shdanow, in: SAPMO-BArch, NY 4036/29. Bl. 62-66
60 Persönliche geheime Botschaft von Herrn Churchill an Marschall Stalin vom 27. April 1945. In: »Briefwechsel mit Churchill, Attlee, Roosevelt und Stalin 1941-1945«, Rütten & Loening, Berlin 1961, S. 414
61 Präsident Truman. Persönlich und streng geheim für Marschall Stalin vom 28. April 1945. In: »Briefwechsel mit Churchill, Attlee, Roosevelt und Stalin ...«, S. 723
62 Telegramm. Persönlich streng geheim. Stalin an den Präsidenten Herrn Truman vom 2. Mai 1945. In: »Briefwechsel mit Churchill, Attlee, Roosevelt und Stalin ...«, S. 723. Gleichlautendes Telegramm Stalin an Premierminister Churchill, a. a. O., S. 427
63 SAPMO-BArch NY 4036/34, Bl. 116f.
64 Vgl. Herbert Graf, »Mein Leben ...«, S. 306
65 Jochen Laufer, »Pax Sovietica. Stalin, die Westmächte und die deutsche Frage 1941-1945«. Böhlau Verlag, Köln-Weimar-Wien 2009, S. 299
66 »Richtlinien des Politbüros der KPD für die Arbeit der deutschen Antifaschisten in dem von der Roten Armee besetzten deutschen Gebiet vom 5. April 1945«. In: »Geschichte der deutschen Arbeiterbewegung«, Bd. 5,

Dietz Verlag, Berlin 1966. Dokument 168, S. 618f.
67 Aus: »Aufruf der KPD vom 11. Juni 1945«. In: Walter Ulbricht, »Zur Geschichte der neuesten Zeit«, Bd. 1. (1. Halbband), Dietz Verlag, Berlin 1955, S. 370f.
68 J ochen Laufer, »Pax Sovietica ...«, S. 566
69 Wolfgang Leonhard, »Meine Geschichte der DDR«. Rowohlt, Berlin 2007, S. 59
70 Vgl. Petra Marquardt-Bigman, »Amerikanische Geheimdienstanalysen über Deutschland ...«, S. 118ff.
71 Gussew an Wyshinskij am 22. Oktober 1944. In: AVP RF f.012, op. 5, p. 61, d. 102, Bl. 5; veröffentlicht in: Laufer, »Pax Sovietica ...«, S. 472
72 Mitteilung Michael Silin an Wyshinskij, Bildung der sowjetischen Sektion des Alliierten Kontrollrates vom 24. Oktober 1944; AVPRF f.012, op. 5, p. 61, d. 102, Bl. 6; veröffentlicht in: Laufer, »Pax Sovietica ...«, S. 472
73 ebenda
74 Vgl. Wladimir S. Semjonow, »Von Stalin bis Gorbatschow. Ein halbes Jahrhundert in diplomatischer Mission 1939-1991«, Nicolaische Verlagsbuchhandlung, Berlin 1995, S. 207
75 a. a. O., S. 159f.
76 I. Wolynski, »AMGOT«. In: *Woina i rabotschi klass,* Moskwa Nr. 7/1, September 1943, S. 24-27
77 Vgl. Jan Foitzik, »Sowjetische Militäradministration in Deutschland 1945-1949. Struktur und Funktion«. Akademie Verlag, Berlin 1999, S. 40
78 Tulpanow, Sergej I., » Die Rolle der Sowjetischen Militäradministration im demokratischen Deutschland«. In: »50 Jahre Triumpf des Marxismus-Leninismus«. Dietz Verlag, Berlin 1967, S. 45
79 Tulpanow, Sergej I., »Die Rolle der SMAD bei der Demokratisierung Deutschlands«. In: *ZfG* 15. Jg.(1967), S. 243
80 Vgl. Shukow, Georgi K., »Wospominanja«. Moskau 1990, Bd. 3, S. 319
81 Zahlenangaben nach Jan Foitzik, »Sowjetische Militäradministration in Deutschland ...«, S. 202f., der sich auf folgende russische Archivmaterialien stützt: Archiv für Außenpolitik der russischen Föderation (AWP RF), 457 »a«/1/6/2, Bl. 72 sowie AWP RF 457 »g«/1/34//9
82 a. a. O., S. 210
83 Vgl. Generalleutnant Bokow, Fjodor J., »Im Frühjahr des Sieges und der Befreiung«. Militärverlag der DDR, Berlin 1979, S. 405f., sowie Generalmajor Kolesnischenko, Iwan S., »Bitwa posle woiny«, Moskau 1987, S. 4
84 Zitiert in: Jan Foitzik, »Sowjetische Militäradministration in Deutschland ...«, S. 249
85 Wilfried Loth, »Stalins ungeliebtes Kind. Warum Moskau die DDR nicht wollte«. Rowohlt, Berlin 1994, S. 41
86 Philipp Blom, »Der taumelnde Kontinent. Europa 1900-1914«. Carl Hanser Verlag, Hamburg 2008, S. 153f.
87 Jochen Laufer, »Pax Sovietica ...«, S. 560
88 Vgl. Jörn Schütrumpf, »Freiheiten ohne Freiheit. Die DDR – historischen Tiefendimensionen«, Karl Dietz, Berlin 2010, S. 64
89 Max Fechner: Brief an den Genossen Walter Ulbricht vom 28. April 1945.

In: Gerhard Keiderling, »Gruppe Ulbricht in Berlin April bis Mai 1945«. Verlag Arno Spitz, Berlin 1993, Dokument 041, S. 287. Keiderling merkt zu Recht an, dass das Datum des Briefes nicht ganz stimmt. Offenkundig hat, wie Keiderling beschreibt, Fechner erst am 2. Mai 1945 von der Anwesenheit Ulbrichts erfahren, als dieser das Neuköllner Bezirksamt aufsuchte und dort mit dem Sozialdemokraten Pagel zusammentraf. An der historischen Authentizität des Briefes Fechners gibt es jedoch keinen Zweifel. Die Kopie liegt im Bundesarchiv Berlin: SAPMO-BArch NY 4101/15 Bl. 1

90 Verfassungsentwurf des Parteivorstandes der SED vom 16. November 1946. Artikel 2. In: »Bewegt von der Hoffnung aller Deutschen«. Hrsg. Wolfgang Benz. Deutscher Taschenbuchverlag, München 1979, S. 450

91 Charles-Louis Montesquieu, »Der Geist des Gesetzes« (Esprit des Lois), Paris 1748

92 Verfassungsentwurf des Parteivorstandes der SED vom 16. November 1946, Art. 15, S. 452

93 Jawaharlal Nehru, »Briefe an Indira. Weltgeschichtliche Betrachtungen«. Progreß-Verlag J. Fladung, Düsseldorf 1957, S. 1091

94 Thomas Mann, »Kultur und Politik«. In: »Zeit und Werk«. AufbauVerlag, Berlin und Weimar 1965, S. 825

95 a. a. O., S. 826

96 Deklaration der Konferenz von Vertretern der kommunistischen Parteien ... In: »Informationskonferenz der Vertreter einiger kommunistischer Parteien in Polen Ende September 1947«, Moskau 1947, S. 10

97 SAPMO-BArch NY 4036/433; *Neues Deutschland* vom 7. Oktober 1947

98 Vgl. SAPMO-BArch NY 4036/694, Bl. 8-17 u. Bl. 27-32

99 Protokoll der 1. Parteikonferenz der SED, 25.-28. Januar 1949, Berlin 1949, S. 530f.

100 Vgl. Wladimir Semjonow, S.262f.

101 Mitteilung über die Rückbeorderung Tulpanows in: *Tägliche Rundschau* vom 5. Oktober 1949

102 Vgl. Jan Foitzik, » Sowjetische Militäradministration in Deutschland ...«

103 SAPMO-BArch NY 4036/753, Bl. 99-105 (Besprechung bei Semjonow am 5. Juni 1948, 1 Uhr); SAPMO-BArch NY 4036/735, Bl. 106-108 (Besprechung mit Semjonow am 10. Juni 1948, 20 Uhr); Bl. 109-111 (Besprechung bei Semjonow am 24. Juni 1948, 8 Uhr) sowie Besprechung mit Semjonow, Russkich, Pieck, Ulbricht am 16. August 1948 abends 8 Uhr, Bl. 114-116

104 Julij Kwizinskij, Nachwort in Wladimir S. Semjonows »Von Stalin bis Gorbatschow ...«, S. 389

105 Wilfried Loth, »Stalins ungeliebtes Kind. Warum Moskau die DDR nicht wollte«. Rowohlt, Berlin 1994, S. 135

106 Jan Foitzik, »Sowjetische Militäradministration in Deutschland ...«, S. 136

107 ebenda

108 a. a. O., S. 250

109 Vgl. Milovan Djilas, »Gespräche mit Stalin«, Fischer, Frankfurt am Main 1962, S. 145

110 Vgl. Bericht Harold Laskis im Vorstand der Labourpartei über die Unterredung mit Stalin vom 7. August 1946. In: Report on the 46th Anual Conference oft he Labour Party, 1947, S. 208f.

111 Vgl. Bericht Walter Ulbrichts über eine Beratung mit Stalin am 6. Februar 1948, 9 Uhr abends. SAPMO-BArch NY 4036/631, Bl. 33f. und Bl. 49

112 Simon Sebag Montefiore, »Stalin am Hof des roten Zaren«. S. Fischer Verlag, Frankfurt am Main 2005, S. 659

113 a. a. O., S. 663f.

114 Wladimir K. Wolkow, »Stalin wollte ein anderes Europa«, edition ost, Berlin 2003, S. 178f.

115 a. a. O., S. 181

116 ebenda

117 Archiv des Präsidenten der russischen Föderation, (AP RF), F(ond)45, Op(is)1, D(elo)303, L(ist)63ff.

118 Wilhelm Pieck, Bericht über die Besprechung mit Stalin am 18. Dezember 1948. SAPMO-BArch 4036/695

119 Wladimir K. Wolkow, »Stalin wollte ...«, a. a. O., S. 185

120 a. a. O., S. 182

121 AP RF, F 45, Op.1, D. 303, L. 74

122 Vgl. Karl Marx, »Der Bürgerkrieg in Frankreich«, sowie Wladimir I. Lenin, »Staat und Revolution«

123 Karl Marx, »Der Bürgerkrieg in Frankreich«, in: Karl Marx und Friedrich Engels, Ausgewählte Werke in zwei Bänden, Verlag für fremdsprachige Literatur, Moskau 1951, Bd. 1, S. 494

124 Vgl. »Aufzeichnung des Gespräches des Gen. Stalin J. W. mit den Führern der SED W. Pieck, W, Ulbricht und O. Grotewohl, 7. April 1953«. AP RF, f.45, op.1, d. 303, II.179-187. Übersetzt und veröffentlicht von Bernd Bonewitsch/Sergej Kudrjásow, »Stalin und die 2. Parteikonferenz der SED«, S. 200f.

125 AP RF, F 45, OP. 1, D. 303, L.75

126 Bericht an den Parteivorstand der SED vom 9. März 1949. SAPMO-BArch DY 30/2/1/61, Bl. 7

127 Wladimir S. Semjonow, »Von Stalin bis Gorbatschow. Ein halbes Jahrhundert in diplomatischer Mission.« Nicolaische Verlagsbuchhandlung, Berlin 1995, S. 252

128 Pieck hatte im Januar 1946 gegenüber Marschall Bokow Klarheit über den Umfang der Demontagen eingefordert. Vgl.: Wilhelm Pieck, Besprechung am 23. Januar 1946 in Karlshorst bei Marschall Bokow. SAPMO-BArch NY 4036/743, Bl. 147f. Ulbricht erklärte am 6. Februar 1946 in einer Beratung mit Stalin: »Unserere Forderung – ob Demontagen (beenden) bis Ende Febr.(uar).« SAPMO-BArch NY 4036/631, Bl. 33f. Obwohl beiden Politikern in den folgenden Jahren seitens der SMAD immer wieder Zusagen über das Ende der Reparationen übermittelt wurden, hielt sich die sowjetische Seite nicht daran. Vgl. Herbert Graf, »Mein Leben ...«, S. 309f.

129 Vgl. Rolf Badstübner/Wilfried Loth, »Wilhelm Pieck. Aufzeichnungen zur Deutschlandpolitik 1945-1953«, Akademie Verlag, Berlin 1994, S. 276f. sowie

SAPMO-BArch NY 4036/695, Bl. 79f. und NY 4036/659, Bl. 81, 93-99.

130 SAPMO-BArch NY 4036/695, Bl. 91f. und Bl. 102

131 SAPMO-BArch NY 4036/735, Bl. 180-183

132 Vgl. Wilhelm Pieck, Notiz über die Besprechung mit Semjonow am 19. Juli 1949. SAPMO-BArch NY 4036/735, Bl. 204-213

133 Archiv des sowjetischen Außenministeriums 82/36/182/4, Bl. 83-86. Zitiert in J. Laufer: »Die SED und die Wahlen (1948 -1950) Untersuchungen zu den politischen Entscheidungsprozessen«. Veröffentlicht in: Elke Scherstjanoi (Hrsg.), »Provisorium für längstens ein Jahr. Die Gründung der DDR«. Berlin 1993, S. 101-104

134 Wilfried Loth, »Stalins ungeliebtes Kind ...«, S. 157

135 Vgl. Bericht an den Parteivorstand der SED vom 9. März 1949. SAPMO-BArch DY 30/2/1/61, Bl. 7

136 Valentin Falin, »Politische Erinnerungen«, Droemer Knaur, München 1993, S. 148

137 a. a. O., S. 149

138 Walter Ulbricht, Rede vor dem Politisch Beratenden Ausschuss der Warschauer Vertragsstaaten am 3. August 1961 in Moskau. In: *Beiträge zur Geschichte der Arbeiterbewegung* Nr. 2/1997, S. 72

139 Jochen Laufer/G. P. Kynin, »Die UdSSR und die deutsche Frage 1941-1948. Dokumente aus dem Archiv für Außenpolitik der russischen Föderation«. Dunker & Humblot, Berlin 2004, Bd. III, S. XXXVII

140 Wilfried Loth, »Stalins ungeliebtes Kind. Warum Moskau die DDR nicht wollte«, Rowohlt, Berlin 1994, S. 67

141 Siegfried Wenzel, »Was war die DDR wert?«, Das Neue Berlin, Berlin 2000, S. 40

142 Uwe Markus, »Waffenschmiede DDR«. Militärverlag, Berlin 2010, S. 210

143 a. a. O., S. 216

144 Besprechung Semjonow-Pieck, 19. Juli 1949. SAPMO-BArch NY 4036/735

145 Das Besatzungsstatut für West-Berlin vom 14. Mai 1949. Veröffentlicht in: »Dokumente zur Berlin-Frage 1944-1966«, R. Oldenbourg Verlag, München 1987, Dokument 87, S. 114ff.

146 »Abkommen über eine revidierte Geschäftsordnung der Alliierten Kommandantur Berlin vom 7. Juni 1949 auf der Grundlage des Washingtoner Abkommens über die Dreimächtekontrolle«. In: »Dokumente zur Berlin-Frage 1944-1966 ...«, Dokument 88, S. 118ff.

147 Wilhelm Pieck, »Zur Einleitung der Besprechung«. SAPMO-BArch NY 4036/695, Bl. 108-116

148 Brief Otto Grotewohls an J. W. Stalin vom 19. September 1949. BA Berlin DC 20/15409, Bl. 3-7

149 *Neues Deutschland* vom 18. Februar 1949

150 Wladimir K. Wolkow, S. 165, sowie: Istoriceskij archiv 5-6, 1966, S. 60

151 Beide Zitate veröffentlicht in: Rolf Badstübner/Wilfried Loth. (Hrsg.), »Wilhelm Pieck. Aufzeichnung zur Deutschlandpolitik 1945-1953«. Akademieverlag, Berlin 1994, S. 298

152 Vgl. Aktennotiz von Wilhelm Pieck zur Regierungsbildung. SAPMO-

BArch NY 4036/715, Bl. 62ff.

153 SAPMO-BArch DY 30/IV 2/1/38, Bl. 2

154 Elke Scherstjanoi hat unter Verweis auf die Veröffentlichung in der Moskauer *Prawda* auf diesen Aspekt verwiesen, a. a. O., S. 285, Fußnote 83. Der *Prawda*-Text vom 14. Oktober 1949 hat den Wortlaut: »Obrzovanie Germanskoj demokrarticesjoj miroluljubivoj respubliki«, a. a. O., S. 285, Fußnote 83

155 Telegramm J. W. Stalins an Wilhelm Pieck und Otto Grotewohl, 13. Oktober 1949. In: *Neues Deutschland* vom 14. Oktober 1949. Stefan Doernberg, damals in der *Täglichen Rundschau*, der Zeitung der SMAD, tätig, erinnerte sich in seinen Memoiren (»Fronteinsatz«, edition ost, Berlin 2004) an verschiedene Übersetzungsprobleme dieses Telegramm (S. 154ff.). »In der Grußadresse des Vorsitzenden der Sowjetregierung wurde nach DDR-Auffassung die Gründung der DDR als ein Wendepunkt in der Geschichte Europa bezeichnet. So hatte es Stalin jedoch nicht formuliert. Er schrieb von einem Wendepunkt, da in Berlin ein Grundstein für ein einheitliches Deutschland als friedliebender und demokratischer Staat gelegt worden sei.«

156 Vgl. Rolf Badstübner, »Die sowjetische Deutschlandpolitik im Lichte neuer Quellen«. In: Wilfried Loth, »Die deutsche Frage in der Nachkriegszeit«, Berlin 1994, S. 102ff.

157 Wilfried Loth, »Stalins ungeliebtes Kind. Warum Moskau die DDR nicht wollte«. Rowohlt, Berlin 1994

158 In den letzten Besprechungen Stalins mit Repräsentanten der DDR am 1. und 7. April 1952 forderte dieser die unverzügliche Schaffung einer Armee der DDR und forderte dazu Maßnahmen, die die ökonomischen Möglichkeiten der DDR weitaus überstiegen. Die Krisensituation in der DDR 1953 wurde entscheidend durch diese unverhältnismäßigen Forderungen herbeigeführt. Vgl. dazu: Russisches Präsidentenarchiv AO RF, f45, Op.1 D. 303 L168; zitiert in W. K. Wolkow, »Stalin wollte ein anderes Europa«, S. 193; sowie Herbert Graf, »Mein Leben …«, S. 310f.

159 Erklärung Marschall W. S. Tschuikow am 10. Oktober 1949. In: »Dokumente zur Deutschlandpolitik der Sowjetunion 1945-1968«, Bd. 1, Hrsg.: Deutsches Institut für Zeitgeschichte, Berlin 1957, S. 237f.

160 Besprechung Wilhelm Piecks mit Semjonow am 24. Dezember 1949 um 5 Uhr. SAPMO-BArch NY 4036/736, Bl. 16-21

161 siehe Fußnote 126

162 Elke Scherstjanoi, a.a.O., S. 290

Kapitel 5
Die DDR zwischen Konfrontation und Kooperation der Großmächte

Am 10. Oktober 1949 waren die Verwaltungsaufgaben der SMAD an die Regierung der Deutschen Demokratischen Republik in einem feierlichen Akt übergeben worden. Der tatsächliche Übergang von der sowjetischen Besatzungspraxis zu – mit Verbündeten der UdSSR üblichen – zwischenstaatlichen Beziehungen zog sich über eine weitaus längere Zeit, als von deutscher Seite erwartet oder zumindest erhofft wurde. Es vergingen im Auf und Ab der sowjetischen Deutschlandpolitik von der Gründung der DDR am 7. Oktober 1949 sechs Jahre, ehe am 19. September 1955 zwischen der UdSSR und der DDR ein Vertrag über die gegenseitigen Beziehungen abgeschlossen wurde. Es war mit hoher Wahrscheinlichkeit auch kein Zufall, dass sich die Regierung der UdSSR zu dieser Entscheidung erst nach dem Besuch Adenauers in Moskau vom 8. bis 14. September 1955 und der damit verbundenen Entscheidung über die Aufnahme diplomatischer Beziehungen zwischen der UdSSR und der BRD bereit erklärte.

40 Jahre im Wechsel der Beziehungen – ausgedrückt in signifikanten Zitaten

Einige Zitate aus der Zeit von 1949 bis 1986 mögen nachfolgend das Interesse auf Aussagen von Repräsentanten der Sowjetunion zu der am 7. Oktober 1949 gegründeten DDR und zum Charakter der beiderseitigen Beziehungen lenken.

Im Oktober 1949 telegrafierte Stalin an Pieck: »Die Gründung der Deutschen Demokratischen Republik ist ein Wendepunkt in der Geschichte Europas.« Am 7. April 1952 überraschte Stalin in einer Beratung mit Wilhelm Pieck, Otto Grotewohl und Walter

Ulbricht (nach der Ablehnung der »Stalin-Note« vom 10. März 1952 mit dem Angebot einer gesamtdeutschen Lösung) mit der Aufforderung: »Auch Sie müssen ihren eigenen Staat gründen.«[1]

War Stalin entgangen, dass dieser Staat mit seiner Zustimmung bereits im Oktober 1949 gegründet worden war? Offensichtlich war er damals nicht in bester körperlicher und geistiger Verfassung. Sein Leibarzt, Prof. Wladimir Winogradow, hatte im Frühjahr 1952 einen erschütternden Verfall seines Patienten dokumentiert.[2] Niemand widersprach Stalin. Was aber mögen die so Angesprochenen gedacht haben? Keiner von ihnen hat dazu etwas hinterlassen.

Im Vertrag über die Beziehungen der UdSSR und der DDR vom September 1955 wurde erstmals unterschrieben, dass sich die Beziehungen beider Staaten auf der »Grundlage der Gleichberechtigung der beiderseitigen Achtung und Nichteinmischung in innere Angelegenheiten« entwickeln. Damals erklärte der ansonsten selten empathische Walter Ulbricht: »Die DDR ist frei in der Innen- und Außenpolitik. […] Die Bevölkerung der Deutschen Demokratischen Republik wird es sicherlich begrüßen, dass nunmehr, nachdem die Neugestaltung des gesellschaftlichen Lebens in der DDR auf friedlicher und demokratischer Grundlage unaufhaltsam vorwärts schreitet, die Gesetze, Direktiven und Befehle des Kontrollrates ihre Gültigkeit verlieren und die Volksgesetzgebung voll ihre Rechte ausübt.«[3] Die Bemerkung zum Kontrollrat in diesem Zitat bezog sich in der Sache vorrangig auf die Anordnungen von sowjetischer Seite. Schließlich hatte der Alliierte Kontrollrat seit dem Sommer 1948 keine – und in den Monaten davor nur noch wenige – Entscheidungen getroffen.

Bekanntlich aber suchten und fanden die UdSSR und die KPdSU auch danach Wege, um auf die Innen- und Außenpolitik der DDR Einfluss zu nehmen. Mit einem Netz von Beratern (sowjetische Berater waren bis gegen Ende der 50er Jahre in Ministerien tätig, danach als Berater oder Verbindungsoffizier nur noch in militärischen Organen) wurden von Diplomaten und Informanten Informationen eingeholt und mit diesen in subtiler Weise auf unterschiedlichen Ebenen Einfluss auszuüben versucht. Semjonow berichtete verärgert in seinen Memoiren darüber, dass Walter Ulbricht dieser Tätigkeit sowjetischer Organe früh einen Riegel vorzuschieben versucht hatte. Als Folge »erhielt die Sowjetische Kontrollkommission (SKK) kaum noch Informationen aus den Ländern und Provinzen. Das konnte ihren ganzen Apparat lahmlegen. Kompromisslösungen waren hier nicht möglich.«

In der Amtszeit von Nikita S. Chruschtschow (1953-1964) vergrößerte sich vor allem nach dem XX. Parteitag der KPdSU der Handlungsspielraum der Verantwortungsträger der DDR besonders bei der Gestaltung der Innenpolitik. Leonid I. Breshnew, der im Oktober 1964 nach der Ablösung Chruschtschows Generalsekretär des ZK der KPdSU wurde, und seine Vertreter und Beauftragten zogen die Zügel bald enger. Nach sechs Jahren der Breshnew-Ära stieß dessen hypertrophiertes Hegemonialstreben noch immer auf den Widerstand von Walter Ulbricht. In einer spannungsgeladenen Beratung am 21. August 1970 erklärte der Staatsratsvorsitzende der DDR: »Wir wollen uns in der Kooperation als echter deutscher Staat entwickeln. Wir sind nicht Belorussland, wir sind kein Sowjetstaat. Also echte Kooperation.«[5] Nie vorher waren die Differenzen über die Grundlagen der Zusammenarbeit von Repräsentanten der UdSSR und der DDR deutlicher ausgesprochen worden. Das blieb erwartungsgemäß nicht folgenlos.

Einen Monat zuvor lag Breshnew nach einem operativen Eingriff im Krankenhaus. Die Politik der DDR beunruhigte ihn derart, dass er Erich Honecker an sein Krankenbett bestellte. Am 28. Juli 1970 diktierte er Erich Honecker in das Notizbuch: »Die Lage, wie sie sich bei euch so unerwartet entwickelt hat, hat mich tief beunruhigt. Die Dinge sind jetzt nicht mehr eure eigene Angelegenheit. [...] Ich sage dir ganz offen, es wird ihm (*Walter Ulbricht – H. G.*) nicht möglich sein, an uns vorbei zu regieren. [...] Wir haben doch noch Truppen bei Ihnen. Erich, ich sage dir offen, vergesse das nie: die DDR kann ohne uns, die SU, ihre Macht und Stärke nicht existieren. Ohne uns gibt es keine DDR.«[6] Später wies Breshnew seinen Gast auch noch darauf hin, dass »die DDR eine Struktur haben muss wie die sozialistischen Länder, sonst bekommen wir Schwierigkeiten«. Die »Umsetzung« dieser Orientierung schilderte Julij Kwizinskij: »Die erste Zeit nach Honeckers Amtsantritt verlief ohne Konflikte. [...] Er bat Breshnew ausdrücklich, die DDR de facto als eine Unionsrepublik der UdSSR zu betrachten und sie als solche in die Volkswirtschaft der UdSSR einzubeziehen.«[7]

Über Gorbatschow und das Verhalten der UdSSR in »seiner Amtszeit« wurde im Kapitel 1 berichtet. Erinnert sei hier allein daran, dass er schon 1986 erklärte, mit seiner Orientierung auf die Bundesrepublik die DDR zu zügeln.[8] Im Vortrag vor der Universität in Ankara bekannte er später: »Ich musste die Führung in allen sozialistischen Staaten beseitigen.«[9] Und Falin: »Gorbatschow hat hinter dem Rücken der DDR die DDR auflaufen lassen.«[10]

Auch wenn Zitate nur bedingt Situationen im politischen Denken reflektieren: Der jeweilige Sinneswandel, der darin zum Ausdruck kam, hatte für die Menschen in der DDR zumeist tief greifende Auswirkungen. Während sich die BRD bei allen temporären und partiellen Differenzen mit dem einen oder anderen ihrer Verbündeten ihres Rückhalts im westlichen Lager gewiss sein konnte und in den politischen und militärischen Bündnisstrukturen des Westens zunehmend Einfluss gewann, blieb dies der DDR versagt.

Eigenständigkeit oder Alles bleibt beim Alten – Schwierigkeiten der Anfangsjahre

Die Gründung der DDR wurde von der Bevölkerung und von den politischen Kräften als ein Souveränitätsgewinn gegenüber der Zeit unter der Militärverwaltung betrachtet. Jeder erwartete von der Umwandlung der sowjetischen Militäradministration am 10. Oktober 1949 in eine Sowjetische Kontrollkommission einen qualitativen Wandel in den Beziehungen der deutschen zu den sowjetischen Organen.

Am 10. November 1949 hatte Wilhelm Pieck festgehalten, dass Armeegeneral Tschuikow ihm am Abend mitgeteilt habe, dass die Übergabe der Verwaltungsfunktionen der SMAD an die Behörden der DDR in der Zentrale wie auch in den Kreisen und Orten schnell und ohne Vorbehalte erfolgen solle und die SKK sich »nur in Ausnahmefällen einmischen« werde. Schon am Morgen danach dämpften Mitteilungen des Vorsitzenden der Sowjetischen Kontrollkommission die Erwartungen seiner deutschen Freunde. Tschuikow teilte Wilhelm Pieck, Otto Grotewohl und Walter Ulbricht definitiv mit, dass die SKK sich das Recht vorbehalte – im Einverständnis mit der Regierung der UdSSR – Regierungsbeschlüsse und Gesetze der DDR aufzuheben, die den Interessen der UdSSR zuwiderlaufen, bindende Anordnungen zu erlassen und von der Regierung der DDR notwendige Informationen einzuholen.[12]

Gemäß dieser Order wurden in der SKK analog zur Struktur der Ministerien der DDR Fachabteilungen tätig.

Im besonderen Maße war die Sowjetunion an der Erfüllung der Reparationsverpflichtungen durch die DDR interessiert. Das erste Jahr nach Staatsgründung sollte zum Jahr mit den umfangreichsten Reparationsleistungen werden. Statt der ursprünglich vorgesehenen Lieferungen im Wert von 970 Millionen Mark wurden Reparationen im Wert von 2,080 Milliarden Mark eingefordert und auch geleistet.[13] Darüber hinaus hatte die DDR 1950 Lieferungen in Höhe von 416,73 Millionen Mark für die Versorgung der sowjetischen Truppen zu erbringen.[14] Das waren wahrhaft keine guten Startbedingungen für den gerade gebildeten Staat.

Im Mai 1950 war man sich im Politbüro des ZK der SED darüber einig, dass hier eine Änderung dringend erforderlich war. Danach bat Ministerpräsident Grotewohl in einem Brief an Stalin, »im Interesse des weiteren Neuaufbaus und der Verbesserung der Lebenslage« der DDR-Bevölkerung »die in den Abkommen von Jalta und Potsdam festgelegten Reparationsverpflichtungen für Deutschland zu vermindern«.[15] Stalin antwortete – offensichtlich war die Problematik in der Beratung mit Pieck, Grotewohl und Ulbricht am 4. Mai 1950 bei Stalin vorbesprochen worden – ohne Verzögerung und positiv. Er kündigte die Herabsetzung der Reparationssumme um 50 Prozent an.[16] Das hatte zwar noch keine Auswirkungen auf die 1950 zu erbringenden Leistungen, führte aber ab 1951 zu einem spürbaren Rückgang der Reparationslast.

In den ersten Monaten nach Gründung der DDR rückte die Ausarbeitung des ersten Fünfjahrplanes des Landes in das Zentrum politischer Aktivitäten und in das Spannungsfeld der Beziehungen der Regierung der DDR und der SKK. Zu den Voraussetzungen für ein solides Herangehen an einen solchen Planentwurf war es angesichts der Reparationsverpflichtungen und der Außenhandelsbeziehungen der DDR zur UdSSR erforderlich, dass beide Seiten die Rahmenbedingungen eines solchen Planes rechtzeitig und für den anderen nachvollziehbar definierten. Walter Ulbricht hatte deshalb den für ökonomische Fragen zuständigen Vertreter der SKK in einem Brief am 21. Februar 1950 vorgeschlagen, die Kontrollziffern für den Fünfjahrplan durch eine gemeinsame Kommission der SKK und des Politbüros erarbeiten zu lassen.

Dieser vernünftige Vorschlag führte zu einer unerwartet scharfen Kontroverse. Armeegeneral Tschuikow und sein Politischer Berater Semjonow kritisierten in einer Besprechung mit Pieck und Grotewohl heftig den Brief des abwesenden Ulbricht. Dieser entspräche nicht dem Zeitgeist, er erwecke den Eindruck, die Ausarbeitung des Planes sei Sache der sowjetischen Genossen und nicht der Deutschen selbst. Semjonow verwahrte sich gegenüber der durchaus verständlichen Erwartung von Ulbricht, rechtzeitig von Moskau exakte Kennziffern zu erhalten.[17] Wilhelm Pieck spürte, dass die sowjetische Seite nicht bereit war, ihre Position aufzugeben. Er stimmte schließlich zu, dass die Kennziffern von deutscher Seite vorbereitet werden, dann könnten die »Mitarbeiter der SKK, die über große Erfahrungen verfügen, [...] am besten einschätzen, inwieweit diese Ziffern real und erfüllbar« seien.[18]

Wie diese Debatte von sowjetischer Seite dramatisiert wurde, ließ sich allein daran erkennen, dass man sich »einigte«, dass Wilhelm Pieck noch am gleichen Tag an Stalin schreibe. Der Kernsatz dieses Briefes lautete: »Das Politbüro wendet sich deshalb an Sie, lieber Genosse Stalin, mit der Bitte, den Vorsitzenden der Sowjetischen Kontrollkommission, Armeegeneral Tschuikow, zu ersuchen, dass er mit seinen Mitarbeitern uns die notwendige Hilfe bei der Durchführung dieser Aufgabe (*Feststellung der Kontrollziffern für den Fünfjahrplan – H. G.*) leistet.«[19] Otto Grotewohl nutzte in diesem Gespräch die Chance, Tschuikow und Semjonow darauf zu verweisen, dass es ratsam sei, »die Hilfe der SKK nur in besonders wichtigen Fragen in Anspruch zu nehmen, aber alle anderen Fragen selbst zu entscheiden«.[20]

Damit hatte Otto Grotewohl einen Problemkreis angesprochen, der in der Führung der SED seit geraumer Zeit Gegenstand von Überlegungen und auch von Interventionen gegenüber den Führungsorganen der UdSSR war. Schon auf der 2. Sitzung des Parteivorstandes der SED im Mai 1946 hatte Walter Ulbricht der Hoffnung Ausdruck gegeben, dass »der deutschen Selbstverwaltung die ökonomischen Entscheidungen überlassen werden«.[21] Am 26. September 1946 schrieb Ulbricht im gleichen Sinne an das ZK der KPdSU (B). Als Anlage fügte er ein Material mit dem Titel »Kritische Analyse und konstruktive Vorschläge zur Wirtschaftsplanung« bei. Darin hieß es: »Die Wirtschaft lenkt [...] die SMAD in Karlshorst.«[22] Deren Plan aber kollidierte im Produktions- wie im Rohstoffbereich mit den Plänen der Landesverwaltungen der SMAD. Ulbricht schlug darum die Bildung einer deutschen Planungsbehörde vor, »die in Übereinstimmung und unter Kontrolle der SMAD Wirtschaftspläne erstellen und entsprechende Maßnahmen zu ihrer Durchführung treffen wird«.[23] Fast neun Monate gingen noch ins Land, ehe im Juni mit der Bildung einer Deutschen Wirtschaftskommission (DWK) begonnen werden konnte.

Im Streben der Repräsentanten der DDR nach größerer Handlungsfreiheit entwickelten sich im besonderen Maße Spannungen zwischen Walter Ulbricht und dem politischen Berater des Vorsitzenden der Sowjetischen Kontrollkommission in Deutschland. Am 6. September 1950 verwahrte sich Ulbricht in einem Brief an

Semjonow gegen dessen permanente Einmischung in die tägliche Arbeit. Ironisch reagiert er auf dessen »Ratschläge«: »Die allgemeinen Vorschläge, dass man Instrukteure entsenden soll und dass man Berichte der Landessekretäre entgegennehmen soll, das sind keine neuen Fragen. [...] Mit bestem Gruß W. Ulbricht.«[24] Eine Vielzahl ähnlicher Kontroversen[25] stehen den Unterstellungen bürgerlicher Zeitgeschichtsbeschreibung entgegen, die SED sei ein williges Instrument der sowjetischen Militärbehörden gewesen.[26]

Niemand artikulierte das Bemühen der DDR-Politik für die Erweiterung des deutschen Handlungsspielraums so selbstbewusst und schnörkellos wie Walter Ulbricht. In einer Begegnung bei Armeegeneral Tschuikow bezichtigte Semjonow deshalb Ulbricht des Nationalismus. Ulbricht parierte wütend und unmissverständlich. Semjonow begegnete dem auf seine Weise. Er hinterließ in seinen Memoiren: »Bei mir hatte sich inzwischen eine Menge kritischer Punkte zu Ulbricht angesammelt, die ich in einem streng geheimen Brief an Stalin darlegte.«[27] Kwizinskij kommentierte im Nachwort zu den Memoiren Semjonows diesen denunzierenden Brief mit der Vermutung: »Man kann kaum glauben, dass dies seine persönliche Initiative war. Irgendwer hatte ihn von oben dazu angeregt und seine Hand geführt. Die wahrscheinlichste Variante ist, dass auch gegen Ulbricht ein Prozess nach dem Muster der Verfahren gegen Slansky, Kostoff und Rajk vorbereitet wurde.«[28] Mit welchem Interesse der Semjonow-Brief über Ulbricht in Moskau bewertet wurde, lässt sich allein daran erkennen, dass Stalin Semjonow in seine Datscha nach Kunzewo einlud, um über dieses Schriftstück zu reden.[29] Dabei schmeichelte Stalin – wie Semjonow berichtet – seinen Gast mit der Überlegung, ihm die Verantwortung für die sowjetischen Sicherheitsorgane in der DDR zu übertragen.[30]

Mit welchem Argwohn zu Beginn der 50er Jahre in der SKK und in Moskau auf politische Erklärungen der Repräsentanten der DDR reagiert wurde, lässt eine Darstellung in den Memoiren Falins erkennen. 1951 war der 24-jährige Falin Mitarbeiter der SKK. Im Frühherbst 1950 nahm er mit zwei weiteren SKK-Mitarbeitern in Luckenwalde an einer Veranstaltung teil, auf der der Präsident der DDR, Wilhelm Pieck, eine Rede hielt. Falin beschrieb den weiteren Vorgang folgendermaßen: »Wir waren kaum nach Karlshorst zurückgekehrt, als der Politberater Wladimir Semjonow unsere Gruppe antanzen ließ.« Semjonow: »Warum haben Sie nicht über das außerordentliche Vorkommnis in Luckenwalde berichtet? Ihrer Meinung nach soll ich darüber durch Moskau erfahren?!«

Auf Falins Frage, um welches Vorkommnis es sich handele, entgegnete Semjonow: »Das wird ja immer schöner! Wilhelm Pieck hat dazu aufgerufen, das antinationale Regime Adenauer zu stürzen. Und die Vertreter der sowjetischen Kontrollkommission haben davon nichts vernommen. Die Nachricht ist bis zu Stalin gedrungen, er hat sich aufgeregt, und Sie werden erst begreifen, wenn die Kanonen donnern.«[31] Falin schrieb dazu weiter, dass die an Stalin gegangene Information mit seiner Wahrnehmung in der Luckenwalder Veranstaltung nicht übereinstimmte. Semjonows Anliegen bei diesem Disput mit seinen Mitarbeitern aber war: »Genosse Stalin muss alles, was es Neues in den Entwicklungen hier gibt, von uns erfahren, nicht von Außenseitern.«[32]

Die sowjetische Kontrollkommission – das galt für den Politischen Berater Semjonow wie für den Vorsitzenden Armeegeneral Tschuikow – handelte nicht selten eher wie ein Souverän statt, wie in den offiziellen Regelungen über die Rechte der SKK vorgesehen, als Kontrollinstanz internationaler Festlegungen. Der Dolmetscher Tschuikows, Alexander Bogomolow, schilderte als ein Beispiel dafür das Prozedere der Berufung von Willi Stoph zum Innenminister der DDR. Tschuikow suchte demnach Stoph in seiner Wohnung auf und teilte ihm dort mit: »Genosse Stoph, bei uns ist der Beschluss gefasst worden, dich zum Innenminister zu ernennen.«[33] Die staatliche Ordnung der DDR sah eine andere Regelung für die Auswahl und Ernennung von Ministern vor.

Den Vertretern der SKK fiel es nicht leicht zu respektieren, dass am 7. Oktober 1949 mit der DDR ein neues Völkerrechtssubjekt geschaffen war. Das wirkte sich für die Verantwortungsträger in der DDR in vielen Fällen erschwerend für die Erfüllung ihrer wahrhaft komplizierten Anfangsaufgaben aus. Auch die Herausbildung des Vertrauensverhältnisses zwischen Staat und Bürger wurde erkennbar dadurch negativ beeinflusst, dass dubiose Weisungen und Empfehlungen der SKK als Entscheidungen der jungen deutschen Staatsmacht umzusetzen waren.

Die letzte Begegnung mit Stalin – oder: Wie weiter mit der DDR?

Gegen Ende des Jahres 1951 – also zwei Jahre nach der Gründung der DDR – zeichnete sich auch vor dem Horizont der Entwicklung in Westdeutschland das Erfordernis einer Neujustierung der sowjetischen Deutschlandstrategie und damit auch des »Wie weiter?« in der gesellschaftlichen Entwicklung der DDR ab. Die Westmächte und auch die Regierung der Bundesrepublik unter Konrad Adenauer organisierten seit 1949 die Westintegration der Bundesrepublik. Unübersehbar war, dass seit 1950 frühere Generale der Wehrmacht in der Bonner Ermekeilkaserne die Remilitarisierung der Bundesrepublik vorbereiteten. Der Versuch der Bildung einer Europäischen Verteidigungsgemeinschaft (EVG), der die Bundesrepublik angehören sollte, war zwar 1951 am Einspruch Frankreichs gescheitert. Unmittelbar danach wurde jedoch zwischen den Westalliierten und der Bundesregierung der Abschluss eines Generalvertrages (»Deutschlandvertrag«) vorbereitet. Der Bundesrepublik wurden darin größere Souveränitätsrechte zugebilligt und zugleich der Aufbau einer eigenen Militärmacht geregelt.

Zur grundlegenden Frage des Abschlusses eines Friedensvertrages mit Deutschland zeigten sich die Urheber des Generalvertrages gegenüber der UdSSR und der DDR zu keiner Konzession bereit. Ihre Position lautete unzweideutig: »Bis zum Abschluss einer friedensvertraglichen Regelung werden die Unterzeichnerstaaten zusammenwirken, um mit friedlichen Mitteln ihr gemeinsames Ziel zu verwirklichen: ein wiedervereinigtes Deutschland, das eine freiheitlich-demokratische Verfassung, ähnlich wie die Bundesrepublik, besitzt und das in die europäische Gemeinschaft integriert ist.«[34] So wurde es über Monate verhandelt und am 26. Mai 1952 von den Vertretern der USA, Großbritanniens, Frankreichs und der Bundesrepublik unterzeichnet.

Diese Vertragsformel bedeutete letztlich: Eine gemeinsame Friedensvertragsregelung der Unterzeichner des Potsdamer Abkommens setzt aus der Sicht der Westmächte einen Verzicht der UdSSR auf ein einheitliches neutrales Deutschland und die Selbstaufgabe der DDR voraus. Damit wurde deutlich: Voraussetzung waren die Beseitigung des Volkseigentums, die Restauration der bürgerlichen Verhältnisse und die Beseitigung der Verfassungsordnung der DDR zugunsten des Bonner Grundgesetzes. Dieser Friedensvertragsvorbehalt der Westmächte im Deutschlandvertrag war in seinem Kern eine Kampfansage in der internationalen Klassenauseinandersetzung. Entweder der Osten gibt auf, oder es gibt keinen Friedensvertrag, und damit bleibt es bei der Spaltung Deutschlands.

Die Überlegungen, die in dieser Situation in Moskau und in Berlin für die nächsten Schritte angestellt wurden, verliefen in recht unterschiedlichen Richtungen. In den Beratungen der Gremien der

SED und der Regierung der DDR ging es vorrangig um die Weiterführung der gesellschaftlichen Entwicklung, um eine höhere Effektivität des gesellschaftlichen Sektors der Volkswirtschaft, um einen größeren politischen Handlungsspielraum und im Interesse der Stärkung der Souveränität des Landes um den Abschluss eines Friedensvertrages. In Moskau standen dagegen zunächst andere Fragen der Deutschlandpolitik im Zentrum der Überlegungen.

Am 10. März 1952 überreichte der Botschafter der UdSSR in den USA, Andrej Gromyko, den diplomatischen Vertretern der USA, Großbritanniens und Frankreichs eine Note, die in die Zeitgeschichte als »Stalin-Note« eingegangen ist. Dieses Dokument enthielt das Angebot, Deutschland in den in Potsdam vereinbarten Grenzen als unabhängigen, einheitlichen und friedliebenden Staat wieder herzustellen. Dabei dürfe Deutschland in keine Militärbündnisse eintreten, die sich gegen einen der Staaten richten, die am Krieg gegen Deutschland teilgenommen haben. Über die Durchführung freier gesamtdeutscher Wahlen, so wurde in einer zweiten Note der UdSSR vorgeschlagen, sollen die vier Besatzungsmächte alsbald Gespräche aufnehmen.[35] Die zeitgeschichtliche Literatur über diese »Stalin-Note« füllt inzwischen viele Bände. Kontrovers wird dabei über die Urheberschaft für diese Note gestritten, vor allem aber darüber geurteilt, ob der in dieser Note enthaltene Vorschlag zur Herbeiführung der Einheit Deutschlands ernst gemeint oder lediglich ein Propagandamanöver war, um die Westintegration der Bundesrepublik zu verhindern.

Bezüglich der Urheberschaft vertritt der russische Historiker Aleksei Filatow die These, die Note sei unter Molotows Regie entstanden, und es sei fraglich, »ob Stalin überhaupt irgendeine Rolle im Prozess der Ausarbeitung der Konzeption der Note gespielt hat«.[36] Der italienische Historiker Luciano Canfora schreibt dagegen dem sowjetischen Geheimdienstchef L. P. Beria die Autorschaft zu.[37] Nach der Darstellung Falins war es Stalins »idée fix – eine gute Nachbarschaft Deutschlands und der Sowjetunion löst das Sicherheitsproblem unserer Länder vom Westen her«.[38]

Wer auch immer der Ideengeber war, die Stalin-Note reflektierte zu jener Zeit das vorherrschende Denken und die Erwartungen der sowjetischen Regierung. Mit den »verbündeten« deutschen Politikern in Berlin war auch die mit dieser Note in Gang gesetzte Initiative der Regierung der UdSSR zur Deutschlandpolitik – wie Falin darstellt – »vorsorglich nicht abgesprochen. Stalin wollte freie Hand haben bei der Formulierung einer eventuellen Lösung«.[39] Wenn diese Darstellung zutrifft, deutet sie an, dass die Führung der UdSSR damals, wenn es günstig erschien, bereit war, auch entgegen den Interessen und Erwartungen der deutschen Sozialisten und der Bürger der DDR ihre deutschlandpolitischen Entscheidungen vorzubereiten und zu treffen. Der Präsident der Deutschen Demokratischen Republik, Wilhelm Pieck, wurde – das ist dokumentarisch belegt – von sowjetischer Seite am 9. März 1952 erst eineinhalb Stunden vor Mitternacht über die am nächsten Morgen veröffentlichte Stalin-Note »informiert«.[40] Er hätte sie auch tags darauf in den Agenturmeldungen, die seit neun Uhr morgens den Text verbreiteten, lesen können.

Folgt man den Darstellungen Semjonows und Falins wird vor allem die konservative Haltung Adenauers als wesentlicher Grund für die negative Reaktion des Westens auf die Note vom 10. März 1952 genannt.[41] Diese Begründung aber greift zu kurz. Zweifellos war Adenauer gegen den Vorschlag der UdSSR. Nicht nur der 73-jährige Bundeskanzler war aus strategischem Kalkül gegen den sowjetischen Plan eines einigen neutralen Deutschland. Die herrschende politische Klasse der Bundesrepublik war sich in dieser Frage mit Adenauer einig. Franz Josef Strauß berichtete bekanntlich: »Im Jahr 1952 gab es außer den Kommunisten, die im ersten deutschen Bundestag noch vertreten waren, keine politische Partei, die die Note ernst genommen und ihre Nichtbeachtung als Fehler oder gar als Dolchstoß gegen die Wiedervereinigung betrachtet hätte.«[42] Strauß verdeckt allerdings bei dieser Einschätzung, dass es in allen Parteien der Bundesrepublik, vor allem in der SPD, Kräfte gab, die dafür plädierten, »Stalin beim Wort zu nehmen«.

Die mit der Stalin-Note gestartete Deutschland-Initiative der Führung der UdSSR trug keine Frucht. Sie unterschätzte Entschlossenheit und Interessenlage der drei Westmächte bezüglich der politischen und militärischen Integration der Bundesrepublik und die seit 1948 geschaffenen Fakten. Illusionen über die realen Möglichkeiten der Sowjetunion, diesen Prozess zu verzögern oder abzustoppen, spielten dabei ebenfalls eine Rolle. Schließlich war – wie Kielmannsegg feststellte – die »Eingliederung Westdeutschlands in die westliche Allianz unter den gegebenen Verhältnissen das Optimum«. Dagegen war für die Westmächte ein »neutralisiertes wiedervereinigtes Deutschland« ein »Risikofaktor, und auf dieses Risiko wollte keiner der Westmächte sich einlassen«.[43]

In seiner Bilanz der Aktion Stalin-Note 1952 kam der russische Historiker Filitov zu dem Ergebnis: Gewinner waren »die Sowjetunion, die USA (sie stärkten die NATO und ihre Führungsrolle im Bündnis) und die Bundesrepublik (sie bekam Trümpfe in ihrem Handel um bessere Bedingungen im Generalvertrag [...])«. Als Verlierer benannte der Autor »die DDR und die Länder Westeuropas, deren Weg zur Integration dadurch beeinträchtigt wurde«.[44]

Schon in ihrer ersten Antwort am 25. März 1952 hatten die drei Westmächte zwar verklausuliert, aber doch unmissverständlich gesagt, dass sie nicht bereit seien, mit der UdSSR über die Stalin-Note in Verhandlungen zu treten. Es folgte dann zwar bis zum 23. September 1952 ein zweiter, dritter und vierter Notenaustausch, in der Sache aber änderte sich nichts. Angesichts dieser Tatsachen verwundert es schon, dass Valentin Falin in seinen »Erinnerungen« berichtet, er habe am Ende des Jahres 1952 in einer für Stalin bestimmten Analyse über Stimmungen in der FDP den Empfänger »zu der Schlussfolgerung hingelenkt, dass die Führung der Bundesrepublik nicht monolithisch sei und dass einige Ansatzpunkte für die Entwicklung der Friedensinitiative vom 10. März bestünden«.[45]

Die Führung der SED hielt es am Beginn des Jahres 1952 für geboten, den erreichten Stand der Entwicklung in der DDR zu analysieren, um in Abstimmung mit der UdSSR Klarheit über die weitere Perspektive zu gewinnen. Die Überlegungen waren in einem 63-seitigen Thesenpapier und einer sechs Seiten umfassenden Zusammenfassung festgehalten. Darin waren Vorschläge für die Richtung und die nächsten Schritte der Entwicklung, die auf einer Parteikonferenz im Sommer des Jahres 1952 erörtert und beschlossen werden sollten, zusammengefasst. Sie wurden ins Russische übersetzt und in der letzten Märzdekade 1952 nach Moskau gesandt. Als eine von Wilhelm Pieck geleitete Delegation mit Otto Grotewohl, Walter Ulbricht und Fred Oelßner am 29. März ihre Reise nach Moskau zur Beratung dieser Probleme antrat, lag dort die ablehnende Antwort der Westmächte auf die Stalin-Note vor.

Am Abend des 1. April 1952 fand schließlich im Moskauer Kreml eine erste von Stalin geleitete Beratung statt. Von sowjetischer Seite nahmen daran Molotow, Malenkow, Mikojan, Bulganin und Semjonow teil. Wilhelm Pieck bat in seinen einleitenden Bemerkungen um die »Ansicht des Genossen Stalin zu folgenden Fragen: Wie sind die Perspektiven hinsichtlich des Abschlusses eines Friedensvertrages? Welche Aufgaben ergeben sich aus dem Abschluss des Generalvertrages der Westmächte mit der BRD?« Welche Schritte sind zur militärischen Verteidigung der DDR »in Hinblick auf die Bedrohung vom Westen zu unternehmen«.[46]

Während Wilhelm Pieck zu den erstgenannten Fragen Erklärungen abgeben konnte, unterbrach ihn Stalin, als der Verteidigungskomplex angesprochen wurde. Er forderte die deutschen Teilnehmer auf, »nicht Schritte zu unternehmen, sondern Streitkräfte zu schaffen. Was heißt hier Schritte?«, kritisierte er eine entsprechende Bemerkung von Pieck. Ebenso forderte er, in der DDR mit pazifistischen Stimmungen aufzuräumen und mit der Produktion von Waffen zu beginnen. Stalin forderte den Aufbau eigener »Streitkräfte der DDR schnell voranzutreiben« und legte »die Bildung von 30 Divisionen nahe«.[47] In Piecks Notizen über diesen Teil des Gespräches ist vermerkt: »Armee – 8 Wehrkreise; 3-10 Armeekorps; 30 Divisionen – 300.000, Jugenddienst – vormilitärische Erziehung [...]; U-Boote-Dienst; Flieger ausbilden, Infanterie – Divisionen.«[48]

Im weiteren Verlauf der etwa zweistündigen Begegnung berichtete Otto Grotewohl über Probleme der staatlichen Entwicklung der DDR. In der Debatte dazu wurden von Grotewohl und Ulbricht eine Reihe Fragen der wirtschaftlichen Zusammenarbeit gestellt und um die Lieferung von Rohstoffen für die Industrie der DDR ersucht. Danach war für sechs Tage Beratungspause. Der Delegation wurde mit der Vorführung sowjetischer Wochenschauen und sieben Filmen die Zeit vertrieben. Am 7. April 1952 kam man um 22 Uhr wieder zusammen, um die Antwort der sowjetischen Seite auf die Fragen der deutschen Politiker zu erfahren.

Stalin ging eingangs davon aus, dass nicht mehr anzunehmen sei, dass »die Amerikaner den Entwurf des Friedensvertrages annehmen. [...] Die Amerikaner brauchen eine Armee in Westdeutschland, um Westeuropa in der Hand zu haben. [...] In Wirklichkeit wird in Westdeutschland ein selbständiger Staat geschaffen.« Danach folgt die schon vorn zitierte Aufforderung an die DDR-Delegation: »Auch Sie müssen ihren eigenen Staat gründen. Die Demarkationslinie zwischen West- und Ostdeutschland muss man als Grenze ansehen, und zwar nicht einfach als Grenze, sondern als gefährliche Grenze. Der Schutz der Grenze muss verstärkt werden.«[50] Danach überraschte Stalin die Beratungsteilnehmer mit der Ankündigung, auf dem Territorium der DDR 140 Militärkommandanturen wieder zu errichten. In dem Zusammenhang betonte er nochmals die Dringlichkeit des Aufbaus von Streitkräften.

Obwohl von keinem der deutschen Teilnehmer Fragen der Landwirtschaft angesprochen worden waren, wandte sich Stalin diesem Thema zu und forderte die Gründung Landwirtschaftlicher Produktionsgenossenschaften nach dem Muster sowjetischer

Kolchosen. Walter Ulbricht zeigte in dieser Frage deutliche Zurückhaltung und wandte ein: »Vielleicht wäre es zweckmäßiger, den Aufbau von Produktionsgenossenschaften erst nach der Einbringung der Ernte zu beginnen.«[51] Stalin entgegnete, dass die Bauern im Winter mit Bauarbeiten beschäftigt seien. Er stimmte dann aber doch dem Einwand Ulbrichts zu, nicht sofort, sondern erst im Winter mit den Bauern über die Genossenschaften zu sprechen.

Mit der Orientierung auf landwirtschaftliche Produktionsgenossenschaften wurde zwangsläufig die Frage nach der politischen Orientierung der weiteren gesellschaftlichen Entwicklung in der DDR aufgeworfen. Wilhelm Pieck bemerkte dazu, dass man bisher den Fragen der Arbeiter nach dem Gesellschaftssystem der DDR, »ob das Sozialismus ist«, ausgewichen sei. Stalin reagierte darauf unmittelbar und meinte, »dass man den Arbeitern sagen muss: Wir sind in den Sozialismus eingetreten. Das ist noch kein voller Sozialismus. [...] Doch es ist der Anfang des Sozialismus.«[52]

Als nach etwa einer Stunde die Zusammenkunft dem Ende zuging, stellte Otto Grotewohl die nach diesem Sitzungsverlauf verständliche Frage, »ob der Genosse Stalin meint, dass wir in der gegenwärtigen Situation Änderungen an unserer Argumentation in den Fragen der Einheit Deutschlands und in der offiziellen Haltung der Regierung der DDR zur Frage der Wiederherstellung der Einheit Deutschlands vornehmen müssen«.[53] Im Protokoll heißt es dazu, »Genosse Stalin verneint das. Die Propaganda für die Einheit Deutschlands muss weiter fortgesetzt werden. [...] Auch wir werden weiter Vorschläge zur Frage der Einheit Deutschlands machen, um die (Politik der) Amerikaner zu entlarven.«[54] Nach einem kurzen Wortwechsel zwischen Grotewohl und Stalin über die Lieferung von Baumwolle war die 75-minütige Beratung beendet.

Es war die letzte Zusammenkunft einer Delegation aus der DDR mit Stalin.

Die Note der Regierung der UdSSR vom 10. März 1952 wurde erstaunlicherweise in den Beratungen am 1. und 7. April in Moskau in keiner Weise erwähnt. Es gehörte offensichtlich zur Art des Umgangs der Verantwortlichen der KPdSU mit ihren Partnern, dass sie in der Abschlussbesprechung mit der Delegation am 7. April auch kein Wort darüber fallen ließen, dass die UdSSR sich am nächsten Tag mit einer neuen Note zur Deutschlandpolitik – in der vor allem auch zur Frage möglicher gesamtdeutscher Wahlen Angebote unterbreitet wurden – an die drei Westmächte wenden würde. Die Übersetzer und Analytiker des Protokolls der Beratungen Stalins mit der SED-Delegation, Bernd Bonwetsch und Sergej Kudrjâsov, kamen bei ihren Untersuchungen zu dem Ergebnis: »Das sowjetische Verhalten gibt einfach zu viele Rätsel auf, und man kann sich des Eindrucks der Unentschiedenheit und Mehrgleisigkeit der sowjetischen Politik, ja sogar der Widersprüchlichkeit und Unvereinbarkeit ihrer Ziele nicht erwehren.«[55]

Die umfangreichen Beratungsmaterialien, die von der SED-Delegation vorab nach Moskau übersandt worden waren, spielten im Verlauf der Beratung keine Rolle. Bonwetsch und Kudrjâsov bezweifelten nach Akteneinsicht, dass diese Stalin zumindest im ersten Gespräch überhaupt bekannt waren.[56] Das wird durch handschriftliche Notizen von Wilhelm Pieck bestätigt. Er notierte am Ende seiner Niederschrift: »Thesen nicht behandelt, Partei nicht behandelt. [...] Einheit Friedensvertrag weiter agitieren.«[57]

Selbst in den Fragen, die in den Beratungen bei Stalin in gewisser Weise geklärt schienen, etwa die Charakterisierung der nächsten Entwicklungsetappe der DDR und die Zukunft der Landwirtschaft änderte sich die Diktion der sowjetischen Ratschläge und Weisungen gegenüber der Führung der SED in den kommenden drei Monaten bis zur 2. Parteikonferenz der SED (9.-12.7.1952) oft im schnellen Wechsel. Das ZK der KPdSU erarbeitete am 4. Juli 1952 eine Mitteilung an das ZK der SED, in der erklärt wurde: »Es wäre taktisch verfrüht, den Übergang zum Sozialismus zu verkünden.«[58]

Vier Tage später, am 8. Juli, ging in Berlin die Nachricht ein, man solle sich auf der Parteikonferenz »auf den Hinweis beschränken, dass sich die volksdemokratischen Grundlagen des Staatsaufbaus der Deutschen Demokratischen Republik beständig festigen«.[59] Am gleichen Tage wurde in der Führung der KPdSU Zustimmung dafür erteilt, auf der Konferenz einen Kurs des Aufbaus des Sozialismus zu begründen. Diese der Situation und der zur Debatte stehenden Entscheidung nicht angemessenen Wendungen der sowjetischen Seite reflektierten nach Einschätzung russischer Historiker »Differenzen in der Sache selbst, die sich nur noch als taktische Differenzen legitimieren ließen«.[60] Letztlich wurden mit derartigen Floskeln die wirklichen Probleme, die für die nachfolgende Periode der DDR vor allem aus Stalins Rüstungsorientierung erwuchsen, überdeckt. Am 9. Juli 1952 war es für weitere Kehrtwendungen zu spät. Eine sowjetische Delegation, die eine neue weitere Wendung hätte einbringen können, war nicht entsandt worden.

Die 2. Parteikonferenz der SED blieb das einzige Großereignis der Partei, an der keine Delegation der KPdSU teilnahm.

Die zentrale Aussage im Referat, das Walter Ulbricht am 9. Juli 1952 vor den 1.565 Delegierten der Konferenz hielt, lautete: »Die demokratische und wirtschaftliche Entwicklung sowie das Bewusstsein der Arbeiterklasse und der Mehrheit der Werktätigen sind [...] jetzt so weit entwickelt, dass der Aufbau des Sozialismus zur grundlegenden Aufgabe geworden ist.« Damit begründete er den Vorschlag für den Beschluss der Konferenz, »dass in der Deutschen Demokratischen Republik der Sozialismus planmäßig aufgebaut wird«.[61] Dieser einfache strategische Kernsatz wurde von den Delegierten mit freudiger Zustimmung begrüßt.

Der bekannte frühere Sozialdemokrat Otto Buchwitz beschrieb die Reaktion auf diese Aussage in folgender Weise: »Ein ungeheurer Jubel brandete in den weiten Räumen der Werner-Seelenbinder-Halle bei der Verkündung dieses Vorschlages auf. Jene Delegierten, die bereits in der Weimarer Republik oder noch früher, im kaiserlichen Deutschland, für das historische Ziel der revolutionären Arbeiterklasse gekämpft hatten, waren sichtlich ergriffen. [...] Jener Tag aber war der bedeutendste in den Jahrzehnten meines Wirkens in der Arbeiterbewegung.«[62] An diesem schönen Sommertag konnte allerdings niemand ahnen, dass keine acht Monate später in Moskau die Entscheidung für den Aufbau des Sozialismus in Frage gestellt und von Beria ein »Verkauf der DDR« in Form einer Überlassung gegen Entgelt vorbereitet wurde.

Während man in Moskau gegenüber der DDR in Hinblick auf die Definition der innenpolitischen Orientierung zögerlich, stets begleitet von einem Sowohl-als-auch, vorging, vollzog sich die Umsetzung der von Stalin geforderten militärischen Aufrüstung unverzüglich: Offensichtlich war auf diesem Gebiet von sowjetischer Seite alles generalstabsmäßig vorbereitet. Am Nachmittag des 10. April 1952 waren Wilhelm Pieck und die Delegation der SED von den Beratungen in Moskau in Berlin eingetroffen. Tage danach übermittelten ihnen Armeegeneral Tschuikow und Semjonow, was auf militärischem Gebiet unmittelbar zu geschehen sei. Dabei ging es um ein neues verschärftes Regime an der Westgrenze, um die Aufstellung von Divisionen und deren Ausrüstung mit schweren Waffen und die militärische Ausbildung von DDR-Bürgern in der UdSSR. Vier Tage danach teilte Tschuikow Wilhelm Pieck mit, welche Anforderungen für den Bau von Kasernen und Offizierswohnungen gestellt werden und was zur Schaffung eines Verteidigungsministeriums zu unternehmen sei.[64] Am 5. Mai 1952 teilte Tschuikow dem Präsidenten der DDR weitere Festlegungen zur Grenzsicherung mit, forderte, einen Seehafen für die Marine auf Rügen zu schaffen und eine Nordbahn um den französischen Sektor von Berlin zu bauen.[65]

Die mit diesem Militärprogramm verbundenen materiellen und finanziellen Anforderungen waren in den ursprünglichen Entwicklungsplänen für die DDR nicht eingeordnet. Sie stellten die Volkswirtschaft – die noch immer nicht von Reparationsleistungen befreit war – und den Staatshaushalt der DDR vor nicht zu schulternde Belastungen. Die Sowjetische Kontrollkommission versuchte, die bald erkennbaren Defizite zwischen den erhöhten Verteidigungsausgaben und den realen Möglichkeiten der DDR durch zunehmend schärfere Sparsamkeitsforderungen zu kompensieren. Am Abend des 1. Januar 1953 bestellte General Tschuikow Wilhelm Pieck, Otto Grotewohl, Walter Ulbricht, Heinrich Rau und Fred Oelßner ein. Er hielt ihnen ein Haushaltsdefizit in Höhe von 700 Millionen Mark vor. Ebenso kritisierte er, dass in der DDR 1952 die Löhne gestiegen seien und forderte – wie aus den Notizen von Pieck hervorgeht – im Interesse der Stärkung der Sparsamkeit neue Arbeitsnormen, Selbstkostensenkung, schärfere Lohnkontrollen und Kürzungen von Sozialleistungen.[66] Einen Monat später notierte Pieck während einer Besprechung mit dem Stellvertreter Semjonows, Nikolai W. Iwanow, »Preise von unten erhöhen; Kartenpreis erhöhen; […] Landwirtschaft entkulakisieren, Boden entziehen«.[67]

Am 2. Februar 1953 fand schließlich in der SKK in Karlshorst eine weitere Abendsitzung bei General Tschuikow statt. Teilnehmer von deutscher Seite waren Wilhelm Pieck, Otto Grotewohl und Bruno Leuschner. Den Notizen von Wilhelm Pieck ist zu entnehmen, dass die Beratung mit der Kritik des Generals an Rückständen bei Reparationsleistungen und mit neuen Anforderungen für die Uranförderung in der Wismut AG eingeleitet wurde. Die Belastung der DDR hatte die Grenze der Möglichkeiten längst überschritten. Grotewohl und Ulbricht machten ihren Herzen Luft und erklärten, dass es so nicht weiter gehe. Der Notiz von Pieck ist zu entnehmen: »Grotewohl: ›Unser Plan ist nicht real, stimmt nicht.‹ Ulbricht: ›Wir müssen hochwertige Sachen liefern für die Armee. […] 280 Millionen mehr bedeutet Blockierung (unserer) Industrie […] Nicht zu lösen […] Plan vollständig ändern‹.«

Von diesen Interventionen offensichtlich beeindruckt, erklärte Tschuikow schließlich, die von Ulbricht eingeforderten 280 Millionen müssen in Moskau geklärt werden. Die Notiz hält dazu die Bemerkung fest: »In M.(oskau) vorsichtig.«[68]

Die 1952 wachsenden Spannungen im internationalen Klima, der noch tobende Koreakrieg, der Vorsprung der USA im Bereich der Atomwaffen, die unverkennbaren Maßnahmen zur Remilitarisierung der Bundesrepublik mögen Gründe für die Erhöhung der militärischen Anforderungen an die DDR gewesen sein. Tatsächlich konnten – bei Weiterbestehen von Reparationsverpflichtungen – der junge Staat DDR und seine Volkswirtschaft derartige Lasten nicht tragen.

Die militärischen Anstrengungen führten nicht nur zu Engpässen in der Versorgung der Bevölkerung. Die Durchsetzung der von der SKK angeordneten unpopulären Maßnahmen verstärkte im Lande das Konfliktpotential. Niemand konnte der Bevölkerung die Forderung nach höherer Leistung bei Verschlechterung der Lebensbedingungen überzeugend erklären. Wo nicht überzeugt werden konnte, wurde nicht selten administriert. In diesem Klima häuften sich Überspitzungen. Viele Bürger verließen über die offene Grenze das Land. Die Gesamtlage verschlechterte sich zusehends, die Unzufriedenheit wuchs. Die wenigen Verantwortlichen der Regierung und der SED, die die Ursachen und Urheber kannten, schwiegen auch gegenüber Vertrauten. Sie nahmen die Last der Verantwortung auf sich, weil eine andere Haltung die Konflikte mit Moskau nur weiter vertieft hätten. Die von der SKK angeordneten Maßnahmen wurden offiziell zumeist mit dem Beschluss der 2. Parteikonferenz zum Aufbau der Grundlagen des Sozialismus in Verbindung gebracht. So wurde es auch von großen Teilen der Bevölkerung wahrgenommen. Das führte letztlich dazu, dass die Verschlechterung der Lebensverhältnisse der sozialistischen Orientierung angelastet und die sozialistische Idee diskreditiert wurde.

Turbulenzen nach Stalins Tod – die DDR abstoßen oder festigen?

Die von General Tschuikow im Februar 1953 angekündigte Klärung in Moskau fand nicht statt. Im März 1953 starb Josef Wissarionowitsch Stalin. Eine neue Führung der UdSSR musste sich formieren und neue Politikansätze finden, innere Klarheit schaffen und das Verhältnis zu den Verbündeten neu justieren. In den Auseinandersetzungen unterschiedlicher Gruppierungen in der Parteispitze der KPdSU gewann die deutsche Frage sehr früh einen hohen Stellenwert. Dass sich in der DDR im Ergebnis der letzten Beratung mit Stalin im Mai 1952 eine kritische Situation herausgebildet hatte, stand dabei außer Zweifel. Offensichtlich gab es in Moskau Übereinstimmung darüber, die Belastung der DDR durch überhöhte Militärausgaben nicht vordergründig zu thematisieren. So bewegten sich die Debatten im April und in den ersten beiden Maiwochen um die Frage, soll man – wie Molotow vorschlug – den von der 2. Parteikonferenz beschlossenen Aufbau des Sozialismus im Tempo reduzieren oder – wie Beria durchzusetzen versuchte – diese Entwicklung zugunsten einer bürgerlichen Variante abbrechen.

Zugleich wurde unmittelbar nach dem Tod Stalins der Auftrag erteilt, eine Analyse der SPD-Positionen zur deutschen Frage anzufertigen. Falin war daran beteiligt. Er empfahl, gegenüber der SPD »das ideologische Prisma nicht ausschlaggebend zu machen« und prognostizierte positive Aussichten der SPD bei den im Herbst 1953 anstehenden Bundestagswahlen.[69] Es war nicht die erste und auch nicht die letzte Fehleinschätzung Falins.

In den ersten Monaten des Jahres 1953 war Semjonow von seinem Posten als Politischer Berater des Chefs der SKK abberufen worden, um die Leitung der Deutschlandabteilung im Außenministerium der UdSSR zu übernehmen. Nach eigenem Bekunden war er an den Debatten in der Führung über die Lage und die Zukunft der DDR aktiv beteiligt. Auf welcher Seite er dabei stand, bleibt unklar. Er selbst stellte sich in seinen Memoiren als ein Kontrahent Berias dar.[70] Kwizinskij dagegen verwies im Nachwort auf die Übereinstimmung Semjonows und Berias in ihren deutschlandpolitischen Positionen.[71]

Nach Semjonows Darstellung fand die entscheidende Sitzung in Moskau über die Lage in der DDR in der zweiten Hälfte des Monats Mai 1953 statt. Grundlage der Entscheidungen war ein von Beria vorgelegtes Papier. Dieses wurde – das geht aus Dokumenten hervor – durch den Einwand von Molotow in der Weise geändert, dass nicht der Kurs auf den Sozialismus, sondern ein beschleunigter Kurs in dieser Richtung als Hauptursache der Fehler und Probleme in der DRR genannt wurde. Molotow war nach dem Tod Stalins wieder zum Außenminister der UdSSR ernannt worden. Nach der Erinnerung seines damaligen Stellvertreters Andrej Gromyko hatte er mit diesem am 17. oder 24. Mai erstmals über die Probleme der DDR gesprochen.

Am letzten Maitag 1953 wurde die Öffentlichkeit der DDR mit der Mitteilung überrascht, dass Semjonow als Hoher Kommissar der UdSSR mit dem Auftrag berufen worden war, »die Tätigkeit der staatlichen Organe der Deutschen Demokratischen Republik zu überwachen«.[74] Zu seinem Stellvertreter wurde der sowjetische Philosoph und Parteitheoretiker Pawel Judin berufen, ein Mann, der – wie Falin schrieb – als Mitarbeiter des Kominform-Büros 1947 Stalin mit seinen Berichten »über Titos Abweichungen wild gemacht hatte«.[75]

Walter Ulbricht, Otto Grotewohl und Fred Oelßner waren zur gleichen Zeit nach Moskau einbestellt worden. Am 2. Juni 1953 wurde ihnen in Anwesenheit der sowjetischen Spitzenfunktionäre und auch Semjonows eine Verfügung des Ministerrates der UdSSR vom gleichen Tag »Über die Maßnahmen zur Gesundung der politischen Lage in der Deutschen Demokratische Republik« mündlich vorgetragen. In dieser Verfügung wurde eingangs festgestellt: »Infolge der Durchführung einer fehlerhaften politischen Linie ist in der Deutschen Demokratischen Republik eine äußerst unbefriedigende politische und wirtschaftliche Lage entstanden. [...] Als Hauptursache der entstandenen Lage ist es anzuerkennen, dass gemäß den Beschlüssen der 2. Parteikonferenz der SED, gebilligt vom Politbüro des ZK der KPdSU (B), fälschlicherweise der Beschluss auf einen beschleunigten Aufbau des Sozialismus in Ostdeutschland angenommen wurde ohne Vorhandensein der dafür notwendigen realen sowohl innen- als auch außenpolitischen Voraussetzungen.«[76]

Nach einer Auflistung von Fehlern in der Politik der SED und der Regierung der DDR endete diese offensichtlich mit einer heißen Nadel genähte »Verfügung« mit zwei langen Sätzen. Der erste: »Da zur Zeit die Hauptaufgabe der Kampf für die Vereinigung Deutschlands auf demokratischer und friedlicher Grundlage ist, müssen die SED und die KPD als Bannerträger im Kampf für die nationalen Bestrebungen und für die Interessen des ganzen deutschen Volkes die Durchführung einer elastischen, auf maximale Splitterung der Kräfte des Gegners und Ausnutzung jeglicher oppositionellen Strömungen gegen die käufliche Clique Adenauers gerichtete Taktik gewährleisten.«

Der zweite Satz war offensichtlich ein Ergebnis der vorn genannten Analyse Falins zu den Wahlchancen der SPD. Er lautete: »Deshalb, da die Sozialdemokratische Partei Westdeutschlands, der noch bisher bedeutende Massen der Werktätigen folgen, gegen die Bonner Verträge wenn auch ungenügend konsequent auftritt, ist die total feindliche Position gegenüber dieser Partei für die heutige Periode zu verwerfen, und es ist zu versuchen, wo und wenn es möglich ist, gemeinsame Aktionen gegen die Adenauersche Politik der Spaltung und imperialistischen Knechtung Deutschlands zu organisieren.«[77]

Man hatte es eilig in Moskau. Noch am gleichen Tag, an dem die Verfügung des Ministerrates der UdSSR der Delegation der SED zur Kenntnis gebracht war, wurde Walter Ulbricht veranlasst, in einem Telegramm an das Politbüro der SED »die Verwendung von Beschlüssen der 2. Parteikonferenz einzustellen« und alle Maßnahmen, die mit den Beschlüssen der 2. Parteikonferenz in Verbindung stehen, sofort zu unterbinden.[78] Schon am nächsten Tag hatte die Delegation der SED ihren »Gastgebern« eine schriftliche Stellungnahme zur sowjetischen Erklärung vorzulegen. Unter den gegebenen Umständen reflektierte dieses Papier nichts anderes als die am Vortag erfahrene Kurswende.

Auf der sowjetischen Seite saßen den Vertretern der SED die gleichen Vertreter der KPdSU gegenüber, die schon bei allen früheren politischen Wendungen in der Nachkriegszeit präsent waren: Malenkow, Beria, Molotow, Chruschtschow, Bulganin, Mikojan, Semjonow, Gretschko und Kaganowitsch. Wenn auch von den Vertretern der SED kein Widerspruch zur sowjetischen Einschätzung und Kurswende vorgebracht wurde, verlief die Debatte gereizt und rau. Festgehalten ist unter anderem der Beitrag Berias, der forderte, »rasch und kräftig zu korrigieren«. Beria kanzelte die Stellungnahme der deutschen Vertreter mit der Bemerkung ab, »das Dokument könnt ihr wieder mitnehmen«.[79] Chruschtschow berichtete danach: »Als wir diese Frage erörterten, schrie Beria den Genossen Walter Ulbricht und andere deutsche Genossen derart an, dass es schon peinlich war.«[80]

Nachdem im Ergebnis der von Moskau verordneten Militärbelastungen für die DDR innerhalb eines Jahres die Volkswirtschaft und die Bereitschaft der Menschen bis zum Äußersten gefordert worden waren, konnte man die erneute Kursänderung kaum kruder als das hier geschehen war verordnen. Moskau hatte erkannt, dass es so nicht weiterging. Mit der Führung der SED war ein Schuldiger gefunden. Semjonow war in der Hierarchie nach oben gestiegen, und es sah so aus, als wolle man zurück zu den Potsdamer Beschlüssen und den Positionen von Stalin in den 40er Jahren.

In der Verfügung des Ministerrates der UdSSR waren die der DDR aufgebürdeten Rüstungslasten mit keinem Wort erwähnt worden. Man war aber in Moskau gewiss eingehend darüber informiert, dass hier eine wesentliche Ursache für die in der DDR herangewachsenen Probleme lag. Deshalb war es kein Zufall, dass in einer Beratung mit der SED-Delegation am 4. Juni 1953 in Moskau – an der von sowjetischer Seite Tschuikow, Gretschko, Semjonow und dessen Stellvertreter Judin teilnahmen – eine erhebliche Kürzung der Verteidigungsanforderungen gegenüber der DDR, die Reduzierung des schon rekrutierten Personalbestandes, die Aufgabe des vorgesehenen U-Boot Projektes, die Reduzierung der vorgesehenen technischen Ausrüstung für Land-, Luft- und Seestreitkräfte sowie die Einstellung von Werft- und Militärhafenbauten geregelt wurden. In den dazu archivierten Notizen ist zu lesen: »Mig nicht … keine Munition … Militärische Berater statt 1.000 etwa 250-300 … Rügen = U-Bootbasis kein Weiterbau …«[81]

Man mag sich fragen, warum die Moskauer Entscheidung über die Politik der SED und der KPD nicht auf Parteiebene, sondern in der ungewöhnlichen Form einer Regierungsverfügung übermittelt wurde. Molotow gab dazu im Juli 1953 die Erklärung ab, dass nach dem Tod Stalins unter dem »Druck Berias« »entgegen der unverrückbaren bolschewistischen Tradition« alle internationalen Fragen nicht mehr im Präsidium des ZK, sondern im Präsidium des Ministerrates behandelt wurden. Damit wurden die Mitglieder des Präsidiums des ZK, die dem Ministerrat nicht angehörten – das waren Chruschtschow, Woroschilow, Saburow und Perwuchin – von der Teilnahme an internationalen Entscheidungen ausgeschlossen. Es erfolgte in der Absicht, die Tätigkeit und die Autorität des ZK zu unterminieren.[82]

Der weitere Gang der Ereignisse in der DDR, die in der kritischen Situation am 17. Juni 1953 ihren Höhepunkt fanden, ist bekannt. Im Dunkel blieb dagegen erst einmal, was sich in jener Zeit im engsten Kreis der neuen Moskauer Führung abspielte. Es schien damals undenkbar, aber es waren in Moskau offensichtlich Kräfte am Werk, die drauf und dran waren, die DDR für klingende Münze dem Westen zu überlassen. Falin, der 1953 dem Moskauer Informationskomitee (einem Gremium, dem Diplomaten und Geheimdienstler angehörten und das Einfluss auf Führungsentscheidungen hatte) angehörte, bemerkte dazu: »Beria, assistiert von Malenkow, sah sich in der Ansicht bestätigt, die sowjetischen Positionen in der DDR seien nicht zu halten, man müsse die Republik zu günstigen Konditionen loswerden.«[83]

Der enge Mitarbeiter Berias, Pawel Antonowitsch Sudoplatow, offenbarte – wenn auch erst Jahrzehnte später – zumindest einen Teil der Aktionen, die 1953 vom sowjetischen Geheimdienst in

Deutschland in Gang gesetzt wurden.[84] Bereits vor Stalins Tod hatte demnach der KGB an sämtliche Auslandsposten Fragebögen zur Deutschlandpolitik verschickt. Berias Plan sah vor, »die deutschen Kontakte [...] zu nutzen, um das Gerücht zu streuen, die Sowjetunion sei bezüglich der deutschen Einheit zu einem Handel bereit«.[85] Dann wollte man die Reaktionen darauf beobachten, um entsprechende Verhandlungen vorzubereiten.

Es ist nicht auszuschließen, dass die oft zitierte Churchill-Rede vom 11. Mai 1953, in der er mit Verweis auf den Locarno-Vertrag ein neues europäisches Sicherheitsmodell vorschlug, eine Reaktion auf die Signale aus dem Hause Beria waren. Churchills damaliger Vorstoß erstaunte alle nicht Eingeweihten.

Noch vor dem 1. Mai 1953 wurde Sudoplatow nach eigenem Bekunden beauftragt, »mit der Vorbereitung streng geheimer nachrichtendienstlicher Sondierungungen zur Durchführbarkeit der eventuellen deutschen Wiedervereinigung« zu eruieren. Beria »erklärte mir«, so hinterließ Sudoplatow, »man sei im Kreml der Ansicht, die Schaffung eines neutralen vereinigten Deutschlands unter einer Koalitionsregierung sei der beste Weg, um unsere Position in der Welt zu stärken«.[86] Er nannte in seinem Bericht auch die Summe, die sich Beria vom »Verkauf« der DDR versprach. »Beria war von der Vorstellung besessen, zehn Milliarden Dollar [...] zu bekommen.«[87] In Berlin hatte Beria Spitzenleute seines Dienstes in Stellung gebracht. Nach Karlshorst waren sein Stellvertreter für besonders wichtige Fälle, S. A. Goglidse, und der berüchtigte Chef der Hauptverwaltung Lager (GULag), Amjak Kobulow, entsandt worden. In Westberlin hatte die Leiterin des Deutschlandreferates des KGB, Soja Rybkina, ihre Zelte aufgeschlagen.[88] Wie weit sie mit ihren Kontaktversuchen nach Bonn kamen, bleibt ungeklärt.

Nach der Rückkehr der Delegation der SED aus Moskau am 5. Juni 1953 kam das Politbüro des ZK fast jeden Tag zusammen, um eigene Fehler und Versäumnisse zu analysieren und Entscheidungen zur Umsetzung der Moskauer Direktiven zu treffen. Semjonow hatte ihnen nicht mehr als vier Tage zur Verabschiedung einer eigenen öffentlichen Erklärung eingeräumt. Grotewohl, Ulbricht und auch Herrnstadt waren in berechtigter Sorge, dass eine unausgereifte Veröffentlichung der Sache mehr schade als nütze. Herrnstadt sprach darüber mit Semjonow. Den Dialog dazu hat er folgendermaßen beschrieben:

»Ich: ›Gen. Semjonow, ich bin zwar der Verfasser des Kommuniqués, möchte aber gegen die Veröffentlichung protestieren.‹

S.: ›Warum?‹

Ich: ›So kann man den Kurswechsel nicht einleiten. Das Kommuniqué kann nur Verwirrung stiften‹ (das führte ich näher aus).

Er: ›Das Kommuniqué muss morgen in der Zeitung stehen.‹«[89]

Als Herrnstadt Semjonow bat, ihm 14 Tage Zeit zu geben, »antwortete Semjonow sehr scharf und von oben herab: ›In 14 Tagen werden Sie vielleicht schon keinen Staat mehr haben.‹«[90]

Es wird nicht mehr zu klären sein, wie Semjonow zu dieser Prognose kam. War er vertraut mit den Plänen Berias oder in diese eingebunden?

Im Juni 1953 – also in der gleichen Zeit, in der Semjonow an den Sitzungen des Politbüros des ZK der SED teilnahm und deren Mitglieder herumkommandierte – führte er mit August Hermann Kastner, einem bürgerlichen Politiker aus der LDPD, der – wie vorn dargestellt – als ein Spitzenagent dem westdeutschen Geheimdienst unter General Gehlen diente, sechs vertrauliche Gespräche. Drei Stunden redete er am 13. Juni 1953 auf Kastner ein, dass dieser Grotewohls Amt als Ministerpräsident übernehmen sollte. Kastner zögerte jedoch noch.[91] Später sprachen sie über ein künftiges Regierungsprogramm. Am 22. Juni berieten beide schließlich über die künftige Personalkonstellation einer veränderten Regierung. In seinen Erinnerungen bestätigte General Gehlen später, dass bei Professor Kastner die Bereitschaft erwuchs, »sich dem Westen nicht nur durch die Lieferung von Material, sondern auch als Antipode Ulbrichts zur Verfügung zu stellen«.[92]

Wilhelm Pieck war in jener Zeit schwer erkrankt. Gegen Ulbricht wurde in jenen Junitagen parteiintern Front gemacht und seine Absetzung vorbereitet. Der sowjetische Botschafter Iljitschow schlug im Gespräch mit Rudolf Herrnstadt diesem vor: »Sie und Zaisser nehmen ein paar Genossen aus dem Politbüro zusammen, alte Kommunisten, prinzipielle Menschen, gehen gemeinsam zu Ulbricht oder bitten ihn zu sich und sprechen mit ihm […]. Wenn er nicht verstehen will – dann berichten Sie uns, und wir werden tätig werden. Das scheint mir der richtige Weg.«[93] Grotewohl sollte nach Semjonows Vorbereitungen durch Kastner ersetzt werden.

Beria und Gehlen konnten sich – wenn auch nur für wenige Tage – die Hände reiben. Es schien, als könne ein Personenwechsel an der Staatsspitze der DDR vollzogen werden und ein künftiger Ministerpräsident mit direktem Draht zum BRD-Geheimdienst ideale Voraussetzungen dafür schaffen, den Versuch einer sozialistischen Entwicklung im Osten Deutschlands zu eliminieren und um das von Beria geplante Geschäft abzuwickeln. Alles, auch die Aktivitäten amerikanischer und sowjetischer Geheimdienstler bei den Ereignissen am 17. Juni 1953, schien darauf hinzulaufen.[94]

Die Ereignisse des 17. Juni waren ein Ergebnis innerer Widersprüche und der Verhärtung des politischen Klimas in der DDR wie auch komplexer internationaler Aktivitäten. Den herrschenden Kreisen in Westdeutschland passten die tragischen Vorgänge gut in das Konzept. Fast beglückt schrieb Bundeskanzler Kohl in seinen Erinnerungen: »Für den Alleinvertretungsanspruch der Bundesrepublik hätte es kaum eine bessere Demonstration als den 17. Juni geben können.« Die Menschen, die damals mit unterschiedlichen Emotionen, Informationen, und Erwartungen demonstrierten, verlangten nach Änderungen in der DDR. Für den völkerrechtswidrigen Alleinvertretungsanspruch der Bonner Bundesregierung hatte es bekanntlich weder an der Spree noch am Rhein Demonstrationen gegeben.

Eine Woche nach den Juni-Ereignissen in der DDR erreichten in Moskau die Auseinandersetzungen in der Führung der KPdSU ihren Höhepunkt. In den Mittagsstunden des 25. Juni 1953 wurde L. P. Beria im Kreml verhaftet. In den nachfolgenden politischen Auseinandersetzungen auf der Plenartagung des ZK der KPdSU standen neben der Verurteilung seiner Verbrechen auch seine deutschlandpolitischen Positionen im Mittelpunkt. Nikita S. Chruschtschow berichtete den Mitgliedern dieses Gremiums: »Bei der Erörterung der deutschen Frage [...] schlug er (*Beria – H. G.*) vor, auf den Aufbau des Sozialismus in der DDR zu verzichten und dem Westen Zugeständnisse zu machen. Dies hätte bedeutet, 18 Millionen Deutsche der Herrschaft der amerikanischen Imperialisten zu übergeben. Er sagte: ›Man muss ein neutrales demokratisches Deutschland schaffen.‹ Kann es ein neutrales demokratisches bürgerliches Deutschland geben? Wäre das möglich?«[96]

Im gleichen Sinne berichtete Molotow, dass Beria »bei der Erörterung der deutschen Frage im Präsidium des Ministerrates« davon sprach, »dass man sich nicht mit dem Aufbau des Sozialismus in Ostdeutschland beschäftigen müsse, dass es genügen würde, wenn sich West- und Ostdeutschland als bürgerlicher friedliebender Staat vereinigten«. In dem Beschluss, der am Ende der Tagung des ZK der KPdSU angenommen wurde. ist zu lesen: »Das feindliche Wesen Berias ist in erstaunlicher Weise bei der Erörterung der deutschen Frage Ende Mai dieses Jahres zu Tage getreten. Die Vorschläge Berias liefen darauf hinaus, den Weg des Aufbaus des Sozialismus in der Deutschen Demokratischen Republik zu verlassen und Kurs zu nehmen auf die Umwandlung der DDR in einen bürgerlichen Staat, was einer direkten Kapitulation vor den imperialistischen Kräften gleichgekommen wäre.«[98]

Noch ehe über diese Tagung des ZK der KPdSU öffentlich berichtet wurde, waren Otto Grotewohl und Walter Ulbricht – ebenso die Vorsitzenden der kommunistischen Parteien anderer sozialistischer Länder – am 9. Juli nach Moskau gerufen worden. Chruschtschow, Malenkow und Molotow informierten über den Ablauf und die Entscheidungen der Tagung des Zentralkomitees. Weiter wurden Fragen der wirtschaftlichen Zusammenarbeit beraten. Der DDR wurden Lieferungen und Kredite zugesagt. Den Abgesandten der SED wurde zugleich versichert, dass die KPdSU nicht weiter an personellen Änderungen an der Spitze der DDR interessiert sei. Malenkow erklärte: »Grotewohl und Ulbricht müssen zusammenarbeiten.« Molotow setzte sich für eine »freundliche Zusammenarbeit von Pieck, Ulbricht und Grotewohl ein«.[99] Innerhalb weniger Monate hatten sich die Deutschlandpolitik der UdSSR und ihr Verhältnis zur DDR und deren Repräsentanten zweimal grundlegend gewandelt.

Die wohl komplizierteste Phase der sowjetischen Nachkriegspolitik gegenüber der DDR fand damit ihren Abschluss. Damit war für die DDR strategische Planungssicherheit geschaffen worden. Auch den vitalen Sicherheitsinteressen der UdSSR war damit entsprochen. Schließlich hätte eine von Beria präferierte Variante der Deutschlandpolitik letztlich zum Rückzug der sowjetischen Truppen aus Mitteleuropa und Vorrücken der Mächte des Westens bis an die Oder geführt. Das sich herausbildende System der sozialistischen Gemeinschaft in Europa hätte damit an einer empfindlichen Stelle Schaden genommen.

In der Literatur wird die darauf folgende Auseinandersetzung in der Parteiführung der SED im Sommer des Jahres 1953 zumeist als ein Streit um Modernisierung der DDR und ihrer politischen Führung dargestellt, in der der konservative Dogmatiker Ulbricht fast gestürzt war, aber dann doch triumphierte. Siegfried Prokop publizierte einen Artikel zum 100. Geburtstag Ulbrichts, in dem er behauptete, dass es diesem nur gelang, die Lage in der DDR wieder zu stabilisieren, »indem er seine Widersacher Rudolf Herrnstadt und Wilhelm Zaisser abstrafte und mit dem Postulat *keine Fehlerdiskussion* eine tiefgreifende Kurskorrektur und Modernisierung des politischen Systems abblockte«.[100] Auch Loth stellte die Differenzen in der Parteiführung der SED als einen Konflikt zwischen Reformern und Ulbricht dar und kritisierte »die mangelnde Konsequenz der Reformer«, die Ulbricht Zeit gelassen und ihn nicht aus der Führung ausgeschlossen hätten. Das sei die Ursache des bekannten Ausgangs der Ereignisse.[101]

Wilfriede Otto beurteilt die Moskauer Aktivitäten jener Monate als »Signale der Entstalinisierung, die aus Moskau kamen [...], zwar in Berlin empfangen, aber nicht umgesetzt wurden«.[102] Angesichts des tatsächlichen Hintergrundes des Geschehens im ersten Halbjahr 1953 stehen derartigen Urteilen und Hypothesen wohl grundlegende Tatsachen entgegen. Warum – so fragt man sich – wird in diesen und ähnlichen Analysen der damaligen Situation schlicht übersehen, dass die wirkliche Auseinandersetzung jener Tage völlig anderer Natur war. Es ging bei der von Beria ausgelösten Initiative gegenüber der DDR weder um Modernisierung noch um Entstalinisierung, es ging um die weitere Existenz oder die Beseitigung der DDR. Der vorbereitete Sturz Ulbrichts und die Pläne zur Übergabe der Regierungsgeschäfte von Grotewohl an Kastner waren keine Reformschritte, sondern Maßnahmen zur Enthauptung der Führung der DDR, um Platz für eine bürgerliche Koalitionsregierung zu schaffen und Handlungsfreiheit für ein Geschäft mit dem Westen zu gewinnen.

Dass in dieser grundsätzlichen Debatte diejenigen Mitglieder der Parteiführung der SED, die, bewusst oder unbewusst, der Linie Berias Unterstützung erwiesen hatten, in Schwierigkeiten gerieten, folgt einer wohl nachvollziehbaren Logik. In einer 2003 veröffentlichten Analyse der Geheimdienstarbeit wurde u. a. festgestellt, dass Wilhelm Pieck und Walter Ulbricht jene kleine Gruppe deutscher Kommunisten, »die Moskau mehr verpflichtet schienen als Berlin« und über exklusive Kontakte zum sowjetischen Apparat verfügten, kritisch betrachteten.[103] Wahrscheinlich entsprang das einer auf Erfahrung fußenden Vorsichtshaltung. Wie mit Rudolf Herrnstadt und Wilhelm Zaisser in Berlin und von ihren langjährigen Partnern in Moskau danach umgegangen wurde, widersprach dennoch politischem Ethos und menschlichem Anstand.

Die internationale Dimension der Auseinandersetzung im Juni/Juli 1953 im Führungsgremium sei hier durch Auszüge aus einem langen, aufschlussreichen Brief belegt, den Rudolf Herrnstadt neun Jahre später an Semjonow geschrieben hat. Darin heißt es: »Niemals war mir vorstellbar, dass ich einmal gezwungen sein könnte, gegen einen sowjetischen Genossen Stellung zu nehmen.

Nun muss ich auch das noch lernen. Ich bitte Sie hiermit, Genosse Semjonow, haben Sie endlich den Mut, vor Ihre Partei zu treten und ihr die volle Wahrheit über Ihr Verhalten in den Monaten Juni und Juli 1953 in Berlin und über die Motive zu Ihrem Verhalten zu sagen. […]

Meine Bitte an Sie, Genosse Semjonow, nicht auf Grund herausgepflückter Worte meine politische Vernichtung zu beschließen, wurde von Ihnen abgelehnt. […] Meine Vermutung ist: der sogenannte Fall Zaisser/Herrnstadt ist ein auf halber Strecke liegen gebliebener Prozess in der Art des Rajk- oder Kostoff-Prozesses. Er konnte nicht zu Ende geführt werden, weil er zu einem späten Zeitpunkt begonnen wurde. […] Ich kann Ihnen bestätigen, dass Sie mindestens im Winter und im Frühjahr 1952/53 in einer Psychose waren. Denken Sie bitte z. B. daran, mit welcher Hartnäckigkeit Sie von mir (und anderen deutschen Genossen) belastendes Material gegen Gerhart Eisler verlangten, wie unzufrieden Sie waren, als ich Ihnen dieses Material nicht geben konnte, und wie eindringlich Sie mir auseinandersetzten: ›Die amerikanische Raswedka (*Aufklärung – H. G.*) war während des Krieges so vorausschauend, dass sie sogar die kommunistischen Parteien solcher relativ weniger wichtigen Länder wie Ungarn oder Bulgarien mit ihren Agenten durchsetzte. Da soll sie ausgerechnet die kommunistische Partei eines so wichtigen Landes wie Deutschland ausgelassen haben? Das halten Sie doch selbst nicht für wahrscheinlich. Sie sind doch Kommunist!‹ […] Sie aber, Genosse Semjonow, sitzen in Moskau, sehen zu, welche Blüten Ihr Vorgehen vom Jahre 1953 treibt, und tun, als ginge Sie das nicht das Geringste an.«[104]

Die Verantwortlichen in der Führung der SED mussten besonders 1953 nicht nur über ein flexibles Instrumentarium an Argumenten verfügen, sie benötigten auch ein dickes Fell und starke Nerven. Es war ohne Zweifel anstrengend und belastend, den kurzzeitigen hohen Wellen des Moskauer Strategiewechsels zu folgen und darauf adäquat zu reagieren. Mit der Tagung des Zentralkomitees der KPdSU vom Juli 1953 zeichnete sich jedoch nunmehr ein Kurs ab, der – in Anbetracht der Unzugänglichkeit des Westens in der Frage eines Friedensvertrages – den gesellschaftlichen Veränderungen in der DDR positiv gegenüber stand. Falin unterstellte allerdings, dass diese Wandlung von Chruschtschow nicht aus prinzipiellen Erwägungen, sondern aus eigenen Machtinteressen vollzogen wurde. Er schreibt: »Chruschtschow kämpfte 1953 um die Führerschaft in der Sowjetunion, und ihm kamen die Anlässe gelegen, ideologisch im rechten Licht zu erscheinen. Wenn seine Widersacher erklärten, die DDR könne nicht verteidigt werden, so beschuldigte er die Panikmacher des Verrats am Sozialismus.«[105]

Den Beweis für diese Behauptung blieb Falin schuldig. Die Tatsache, dass es in der UdSSR sowohl in den Führungsgremien als auch unter den Sowjetbürgern eine große Zahl überzeugter Kommunisten gab, die den Beginn des Aufbaus einer sozialistischen Gesellschaft in der DDR aus Überzeugung begrüßten und unterstützten, wird bei dieser Betrachtung Falins ausgeblendet. Erklärbar ist diese Aussage Falins allerdings angesichts der Tatsache, dass er – wie zu lesen ist – auch im Sommer 1953 einen anderen Standpunkt als die neue Parteiführung der KPdSU einnahm. »Von meinem Gesichtspunkt aus«, so schrieb er, »war es in diesem Moment grundsätzlich wichtig – trotz der Krise in der DDR und der Meinungsverschiedenheiten innerhalb der sowjetischen Führungsspitze –, unsere prinzipielle Zustimmung zur Vereinigung Deutschlands zu bekräftigen unter den Bedingungen gleicher Einstellung der vier Mächte zu den gegenseitigen Rechten und Interessen.«[106] Doch wo gab es 1953 und in den Jahrzehnten danach auch nur einen Hauch »gleicher Einstellungen der vier Mächte zu den gegenseitigen Rechten und Interessen«? Gab es jemals Anlass für eine derartige Erwartung? Vollzog sich nicht in Wirklichkeit eine heftige politische, ökonomische und militärische Auseinandersetzung zwischen den Mächten in West und Ost?

Falins Bemerkung offenbart allerdings, dass es in Moskau kaum eine Phase mit einer einheitlichen Linie in der Deutschlandpolitik gab. Es blieb – wenn auch jeweils mit unterschiedlicher Gewichtung – beim Sowohl-als-auch. Allerdings hatte in dem Jahrzehnt von 1953 bis 1964 nicht Valentin Falin, sonder Nikita Chruschtschow das Sagen in der sowjetischen Politik. Chruschtschow hatte sich mit seiner Linie der Unterstützung der sozialistischen Entwicklung in der DDR durchgesetzt. Damit wurde ein produktives Klima der Zusammenarbeit der Führungen beider Länder und der Freundschaft zwischen den Völkern geschaffen.

Es ist nie ans Licht gekommen, ob die 1956 vorsichtig und verdeckt entwickelten Beziehungen zwischen dem sowjetischen Botschafter in der DDR, Georgij M. Puschkin, mit Oppositionellen in der DDR und mit Mitgliedern der Bundesregierung der Versuch einer Neuauflage des Beria-Planes waren. Über dessen Kontakte zum Vizekanzler der BRD, Fritz Schäffer, sind bislang sehr unterschiedliche Versionen bekannt geworden. Markus Wolf berichtete über sein Gespräch mit dem sowjetischen Verbindungsoffizier Semjon Loganow und Schäffer und darüber, dass Schäffer sich am 20. Oktober 1956 mit Botschafter Puschkin traf. Über dieses Gespräch wurde strikte Geheimhaltung vereinbart. »Für den Fall, dass die Kontakte doch bekannt würden, gab es die Sprachregelung, man habe über aktuelle Probleme gesprochen, zum Beispiel über die Transitpauschale.« Den Inhalt dieser Begegnungen beurteilte Wolf so: »Fernab der politischen Realität entwarf Schäffer Vorschläge, die beide deutsche Staaten zusammenführen sollten.«[107]

In seinen nach dem Tod veröffentlichen Erinnerungen liest sich die Beschreibung des gleichen Vorgangs von Franz Josef Strauß anders. Laut Strauß ging die Initiative für diese Begegnung von sowjetischer Seite aus. General Vincenz Müller genoss offensichtlich besonderes Vertrauen in Moskau. 1952 war Müller von sowjetischer Seite als Verteidigungsminister der DDR ins Gespräch gebracht worden.[108] Strauß hinterließ, Müller habe Schäffer »informiert, dass unter Umständen eine radikale Änderung der sowjetischen Politik gegenüber Deutschland denkbar sei. [...] Müller bat Schäffer, nach Ostberlin zu kommen und dort mit Botschafter Puschkin zu sprechen. [...] Schäffer fuhr, und im Herbst 1956 fuhr er erneut. Bei der zweiten Reise machte Vincenz Müller offenbar sehr weit reichende Andeutungen. Es sei nicht nur nicht ausgeschlossen, es sei durchaus möglich, dass es ohne sowjetisches Eingreifen, vielleicht sogar auf sowjetisches Betreiben hin zu einer Machtübernahme durch die Nationale Volksarmee in der DDR komme, dass Ulbricht verhaftet und die ganze Regierung abgesetzt werde. Man wünsche mit der Bundesregierung deswegen Kontakt. Initiatoren dieser Politik seien sowjetische Kreise, die die großen Fehler Stalins einzusehen begonnen hätten. Man denke an einen Österreich-Status für die DDR. Eine Wiedervereinigung sei zwar nicht oder erst für eine spätere Phase in Aussicht gestellt, aber immerhin käme es zu einer nichtkommunistischen Regierung in der DDR.«[109]

Markus Wolf kommentierte diese Darstellung von Strauß mit der Bemerkung: »Strauß veröffentlicht diesen Unsinn wider besseres Wissen.«

Falin setzte eine völlig andere Version der »Schäffer-Mission« in die Welt. Er schrieb: »Finanzminister Schäffer begab sich nach Ostberlin, um mit der DDR-Führung deutsch-deutsche Modelle des Einvernehmens zu erörtern. Das erhoffte Treffen kam nicht zustande. Anscheinend lag ein Missverständnis vor. Schäffers

Gesprächspartner waren keine Politiker von Rang, sondern Markus Wolf und ein sowjetischen Mitarbeiter. Die Chance eines grundlegenden Vorgesprächs war verpasst.«[110] Warum der Insider Falin in dieser Darstellung die Gesprächspartner Schäffers – seinen von ihm verehrten Vorgesetzten Puschkin und General Müller – nicht erwähnt und die tatsächlich unbeteiligte »DDR-Führung« in dieser Sache vorschob, hat noch keine Erklärung gefunden.

Dokumente über diesen Vorgang wurden bislang nicht bekannt. Alle direkt Beteiligten sind nicht mehr am Leben. Vermutungen sollen hier nicht angestellt werden. Zu verweisen ist allerdings darauf, dass in der Zeit der Schäffer-Müller-Mission sowjetische Experten Wolfgang Harich ermunterten, eine oppositionelle Strategie zur Politik der SED zu entwickeln. Harich wurde im Ergebnis dessen am 25. Oktober 1956 auch von Puschkin zu einem vierstündigen Gespräch empfangen.[111] Dass Puschkin seine speziellen deutschlandpolitischen Aktivitäten ohne Rückendeckung aus Moskau unternahm, ist kaum denkbar. Nachdem Walter Ulbricht dessen Abberufung gefordert hatte, wurde er in Moskau geehrt. Puschkin wurde stellvertretender Außenminister der UdSSR. Falin schrieb dazu: »Die sowjetische Regierung wollte keinen Streit, doch mit der Versetzung des Botschafters in eine Position, die dem Ministerrang entsprach, gab sie zu verstehen, dass sie das Verhalten Puschkins billigte.«[112] Die Puschkin-Episode 1956/57 bleibt ein dubioser undurchsichtiger Vorgang.

Vorerst und für viele Jahre dominierte in der UdSSR der von Chruschtschow eingeleitete Kurs der Stärkung der sozialistischen Entwicklung und der Souveränität der DDR. Wichtige Schritte dafür waren die Aufhebung der Reparationsverpflichtungen (zum 1. Januar 1954), die Absenkung der Stationierungskosten für die sowjetischen Streitkräfte und die Verbesserung der Handelsbeziehungen zwischen beiden Ländern. Besondere Bedeutung hatte dabei der Vertrag vom 19. September 1955 über die gegenseitigen Beziehungen beider Staaten. Darin wurde bekanntlich geregelt, dass die Beziehungen zwischen der UdSSR und der DDR »auf völliger Gleichberechtigung, gegenseitiger Achtung der Souveränität und der Nichteinmischung in innere Angelegenheiten beruhen« sollte.

Im Frühjahr 1954 hatte sich die Situation in der DDR nach den Juni-Ereignissen des Vorjahres erkennbar konsolidiert. Die DDR hatte an Ansehen gewonnen. Ihre Repräsentanten gaben souveräne Erklärungen zur Deutschlandpolitik und zu den Möglichkeiten und Erfordernissen der Herstellung der Einheit Deutschlands ab. Walter

Ulbricht erklärte am 30. März 1954: »Durch die Gewährung der souveränen Rechte an die Deutsche Demokratische Republik sind alle Zweifel darüber behoben, dass die Wiedervereinigung der Deutschen vor allem Sache der Deutschen selbst ist und Verhandlungen zwischen den beiden Regierungen und Parlamenten notwendig macht.«

Er verwies darauf: »Der Weg zur Einheit Deutschlands ist leicht zu finden, wenn man als Ziel ein friedliebendes und demokratisches Deutschland vor Augen hat. [...] Das Neue besteht darin, dass Klarheit geschaffen wurde, dass die Wiedervereinigung Deutschlands vor allem von den Deutschen selbst abhängt, dass die Wiedervereinigung nur durch Verständigung der Vertreter beider Teile Deutschlands möglich ist.«[113]

Mit dieser Aussage stellte sich Ulbricht gegen das frühere sowjetische Denkmodell, das die Vision eines neutralen Deutschland auch mit einer Aufgabe der DDR verbunden hatte. Vor allem aber bekundete Ulbricht sein Credo, die deutschen Fragen seien in erster Linie Sache der Deutschen. Die Entscheidungen über die Zukunft, auch über die Einheit Deutschlands, sollten nach seiner Vorstellung nicht vorrangig im Spannungsfeld der Interessen der Großmächte, sondern von den Vertretern der beiden deutschen Staaten vorbereitet und vereinbart werden. Auf die später im Westen oft gestellte Frage, wo der Schlüssel der Wiedervereinigung zu finden sei, in Moskau oder in Berlin, lautete seine Antwort – solange er im Amt war – Berlin. Auch in solider Kenntnis darüber, dass die Beseitigung der Reste der Nachkriegsregelungen über Berlin eine Mitwirkung der Großmächte unabdingbar machte, war Walter Ulbricht davon überzeugt, dass direkte Kontakte und eine würdevolle Verständigung der Deutschen der bessere Weg sei.

Julij Kwizinskij schrieb dazu: Da Ulbricht »wusste, wie brisant die nationale Frage in Deutschland war, bastelte er beharrlich an allen möglichen Wiedervereinigungsplänen – bald durch Wahlen zu einem paritätisch zusammengesetzten gesamtdeutschen Parlament, dann durch Bildung einer gesamtdeutschen Konföderation und dann wieder durch die Einrichtung eines Staatssekretariats für gesamtdeutsche Fragen in seiner Regierung. Er wollte das Problem selbst und auch die politische Initiative in der deutschen Frage nicht aus der Hand geben und hielt es für notwendig, für den Fall einer Zuspitzung in diesem Bereich einen bis in die Einzelheiten durchdachten Plan für ein selbstständiges Vorgehen zu haben«. Der erfahrene sowjetische Botschafter fügte hinzu: »Wenn wir und die SED im Jahre 1989 einen solchen Plan gehabt hätten, wer weiß, wie sich die Dinge entwickelt hätten.«[114]

Walter Ulbricht vermochte jedoch weder seine Verbündeten in der UdSSR noch seine Nachfolger davon zu überzeugen. Im Januar 1971 beschuldigten Erich Honecker und zwölf weitere Mitglieder des Politbüros des ZK der SED ihren Ersten Sekretär und Staatsratsvorsitzenden mit der Aussage: »Nicht nur in der Innenpolitik, sondern auch in unserer Politik gegenüber der BRD verfolgt Genosse Ulbricht eine persönliche Linie, an der er starr festhält. Damit wird ständig der zuverlässige Ablauf des zwischen der KPdSU und der SED koordinierten Vorgehens und der getroffenen Vereinbarungen gegenüber der BRD gestört.«[115] Deshalb wurde 1970 die Initiative von Ulbricht zu den Treffen zwischen dem Ministerpräsidenten der DDR und dem Bundeskanzler in Erfurt und Kassel auch abgebremst und von Breshnew und Honecker kritisch bewertet. Am 28. Juli 1970 notierte Honecker nach einem Gespräch an Breshnews Krankenbett: »Im Grunde haben uns weder Erfurt noch Kassel geholfen. [...] Die Trennung DDR und BRD noch schärfer. Die verwandtschaftlichen Bindungen werden loser und weniger.«[116]

Für die Politiker des Westens wurde gegen Ende der 60er Jahre das Vermutete und Erhoffte Gewissheit: der Schlüssel für künftige Lösungen der Deutschlandfrage lag in Moskau. In den Januartagen des Jahres 1971 stellte der US-Außenminister Henry Kissinger erfreut die Änderung der sowjetischen Positionen in der Deutschlandfrage fest. Er meinte: »Sie hatten immer behauptet, der Zugang nach West-Berlin sei eine Angelegenheit, die beide deutsche Staaten etwas angehe. [...] Jetzt schlugen sie vor, dass jede der vier Mächte das Recht haben solle, sich mit den anderen drei Mächten über Verletzungen von Vereinbarungen über Berlin zu beschweren.«[117] Die DDR hatte mit dieser erneuten Wendung im Vorgehen der UdSSR erheblich an Substanz in den folgenden internationalen Verhandlungen um Entspannung – an denen die Bundesrepublik als Partner der USA aktiv beteiligt war – verloren. Dazu mehr im übernächsten Abschnitt dieses Kapitels.

Der Nestor der amerikanischen Deutschlandforschung, Fritz Stern, schrieb nicht grundlos: »Die Beziehungen zwischen der DDR und den Russen waren daher weit komplizierter, als wir das möglicher Weise annahmen.«[118]

Chruschtschows Berlin-Vorstoß – oder: Niemand hat die Absicht, eine Mauer zu errichten …

»Niemand hat die Absicht eine Mauer zu errichten.« Es vergeht nunmehr seit fünfzig Jahren nach dem 13. August 1961 und nach zwei Jahrzehnten seit dem »Mauerfall« kaum ein Tag, ohne dass dieser O-Ton Ulbrichts über Rundfunk oder Fernsehen und im Internet verbreitet wird. Angesichts der Tatsache, dass eine Mauer gebaut wurde, spekuliert man dabei auf die fehlende Geschichtskenntnis der Zuhörer, um Ulbricht der Lüge zu zeihen. Nicht einer der verantwortlichen Redakteure und Zeithistoriker vom Schlage des im *ZDF* agierenden Professor Guido Knopp offenbaren, wann und unter welchen Bedingungen die zitierten acht Worte von Ulbricht fielen. Niemand informiert darüber, auf welche Frage Ulbricht dabei antwortete. Im Stile klassischer Geschichtsfälschung wird dabei bewusst unterschlagen, wie Ulbricht den Satz weiterführte.

Das Zitat stammt aus einer internationalen Pressekonferenz, die am 15. Juni 1961 im großen Festsaal des Hauses der Ministerien mit etwa 350 Journalisten aus aller Welt stattfand. Im Zentrum dieser Konferenz stand die Forderung nach einem Friedensvertrag für Deutschland, verbunden mit der damals international erörterten Idee der Schaffung einer entmilitarisierten Freien Stadt Westberlin. In dieser Konferenz – sie ging über Stunden – stellte die Korrespondentin der *Frankfurter Rundschau*, Frau Doherr, an Ulbricht die Frage: »Bedeutet die Bildung einer Freien Stadt Westberlin Ihrer Meinung nach, dass die Staatsgrenze am Brandenburger Tor errichtet wird? Und sind Sie entschlossen, dieser Tatsache mit allen Konsequenzen Rechnung zu tragen?«[119]

Ulbrichts Antwort: »Niemand hat die Absicht eine Mauer zu errichten. Ich habe vorhin schon gesagt: Wir sind für vertragliche Beziehungen zwischen Westberlin und der Regierung der Deutschen Demokratischen Republik. Das ist der einfachste und normalste Weg zur Regelung dieser Fragen.« Damit favorisierte Ulbricht, wohl für jedermann erkennbar, eine Verhandlungsregelung. Dass das wiederkehrende Zitat stets nach dem achten Wort abgebrochen wird, hat zweifellos keine der Wahrheit dienenden Gründe. Angemerkt sei dabei, dass – wie Kwizinskij berichtete – auch Chruschtschow in den ersten Monaten des Jahres 1961 gegenüber westlichen Fragestellern die Bemerkung fallen ließ, »wir dächten nicht daran, eine Mauer quer durch Berlin zu bauen«.[120]

Als Ulbricht am 15. Juni 1961 der Journalistin der *FR* antwortete, war erkennbar noch keine internationale Lösung der schwelenden Berlin-Krise in Sicht. Erst nach dem 25. Juli – also sechs Wochen später – fielen die Entscheidungen, welche zu den Maßnahmen am 13. August 1961 führten. Der Historiker Matthias Uhl kam in seinen Recherchen in russischen Archiven zu der Überzeugung: »Der endgültige Beschluss zum Bau der Mauer fiel am 1. August 1961.«[121] Es lohnt sich folglich, den tatsächlichen Abläufen des Geschehens Aufmerksamkeit zu widmen.

Zwischen der Antwort von Ulbricht auf der Pressekonferenz im Juni 1961 und dem Tag der Errichtung der Berliner Mauer lagen 60 brisante Tage der Geheimdiplomatie der UdSSR und der USA, auch gegenseitiger militärischer Bedrohung, deren Ausgang Mitte Juni 1961 nicht abzuschätzen war. Der historische Ausgangspunkt für die Zuspitzung der Berlin-Frage wurde im Herbst 1958 gelegt. Mehr als 30 Monate waren seitdem bis Sommer 1961 vergangen. Damals gehörte die Integration Westdeutschlands in das westliche Wirtschafts- und Militärbündnis zu den irreversiblen Veränderungen auf dem europäischen Kontinent. Die Führung der UdSSR hatte sich 1953/54 für eine souveräne DDR mit sozialistischer Entwicklungsrichtung entschieden.

Unter diesen Bedingungen wurde es für die UdSSR spürbarer als in dem Jahrzehnt vorher, dass die noch offenen Fragen aus der unausgegorenen Berlin-Regelung der EAC-Entscheidungen vom September 1944 sowohl im Interesse einer europäischen Friedensregelung als auch im Interesse der staatlichen Souveränität ihres Bündnispartners DDR einer endgültigen internationalen Klärung bedurften. Seit dem Kriegsende hatten sich die Realitäten in Deutschland weit von den Zielen der Alliierten im Potsdamer Abkommen – die auf ein künftiges einheitliches, neutrales und entmilitarisiertes Deutschland gerichtet waren – entfernt. Ein Neuansatz für eine Friedensvertragsregelung mit Deutschland sollte von sowjetischer Seite nunmehr gefunden werden.

Darstellungen der Ereignisse um den 13. August 1961, die allein auf die Endphase des Geschehens 1960/61 fokussiert sind, greifen offensichtlich zu kurz.[122] Die Ursachen für die getroffenen Entscheidungen lagen historisch erkennbar weiter zurück. Mit dem dramatischen Anstieg der Abwanderungen von Ost nach West 1960/61, der auf den unmittelbaren Zeitpunkt der Errichtung der Sperrmaßnahmen im August 1961 zweifellos Einfluss hatte, hatten sie zwar einen temporären, aber nur bedingten kausalen Bezug. Alles begann wesentlich früher als 1960. Es begann in der letzten Phase des Zweiten Weltkrieges 1944 in London und spitzte sich seit 1958 erkennbar zu.

Dreizehn Jahre nach Kriegsende verdichteten sich im Laufe des Jahres 1958 in der UdSSR und in der DDR die Forderungen nach einem Friedensvertrag und in diesem Zusammenhang die Debatten über die noch immer offene Berlin-Frage. Am 10. Juli 1958 erklärte Walter Ulbricht: »Wir sind der Meinung, dass die Lage in Berlin unbedingt normalisiert werden muss.« Er plädierte für gleichberechtigte Verhandlungen, um den Folgen des Kalten Krieges entgegenzuwirken und die Beziehungen zwischen beiden Teilen der Stadt zu normalisieren. Unter einer solchen Voraussetzung wäre nach seiner Darstellung »möglich, solche Fragen [...] wie die Wiederherstellung des durchgehenden städtischen Verkehrs und der Nachrichtenverbindungen, die Erleichterung und dann auch die Aufhebung der Zollkontrolle, die Einreise der West-Berliner Bürger in die DDR« zu lösen.[123]

In Moskau reiften weitergehende Konzepte. Chruschtschow hatte sich entschlossen, eine endgültige Klärung der Fragen, über die im Ergebnis der Defizite der EAC-Beschlüsse vom September 1944 in den 13 Jahren nach Kriegsende nie auf hoher Ebene verhandelt worden war, herbeizuführen. Falin berichtete, dass er in der Anfangsphase der Debatten dazu gemeinsam mit Puschkin gegenüber Chruschtschow Bedenken gegen dessen Vorgehen angemeldet hätte, die keine Beachtung gefunden haben.[124] Am 10. November 1958 erklärte Chruschtschow in einer Rede in Moskau: »Was ist denn nach all dem vom Potsdamer Abkommen geblieben? Übrig geblieben ist faktisch nur das eine: der sogenannte Viermächtestatus Berlins, mit anderen Worten eine Lage, bei der die drei Westmächte, die USA, Großbritannien und Frankreich, die Möglichkeit haben, in Westberlin zu wirtschaften und diesen Teil der Stadt, der Hauptstadt der DDR, in eine Art Staat im Staate zu verwandeln; unter Ausnutzung dieses Zustandes treiben sie Wühlarbeit gegen die Deutsche Demokratische Republik, gegen die Sowjetunion und gegen andere Teilnehmer des Warschauer Vertrages. Darüber hinaus genießen sie noch das Recht des unbehinderten Verkehrs zwischen West-Berlin und Westdeutschland über dem Luftraum, die Schienenwege, auf Auto- und Wasserstraßen der Deutschen Demokratischen Republik, die sie nicht anerkennen wollen.«[125]

Inwieweit vor diesem Auftritt Chruschtschows Konsultationen über die sowjetische Berlin-Initiative stattgefunden haben, ist im

Detail nicht bekannt. Die Tatsache, dass sich Walter Ulbricht schon am 27. Oktober 1958 in einer öffentlichen Rede kritisch zu damals geltenden Berlin-Regelungen der Westalliierten und zu deren Verbindungswegen geäußert hat, lässt – im Unterschied zum früheren sowjetischen Vorgehen – auf Absprachen schließen.[126] Die Beziehungen zwischen den Führungen der KPdSU und der SED waren in dieser Zeit gegenüber der Periode vor 1953 spürbar verbessert. Das wird u. a. dadurch bewiesen, dass auch 1955 Chruschtschow sich in Vorbereitung der Verhandlungen mit Bundeskanzler Adenauer dazu mit der Führung der DDR, vor allem zur Freilassung der letzten deutschen Militärangehörigen und Zivilpersonen, die in der UdSSR Strafen verbüßten, verständigt und vereinbart hatte.[127] Als Adenauer am 9. November 1955 in Moskau eintraf und Verhandlungen mit der sowjetischen Regierung aufnahm, waren – in der immer noch als dramatisch dargestellten Kriegsgefangenen-Frage – die Messen längst gesungen. Nur dadurch war es möglich, dass die Betroffenen aus den Weiten der Sowjetunion drei Wochen nach Adenauers Visite in Deutschland ankommen konnten.[128]

Am 27. November 1958 übermittelte die Regierung der UdSSR ihre »Berlin-Note« an die Regierungen der USA, Großbritanniens und Frankreichs. Darin wird nach einer Darstellung der negativen Entwicklung der Nachkriegssituation erklärt: »Die sowjetische Regierung kann sich nicht mehr durch den Teil der Alliierten-Abkommen über Deutschland gebunden fühlen, der einen nicht gleichberechtigten Charakter angenommen hat und zur Aufrechterhaltung des Besatzungsregimes in Westberlin und zur Einmischung in die inneren Angelegenheiten der DDR benutzt wird. Im Zusammenhang damit setzt die Regierung der UdSSR die Regierung der USA davon in Kenntnis, dass die Sowjetunion das Protokoll über das Abkommen zwischen den Regierungen der Union der Sowjetrepubliken, der Vereinigten Staaten von Amerika und des Vereinigten Königreiches über die Besatzungszonen Deutschlands und über die Verwaltung von ›Groß-Berlin‹ vom 12. September 1944 und die damit verbundenen Zusatzabkommen […], das heißt die Abkommen, deren Wirksamkeit für die ersten Jahre nach der Kapitulation Deutschlands berechnet waren, als nicht mehr in Kraft befindlich betrachtet«.[129] Damit war der Stein ins Rollen gebracht, der zu einer internationalen Vereinbarung führen sollte, aber letztlich zur Berlin-Krise 1961 und zum Bau der Berliner Mauer führte.

Die Westmächte reagierten in Memoranden und im nachfolgenden Notenwechsel mit der Regierung der UdSSR empört. Ihre

Antworten gingen auf die Hauptargumente in der Note der UdSSR nicht ein und versuchten, mit einem zweifelhaften Netz juristischer Spitzfindigkeiten vom Kern der Sache abzulenken. So entgegnete die Regierung der USA: »Was das Potsdamer Abkommen anbetrifft, so hängt der Status Berlins nicht von ihm ab.«[130] Das Außenministerium der USA stellte die Berlin-Problematik in einem Memorandum dar. Darin wird allein aus der Tatsache, dass das EAC-Protokoll zu einem früheren Zeitpunkt als das Potsdamer Abkommen verabschiedet war, eine höhere Wertigkeit der EAC-Vereinbarung der Botschafter der drei Staaten gegenüber den Entscheidungen der Staatschefs in Potsdam abzuleiten versucht. Darüber hinaus suchte man in den USA bei der Analyse der Schwachstellen der Potsdamer Verhandlungen nach Ausflüchten und erklärte: »Darüber hinaus enthält das Potsdamer Verhandlungsprotokoll nichts, was das vorherige Abkommen ausdrücklich irgendwelchen seiner Bestimmungen unterwirft oder was dahin interpretiert werden kann, eine derartige Wirkung zu haben.«[131] Ferner verweist die Note der USA auch darauf, dass die UdSSR im Kommuniqué der Pariser Außenministerkonferenz, die – unmittelbar nach Ende der Berlin-Blockade und der Annahme des Grundgesetzes der Bundesrepublik – im Juni 1949 stattfand, anders lautenden Formulierungen zum Verkehr zwischen Westdeutschland und Westberlin zugestimmt hat als in den Vorschlägen, die sie jetzt, neun Jahre danach, unterbreitet.[132]

Die Note wurde von den Regierungen der USA, Großbritanniens und Frankreichs mit der Begründung zurückgewiesen, die EAC-Vereinbarung vom September 1944 könne nicht einseitig gekündigt werden. Es wurden zwar Verhandlungen über das deutsche Problem angeboten, allerdings ohne Bereitschaft zu einem Entgegenkommen in der Sache zu zeigen. Die drei Westmächte waren sich dahingehend einig, keine Debatte darüber zuzulassen, in der die Regelungen der EAC in Frage gestellt werden. Die Berlin-Regelung, die 1944 für eine wenige Jahre dauernde militärische Besetzung und Verwaltung der deutschen Hauptstadt gefunden worden war, hatte in der Systemauseinandersetzung einen völlig anderen Stellenwert bekommen. Westberlin mit seinen Zugangswegen war für den Westen von einer zeitweiligen Verwaltungsstruktur zu einem Pfahl im Fleisch des Gegners, zu einer unverzichtbaren strategischen Position im Kalten Krieg geworden. Mit der Verschiebung der Debatte über die sowjetische Note vom 27. November 1958 von den Grund- zu juristischen Detailfragen hatten die Westmächte obendrein die UdSSR an einer empfindlichen Stelle getroffen.

Falin und Kwizinskij haben Jahre später den desolaten Zustand der sowjetischen Archive zur Deutschlandpolitik offenbart. Kwizinskij informierte inzwischen darüber: »Das Studium der Dokumente der vier Mächte aus der Nachkriegszeit, die in dem berüchtigten Blechschrank lagerten, ergab, dass nahezu unbegrenzte Möglichkeiten bestanden, die Positionen der drei Westmächte völlig legal einzuschränken, der Erweiterung der Position der Bundesrepublik einen Riegel vorzuschieben.«[133]

Auch Falin gelang es erst 1959, die Unterlagen über wichtige Nachkriegsvereinbarungen mit den Westalliierten im Kontrollrat aufzufinden. Als er sie dem sowjetischen Außenminister Andrej Gromyko unterbreitete, fragte dieser: »Warum haben Sie mir dieses wichtige Dokument nicht vorgelegt, ehe wir unsere Note vom 27. November 1958 expediert haben?« Falins Antwort: »Ich arbeite erst seit März 1949 im Außenministerium. [...] Ich kam gar nicht darauf, dass derart fundamentale Daten dem Außenministerium unbekannt sind.«[134]

So konnte die Sowjetunion der anderen Seite in den juristischen Details nicht im erforderlichen Maße begegnen. Jahre danach gestand Henry Kissinger ein, dass die rechtliche Position des Westens in der Berlin-Frage nicht auf stabilen Fundamenten beruhte. »Wir konnten Berlin nur verteidigen, wenn wir seine Freiheit mit anderen Fragen verbanden, die für die Sowjets wichtig waren. Jede Politik, die die Berlin-Frage gesondert behandelte, brachte den Westen in eine ungünstige Position.«[135]

Dem Notenwechsel der UdSSR und der Westmächte vom Herbst 1958 folgten eine Reihe internationaler Begegnungen. Zwischen Mai bis August 1959 wurde über eine Nachkriegsregelung und die Berlin-Frage auf der mehrfach unterbrochenen Außenministerkonferenz in Genf debattiert. Im September 1959 tauschten sich der amerikanische Präsident Eisenhower mit dem sowjetischen Ministerpräsidenten Chruschtschow in Camp David über den gleichen Problemkreis aus. Damals schien es fast, als kämen sich beide Seiten etwas entgegen. Präsident Eisenhower erklärte damals: »Der Ministerpräsident und ich erörterten die Berlin-Frage eingehend.« Er teilte mit, dass Verhandlungen aufgenommen werden sollen »mit dem Ziel, zu einer Lösung zu kommen, die die legitimen Interessen der Sowjets, der Ostdeutschen, der Westdeutschen und vor allen der westlichen Völker schützt. [...] Wir alle stimmen darin überein, dass dies eine anormale Situation (*abnormal situation*) ist, die ganze Welt sagt dies«.[136]

Alle Welt sprach damals vom »Geist von Camp David«. Vorbereitungen für ein Gipfeltreffen der Staatschefs der USA, der UdSSR, Großbritanniens und Frankreichs im Mai 1960 wurden getroffen. 15 Jahre nach dem letzten Treffen der Repräsentanten der Antihitlerkoalition sollte auf höchster Ebene ein Konsens über die strittigen Fragen eines Friedensvertrages mit Deutschland angestrebt werden.

In der letzten Phase der Vorbereitung der Pariser Gipfelkonferenz zerschlug jedoch eine militärische Provokation der USA alle Hoffnungen auf ein Entgegenkommen. Von Pakistan aus überflog am 1. Mai 1960 ein amerikanisches Spionageflugzeug vom Typ U-2 in großer Höhe die Sowjetunion. In der Nähe der Uralstadt Swerdlowsk stürzte es nach einem Treffer sowjetischer Flugabwehrraketen vom Himmel. Der Pilot konnte sich am Fallschirm retten. Die Welt war empört. Allerwärts wurde darüber spekuliert, ob Chruschtschow angesichts dieser Zuspitzung des Kalten Krieges seine Teilnahme an der Pariser Konferenz absagen werde.

Chruschtschow sagte nicht ab. Er kam schon zwei Tage vor der für den 16. Mai angesetzten Beratung in Paris an. Vor einer Zusammenkunft mit dem Präsidenten der USA und den Repräsentanten Großbritanniens und Frankreichs erwartete er – wie große Teile der Weltöffentlichkeit – eine Entschuldigung Eisenhowers für das völkerrechtswidrige Handeln seiner Militärs und der CIA. Doch Eisenhower tat nicht dergleichen. Er verteidigte die militärische Provokation seiner Schlapphüte im Generalsrang mit der Bemerkung: »Seit Beginn meiner Amtszeit habe ich dafür gesorgt, dass wir auf jedem möglichen Wege Informationen erhalten, um die Vereinigten Staaten [...] zu schützen.«[137] Im gleichen Sinne argumentierte sein Außenminister Herter.

Weltweit waren die Menschen über diese Haltung des US-Präsidenten entsetzt. Der Star-Kommentator der *New York Herald Tribune* , W. Lippmann, bewertete das so: »Als wir [...] uns ertappt fanden, versuchten wir uns aus der Klemme zu ziehen, indem wir Hals über Kopf eine neue Politik ohne Beispiel verkündeten.« Lippmans Kollege Gaston Coblenz schrieb: »Ein sechsjähriges Kind hätte in der Woche vor Paris eine bessere Außenpolitik gemacht.«[138]

Als Frankreichs Präsident Charles de Gaulle sich zu einem Vorgespräch mit Chruschtschow traf, fragte ihn sein Gast: »Würden Sie mit einem Mann über die Gipfelagenda sprechen, der Flugzeuge über Frankreich schickt und dazu erklärt, er werde das immer wieder tun?«[139] Die Amerikaner hatten schon im Vorfeld der Konferenz genug Öl in das Feuer des Kalten Krieges geschüttet. In Paris tat der amerikanische Verteidigungsminister Gates das Seine dazu und befahl einen »Übungsalarm« für alle amerikanischen Streitkräfte.[140]

Am 18. Mai trafen sich die »Großen Vier« dennoch. Zwar nicht zur Gipfelkonferenz, sondern zu einem »vorbereitenden Treffen«. Dort erklärte Chruschtschow: »Wir können in der gegenwärtigen Situation nicht an den Verhandlungen teilnehmen. Wir wollen an den Gesprächen nur auf dem Boden der Gleichberechtigung teilnehmen. Dazu ist vor allem nötig, dass die Vereinigten Staaten zugeben, dass die provokative Politik uneingeschränkter Flüge über die Sowjetunion zu verurteilen ist, dass sie sie aufgeben und eingestehen, dass sie sich der Aggression schuldig gemacht haben.«[141] Man ging in der Hoffnung auf eine amerikanische Entschuldigung auseinander. Eine weitere Zusammenkunft, zu der Präsident de Gaulle eingeladen hatte, scheiterte. Eisenhower war nur bereit zu kommen, wenn das amerikanische Luftabenteuer nicht erwähnt werde. Chruschtschow war unter diesen Umständen nur bereit, an einem weiteren vorbereitenden Treffen teilzunehmen.

Die Atmosphäre war hoch gespannt. In diesem politischen Klima war es offensichtlich nicht möglich, erfolgreich zu beraten. Man ging mit der Erwartung auseinander, sich unter günstigeren Bedingungen wieder zu treffen. Alle Teilnehmer der Pariser Begegnungen wussten: Im November des gleichen Jahres sind in den USA Präsidentenwahlen und Eisenhower wird nicht wieder kandidieren. Chruschtschow ließ mit seiner Erklärung, dass die Geduld Moskaus fast erschöpft sei, erkennen, dass die UdSSR nicht unmittelbar reagieren wird, sondern eine Pause für weitere Sondierungen anstrebt. Das bestätigt auch Falin, der anmerkte, dass die sowjetische Seite bis zum Beginn des Jahres 1961 nicht vorhatte, etwas »an der bestehenden Situation in Deutschland zu ändern«.[142]

Chruschtschows Ankündigung, er werde von Paris nach Berlin fliegen, um mit den Genossen Ulbricht und Grotewohl Vorschläge für einen Friedensvertrag zu erörtern, machte den partnerschaftlichen Charakter, den die Beziehungen der UdSSR mit der DDR inzwischen angenommen hatten, allerseits deutlich.

Die Initiative der UdSSR für einen Friedensvertrag mit Deutschland, der auch das Berlin-Problem aus der Welt geschafft hätte, war seit dem Herbst 1958 Gegenstand vielfacher Erörterung auf diplomatischem Feld. Nach der Pariser Begegnung entwickelte sich dieser Komplex zu einem Streitpunkt vor allem zwischen der UdSSR und den USA. In den Kanälen der Geheimdiplomatie, in öffentlichen Erklärungen und mit militärischen Muskelspielen mutierten die Gegensätze zwischen den Auffassungen und Interessen der Großmächte zu einem gefährlichen internationalen Konflikt, der als zweite Berlin-Krise in die Geschichte einging.

Zwar ging es vordergründig um eine Nachkriegsregelung in Deutschland. Im Kern dieser Krise wurde um Positionsgewinn, Positionsverlust, zumindest Positionserhalt der Großmächte gerungen. Franz Josef Strauß, damals Verteidigungsminister der Bundesrepublik – und damit wohl sachkundiger Zeitzeuge – hinterließ: »Ich war dagegen, dass die Autobahn Helmstedt-Berlin zum Kriegsschauplatz werden sollte. Für mich war diese Krise erst in zweiter oder in dritter Linie eine deutsche Angelegenheit. In erster Linie hatte sie eine weltpolitische Dimension, deshalb musste sie auch weltpolitisch gespielt und gelöst werden.«[143]

In welchen weltpolitischen Dimensionen 1961 gestritten wurde, darüber legen die Niederschriften der Begegnung Chruschtschows mit dem neu gewählten Präsidenten der USA John F. Kennedy unmissverständlich Zeugnis ab. Sie trafen sich am 3. und 4. Juni 1961 in Wien. Kennedy war kaum ein Vierteljahr im Amt. In dieser kurzen Zeit hatte er mit dem misslungenen Versuch einer Invasion in Kuba (Aktion Schweinebucht) seinen ersten internationalen Reinfall erlitten. Ihm ging zwar der Ruf eines charismatischen Politikers, nicht aber der eines klugen Verhandlers voraus.

Die freundliche Begrüßung der beiden Staatsmänner schlug um – wie Beobachter berichteten –, als es um Nachkriegsdeutschland ging. Unzufrieden über die Situation trafen sich auf Kennedys Wunsch beide Politiker zu einem inoffiziellem Vier-Augen-Gespräch. Es währte zehn Minuten. Eine authentische amerikanische Quelle zitierte Chruschtschows Abschlussbemerkung bei dieser Begegnung. »Ich will Frieden, doch wenn Sie Krieg wollen, dann ist das Ihr Problem. Die Entscheidung über den Vertrag (*Friedensvertrag mit der DDR – H. G.*) ist unwiderruflich.« In der Quelle hieß es weiter: Kennedy sah den Russen ernst an. »Wenn das wahr ist«, entgegnete er, »wird es ein kalter Winter werden«.[144]

Chruschtschow wiederholte dabei seine im Vorjahr in Paris verkündete Auffassung, dass er, wenn mit den Westmächten keine Übereinkunft möglich wäre, entschlossen sei, »einen Friedensvertrag mit der DDR zu unterzeichnen, und dass er auf jede Verletzung ihrer Grenzen zu Lande, zu Wasser oder Luft mit Gewalt reagieren würde«.[145] Falin, der an der Begegnung in Wien teilnahm, schrieb dazu: »Meiner Ansicht nach war Kennedy im Juni 1961 äußerst eingeengt bei der Suche nach einem Kompromiss. Er hätte einen Friedensschluss der Sowjetunion mit der DDR unter Bedingungen, die faktisch die Rechte der Westmächte auf West-Berlin bestätigten, zur Kenntnis nehmen können. Der neue Präsident war nicht scharf auf die Wiedervereinigung.«[146]

Die Gefahr – es war für Deutschland die Gefahr eines thermonuklearen Infernos – war in Wien unmissverständlich benannt. Die nachfolgenden acht Wochen waren auf beiden Seiten eine Zeit gefährlicher militärischer Planspiele und zugleich des Versuchs einer politischen Lösung, um einer Kriegsgefahr auszuweichen. Strauß berichtete in seinen Erinnerungen, dass er in der ersten Julihälfte 1961 von amerikanischen Militärs nach einem geeigneten Ziel für den Abwurf einer Atombombe auf das Gebiet der DDR gefragt wurde. Auch wenn das – wie er hinterließ – die kritischste Frage war, die ihm je gestellt wurde, machte er einen Vorschlag. Er schrieb: »Einen Truppenübungsplatz, den ich kannte, habe ich namentlich genannt – ich war dort 1942 eine Zeitlang bei der Aufstellung einer neuen deutschen Panzerflakeinheit. Dies erschien mir, wenn es schon dazu kommen musste und wir den Amerikanern nicht in den Arm fallen konnten, unter den gegebenen Übeln das Geringste zu sein, obwohl es noch immer schlimm genug war.«[147]

Strauß schilderte weiter: »Die Amerikaner wagten einen solchen Gedanken, weil sie sehr genau wussten, dass die Sowjets nicht über präzise treffende und zuverlässige funktionsfähige Interkontinentalraketen verfügten, auch nicht über Mittelstreckenraketen, die in Stellung zu bringen gewesen wären.«[148] Als Kennedy aus Wien nach Washington zurückgekehrt war, erteilte er den Auftrag für eine Einschätzung darüber, wie viele Amerikaner bei einer nuklearen Auseinandersetzung sterben würden. »Die Antwort lautete: siebzig Millionen.«[149] Der Grat zwischen Krieg und Frieden war im Sommer 1961 sehr schmal. Es wurde höchste Zeit zum Umdenken!

Die intensiven diplomatischen Bemühungen der USA und der UdSSR führten schließlich in der zweiten Hälfte des Monats Juli 1961 zu einem gemeinsamen Lösungsansatz. Nüchternes Nachdenken erwies sich als geeigneter als militärische Schritte. Beide Seiten näherten sich der Position eines Status quo in Berlin, in Deutschland und Europa. Die drei Essentials – Aufrechterhaltung der alliierten Präsenz in Westberlin, freier Zugang zu Luft und zu Land nach Westberlin und Freiheit und Lebensfähigkeit von Westberlin, waren der zwischen Kennedy und Chruschtschow vereinbarte Schlüssel zum Ausweg aus der Krise, zur Verhinderung eines Krieges in Mitteleuropa.

Seit dem 17. Juli 1961 hielt sich John J. McCloy als persönlicher Beauftragter Kennedys in der Sowjetunion auf[150], um ein abgestimmtes Vorgehen der beiden Großmächte zur Verhinderung einer nuklearen Auseinandersetzung und der Entschärfung der Berlin-Krise vorzubereiten.

Nach Gesprächen im Moskauer Außenministerium reiste McCloy in der letzten Juliwoche an Chruschtschows Urlaubsort, um mit dem sowjetischen Ministerpräsidenten die letzten entscheidenden Absprachen zu treffen. Nach intensiven Gesprächen kabelte McCloy seinem Präsidenten, »dass die (Berlin-)Situation nicht reif für Verhandlungsangebote von uns ist«. Zugleich verwies er darauf, dass die Situation »zu gefährlich« sei, um sie »an einen Punkt treiben zu lassen, wo ein Zweikampf durchaus zu einer unglücklichen Aktion führen konnte«.[151]

Kennedy beorderte McCloy, der ursprünglich in Paris Station machen wollte, sofort nach Washington zurück. Nach dem Bericht McCloys vertraute Kennedy seinem Sicherheitsberater Walt Rostow an: »Chruschtschow sieht sich einer unerträglichen Lage gegenüber. Die DDR blutet sich zu Tode, und als Folge ist der ganze Ostblock in Gefahr. Er muss etwas unternehmen, um das aufzuhalten. Vielleicht eine Mauer.«[152] Am 30. Juli 1961 erklärte der Vorsitzende des Auswärtigen Ausschusses des US-Senates J. W. Fulbright öffentlich: »Ich verstehe nicht, weshalb die DDR-Behörden ihre Grenze nicht schließen, denn ich meine, sie haben alles Recht, sie zu schließen.«[153]

Bei der Auslotung dessen, wie weit die jeweils andere Seite im Sommer 1961 gehen kann und wo man sich zurückhalten sollte, spielten Informationen von Geheimagenten der jeweiligen Seite eine nicht geringe Rolle. Die USA konnten sich dabei auf Informationen eines Doppelagenten aus der DDR[154] und ihren Spitzenmann in Moskau, Oberst Oleg W. Penkowski, stützen. Der Doppelagent aus der DDR leistete seine Dienste für läppische 20.000 Dollar. Penkowski war von schwerem Kaliber. Er diente dem britischen und amerikanischen Geheimdienst seit 1960. Zwanzig Jahre nach dessen Enttarnung war in der *Frankfurter Allgemeinen Zeitung* zu lesen: Penkowski hat »ohne Zweifel wesentlich dazu beigetragen, dass insbesondere die Vereinigten Staaten zu einer realistischeren Einschätzung sowjetischer Absichten und Möglichkeiten in der Lage waren«.[155]

Dem sowjetischen Geheimdienst diente in gleicher Sache der amerikanische Oberst Whalen im Stab des Pentagon. Er hatte die UdSSR über die Bereitschaft der USA zum Einsatz von Atomwaffen im Fall der Unterbrechung des Zugangs nach West-Berlin informiert.[156] Ebenso erhielt die UdSSR von dem französischen Mitarbeiter der NATO George Paque ein Dokument über die amerikanischen Pläne für einen Einsatz von Atombomben über Deutschland und die Sowjetunion.[157] In der letzten Juli-Dekade 1961 waren die Grenzen und die Möglichkeiten der Großmächte ausgelotet und vereinbart.

Der Verlauf der Verhandlungen vom 3. bis 5. August 1961 in Moskau, vor allem die Beratung der Ersten Sekretäre der ZK der kommunistischen und Arbeiterparteien der Staaten des Warschauer Vertrages, ist eingehend beschrieben worden. Die Dokumente zu diesem Ereignis sind seit Jahren im Bundesarchiv Berlin zugänglich. Als Matthias Uhl 2009 in einem Moskauer Archiv eine Notiz über ein Gespräch zwischen Chruschtschow und Ulbricht, das am 1. August in Vorbereitung der Konferenz stattfand, am 30. Mai 2009 im Internet veröffentlichte[159], wurde dieser Fund zeitnah zum 13. August in den Medien wie der endlich gefundene Stein des Weisen behandelt. *Der Spiegel* titelte »Monströses aus Moskau«.[160] Eine Lektüre des Materials lässt kaum Monströses erkennen, sondern offenbart vor allem, dass zu diesem Zeitpunkt noch nicht alle Details der Aktion am 13. August 1961 ausgereift waren. Weitaus klarer sind die Positionen und deren Begründung in der Rede von Ulbricht am 3. August, dem Eröffnungstag der Konferenz, die Wilfriede Otto schon 1997 veröffentlicht hatte[161], und im Brief von Walter Ulbricht an Chruschtschow vom 4. August 1961[162] dargestellt, der bereits 1995 veröffentlicht worden ist[163]. Man benötigt offensichtlich auch künftig im jährlichen Abstand etwas irgendwie Sensationelles, um die Aufmerksamkeit des Publikums in der geläufigen Art und Weise auf den 13. August 1961 zu lenken.

Vergeblich wird man in dieser jährlichen Mainstream-Berichterstattung nach solchen dokumentierten Aussagen suchen wie der des Verteidigungsministers der Bundesrepublik, Franz Josef Strauß, dessen Einschätzung der Ereignisse 1961 lautete, dass »am Sonntag, dem 13. August 1961«, die amerikanischen Pläne für einen Nuklearschlag auf die DDR »zum Glück Makulatur geworden« waren.[164] Im anderen Zusammenhang erklärte er: »Mit dem Mauerbau war die Krise, wenn auch in einer für Deutschland unerfreulichen Weise nicht nur aufgehoben, sondern eigentlich auch abgeschlossen.«[165] Ein Vertreter der britischen Militärkommandantur in Westberlin hatte im gleichen Sinne im September 1961 einem Korrespondenten der britischen *BBC* vertraulich übermittelt: »Wir

Westmächte sind über den Mauerbau eigentlich erleichtert. Für absehbare Zukunft ist Westberlin gesichert. [...] Zwar hat uns der Zeitpunkt des Mauerbaus überrascht, nicht aber die Mauer.«[166]

Für die DDR war die Zeit um den 13. August 1961 eine Zeit schwieriger Entscheidungen. Sie aber haben den möglichen Ausbruch eines Krieges verhindert. Sie hatten dennoch tragische Folgen, die noch heute bewegen. Die Bilder, die das tragische Schicksal Einzelner oder beschädigte Lebensumstände Betroffener – die permanent über die Bildschirme der Fernsehsender rollen, in Büchern und Ausstellungen präsentiert werden – reflektieren bedauernswerte Folgen der Entscheidungen und internationalen Vereinbarungen jener Tage. Nicht aber die Hintergründe, auch nicht die Alternative. Wie schrecklich wären, wenn es zum militärischen Schlagabtausch gekommen wäre, die Bilder von einem nuklear zerstörten Europa? Sofern es überhaupt noch Bilder gäbe. Mit den Maßnahmen vom 13. August 1961, dem Bau der Mauer, wurde – angesichts der damals existierenden politischen und militärischen Spannungssituation – auch die Gefahr eines thermonuklearen Krieges abgewendet.

Auch das gehört zur Wahrheit der Berlin-Krise 1961 und ihrer international vereinbarten Lösung!

Die Regierung der DDR und die Führung der SED waren über die mit der Errichtung der Grenzanlagen gefundene Lösung der Berlin-Krise keinesfalls erfreut. Der Abschluss eines Friedensvertrages und damit auch die Eliminierung der EAC-Vereinbarung von 1944 wären im Interesse der Souveränität des Landes und einer nachhaltigen Stabilisierung der inneren Situation ohne jeden Zweifel die bessere Lösung gewesen. Der Vorsitzende der CDU in der DDR, Gerald Götting, berichtete über ein Vieraugengespräch am 15. August 1961 mit Walter Ulbricht. Ulbricht teilte ihm demnach mit, »dass die DDR große Hoffnung in sein (*Chruschtschows – H. G.*) Treffen mit Kennedy in Wien setzte. Man müsse die USA unbedingt für einen Friedensvertrag gewinnen. Das schaffe eine neue völkerrechtliche Lage mit allen Konsequenzen. Mit eigener Staatsbürgerschaft und Souveränität für beide deutsche Staaten. Dann können wir unter- und miteinander unsere Probleme lösen. [...] Chruschtschow habe in Wien bekanntlich das Ziel nicht erreicht, er sei eben kein Diplomat.«[167]

Diese Darstellung Göttings deckt sich weitgehend mit dem Bericht, den der anglikanischen Priester Paul Oesterreich gab, welcher gemeinsam mit dem Domherrn der Londoner Sankt-Pauls-

Kathedrale am 3. Dezember 1961 im Amtssitz des Staatsrates der DDR mit Ulbricht u. a. über den Bau der Grenzanlagen gesprochen hatte. Der Menschenrechtler Oestereich zitierte Ulbricht mit der Aussage: »Jeder Schuss an der Mauer ist zugleich ein Schuss auf mich. Damit liefere ich dem Klassenfeind die beste Propagandawaffe. Den Sozialismus und damit den Frieden aufs Spiel setzen, würde unendlich mehr Leben kosten.«[168] Siegfried Prokop komprimierte das Ergebnis dieses Gespräches in der Aussage: »Ulbricht hatte Chruschtschows Entscheidung über eine Abriegelung zu Lande nicht gemocht.«[169]

Erwähnenswert ist auch die Einschätzung Henry Kissingers, der aus der Sicht der US-Regierung erklärte, dass »die Freiheit Berlins durch die Standhaftigkeit des Westens, an den Besatzungsrechten festzuhalten, und durch die Unfähigkeit Chruschtschows, seine Politik durchzusetzen, gerettet wurde«.[170] Dass für Kissinger dabei der Freiheitsbegriff ein Synonym für amerikanischen Einfluss war, bedarf sicher keines Kommentars.

Die DDR hatte nach dem 13. August 1961 zwar eine gesicherte Grenze, aber keinen Friedensvertrag. Einer völkerrechtlichen Vereinbarung über einen Friedensvertrag galt zweifellos ihr Hauptinteresse. Am 15. September wandte sich Ulbricht in einer Fernsehansprache an die Bevölkerung und erklärte: »Das Wichtigste in den allernächsten Monaten ist der Abschluss eines deutschen Friedensvertrages. Mit ihm verbunden ist die Herstellung der vollen Souveränität der Deutschen Demokratischen Republik.«[171] Drei Tage später beriet Ulbricht im engen Kreis von Verantwortlichen über »Aufgaben im Zusammenhang mit der Vorbereitung und dem Abschluss eines Friedensvertrages mit der DDR«. Es ging dabei vor allem darum, Änderungen zu einem vorliegenden sowjetischen Entwurf für einen Friedensvertrag einzubringen und zu begründen.[172]

Noch am gleichen Tage übermittelte Walter Ulbricht seine Überlegungen und Vorschläge an Chruschtschow. Am 28. September kam aus Moskau die etwas ernüchternde Antwort. Nach freundlichen Floskeln über die Leistungen der DDR und dem Hinweis, dass damit »unsere Position in der Frage eines Friedensvertrages gestärkt« sei, teilte Chruschtschow mit: »Unter den gegenwärtigen Bedingungen, da die Maßnahmen zur Sicherung und Kontrolle der Grenzen der DDR mit Westberlin erfolgreich durchgeführt wurden, da die Westmächte zu Verhandlungen neigen und in New York bereits Kontakte zwischen der UdSSR und den USA aufgenommen wurden, sollten Schritte vermieden werden, die die Situation verschärfen könnten, vor allem in Berlin. In diesem Zusammenhang erscheint es insbesondere angebracht, sich neuer Maßnahmen zu enthalten, die die von der Regierung der DDR errichtete Kontrollordnung an der Grenze zu Westberlin verschärfen würden.«[173] Kein weiteres Wort ist in diesem Brief zu der für die DDR so dringlichen Frage des Friedensvertrages zu lesen. Das hatte Gründe.

Tatsächlich deuteten sich schon in den Herbsttagen 1961 neue Entwicklungen in Washington an. Im September traf sich in den USA der Außenminister der UdSSR, Andrej Gromyko, dreimal mit seinen amerikanischen Partnern, auch mit dem Präsidenten der USA. Im Ergebnis dieser Gespräche schien es, als seien die USA bereit, einer Friedenskonferenz zuzustimmen, auf der »zwei Friedensverträge – einer mit der BRD, einer mit der DDR – unterzeichnet werden sollen«.[174] Gromykos Antwort war, die UdSSR sei in dieser Frage »flexibel; man könne auch zwei separate Verträge abschließen«.[175] Im Ergebnis seiner Verhandlungen in den USA, die er mit Konsultationen in London fortsetzte, kam Gromyko zu der Überlegung: »Was wäre vorteilhafter für die DDR und das ganze sozialistische Lager angesichts der neuen Situation: der Abschluss eines separaten Friedensvertrages oder die Fortsetzung der Gespräche mit dem Westen in erster Linie über die Anerkennung der Grenzen?« Sein Urteil lautete: »Gewichtige Argumente sprechen für den zweiten Weg. Die Möglichkeiten, mit dem Westen zu einer Übereinkunft zu kommen, sind noch nicht ausgeschöpft.«[176] Dieser Logik folgte auch Chruschtschow. Am 17. Oktober erklärte er auf dem Parteitag der KPdSU, dass er nicht mehr wie vorher darauf bestehe, einen Friedensvertrag noch im Jahr 1961 abzuschließen.[177]

Während in den USA und in der UdSSR versucht wurde, einen Konsens in der deutschen Frage anzustreben, kam dazu jedoch aus Bonn und auch aus Paris nur Sperrfeuer. Kanzler Adenauer erklärte im kleinen Kreis: »Trauen Sie den Amerikanern nicht; sie bringen es fertig, sich auf unserem Rücken mit den Russen zu verständigen.«[178]

Die Kuba-Krise 1962 verschlechterte das politische Klima zwischen den Großmächten. Sie führte – wie Kwizinskij darstellte – zu der »stillschweigenden« Übereinkunft der UdSSR mit den USA: »Lasst Kuba in Ruhe, und wir tun dasselbe mit Westberlin.«[179]

Als man sich später wieder zu arrangieren suchte, gelang das – wie das im Sommer 1963 abgeschlossene Atomteststoppabkommen erkennen ließ – eher auf anderen Konfliktfeldern der Großmächte als hinsichtlich einer deutschen Friedensregelung. Danach blieb den Repräsentanten der UdSSR und der USA nicht mehr viel Zeit. Am

22. November 1963 wurde der Präsident der Vereinigten Staaten John F. Kennedy in Texas erschossen. Im Oktober 1963 trat Adenauer als Bundeskanzler zurück. Nikita S. Chruschtschow wurde im Oktober 1964 von Leonid Breshnew und dessen Gefährten aus dem Amt gejagt und politisch kalt gestellt. Die Karten in den Zentren der Großmächte wurden neu gemischt. Das dauerte eine Zeit, ehe erkennbar wurde, in welcher Richtung es nunmehr gehen sollte und konnte. Eine neue Phase der Nachkriegspolitik der Großmächte zeichnete sich ab.

Zwischen Breshnew und Ulbricht wurden die Differenzen in der Beurteilung der inneren Entwicklung der sozialistischen Staaten, ihrer Beziehungen zueinander und auch hinsichtlich der deutschlandpolitischen Positionen zumindest seit der Mitte der 60er Jahre immer deutlicher. Ein Friedensvertag mit der DDR blieb eine Zeitlang zwar noch Floskel in offiziellen Noten und Reden. Er stand aber nicht mehr auf der Agenda sowjetischer Politik.

Hinter dem Rücken der DDR – oder: Das neue Arrangement der Großmächte

Als die 60er Jahre zur Neige gingen, hatte sich die Situation in Deutschland und in der Welt wesentlich verändert. Die DDR hatte nach dem 13. August 1961 größere innere Stabilität und auch in der internationalen Arena Autorität und Ansehen gewonnen. Sie konnte erhebliche Fortschritte in der Produktion, in Wissenschaft und Technik aufweisen. Ihr Staatshaushalt war ausgeglichen. Es bestanden keine wesentlichen Auslandsverbindlichkeiten. Das war vor allem eine Folge der am Beginn der 60er Jahre von Ulbricht eingeleiteten Veränderungen in der Wirtschaft (Neues Ökonomisches System) und im politischen Bereich (Reduzierung von Entscheidungen durch Parteiorgane, Stärkung der Verantwortung der Vertretungskörperschaften, Verbesserungen der Rechtspflege, umfassendere Einbeziehung der Bürger in die Leitung von Staat und Wirtschaft).

Diese Maßnahmen gerieten ebenso wie der Versuch einer eigenständigen Deutschlandpolitik, die auf direkte Verhandlungen zwischen beiden Staaten abzielte, in der zweiten Hälfte der 60er Jahre in die Kritik der sowjetischen Führung unter Leonid I. Breshnew und auch von Teilen der Führung der SED. Der Konflikt zwischen dem von Breshnew unterstützten Erich Honecker und Walter

Ulbricht war kein Dissens von Personen über den Umgang miteinander. Es war ein Konflikt in der Sache. Dabei ging es letztlich darum: Soll, muss man im Interesse der Regenerationsfähigkeit der sozialistischen Gesellschaft neue Weg beschreiten oder in innen- und außenpolitischer Hinsicht Kompatibilität mit dem unter Breshnew zunehmend erstarrten System in der UdSSR gewährleisten? Ulbricht, der trotzig bekundete, die deutschen Fragen sollte man besser in Berlin als in Moskau klären, stand der Politik Breshnews im Wege. Im Mai 1971 musste Walter Ulbricht – nachdem über Jahre die von Breshnew initiierten und unterstützten politischen Kräfte seine Politik gebremst und unterlaufen hatten – die politische Bühne verlassen.[180]

In der Bundesrepublik waren im gleichen Jahrzehnt erhebliche Wandlungen zu verzeichnen. Mit der konservativen Politik von Adenauer war die Bundesrepublik trotz ihrer wachsenden wirtschaftlichen Stärke so nicht weiter zu regieren. Widersprüche mit den Bündnispartnern wie auch im Inneren des Landes nahmen immer deutlichere Konturen an.[181] Erstmals wurde 1966 eine Koalitionsregierung aus CDU- und SPD-Politikern gebildet. Die Verabschiedung der über Jahre vorbereiteten Notstandsgesetze im Mai 1968 führte zu einer Eruption der Massenproteste gegen die Regierungspolitik, gegen die bürgerliche Presse, vor allem junger Menschen gegen den Springer-Konzern und gegen die in der Bundesrepublik unterbliebene Aufarbeitung der faschistischen Vergangenheit. Das politische Klima in der Bundesrepublik schlug um.

Am Ende des Jahres 1969 feierte Willy Brandt den Sieg bei den Bundestagswahlen. Er wurde Kanzler in einer Koalition mit den Liberalen. Die Zeit der Erstarrung der inneren und der außenpolitischen Verhältnisse unter Adenauer schien damit überwunden. Wandel durch Annäherung war nunmehr angesagt.

Wenn auch in Moskau die Beurteilung dieser Entwicklung in der BRD nicht einheitlich war, keimte Hoffnung für eine Neugestaltung der sowjetischen Deutschlandpolitik. Kontakte wurden ausgebaut und gepflegt. Auch wenn es dabei um »neutrale« Themen wie gegenseitiger Gewaltverzicht ging, nach kurzer Zeit war man beim Thema 1, der Berlin-Frage. Man wusste wohl in Moskau, dass dieses Thema unmittelbar die DDR betraf. Von Anbeginn aber wollte man die DDR nicht dabei haben. Falin, der eine zentrale Stellung in der neuen Deutschlandpolitik der UdSSR eingenommen hatte, begründete das mit dem kurzen, arroganten Satz: »Die ostdeutschen Obrigkeiten waren der Situation nicht gewachsen.«[182]

Zum wichtigsten Gesprächspartner der Diplomaten der UdSSR zur Deutschlandfrage avancierte seit Januar 1970 Egon Bahr, der Sonderbevollmächtigte von Kanzler Willy Brandt. Zwischen ihm und Falin – der seit 1970 über seine Überlegungen und Schritte direkt Breshnew berichten konnte – entwickelte sich früh eine verständnisvolle Partnerschaft.

Dabei trat Bahr in Moskau mit unverkennbarem Macht- und Selbstbewusstsein auf. Als im Mai 1970 in einer der Beratungen Außenminister Gromyko Bahrs Intentionen nicht folgen mochte, zögerte Bahr nicht, ultimativ zu erklären: »Wenn das Wesen der neuen Ostpolitik die sowjetische Seite nicht zufriedenstellt, ist sie frei, andere Partner unter den Deutschen zu suchen.«[183] Im August war mit dem Vertrag über die Normalisierung der Beziehungen zwischen der UdSSR und der Bundesrepublik Deutschland der erste Schritt für ein umfassendes international vernetztes Vertragssystem unternommen, in dem das Berlin-Abkommen der vier Siegermächte von 1971 eine Schlüsselrolle einnehmen sollte. Falin berichtete in seinen Erinnerungen eingehend, dass die Debatte in den Führungsgremien vorrangig der Frage gewidmet war: »Wie beurteilt der Westen den Vertag?«[184]

Wie sich der Vertrag und die damit verbundene Politik der UdSSR auf ihren »in unverbrüchlicher Freundschaft« verbundenen Partner DDR auswirkte, wurde offensichtlich ausgeblendet.

Bald zeigte sich, dass die Bundesregierung die Ratifizierung des Moskauer Vertrages mit der Forderung nach einer Berlin-Regelung verknüpfte. Falin verhandelte auch darüber weiter mit Bahr. Die DDR wurde, obwohl dabei ihre vitalen Interessen berührt wurden, nicht informiert. Als auch der amerikanische Botschafter in der Bundesrepublik, Kenneth Rush, in die Geheimdiplomatie Falins und Bahrs einbezogen wurde, ging es Falin schließlich für einen Moment durch den Kopf: »So wurde also auch Amerika in unsere Spitzenklöppelei einbezogen. Die Freunde in der DDR werden gekränkt sein und das mit Recht, wenn sie von Moskau nichts über unsere Zusammenkünfte erfahren.«[185] Falins Erklärung dafür, wie er mitwirkte hinter dem Rücken der DDR und letztlich auf Kosten der DDR, verriet allenfalls nur einen Anflug schlechten Gewissens. Seine Darstellung, dass nun auch die USA in seine »Spitzenklöppelei« mit Bahr einbezogen war, zeugte allerdings nur vom Abstand des sowjetischen Diplomaten zur Realität. Die USA waren schon lange an diesem Spiel beteiligt. Sie wurden auch nicht von Falin und Bahr »einbezogen«, sondern spielten die erste Geige. Der Konzertmeister hieß Henry A. Kissinger, der Dirigent Richard Nixon. Dass Falin das nicht bemerkte oder nicht wissen wollte, spricht nicht für ihn.

In den 60er Jahren hatten die USA durch ihre völkerrechtswidrigen Krieg gegen Vietnam an internationalem Renommee verloren. Als Präsident Nixon im Januar 1969 sein Amt antrat, stand eine Neuorientierung der amerikanischen Außenpolitik auf einem vorderen Platz in der Interessenliste des Präsidenten und seines Sicherheitsberaters Henry A. Kissinger. Schon vor dem Amtsantritt Nixons hatte Kissinger im Dezember 1968 Kontakt zu dem in der Washingtoner Botschaft der UdSSR tätigen KGB-Vertreter Boris Serow hergestellt, um über ihn nach Moskau eine Verständigungsofferte zu übermitteln.[186] Moskau reagierte zustimmend.

Kaum war Nixon im Amt, wurde Kissinger aktiv, um eine Änderung der sowjetischen Positionen in der Berlin-Frage zu erreichen. Er stellte fest: »Die westliche Verhandlungssituation war zunächst durchaus sehr ungünstig. Die Verbindungen nach West-Berlin auf dem Land- und Luftweg konnten […] durch so triviale Dinge behindert werden, dass es schwierig war, etwas dagegen zu unternehmen […]. Der Zivilverkehr auf den Straßen und Schienen wurde von der DDR kontrolliert, ein Umstand, dessen wir uns damals nicht bewusst waren.«[187]

Begonnen wurde in Washington damit, die Sowjetunion zu drängen, ihre seit 1961 vertretene Position – dass über den Zugang nach Westberlin mit der DDR zu verhandeln sei – zu verlassen und wieder zum früheren Standpunkt einer Viermächteverantwortung zurückzukehren. Erfolge waren anfangs dabei nicht zu erzielen. Nach und nach aber änderte sich die Haltung Moskaus in der von Kissinger angepeilten Richtung.[188] Mit Genugtuung registrierte man in Washington auch, dass sich mit der neuen Regierung unter Willy Brandt der Schwerpunkt der sowjetischen Berlin-Politik nach Bonn verlagerte.[189] Sehr früh hatte sich bei Kissinger die Überlegung herausgebildet, dass es den USA unmöglich war, »ohne die volle Unterstützung Brandts weiterzukommen«. Um sie »zu gewinnen, musste ich«, so schrieb er später, »mit seinem engsten Berater Egon Bahr sprechen«.[190] Bald entwickelte sich ein intimer Kontakt zwischen Henry Kissinger und Brandts Vertrautem.

Kissinger ging dabei von der Überzeugung aus: »Wenn die Ostpolitik Erfolg haben sollte, musste sie mit anderen Fragen verknüpft werden; nur so würde sich die Sowjetunion zu Kompromissen bewegen lassen.«[191] Er entwickelte den Plan, die sowjetische Gegenleistung für deren Interesse an Brandts Ostverträgen 1971 müsse »in einem günstigerem Ergebnis der Berlin-Verhandlungen bestehen«. Moskau befand sich in Kissingers Kalkül »demnach in der paradoxen Lage, zu Zugeständnissen aufgefordert zu werden, die sich durch das lokale Gleichgewicht der Kräfte nicht rechtfertigen ließen, um auf anderen Gebieten voranzukommen«.[192] Die Berlin-Verhandlungen wurden deshalb sowohl mit der Vorbereitung eines Abkommens zur Rüstungsbegrenzung – vor allem bei strategischen Atomwaffen (SALT I-Abkommen 1972) – und mit den Gesprächen über das Ende des Vietnam-Krieges (der das innenpolitische Konfliktpotential in den USA zunehmend erhöhte) verknüpft. Eine derartige Verknüpfung verschiedener internationaler Probleme wurde zu einer wesentlichen Leitlinie der außenpolitischen Taktik Kissingers. Damit versuchte er, seinem Gegenüber die strategischen Orientierungen der USA zu verbergen, ihn zu immer größeren partiellen Zugeständnissen zu bewegen. »Das Ganze war«, so Kissinger, »ein klassischer Fall für die Verkoppelung verschiedener außenpolitischer Bedürfnisse. Die praktische Konsequenz dieses Verkoppelungsmechanismus' lag jedoch darin, dass wir schließlich für den Erfolg der Politik Brandts die Verantwortung trugen.«[193]

Kissinger hatte mit Egon Bahr einen geeigneten Partner gefunden. Bahr war seit 1968 über einen geheimen Kanal mit dem Geheimdienst der UdSSR verbunden. Der sowjetische Geheimdienstchef Juri Andropow hatte seinen Offizier Wjatscheslaw (»Slawa«) Keworkow im Februar 1968 damit beauftragt, innerhalb eines halben Jahres »einen direkten Kanal zwischen der Führung der Sowjetunion und der BRD, der alle mit der Außenpolitik befassten offiziellen Stellen beiseite lässt«, einzurichten.[194] Es dauerte allerdings etwas länger. Erst in den letzten Dezembertagen 1969 war der geheime Kanal zwischen Moskau und Bonn fest installiert. Er blieb lange in Betrieb. Natürlich informierte Bahr – der sich vereinbarungsgemäß auch gegenüber den Mitgliedern der Bundesregierung über die Verbindung zu Keworkow ausschwieg – Kissinger über den »geheimen Kanal« nach Moskau.[196] Voller Stolz berichtete Bahr später: »Für Henry wurde Bonn gewissermaßen erwachsener, weil wir mit einer Apparatur umzugehen lernten, die ihm geläufig war, übrigens auch gegenüber Verbündeten.«[197]

Nachdem Kissinger am 31. Januar 1971 mit Bahr zu einem geheimen Treffen beim Start einer amerikanischen Apollo-Rakete zusammen getroffen war, verlängerte er seinen Kanal zu Bahr mit einem weiteren zum sowjetischen Botschafter Dobrynin. Kissinger nahm verstärkt Kurs auf ein neues internationales Abkommen zu Berlin, das die Rechtsposition der Westmächte stabilisieren und ausbauen sollte. Im Februar 1971 legte Dobrynin »plötzlich einen Kompromissvorschlag auf den Tisch: Die Sowjetunion würde ihre Verantwortlichkeit für den Zugang in Form einer einseitigen Erklärung dessen übernehmen, was ihrer Auffassung nach der ostdeutsche Standpunkt war«.[198] Nunmehr ging es Schlag auf Schlag. Am 22. März 1971 legte Kissinger Dobrynin in einem Aide mémoire die amerikanische Vorstellung für eine Westberlin-Regelung vor. Danach sollte die UdSSR die Autorität der Westmächte in Westberlin anerkennen, den Zugang garantieren und den Verkehr zwischen beiden Teilen der Stadt verbessern.[199]

In Berlin verhandelten seit dem März 1970 inzwischen die Botschafter der vier Siegermächte im Westberliner Kontrollratsgebäude über ein Berlin-Abkommen. Anfangs verliefen die Gespräche zäh und langwierig. Über Zwischenergebnisse schwieg man sich weitgehend aus. Dem sowjetischen Botschafter Pjotr A. Abrassimow entlockten die wartenden Journalisten nicht mehr als den oft wiederholten Spruch »Kommt Zeit, kommt Rat«. Anfang 1971 war die Zeit dann reif. Dann aber war allerdings auch Abrassimows Rat nicht mehr gefragt. Er saß zwar weiter als Vertreter der UdSSR am Verhandlungstisch. Die Strippen aber wurden von einem Dreiergespann in Bonn gezogen.

Weder in Washington noch in Moskau wollte man die internen Verbindungen über Kissinger, Bahr und Dobrynin nicht offenbaren. Angesichts dessen, dass die Beziehung zwischen dem sowjetischen Botschafter in der DDR Abrassimow mit seinem amerikanischen Kollegen Rush nicht ideal erschienen, suchte und fand man eine der Konspiration angemessene Konstellation. Kissinger schlug deshalb Dobrynin vor, für die nächste »scharfe« Verhandlungsphase Abrassimow gegen den ihm genehmeren Falin, der inzwischen Botschafter in Bonn war, auszutauschen. »In Bonn konnten sich Falin, Rush und Bahr treffen, ohne Aufsehen zu erregen.«[200]

Als die Absprachen der Vertreter der USA und der UdSSR zur Berlin-Vereinbarung weit gediehen waren, hielt man es in Moskau für geboten, den Verantwortlichen der DDR ein wenig davon zu übermitteln. Falin wurde beauftragt, mit dem Staatratsvorsitzenden Ulbricht und dem Ministerpräsidenten Stoph darüber zu sprechen. Das geschah zu einer Zeit, als in Moskau die Ablösung Walter Ulbrichts durch Erich Honecker beschlossen war. Stoph gehörte dabei zu den Vertrauten Honeckers und der UdSSR. Falin schrieb, er hatte Kenntnis, dass ihm Stoph bei diesem Treffen beistehen würde.[201] Das erschien erforderlich.

Ulbricht, der über Jahrzehnte Erfahrungen mit den Wendungen und Winkelzügen sowjetischer Diplomatie gemacht hatte, eröffnete das Gespräch mit der ironischen Bemerkung: »Was hat Ihnen Ihr Freund Bahr erzählt? Wie oft haben Sie sich in Westberlin getroffen? Alle Probleme sind dann wohl erörtert und erledigt?«[202] Nachdem Falin die sowjetischen Erwartungen für die in Angriff genommene neue Berlin-Regelung vorgetragen und dabei bemerkt hatte, dass Westberlin die Schlüsselfunktion für ein umfassendes Vertragswerk darstellt, war Ulbricht keinesfalls zufrieden.

Schon die Tatsache, dass ihm kein Dokument, sondern nur die mündliche Version eines Diplomaten übermittelt wurde, weckte sein Misstrauen. Er gab zu bedenken: »Kompromisse ohne gegenseitige Konzessionen gibt es nicht. Das ist elementar. Aber Konzessionen müssen gleichrangig sein. Von der DDR wird mehr verlangt als von der BRD, und die drei Westmächte sind bereit, sich darauf einzulassen. So geht das nicht.«[203] Wie von Falin erwartet, unterstützte Stoph das sowjetische Vorgehen. Am Ende der Zusammenkunft ersuchte Ulbricht Falin, Breshnew auszurichten, er erwarte, »dass die sowjetische Seite uns über die Vorgänge auf dem Laufenden halten wird«.

Schließlich konnte sich Ulbricht die Bemerkung nicht verkneifen: »Man kann von uns nicht erwarten, dass wir uns selbst zum Fraß vorwerfen.«[204]

Als kurze Zeit danach Walter Ulbricht auf sowjetischen Druck am 3. Mai 1971 als Erster Sekretär des ZK der SED abgelöst wurde, war eine wesentliche Hürde dafür überwunden, dass die DDR möglicherweise nicht bereit war, das zu billigen, was in der Geheimdiplomatie der Großmächte unter aktiver Mitwirkung der Bundesrepublik hinter ihrem Rücken, aber auf ihre Kosten ausgehandelt worden war. Dass vom neuen ersten Mann der SED Erich Honecker kein Widerspruch zu erwarten war, dessen hatte sich Breshnew vorher versichert.

Nunmehr konnten Rush, Bahr und Falin das Berlin-Abkommen ohne Rücksicht auf Rechte und Interessen der DDR in der Villa Henzen in einem Bonner Vorort fertig stellen. Bald kam auch Gromyko nach Berlin. Nach einer Verständigung mit dem nunmehrigen Ersten Sekretär des ZK der SED, Erich Honecker, sandte er Keworkow und Falin zu Bahr, »um die Vorstellungen der jetzt zwei deutschen Staaten einander anzupassen«.[205] Ob und warum

Honecker sich darauf eingelassen hat, dass der Standpunkt und die Interessen der DDR in dieser für das Land elementaren Frage gegenüber dem Vertreter der Bundesregierung nicht durch einen Bevollmächtigten der DDR übermittelt wurden, sondern dass dies durch einen General das KGB und einen Moskauer Diplomaten erfolgte, ist zwar denkbar. Es bleibt faktisch jedoch ungeklärt und offen.

Das Viermächteabkommen über Berlin wurde am 3. September 1971 von den Außenministern der vier Mächte unterzeichnet. Der Name trügt. Im Grunde hatten fünf Staaten dieses Abkommen vereinbart. Dabei waren die USA, die UdSSR und die Bundesrepublik Deutschland (die nicht zu den Unterzeichnern gehörte) federführend. Die DDR, um deren Rechte und deren Territorium es (hinsichtlich der Zufahrtswege nach Westberlin) bei diesem Abkommen im Wesentlichen ging, wurde dagegen vom Westen gemieden und von der UdSSR in demütigender Weise ausgehebelt.

Die über ein Vierteljahrhundert existierende Lücke der EAC-Verhandlungen von 1944 wurde mit diesem Abkommen zugunsten der Westmächte und zu Lasten der DDR geschlossen. Erstmals garantierte darin die UdSSR in einem völkerrechtlich verbindlichen Vertrag den Westmächten den ungehinderten Transitverkehr auf der Straße, auf der Schiene und zu Wasser zwischen der Bundesrepublik Deutschland und Westberlin. Eine Übersetzungsdebatte über den englischen Begriff »ties« (*Bindung, aber auch Verbindung – H. G.*) konnte nicht darüber hinwegtäuschen, das mit diesem Abkommen die bis dahin umstrittene Bindung Westberlins an die Bundesrepublik nunmehr völkerrechtlich besiegelt war.

Freudig stellte Kissinger im Juli 1971 fest, »welche Zugeständnisse allein in einem Monat« von den sowjetischen Verhandlern an die USA »gemacht waren«.[206] Als der Vertrag schließlich unter Dach und Fach war, übermittelte der amerikamische Botschafter in Bonn, Kenneth Rush, Kissinger die freudige Nachricht: »Der Entwurf der vorläufigen Vereinbarung ist beigefügt, und es fällt mir immer noch schwer zu glauben, dass er so günstig aussieht. […] Gestern haben wir von Falin praktisch alles bekommen, was wir von ihm wollten.«[207] Schon diese Nachricht ließ erkennen, wer zu den Gewinnern und wer zu den Verlierern des Berlin-Abkommens gehören würde.

Die Bundesrepublik gab nach diesem Abkommen die seit langem antiquierte Hallstein-Doktrin auf. Die Westmächte und andere Staaten entwickelten danach diplomatische Beziehungen zur bisher von ihnen völkerrechtlich nicht anerkannten DDR. Aber auch unter anderen Umständen wäre die Hallstein-Doktrin nicht mehr lange zu halten gewesen. Sie wurde schon vor dem Berlin-Abkommen von vielen Staaten faktisch umgangen. Die oft zitierte Anerkennungswelle in den 70er Jahren brachte der DDR nicht annähernd so viel effektiven Gewinn, wie der Verlust durch das Weiterbestehen des Besatzungsregimes in West-Berlin und die Regelung der Zugangswege über ihr Territorium ausmachte. Ein wesentlicher nachhaltiger Verlust der DDR entstand im Verlaufe und im Ergebnis dieser Verhandlungen, aber auch dadurch, dass die UdSSR ihren Partnern im Westen offenbarte, dass sie wieder bereit und angesichts der neuen Führungsriege in der DDR auch in der Lage war, hinter dem Rücken und auf Kosten der mit ihr verbündeten DDR ihren außenpolitischen Interessen und Zielen zu folgen. Damit wurde annonciert: Der Schlüssel zur Lösung der deutschen Frage ist in Moskau deponiert.

Als die Führung der DDR versuchte, zu Beginn der 80er Jahre ihrer Politik gegenüber dem »Großen Bruder« wieder erkennbare Konturen zu geben, geschah das unter denkbar schlechten Rahmenbedingungen. Die UdSSR war selbst in der wohl kritischsten Phase nach dem Zweiten Weltkrieg angelangt. Die DDR war in ihrer ökonomischen Handlungsfreiheit durch eine verfehlte Wirtschaftspolitik mit hoher Auslandskreditbelastung eingeschränkt. Ein Umsteuerungsbedarf war unübersehbar. Zu lange fehlte es jedoch an einer realistischen Lageanalyse, vor allem aber an erkennbarem Alternativen, um die vorhandenen politischem und ökonomischen Defizite zu überwinden. Von Moskau waren weder konstruktive Impulse noch ökonomische Unterstützung zu erwarten. Vom Westen dagegen war nichts anderes zu erwarten als Übernahme, Systemwechsel, Triumph der bürgerlichen Staats-, Wirtschafts- und Rechtsordnung. Immanenter Bestandteil dieser bürgerlichen Interessenlage war ein historisch einmaliger Eigentumstransfer von Ost nach West, die Zerstörung und Verketzerung all dessen, was als echte sozialistische Errungenschaft geschaffen war.

Es war das (vorläufige) Ende einer Systemauseinandersetzung, die mit dem Kampf der Kommunarden in Paris gegen das Bürgertum begonnen hatte. Historisch war es zweifellos kein Zufall, dass das Ende der DDR und das Ende der Sowjetunion zeitlich zusammenfielen. Moskau strebte in der Nachkriegszeit ein bündnisfreies Deutschland an, um künftig einer Bedrohung aus dem Westen zu entgehen. Das einheitliche Deutschland konstituierte sich 1990 allerdings in völlig gegensätzlicher Weise, als man das sich in früheren sowjetischen Strategien vorgestellt hatte. Es war im Gegensatz zu den sowjetischen Nachkriegsvisionen ein bürgerlicher, voll im Westbündnis integrierter NATO-Staat.

Im Schmelztiegel der Ereignisse an Beginn der 90er Jahre entstand nicht nur ein anderes als das ursprünglich erwartete Deutschland. Die UdSSR zerbrach. Es entstand ein – Jahrzehnte vorher unvorstellbares – anderes Russland. Das Rad der Geschichte hatte sich knarrend bewegt. Keinesfalls nach vorn. Nur die Sieger hatten Grund zum Feiern.

Anmerkungen

1 »Aufzeichnung des Gespräches des Gen. Stalin J. W. mit den Führern der SED W. Pieck, W. Ulbricht und O. Grotewohl, 7. April 1952.« In: Archiv des Präsidenten der Russischen Föderation (AP RF) f. 45,0.1,d,203 II. 147-166. Übersetzt und veröffentlicht von Bernd Bonewitsch/Sergej Kudrjásow »Stalin und die 2. Parteikonferenz der SED«, in: »Stalin und die Deutschen«, R. Oldenbourg Verlag, München 2006 S. 199
2 Vgl. Simon Sebag Montefiore, » Stalin. Am Hof des roten Zaren«, S. Fischer Verlag, Frankfurt am Main, S. 707
3 Walter Ulbricht, » Die DDR ist frei in ihrer Innen- und Außenpolitik«, *Neues Deutschland* vom 20. September 1955
4 Wladimir Semjonow, »Von Stalin bis Gorbatschow. Ein halbes Jahrhundert in diplomatischer Mission 1939-1991«. Nicolaische Verlagsbuchhandlung, Berlin 1995, S. 273
5 Aus einem geheimem Vermerk über die gemeinsame Besprechung der Delegation der KPdSU mit der Delegation der SED am 21. August 1970 in Moskau. In: SAPMO-BArch, DY 30/ J IV 2/2A 3196.
6 Protokoll einer Unterredung zwischen L. I. Breshnew und Erich Honecker am 28. Juli 1970. SAPMO-BArch, DY 30/3518, Bl. 115f.
7 Julij Kwizinskij, »Vor dem Sturm. Erinnerungen eines Diplomaten«. Siedler Verlag, Berlin 1993, S. 258
8 Vgl. »Michail Gorbatschow und die deutsche Frage«, Gespräch Gorbatschows mit Schewardnadse u. a. am 26. Mai 1986, Moskau 2006 (russ.), S. 6
9 Michail Gorbatschow, »Vortrag an der Amerikanischen Universität in Ankara«. Veröffentlicht in: *Dialog Prag* Nr.146, Oktober 1999, übersetzt von H. J. Falkenhagen. In Deutschland in: Horst Richter, »Musste die Perestroika scheitern?«, Rosa-Luxemburg-Stiftung Sachsen, Leipzig 2009, S. 65; sowie Siegfried Wenzel, »Von wegen Beitritt. Offene Worte zur deutschen Einheit. Fakten und Zitate«. Das Neue Berlin, Berlin 2007, S. 76
10 Valentin Falin, »Mein 9. November«, Hrsg. Heribert Schwan/Rolf Steininger, Artis & Winkler, Düsseldorf 2009, S. 109
11 Besprechung Tschuikow und Iljitschow mit Wilhelm Pieck am 10. November 1949. SAPMO-BArch, NY 4036/736 , Bl. 5-7

12 Besprechung Tschuikows und Iljitschows mit Pieck, Grotewohl und Ulbricht am 11. November 1949, 8 Uhr. SAPMO-BArch, NY 4036/736, Bl. 8f.
13 Vgl. Jahresbericht des Amtes für Reparationen. In: Rainer Karlsch: »Allein bezahlt? Reparationsleistungen der SBZ/DDR 1945-1953«. Ch. Links Verlag, Berlin 1998, S. 194
14 Schreiben Tschuikows an Grotewohl zur Versorgung der Besatzungstruppen vom 4. Januar 1950. In: SAPMO-BArch, NY 4182/1194, Bl. 1f.
15 Politbürobeschluss vom 5. Mai 1950 und 2. Bericht von der Reise der Genossen Grotewohl und Ulbricht. In: SAPMO-BArch, DY 30/ IV 2/2/87
16 Politbürobeschluss vom 16. Mai 1950 zum 2. Antwortschreiben der Sowjetregierung über die Herabsetzung der Reparationszahlungen, SAPMO-BArch, DY 30/ IV 2/2 /89. In: *Neues Deutschland* vom 17. Mai 1950
17 Vgl. Monika Kaiser, »Wechsel von sowjetischer Besatzungspolitik zu sowjetischer Kontrolle? Sowjetische Einflussnahme und ostdeutsche Handlungsspielräume im Übergangsjahr von der SBZ zur DDR«. In: Thomas Lindenberger (Hrsg.), »Herrschaft und Eigen-Sinn in der Diktatur«, Böhlau Verlag, Köln1999, S. 219
18 ebenda
19 Brief Wilhelm Piecks vom 28. Februar 1950 an J. W. Stalin. SAPMO-BArch, NY 4036/736, Bl. 62f.
20 Monika Kaiser, a. a. O., S. 220
21 Walter Ulbricht zu Wirtschaftspolitik und Wirtschaftsstruktur. Stenografische Niederschrift über die 2. Sitzung des Parteivorstandes der SED, 14./15. Mai 1946. SAPMO-BArch DY 30/IV 2 /1/1 sowie DY 30/ IV 2/2.1/6
22 Walter Ulbricht, Brief an das Politbüro der KPdSU vom 26. September 1946. In: Russisches Zentrum für die Aufbewahrung und Erforschung von Dokumenten der neuesten Geschichte (RZChilDNI), 17/128/147, Bl. 70f. Jan Foitzik, der dieses Dokument entdeckte, schrieb, dass es inzwischen wieder gesperrt ist. Vgl. Jan Foitzik, »Sowjetische Militäradministration in Deutschland (SMAD) 1945-1949«, Akademieverlag, Berlin 1999, S. 357
23 ebenda
24 Brief Walter Ulbricht an den Politischen Berater des Vorsitzenden der Sowjetischen Kontrollkommission in Deutschland, Genossen W. S. Semjonow. SAPMO-BArch NY 4036/736, Bl. 196ff.
25 Vgl. Herbert Graf, »Mein Leben ...«, S. 305-316
26 Peter Graf Kielmansegg, »Das geteilte Land – Deutschland 1945-1990«, in: Siedler (Hrsg.), »Deutsche Geschichte«, Bd. 4, Siedler Verlag, München 2000, S. 117
27 Wladimir S. Semjonow, »Von Stalin bis Gorbatschow ...«, S. 274
28 Julij Kwizinskij, Nachwort zu Wladimir Semjonows »Von Stalin bis Gorbatschow. Ein halbes Jahrhundert in diplomatischer Mission 1939-1991«. Nicolaische Verlagsbuchhandlung, Berlin 1995, S. 393
29 Wladimir Semjonow, »Von Stalin bis Gorbatschow. Ein halbes Jahrhundert in diplomatischer Mission 1939-1991«. Nicolaische Verlagsbuchhandlung, Berlin 1995, S. 276f.
30 ebenda

31 Valentin Falin, »Politische Erinnerungen«. Droemer Knauer Verlag, München 1993, S. 297f.

32 ebenda

33 Alexander Bogomolow, »Ohne Protokoll«. edition ost, Berlin 2000, S. 47

34 Vertrag über die Beziehungen zwischen der Bundesrepublik Deutschland und den Drei Mächten (Deutschlandvertrag) vom 26. Mai 1952 i. d. Fassung vom 23. Oktober 1954, Art. 7, Ziffer 2. Veröffentlicht im Bundesgesetzblatt 1955 II, S. 306f.

35 Vgl. Note der sowjetischen Regierung an die Regierungen Frankreichs, des Vereinigten Königreichs und der Vereinigten Staaten vom 10. März 1952. In: Europaarchiv 7 (1952), 7. Folge, S. 4832f., sowie Note an die Regierung der Westmächte über den Friedensvertrag mit Deutschland vom 9. April 1952. In: Europaarchiv 1952, S. 4866f.

36 Aleksej Filitow, »Die Note vom 10. März 1952«. In: »Stalin und die Deutschen ...«, S. 171

37 Vgl. Luciano Canfora, »Eine kleine Geschichte der Demokratie«, PapyRossa Verlag, Köln 2006, S. 286

38 Valentin Falin, »Politische Erinnerungen ...«, S. 308

39 a. a. O., S. 310

40 Besprechung am 9. März 1952, Sonntag 10.30 Uhr abends. SAPMO-BArch NY 4036/736, Bl. 298ff.

41 Vgl. Wladimir S. Semjonow: »Von Stalin bis Gorbatschow ...«, S. 267ff., sowie Valentin Falin, » Politische Erinnerungen ...«, S. 310

42 Franz Josef Strauß, »Die Erinnerungen«, Siedler Verlag, München1998, S. 204

43 Peter Graf Kielmansegg, »Das geteilte Land – Deutschland 1945-1990«. In: Siedler (Hrsg.), »Deutsche Geschichte«, Bd. 4, Siedler Verlag, München 2000, S. 155

44 Aleksej Filitow, »Die Note vom 10. März 1952«, S. 172

45 Valentin Falin, »Politische Erinnerungen ...«, S. 314

46 »Aufzeichnung des Gespräches des Gen. Stalin J. W. mit den Führern des ZK der SED W. Pieck, W. Ulbricht und O. Grotewohl, 1. April 1952.« AP RF, f.45, op.1,d. 303, II.147-166. Übersetzt und veröffentlicht von Bernd Bonewitsch/Sergej Kudrjásow in: »Stalin und die 2. Parteikonferenz der SED. Aufzeichnung des Gesprächs des Genossen J. W. Stalin mit den Führern der SED am 1. April«, in: Zarusky, Jürgen (Hrsg.), »Stalin und die Deutschen«, R. Oldenbourg Verlag, München 2006, S. 187f.

47 a. a. O., S. 199

48 Notizen von Wilhelm Pieck über die Schlussbesprechung am 7. April 1952 in Moskau. SAPMO-BArch NY 4036/696, Teil VI

49 »Aufzeichnung des Gespräches des Gen. Stalin J. W. mit den Führern der SED W. Pieck, W. Ulbricht und O. Grotewohl, 7. April 1952.« AP RF, f.45, op. 1,d. 303, II.179-187. Übersetzt und veröffentlicht von Bernd Bonewitsch/Sergej Kudrjásow in: »Stalin und die 2. Parteikonferenz der SED«, S. 199

50 ebenda

51 a. a. O., S. 204

52 ebenda
53 a. a. O., S. 206
54 ebenda
55 a. a. O., S. 179
56 a. a. O., S. 176
57 Notizen von Wilhelm Pieck über die Schlussbesprechung am 7. April 1952 in Moskau. SAPMO-BArch NY 4036/696, Teil VI
58 »An die Genossen Pieck, Grotewohl und Ulbricht« vom 4. Juli 1952. Russisches Staatsarchiv für Sozialpolitische Geschichte (RGASPI) f.17, op. 137, d. 890, 1.216. Veröffentlicht in: Bonewitsch/Kudrjásow, »Stalin und die 2. Parteikonferenz der SED …«, S. 181f.
59 Mitteilung des ZK der KPdSU vom 8. Juli 1952 an Shukow, Semjonow, Iljitschow. RGASPI, f.17, op. 163, d. 1625, 1.25.Veröffentlicht in: Bonewitsch/Kudrjásow, »Stalin und die 2. Parteikonferenz der SED …«, S. 183
60 a. a. O., S. 185
61 Walter Ulbricht, »Die gegenwärtige Lage und die neuen Aufgaben der Sozialistischen Einheitspartei Deutschlands. Referat auf der 2. Parteikonferenz der SED«. In: Walter Ulbricht, »Zur Geschichte der deutschen Arbeiterbewegung. Aus Reden und Aufsätzen«, Bd. 4, Dietz Verlag, Berlin 1958, S. 407
62 Otto Buchwitz, »Brüder, in eins nun die Hände«. Dietz Verlag, Berlin 1956, S. 275
63 Wilhelm Pieck, Notizen; Besprechung am 14. April 1952 mit Tschuikow, Semjonow, Grotewohl, Ulbricht. SAPMO-BArch NY 4036/736, Bl. 301ff.
64 Wilhelm Pieck, Notizen; Besprechung am 18. April 1952 bei Tschuikow. SAPMO-BArch NY 4036/736, Bl. 304ff.
65 Wilhelm Pieck, Notizen; Besprechung am 7. Mai 1952 bei Tschuikow. SAPMO-BArch NY 4036/736, Bl. 312ff.
66 Wilhelm Pieck, Notizen; Besprechung am 9. Januar 1953 in Karlshorst. SAPMO-BArch NY 4036/736, Bl. 331ff.
67 Wilhelm Pieck, Notizen; Besprechung am 2. Februar 1953 mit Iwanow. SAPMO-BArch NY 4036/736, Bl. 338ff.
68 Wilhelm Pieck, Notizen; Besprechung am 6. Februar 1953 in Karlshorst. SAPMO-BArch NY4036/736, Bl. 342-348. Vgl. dazu Herbert Graf, »Mein Leben …«, S. 310ff.
69 Valentin Falin, »Politische Erinnerungen«, S. 314f.
70 Wladimir S. Semjonow, »Von Stalin bis Gorbatschow …«, S. 290f.
71 Julij Kwizinskij, Nachwort zu Wladimir S. Semjonows »Von Stalin bis Gorbatschow …«, S. 392
72 Vgl. dazu: W. I. Molotow. In: Stenographischer Bericht der Plenartagung des ZK der KPdSU, 2. Juli 1953. Veröffentlicht in: »Der Fall Beria – Protokoll einer Abrechnung«. Aufbau Taschenbuchverlag, Berlin 1993, S. 77ff.
73 Andrej Gromyko, »Memories«, London 1989, S. 315
74 *Neues Deutschland* vom 31. Mai 1953
75 Valentin Falin, »Politische Erinnerungen …«, S. 333
76 Verfügung des Ministerrates der UdSSR vom 2. Juli 1953 »Über die Maßnahmen zur Gesundung der politischen Lage in der Deutschen Demokrati-

schen Republik. Streng geheim.« SAPMO-BArch NY 4090/699 sowie SAPMO-BArch DY 30/J IV 2/2/285
77 Verfügung des Ministerrates der UdSSR vom 2. Juli 1953 …«
78 Niederschrift des Telegramms von Ulbricht an Orlow und Axen vom 2. Juni 1953. SAPMO-BArch DY 30/J IV 2/2/ 285 sowie Protokoll der außerordentlichen Sitzung des Politbüros des ZK vom 3. Juni 1953. SAPMO-BArch DY 30/ J IV 2/2/285
79 Vgl. Otto Grotewohl: Mitschrift während der Zusammenkünfte zwischen der SED-Delegation mit Mitgliedern des Präsidiums des ZK der KPdSU vom 2. bis 5. Juni 1953 in Moskau. SAPMO-BArch DY 30/J IV 2/2/ 268 und SAPMO-BArch NY 4090/699.
80 Nikita S. Chruschtschow in der Plenartagung des ZK der KPdSU am 2. Juli 1953. In: »Stenographischer Bericht der Plenartagung des ZK der KPdSU, 2.Juli 1953 …«, S. 67
81 Vgl. Otto Grotewohl: Mitschrift während der Zusammenkünfte zwischen der SED-Delegation mit Mitgliedern des Präsidiums des ZK der KPdSU vom 2. bis 5. Juni 1953 in Moskau. SAPMO-BArch DY 30/J IV 2/2/268 und SAPMO-BArch NY 4090/699
82 W. I. Molotow. In: »Stenographischer Bericht der Plenartagung des ZK der KPdSU, 2. Juli 1953«, S. 76.
83 Valentin Falin, »Politische Erinnerungen …«, S. 316
84 P. A. Sudoplatow, »Der Handlanger der Macht. Enthüllungen eines KGB-Generals«. Econ, Düsseldorf-Wien-New York-Moskau 1994, S. 21ff.
85 a. a. O., S. 422
86 a. a. O., S. 421
87 a. a. O., S. 423
88 a. a. O., S. 425
89 Rudolf Herrnstadt, »Das Herrnstadt-Dokument«. Rowohlt, Reinbek bei Hamburg 1990, S. 74
90 ebenda
91 H. Zolling/H. Höhne, »Pullach intern«. Bertelsmann Verlag, Hamburg 1975, S. 158ff. sowie »Alles auf dem Kopf«, *Der Spiegel* 29/1953, S. 5f.
92 Reinhard Gehlen, »Der Dienst. Erinnerungen 1942-1971«. Verlag Hase & Köhler, 1971, S. 203
93 Rudolf Herrnstadt, »Das Herrnstadt-Dokument«, S. 79
94 Vgl. Herbert Graf, »Mein Leben …«, S. 181ff.
95 Helmut Kohl, »Erinnerungen 1930-1980«. Droemer, München 2004, S. 87
96 Nikita S. Chruschtschow in der Plenartagung des ZK der KPdSU am 2. Juli 1953. In: Stenografischer Bericht der Plenartagung des ZK der KPdSU, 2. Juli 1953 …«, S.66
97 W. I. Molotow. In: »Stenografischer Bericht der Plenartagung des ZK der KPdSU, 2. Juli 1953 …«, S. 78
98 Beschluss des ZK der KPdSU »Über die verbrecherische partei- und staatsfeindliche Tätigkeit Berias« vom 7. Juli 1953. In: »Stenografischer Bericht der Plenartagung des ZK der KPdSU, 2. Juli 1953 …«, S. 335
99 Zusammenfassende Notiz von Otto Grotewohl über die Moskaureise am 9. Juli 1953. SAPMO-BArch NY 4090/699

100 Siegfried Prokop, »Walter Ulbricht, vor 100 Jahren geboren: Berufsrevolutionär, Apparatschik, Staatsmann, Erzdogmatiker und Reformer. Immer in der Attacke«, *Neues Deutschland* vom 30. Juni 2003, S. 9
101 Wilfried Loth, »Stalins ungeliebtes Kind«. Rowohlt, Berlin 1994, S. 215
102 Wilfriede Otto, »Die SED im Juni 1953«. Karl Dietz Verlag, Berlin 2003, S. 27
103 Dieter Krüger, Armin Wagner, »Konspiration als Beruf. Deutsche Geheimdienste im Kalten Krieg«. Ch. Links Verlag, Berlin, 2003, S. 133 und 145
104 Brief Rudolf Herrnstadt an W. S. Semjonow vom 28. November 1962. In: Rudolf Herrnstadt, »Das Herrnstadt-Dokument«, S. 264-277
105 Valentin Falin, »Politische Erinnerungen …«, S. 316
106 a. a. O., S. 318
107 Markus Wolf, »Spionagechef im Kalten Krieg«. List Verlag, Düsseldorf 1997, S. 167ff.
108 Vgl. Notizen Wilhelm Pieck, Besprechung am 14. April 1952 mit Tschuikow und Semjonow. SAPMO-BArch NY 4036/736, Bl. 301f.
109 Franz Josef Strauß, »Die Erinnerungen«. Siedler Verlag, München 1989, S. 207f.
110 Valentin Falin, »Politische Erinnerungen …«, S. 331
111 Wolfgang Harich, »Keine Schwierigkeiten mit der Wahrheit«. Dietz Verlag, Berlin 1993, S. 43f. Vgl. dazu Herbert Graf, »Mein Leben …«, S. 357ff.
112 Valentin Falin, »Politische Erinnerungen …«, S. 335
113 Walter Ulbricht, »Die gegenwärtige Lage und der Kampf um das neue Deutschland. Rechenschaftsbericht des ZK der SED an den IV. Parteitag«. *Neues Deutschland* vom 31. März 1954, S. 3
114 Julij Kwizinskij, »Vor dem Sturm«. Siedler, München 1993, S. 177f.
115 Brief von Mitgliedern des SED-Politbüros an L. I. Breshnew vom 21. Januar 1971. Veröffentlicht in: Peter Przybylski, »Tatort Politbüro«. Rowohlt, Berlin 1991, S. 299
116 Protokoll einer Unterredung zwischen L. I. Breschnew und Erich Honecker am 28. Juli 1970. SAPMO-BArch DY 30/ J IV 2/2A/ 3196
117 Henry A. Kissinger, »Memoiren 1968-1973«. C. Bertelsmann Verlag, München 1979, S. 858
118 Fritz Stern, »Fünf Deutschland und ein Leben«. Deutscher Taschenbuch Verlag, München 2006, S. 388
119 Walter Ulbricht, »Wir nutzen die große Chance für den Friedensvertrag und die Wiedervereinigung«. *Neues Deutschland* vom 16. Juni 1961, S. 4
120 Julij Kwizinskij, »Vor dem Sturm …«, S. 216
121 Mathias Uhl, »Der eiserne Ring um Berlin«. In: *Die Zeit* vom 4. September 2009, Nr. 24
122 Das gilt m. E. auch für die Erklärung des Parteivorstandes der PDS vom 13. Juli 2001: »Die PDS hat sich vom Stalinismus der SED endgültig befreit.« *http://archiv 2007.sozialisten.de./partei/geschichte/view-html?zid=3340*
123 Walter Ulbricht, »Der Kampf um den Frieden und die Festigung der Arbeiter- und Bauernmacht«. Referat auf dem V. Parteitag der SED am 10. Juli 1958. In: Protokoll des V. Parteitages der SED. Dietz Verlag, Berlin 1958, S. 25f.
124 Vgl. Valentin Falin, »Politische Erinnerungen …«, S. 335f.
125 N. S. Chruschtschow: Rede in Moskau am 10. November 1958. *Prawda* vom 11. Oktober 1958 sowie am gleichen Tag in *Neues Deutschland*

126 Vgl. Walter Ulbricht, Rede am 17. Oktober 1958. *Neues Deutschland* vom 28. Oktober 1958
127 Brief Chruschtschows an Ulbricht vom 14. Juli 1955. SAPMO-BArch DY 30/3749, Bl. 45f.
128 Vgl. Herbert Graf, »Mein Leben...«, S. 275ff.
129 »Note der Regierung der UdSSR an die Regierung der Vereinigten Staaten von Amerika zur Lage Berlins« vom 27. November 1958. (Gleichlautende Noten erhielten die Regierungen Großbritanniens und Frankreichs). In: *Europa Archiv* Nr. 24/1958, S. 11300ff. und *Prawda* vom 28. November 1958
130 Aus der Note der Regierung der USA an die Regierung der UdSSR zur Lage Berlins. In: *Europa Archiv* Nr. 24/1958, S. 11316
131 Memorandum des State Department der USA zur Berlin-Frage vom 20. Dezember 1958. In: »Dokumentation zur Deutschlandfrage. Von der Atlantik-Charta 1941 bis zur Berlin-Sperre 1961«. Hauptband II. Siedler Verlag, Bonn-Zürich-Wien 1961, S. 56ff.
132 »Note der Regierung der UdSSR an die Regierung der Vereinigten Staaten von Amerika zur Lage Berlins«, a. a. O.
133 Julij Kwizinskij, »Vor dem Sturm ...«, S. 225
134 Valentin Falin, »Politische Erinnerungen ...«, S. 338
135 Henry A. Kissinger, »Memoiren 1968-1973«. C. Bertelsmann Verlag, München 1979, S. 438
136 Dwight D. Eisenhower: Erklärung auf der Pressekonferenz in Washington am 28. September 1959. *The New York Times* vom 30. September 1959, S. 16
137 Dwight D. Eisenhower in: »Paris Buh«. *Der Spiegel* 22/1960
138 Gaston Coblenz in: *New York Herald Tribune* vom 13. Mai 1960
139 N. S. Chruschtschow im Gespräch mit Charles de Gaulle, zitiert in: »Paris Buh«. *Der Spiegel* 22/1960
140 Vgl. Rudyard Kippling. In: »Paris Buh«. *Der Spiegel* 22/1960
141 N. S. Chruschtschow auf der Gipfelkonferenz am 18. Mai 1960 in Paris. Zitiert in: »Paris Buh«. *Der Spiegel* 22/1960
142 Valentin Falin, »Politische Erinnerungen ...«, S. 342
143 Franz Josef Strauß, »Die Erinnerungen«, Siedler, Berlin 1998, S. 429
144 Honoré M. Catudal, »Kennedy in der Mauerkrise. Eine Fallstudie zur Entscheidungsfindung in den USA«, Berlin-Verlag, Berlin 1981, S. 127
145 N. S. Chruschtschow im Abschlussgespräch mit J. F. Kennedy am 4. Juni 1961. In: Honoré M. Catudal, »Kennedy in der Mauerkrise ...«, S. 124f.
146 Valentin Falin, »Politische Erinnerungen ...«, S. 344
147 Franz Josef Strauß, »Die Erinnerungen«, S. 430
148 ebenda
149 William E. Leuchtenberg, »President Kennedy and the end of the Postwar World«. In: Aida DiPace Donald, »John F. Kennedy and the New Frontier«, Hill and Wang, New York 1966, S. 113. Honoré M. Catudal, »Kennedy in der Mauerkrise ...«, S.132
150 Vgl. Honoré M. Catudal, »Kennedy in der Mauerkrise ...«, S. 212
151 Honoré M. Catudal, »Kennedy in der Mauerkrise ...«, S. 215
152 Walt Rostow im Interview mit dem *NDR* am 12. August 1976

153 J. William Fulbright. In: *The New York Times* vom 3. August 1961
154 Vgl. Honoré M. Catudal, »Kennedy in der Mauerkrise ...«, S. 263
155 *Frankfurter Allgemeine Zeitung* vom 8. April 1993
156 Vgl. Viktor Marchetti u. a., »The CIA and the Cult of Intelligence«. New York 1974, S. 214f.
157 Vgl. Bruno Mahlow, »Atomschlag gegen die UdSSR«. In *Akzente* 03/2009
158 Vgl. Wilfriede Otto, »13. August 1961 – eine Zäsur in der europäischen Nachkriegsgeschichte«. In: *Beiträge zur Geschichte der Arbeiterbewegung*, Heft 1+2/1997; ebenso: Rolf Steininger, »Der Mauerbau. Die Westmächte und Adenauer in der Berlin-Krise 1958-1963«, Olzog Verlag, München 2001
159 Niederschrift eines Gespräches des Genossen N. S. Chruschtschow mit Genossen W. Ulbricht am 1. August 1961. In: *http//www.welt.de /politik/article3828831/das-Gespräch-zwischen-Ulbricht-und-Chruschtschow*
160 Klaus Wigrefe, »Monströses aus Moskau«, *Der Spiegel* 23/2009
161 Wilfriede Otto, »13. August 1961 – Eine Zäsur in der europäischen Nachkriegsgeschichte ...«, Heft 2/1997, S. 55ff.
162 Brief Walter Ulbricht an N. S. Chruschtschow vom 4. August 1961. SAPMO-BArch DY 30/3709
163 H. Mehringer (Hrsg.), »Von der SBZ zur DDR. Studien zum Herrschaftssystem in der sowjetischen Besatzungszone und in der Deutschen Demokratischen Republik«. München 1995, S. 254-268
164 Franz Josef Strauß, »Die Erinnerungen«, Siedler, München 1998, S. 431
165 a. a. O., S. 433
166 Interview Paul Oestreicher im Auftrag der *BBC London*. In: »Im Schützengraben raucht man nicht«. Textarchiv der Berliner Zeitung *www.berlinonline.de/berliner-zeitung/archiv/.bin/dump.fcgi/2009*. Sowie: *Berliner Zeitung* vom 23./24. Oktober 2009
167 Siegwart-Horst Günter, Gerald Götting, »Was heißt Ehrfurcht vor dem Leben? Begegnungen mit Albert Schweizer«, Verlag Neues Leben 2006, S. 196
168 Vgl. »Interview Paul Oestreicher im Auftrag der BBC London ...«, S. 1ff.
169 Siegfried Prokop, »Aber keinen Millimeter weiter«. *Neues Deutschland* vom 12. August 2006, S. 22
170 Henry A. Kissinger, »Memoiren 1968-1973 ...«, S. 437
171 Walter Ulbricht, »Denken ist die erste Bürgerpflicht«. Fernsehansprache am 15. September 1961. Broschierter Nachdruck, o. J., S. 18
172 »Protokoll über die Besprechung beim Genossen Walter Ulbricht am 16. September 1961. Teilnehmer: P. Verner, O. Winzer, S. Schwab, E. Mielke, H. Hoffmann, H. Keßler, P. Florin, E. Kramer. R. Herber.« SAPMO-BArch DY 30/ 3509, Bl. 122-127
173 Brief Chruschtschows an Ulbricht vom 28. September 1961. SAPMO-BArch DY 30/3509, Bl. 122-127
174 Vgl. Rolf Steininger, »Der Mauerbau. Die Westmächte und Adenauer in der Berlin-Krise 1958-1963«. Olzog Verlag, München 2001. S. 287
175 a. a. O., S. 289
176 A. Gromyko, zitiert in: Rolf Steininger, »Der Mauerbau ...«, S. 291f.
177 Vgl. Valentin Falin, »Politische Erinnerungen ...«, S. 345

178 a. a. O., S. 341
179 Julij Kwizinskij, »Vor dem Sturm ...«, S. 223
180 Vgl. Herbert Graf, »Mein Leben ...«, S. 41-50
181 Vgl. Henry A. Kissinger, »Memoiren 1968-1973 ...«, S. 109ff.
182 Valentin Falin, »Politische Erinnerungen ...«, S. 64
183 a. a. O., S. 86
184 a. a. O., S. 112
185 a. a. O., S. 146
186 Henry A. Kissinger, »Memoiren 1968-1973 ...«, S. 140
187 a. a. O., S. 875
188 a. a. O., S. 438f.
189 a. a. O., S. 440
190 a. a. O., S. 857
191 a. a. O., S. 443
192 a. a. O., S. 876
193 ebenda
194 Wjatscheslaw Keworkow, »Der geheime Kanal. Moskau und die Bonner Ostpolitik«. Rowohlt Berlin, Berlin 1995, S. 29f.
195 a. a. O., S. 53
196 Vgl. Egon Bahr. Nachwort zu Wjatscheslaw Keworkow, »Der geheime Kanal ...«, S. 274
197 ebenda
198 Henry A. Kissinger, »Memoiren 1968-1973 ...«, S. 878
199 a. a. O., S. 879
200 a. a. O., S. 880
201 Valentin Falin, »Politische Erinnerungen ...«, S. 151
202 a. a. O., S. 150
203 ebenda
204 a. a. O., S. 151f.
205 a. a. O., S. 173
206 Henry A. Kissinger, »Memoiren 1968-1973 ...«, S. 882
207 a. a. O., S. 883

Nachbemerkungen

Die Bilanz dessen, was in der historisch kurzen Zeit der Existenz der Deutschen Demokratischen Republik geschaffen wurde, bleibt beeindruckend. Nach kaum mehr als zwei Jahrzehnten gehörte die Volkswirtschaft der DDR zu den leistungsfähigsten in Europa. Die Vergesellschaftung von Banken und Großbetrieben ermöglichte Vollbeschäftigung und ein bis dahin in Deutschland ungekanntes Maß an sozialer Sicherheit. Gleichberechtigung von Mann und Frau wurde zunehmend verwirklicht. Gleiche elternunabhängige Bildungschancen wurden früh zum Standard. Genossenschaftliche Gemeinschaften dominierten in der Landwirtschaft und im Handwerk. Leistung wurde zum wesentlichen Kriterium der Einkommen und der Sozialleistungen des Staates.

Die historisch gewachsene Differenz zwischen Arm und Reich wurde damit erkennbar reduziert. Humanistisches Gedankengut war Grundlage der Gesellschafts- und Kulturentwicklung, der Künste und der Medien. Gewaltdarstellungen wurden nicht zugelassen. Die Beziehungen von Staat und Bürgern gestalteten sich nicht nach den Mustern des bürgerlichen Parlamentarismus, sondern in einem für jeden Bereitwilligen offenen System der Mitgestaltung in Staat und Wirtschaft. Diskussionen über Gesetzesprojekte nahmen zumindest in den ersten zwei Jahrzehnten einen wichtigen Platz im öffentlichen Leben ein. Friedenssicherung und internationale Solidarität bestimmten die Außenpolitik der DDR.

Erwartungsgemäß vollzog sich die Entwicklung der DDR nicht konfliktfrei. Das äußere Konfliktpotential resultierte aus den Bedingungen des Kalten Krieges und der Gegnerschaft der Bundesrepublik. Innere Konflikte entstanden sowohl aus den Bedingungen des gesellschaftlichen Wandels als auch aus dem – zentraler Leitung gesellschaftlicher Prozesse oft inhärenten – Defizit an Konfliktbewältigungspotential. Ebenso aus neuen Erfordernissen, die sich aus der wissenschaftlich-technischen Revolution in der zweiten Hälfte des 20. Jahrhunderts ergaben. Als ein Kulminationspunkt gesellschaftlicher Konflikte erwies sich das Selbstverständnis der SED über ihre Aufgaben und die Art der Transformation ihrer Überzeugungen in die staatliche Ebene und in andere Bereiche der gesellschaftlichen Entwicklung. Es ging dabei um innerparteiliche Demokratie, um das Verhältnis von Partei und Staat und letztlich um die Beziehung der Partei- und Staatsführung zum Volk. Ansätze und erste erkennbare Resultate einer grundsätzlichen Änderung der – in vieler Hinsicht aus der Praxis der UdSSR übernommenen – Führungsstrukturen in Partei und Staat am Beginn der 60er Jahre (Verlagerung von Parteientscheidungen auf die staatliche Ebene, Stärkung der Stellung der Vertretungskörperschaften, Neues Ökonomisches System u. a.) wurden nach dem Wechsel in Moskau von Chruschtschow zu Breshnew (Oktober 1964) beseitigt.[1]

In den letzten zwei Jahrzehnten der DDR erodierte in der SED die innerparteiliche Demokratie und im Land die Beziehung der Regierenden zu den Regierten. Innere Widersprüche wurden größer, weiteten sich angesichts der politischen und medialen Einflussnahme aus der BRD in immer schwerer beherrschbaren Dimensionen aus. Die daraus resultierende Vertrauenskrise erwies sich in ihrer ersten Phase als ein zunehmend kollektiver Zweifel an den Verfahren, wie Entscheidungen getroffen und vermittelt wurden. Ein besserer Sozialismus wurde eingefordert, mehr Meinungsfreiheit und stärkere Teilnahme an den politischen Entscheidungen.

Im Laufe des Jahres 1989 gelang es denen, die eine Chance für einen tiefen Einbruch in das europäische sozialistische System erkannt hatten, innerhalb weniger Wochen die Stimmung zu wenden. Der Sozialismus und die DDR wurden mit Zweifeln überhäuft, wurden in Frage gestellt. Die SED zerbrach am inneren Vertrauensschwund. Auch am Kampf verschiedener Gruppen um das Sagen an der Parteispitze in der Zentrale wie in den Bezirken und ebenso an überhitzten – und nicht selten mit tatsachenwidrigen Behauptungen unterfütterten – Debatten über Privilegien und Führungsdefizite in der Vergangenheit. Die DDR, von den Verbündeten aufgegeben, konnte dieser Situation nicht standhalten.

Niemand von den Politikern, die 1949 Verantwortung für die DDR übernahmen, konnte damals voraussehen, mit welchem zunehmenden Potential und mit welchen Mitteln die antisozialistischen Kräfte in Deutschland und in der Welt sich ihnen entgegenstellen werden. Niemand erwartete, jemals von den Freunden und Verbündeten in Stich gelassen zu werden. Niemand vermutete auch nur, dass vierzig Jahre danach die Regenerationsfähigkeit sozialistischer Gesellschaften in Europa ermattet, erloschen war.

Freundschaften zu Verbündeten zerbrachen. Als die Gattin des schwer erkrankten Willi Stoph – der in jeder Situation treu zur

Sowjetunion gehalten hatte – an Gorbatschow ein Hilfeersuchen richtete, blieb dieses unbeantwortet. Der Botschafter der UdSSR in der DDR, Wjatscheslaw Kotschemassow, fragte, um den langjährigen Freund und Partner besorgt, in Moskau nach. Er erfuhr, der Brief sei angekommen und Gorbatschow bekannt. Später berichtete Kotschemassow über sein Gespräch darüber mit Gorbatschows Mitarbeiter Schachnasarow: »Auf meine Frage: ›Was kann ich antworten?‹, wurde mir gesagt: ›Richte aus, dass Michail Gorbatschow den Brief kennt.‹ Und mehr nicht? Schachnasarow sagte: ›Einstweilen wurde angewiesen, nur das zu übermitteln.‹ Ich bekam keine weitere Antwort mehr.«[2]

Nicht nur mit dem Ex-Vorsitzenden des Ministerrates der DDR wurde so würdelos und derart unsolidarisch umgegangen.

Niederlagen sind bitter. Die erste Niederlage einer proletarischen Machtorganisation hatten 1871 die Kommunarden im von preußischen Truppen belagerten Paris bei ihrem historischen Versuch, eine ausbeutungsfreie Gesellschaft zu errichten, erlitten. Die monarchischen und bürgerlichen Kreise Frankreichs und Deutschlands bejubelten ihren Sieg im ungleichen Kampf über die Pariser Kommune. Die Führer der deutschen Linken, August Bebel und Wilhelm Liebknecht, verteidigten die Kommunarden. Im Zentrum ihrer Analyse standen nicht mögliche Irrtümer oder Fehler der Kommune, sondern vorrangig die historische Dimension dieses Ereignisses.

August Bebel trat den johlenden Vertretern der bürgerlichen Fraktionen im Deutschen Reichstag am 25. Mai 1871 mutig entgegen. Er erklärte: Der Kampf in Paris sei nur ein kleines »Vorpostengefecht und ehe wenige Jahrzehnte ins Land gegangen seien, werde der Schlachtruf des ›Pariser Proletariats, Krieg den Palästen, Frieden den Hütten, Tod der Not und dem Müßiggange!‹ der Schlachtruf des europäischen Proletariats sein«.[3]

Dieses beeindruckende exemplarische Beispiel eines beherzten und weitsichtigen Umgangs mit Niederlagen verbündeter Klassenbrüder könnte Historikern und auch manchen Politikern im linken Spektrum der Bundesrepublik einen Anstoß dafür vermitteln, mit dem Erbe der DDR künftig vorurteilsloser, realitätsnäher und würdiger umzugehen, als in den vergangenen zwei Jahrzehnten.

Eine Periode der europäischen, auch der Menschheitsgeschichte ging im letzten Jahrzehnt des zwanzigsten Jahrhunderts zu Ende. Über fast ein Jahrhundert hatte der sozialistische Versuch weltweit

Hoffnungen auf eine ausbeutungsfreie humane Gesellschaft erweckt. Überzeugte opferbereite Menschen zwischen der Elbe und dem Pazifischen Ozean hatten ihr Bestes gegeben, hatten den Attacken ihrer Gegner lange widerstanden. Dass sie schließlich unterlagen, war die Niederlage aller, die einer besseren Welt zustrebten. Einer Welt, in der die Menschen und nicht die Märkte den Lauf der Dinge bestimmen; einer Welt, in der die Gebrechen und Verbrechen des Kapitalismus und die Schere zwischen Arm und Reich überwunden sein werden.

Das Tempo der Veränderungen unserer Welt nimmt permanent zu. Systemkrisen begegnen uns häufiger, ihre Auswirkungen sind immer schwieriger zu beherrschen. Die Differenz zwischen Arm und Reich, zwischen den Mächtigen und den Ohnmächtigen, zwischen den Wohlhabenden und denen, die ihnen den Wohlstand mit ihren Händen und ihren Köpfen schaffen, vergrößert sich in Krisen- wie in Konjunkturperioden. Das Grundproblem des zwanzigsten Jahrhunderts, der Widerspruch zwischen Kapital und Arbeit bleibt. Eine neue, bessere, andere Lösung als im vorigen Jahrhundert muss gefunden werden. Sie wird gefunden werden. Das derzeitige Gesellschaftssystem und seine Wirtschaftsordnung sind keinesfalls alternativlos. Auch künftig kann man Feuer nicht in Papier einwickeln!

Am Ende des Deutschen Bauernkrieges sangen die von der Übermacht der Ritter und Grundbesitzer geschlagenen Bauern: »Die Enkel fechten's besser aus.« Im 21. Jahrhundert gewinnt die portugiesische Losung »a luta continua« wachsende Popularität. Die deutsche Übersetzung: »der Kampf geht weiter«.

Er bedarf einer weitsichtigen, realen Konzeption und einer starken, verlässlichen Führung!

Anmerkungen

1 Vgl. Herbert Graf, »Mein Leben. Mein Chef Ulbricht ...«, S. 41f. sowie 460f.

2 Wjatscheslaw Kotschemassow, »Meine letzte Mission«. Dietz Verlag, Berlin 1994, S. 205

3 August Bebel, »Aus meinem Leben«. Dietz Verlag, Berlin 1983, S. 335

Roumania

Russia 90%

The others 10%

Greece G. Britain 90%

Russia 10%

Yugo-Slavia 50/50%

Hungary 50/50%

Bulgaria Russia 75%

The others 25%

Im Oktober 1944 schob Churchill in Moskau Stalin einen Zettel über den Tisch, auf dem er die Einflusszonen Großbritanniens und der Sowjetunion auf dem Balkan vorschlug. Stalin signalisierte mit einem Haken auf dem Papier seine Zustimmung

Der Plan des US-Finanzministers Henry M. Morgenthau, der im September 1944 entwickelt wurde. Er sah die De-Industrialisierung und Umwandlung Deutschlands in ein Agrarland sowie die Teilung in zwei Staaten, in Norddeutschland und in Süddeutschland, vor. Der Morgenthau-Plan wurde am 1. Oktober 1944 aufgegeben, er war kein offizielles Dokument

Anlage 3

Karte mit den Besatzungszonen aus dem Jahr 1947, wie sie im Potsdamer Abkommen 1945 vereinbart worden waren: mit einem freien (französisch besetzten) Saarland und den unter polnischer (Pommern, West- und Teile Ostpreußens sowie Schlesien) und sowjetischer Verwaltung (Ostpreußen) stehenden ehemaligen deutschen Territorien

Anlage 4

Sozialismus! **Planwirtschaft!** **Demokratie!**

In diesem Dreiklang ist das Programm, sind die Forderungen der **SPD**, der **Sozialdemokratischen Partei Deutschlands** zusammengefaßt. Unter den neu- oder wiedererstehenden politischen Parteien ist die **SPD** die einzige, die mit ihrem alten Namen auch ihre Grundforderungen für eine vernunftgemäße Ordnung der zusammengebrochenen Gesellschafts- und Wirtschaftsverfassung wieder aufnehmen konnte,

weil?...

nur Sozialismus den aus Eroberungskriegen geborenen und davon sich weiterhin mästenden Privatkapitalismus abzulösen vermag,

nur Sozialismus mit seiner vorbeugenden praktischen Fürsorge für alle notleidenden Menschen das wahre Christentum verkörpert,

nur Sozialismus durch die Erfassung der Rohstoffquellen, der Energieversorgung und des Verkehrs den Steuerdruck erleichtern kann,

nur Sozialismus durch Förderung des Siedlungsgedankens den Obdachlosen und Flüchtlingen ein neues Heim und Lebensinhalt bringt,

nur Sozialismus durch eine vernünftige Bodenreform die Macht des Junkertums zum Nutzen freier Bauern und damit des Volkes bricht,

nur Sozialismus den Aufstieg der geschändeten Kultur durch Wiedererweckung der Achtung vor den Ideen der Menschlichkeit fördert,

nur Sozialismus das Aufkommen separatistischer Tendenzen mit ihrer egoistischen Abspaltung unfähiger Kleinstaaten verhindert,

nur Planwirtschaft aus der alles umspannenden Not an Lebens- und Kulturgütern herausführt und weitere Wirtschaftskrisen vermeidet,

nur Planwirtschaft brutale und profitgierige Ausbeutung von Menschenkraft und Rohstoffquellen zum Bereichern einzelner verhindert,

nur Planwirtschaft eine fruchtbringende Entfaltung des genossenschaftlichen Warenaustausches zwischen Stadt und Land erleichtert,

nur Planwirtschaft Schiebern und Schwarzhändlern als den größten Schmarotzern am Volkskörper das schäbige Handwerk legen wird,

nur Planwirtschaft Betriebsräten und Gewerkschaften Einblick in das Wirtschaftsgeschehen und eine Mitwirkung bei der Planung sichert,

nur Planwirtschaft dem vom ausbeuterischen Kapitalismus gezüchteten nicht vom Arbeiter „erfundenen" Klassenkampf seine Schärfen nimmt,

nur Planwirtschaft Handel und Handwerk Schutz bieten und eine freie Entfaltung ihrer wertvollen Aufbaukräfte in Aussicht stellen kann,

nur Demokratie die brot- und werteschaffenden, ehrlich arbeitenden Bevölkerungskreise am Aufbau ihres eigenen Staatswesens mitarbeiten läßt,

nur Demokratie und zwar als Endziel, nicht als taktischer Schachzug, dem Aufkommen von Diktaturgelüsten in Deutschland entgegentritt,

nur Demokratie eine wirklich freie Rechtsprechung ohne Rücksicht auf Rasse, Religion und Weltanschauung des Betroffenen ermöglicht,

nur Demokratie die Einheitsschule für die Kinder bemittelter und unbemittelter Eltern und die kostenlose Begabtenförderung gewährleistet,

nur Demokratie einer Bereinigung der behördlichen, industriellen und Handelsbetriebe von aktiven, einflußreichen Nazielementen zuläßt,

nur Demokratie Frauen bei gleichen Leistungen das Einkommen des Mannes wie dessen politische und wirtschaftliche Rechte zugesteht,

nur Demokratie dem Menschen seine individuelle Freiheit und die Entfaltung seiner Persönlichkeitswerte in weitem Maße sicherstellt.

Die Sozialdemokratische Partei Deutschlands

ist Gegner jeder Art von Diktatur, gleichviel, woher diese importiert werden soll, sie verachtet die an Vaterlandsverrat grenzenden Loslösungsbestrebungen bestimmter Kreise, die nur an die Erhaltung ihrer Reichtümer denken und die Lasten des verlorenen Krieges anderen überlassen wollen, sie lehnt jede Bevorzugung oder Mißachtung von religiösen oder weltanschaulichen Bekenntnissen ab und fordert die Gleichberechtigung aller ehrlich arbeitenden und damit Werte für die Allgemeinheit hervorbringenden Menschen, sie

ist die Einheitspartei aller schaffenden Menschen!

Plakat der SPD aus dem Jahr 1946

Anlage 5

TÄGLICHE RUNDSCHAU

Zeitung für Politik, Wirtschaft und Kultur

Nr. 144 (940) 4. Jahrgang | Mittwoch, 23. Juni 1948 | Preis 15 Pfg.

Demokratische Währungsreform in der sowjetischen Besatzungszone und in Berlin

Interessen des werktätigen Volkes berücksichtigt / Ein Beispiel sozialer Gerechtigkeit / Weitgehende Möglichkeiten für Entfaltung der Industrie und Landwirtschaft geschaffen

BEFEHL

des Obersten Chefs der Sowjetischen Militärverwaltung in Deutschland Nr. 111

Berlin, 23. Juni 1948.

Inhalt: Ueber die Durchführung der Währungsreform in der sowjetischen Besatzungszone Deutschlands

Die Einführung der D-Mark in den Westzonen und in den Westsektoren Berlins war der wohl entscheidende Schritt zur Teilung Deutschlands. Die hintergangene Sowjetunion reagierte ihrerseits mit einer Währungsreform in ihrer Besatzungszone und mit einer Blockade Westberlins. Die Tägliche Rundschau, *Organ der sowjetischen Besatzungsmacht, vermeldet am 23. Juni 1948 den Befehl*

Die Stalin-Note von 1952 wurde in der Bundesrepublik umgehend propagandistisch konterkariert

Personenregister

ISBN 978-3-360-01818-2

Umschlaggestaltung: Buchgut, Berlin, unter Verwendung
eines zeitgenössischen Dokuments aus der Nachkriegszeit
Illustrationen: Archiv des Autors
Druck und Bindung: CPI Moravia Books GmbH

Ein Verlagsverzeichnis schicken wir Ihnen gern:
Das Neue Berlin Verlagsgesellschaft mbH
Neue Grünstr. 18, 10179 Berlin
Tel. 01805/30 99 99
(0,14 Euro/Min., Mobil max. 0,42 Euro/Min.)

Die Bücher des Verlags Das Neue Berlin und der edition ost
erscheinen in der Eulenspiegel Verlagsgruppe

www.edition-ost.de